The Thinking Heart:
Three levels of psychoanalytic therapy
with disturbed children

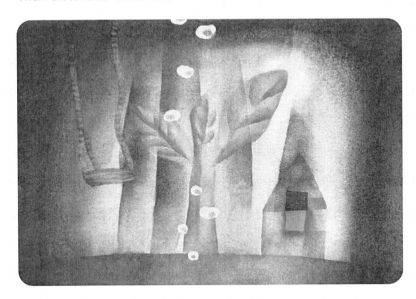

子どものこころの
生きた理解に向けて

発達障害・被虐待児との心理療法の3つのレベル

アン・アルヴァレズ

脇谷順子：監訳

金剛出版

copyright © The thinking heart : three levels of psychoanalytic therapy with disturbed children
by Dr. Anne Alvarez
Japanese translation rights arranged with Dr. Anne Alvarez through Japan UNI Agency, Inc.

『子どものこころの生きた理解に向けて』

　私たちは，感情から切り離された子どもに感情についてどのように話すだろうか。偽りの希望を与えることなく，絶望していたり怯えていたりする子どもたちの希望や安全な感覚を強めることがどのようにできるのだろうか。手の届かない子どもや固まってしまっている子どもに手を差し伸べることがどのようにできるのだろう。

　『子どものこころの生きた理解に向けて』は『こころの再生を求めて』（Live Company）の自然な形の続編である。『こころの再生を求めて』は，アン・アルヴァレズが非常に影響を与え，今や古典ともなっている本であり，とても混乱した子どもやひどい傷つき体験をした子どもたちとの治療について書かれている。児童青年心理療法士としての50年の経験に基づいて，アルヴァレズはセラピストとクライアントの間でなされるさまざまな相互作用について，詳細で生き生きとした臨床例を用いて，あるタイプの治療的理解が別のタイプのものよりはうまく作用する理由について探究している。また，彼女はセラピストが間違ったときにどんなことが起こるかについても書いている。

　『子どものこころの生きた理解に向けて』で，アルヴァレズは3つのレベルの精神分析的な治療とコミュニケーションについて明らかにしている。それらは次の3つである。

・探索的レベル―「なぜ―なぜなら」
・記述的レベル―　子どもが何を感じているかについての「何かということ」
・強化された活性化レベル―慢性的な解離，絶望的な無関心さや，「引き出されていない」自閉症

　本書は構造化された図式を提示し，彼女の古典的な仕事のいくつを活かしつつ，最新のものにしている。本書の目的は，セラピストがクライアントとの治療における適切な解釈を見つける助けになることであり，手の届きにくい子どもとの治療に特に助けとなることが目指されている。本書は心理療法士，精神分析家，臨床心理学者，教育心理学者，児童精神科医，ソーシャルワーカー，特別支援の教師，混乱した子どもたちの養育者たちに有用だろう。

　アン・アルヴァレズは，上級児童青年心理療法士（consultant child and adolescent psychotherapist）であり，ロンドンのタヴィストック・クリニックの自閉症サービスの共同講座長を退職している。現在は，タヴィストック・クリニックの客員指導者および講師であり，サンフランシスコ精神分析協会の児童プログラムの講師である。

解　題

平井正三

　アン・アルヴァレズ先生の最新作である The Thinking Heart の日本語訳が『子どものこころの生きた理解に向けて』としてこうして刊行されることを大変嬉しく思います。アルヴァレズ先生は，英国の子どもの精神分析的心理療法を代表する臨床家であり，理論家であり，その影響力は英国にとどまらず，世界中の子どもの精神分析臨床に携わる臨床家にとってインスピレーションの源であり続けています[注1]。

英国の子どもの精神分析的心理療法実践とその歴史

　英国のメンタルヘルスの領域では認知行動療法などより簡便で「エビデンスがある」とされるアプローチが子どもや青年の臨床においても興隆しつつあるようですが，そうしたアプローチでは援助が難しい，より複雑な情緒的問題を持っていたり，込み入った家族関係や養育歴を持ったりする子どもや青年も多く，彼らとの臨床においては精神分析的なオリエンテーションを持つ児童青年心理療法士の力が要請されることが多いようです[注2]。つまり，今日英国の子どもと青年の精神分析臨床家は，神経症水準の子どもとの心理療法に携わるよりも，ひどい剝

注1）彼女の仕事にインスパイアされた臨床家・研究者たちが2002年に Being Alive: Building on the Work of Anne Alvarez (Edwards ed.) という論文集を刊行している。この本には，アンナ・フロイト派の Anne-Marie Sandler や Peter Fonagy，フランスの Didier Houzel，イタリアの Suzanne Maiello，神経科学者の Allan Schore など国際的，学際的なメンバーが寄稿している。

注2）この点についての詳細は，英国の児童青年心理療法を包括的に網羅した，ラニャード＆ホーン編『児童青年心理療法ハンドブック』（創元社）及び被虐待児との心理療法を扱ったボストン＆スザー編『被虐待児との精神分析的心理療法』（金剛出版）を参照。

奪や虐待を受け混乱した子どもや激しい行動化をする子ども，そして自閉スペクトラム症を持つ子どもとの心理療法の仕事が主要なものになってきています。

　こうした子どもたちと，従来のやり方で精神分析的心理療法を行うことは困難であり，場合によっては状態を悪化させてしまう危険性もあります。メラニー・クライン（Klein, 1955）は，遊戯技法を考案し，言葉以外の方法で自分自身の心の内を表現するやり方を子どもに与えることで，子どもの心の世界と交流する道を開きました。子どもは，遊びという形で，そして投影という形で自身の内界をセラピストに開示していきます。セラピストはそれを受け止め，言葉にしていくこと，つまり解釈していくことで，分析過程が展開していき，子どもの問題は転移−逆転移の問題に集約され，その過程を通じて解決されていくことが示されてきました[注3]。しかし，クラインが取り組んだこともない，酷い虐待を受けたりトラウマに苦しんだりして混乱している子どもとの心理療法では，子どもの遊びの象徴的な意味を捉え，それを言葉で伝えるというアプローチ，すなわち隠された意味を解明し，子どもに洞察を与えることを目指す伝統的な精神分析のやり方は通用しないことがわかってきました。それは，本書でアルヴァレズ先生が指摘しているように，二つの思考の流れを組み合わせていける「複線思考」を前提としているのですが，こうした子どもたちはそれが困難な状態なのです。

　このような局面で大いに役立ったのは，子どもからの投影をすぐに解釈して返すのではなく，それをセラピストが受け止め十分経験していくことそのものが大切であることを示唆するビオン（Bion, 1962）の仕事でした。この理論的な基礎を得て，子どもではなくセラピストに焦点づけた「先生は〜であるとあなたは感じているんだね」という，スタイナーの「分析家中心の解釈」（Steiner, 1993），さらに「先生は〜と感じることになっているんだね」と私が「バックミラー技法」（平井，2011）と呼んだ今日の英国の子どもの精神分析的心理療法士のスタンダードになっている介入が実践されるようになりました。

　さらに，このような投影も十分に行えない，もしくは起こっていない局面で必要な介入として，本書で「記述解釈」（本書第2部参照）と呼ばれる介入の重要性が児童青年心理療法士の間で共有されていきました。それはただ，子どもが行っていること，あるいは表現しているとセラピストに思われることを話していくような介入ですが，セラピストが子どもに関心を向け，子どもの気持ちについて考え

注3）こうした考えは，メルツアーの『精神分析過程』（金剛出版）に典型的に記述されている。

ようとしていることを子どもに示すという役割を果たします。これは，生き生きとした関心をもつ生きている対象がそばにいること，そして自分自身がそうした対象の関心をひく存在であるということがほぼ無縁になってしまっている子どもには，特に意味を持ちうる介入であると理解されています。

このように情緒的関係や意味があることを見て取ることが難しい子どもの典型として自閉症の子どもが挙げられるでしょう。精神分析的視点からのこの領域の探究は，タスティンが大きな成果を挙げています。特に自閉対象概念（Tustin, 1972）がアルヴァレズ先生にも多大な影響を与えました。タスティンは，自閉症の子どもが用いる対象には，象徴的意味はなく硬さという感覚的性質が重要で，その硬さによって自分を脅かす「自分でないもの」，すなわち他者性の脅威から身を守るという役割が重要であると指摘しました。このような考えは，分析臨床において子どもの遊びの象徴的意味を捉えそれを解釈するという伝統的な介入モデルから自由になるというだけでなく，自閉症の子どもたちとの心理療法の仕事の焦点は彼らがいかにして「生きている仲間」（Alvarez, 1992）と出会い，それに惹きつけられていくかという問題であることを明確にしています。そのことをロビーというアメーバー型の自閉症の子どもとの苦闘の中で掴み，「再生（reclamation）」という技法にたどり着いたことを記述しているのがアルヴァレズ先生の処女作『こころの再生を求めて』（1992）です。

『こころの再生を求めて』

本書に述べられているアルヴァレズ先生の着想の多くはすでに，彼女の臨床での格闘の記録とも言えるこの論文集に現れています。彼女は，実際に臨床の中で出会う子どもに何が役立つかを考え抜く中で，硬直した思考ややり方を次々と打破しつつ，伝統的な精神分析理論や技法との接点やつながりを保持しようと努めています。中立性や受容性という精神分析的態度の根幹をなす態度を固持することはロビーのような無気力の淵に沈んでいる子どもとの仕事のある局面では有益ではないと彼女は判断し，積極的に情緒的な関わりの世界に引き入れようと試みることが大切であると考えるようになりました（第1章, 第2章, 第3章）。彼女は，精神分析的態度の根幹を逸脱するように思われる技法が逆転移による行動化ではなく，精神分析の技法の有用な拡張であることを，その後の子どもの変化だけでなく，精神分析理論の吟味，そして発達研究の検討を通じて明らかにしています（第

4章，第5章）。

　アルヴァレズ先生はさらに，フロイトからビオンに至るまで精神分析では長らく不快の経験や対象の不在の意義が強調されてきましたが，楽しさや面白さの経験やそのような経験を与えてくれる対象が目の前にいることもまた発達促進的であることにも注意を喚起します（第13章）。特に臨床的には，剥奪や虐待やトラウマを経験してきた子ども，自閉症などなんらかの器質的要因で人と関わることに困難を抱えている子どもとの精神分析的心理療法においてはこれは必須の認識であることを彼女は示しています。このようなわけで，彼女は理想化は防衛的としてのみ捉えられてはならず，特に理想的対象があることがまず大切な子どももいることを指摘します（第9章，第14章）。さらに，防衛は，それが発達促進的なのか，生き残りのための戦略なのか，発達阻害的なのかを見極めることが大切であることを論じています（第8章）。

　以上のような認識をもとに，アルヴァレズ先生は，心理療法セッションでのセラピストの逆転移に目を向けることが，精神分析臨床において決定的に重要であることを強調します。それは，子どもからの投影を受け止め理解するというだけでなく，心理療法のセッションで起こっていることを理解するために必須の感受装置として自分の心を用いるということであることが示唆されています（第16章）。この論文集に通底しているアルヴァレズ先生の姿勢は，精神分析がどのようにして子どもに役立ちうるのかと問い続けることです。それは精神分析の介入の中心である解釈の言語の検討，つまりどのような言葉をかけることが子どもに役立つのかという問いに集約されます。具体的にそれは，分離不安に圧倒される子どもとのセッションの終わりに，「あなたは次に私たちが会えないのではないかと心配になっているのね」と言うのではなく，「あなたは次に私たちが会えるとは思えなくなっているのね」と肯定形を先に持ってくること，あるいは悪性の超自我によって自尊感情が病的に脅かされている子どもに「あなたは私があなたのことを良い子と思って欲しんだね」ではなく，「私はあなたのことを良いこと思うべきなんだね」と言うことが望ましいかもしれないことなどの技法的工夫に結実しています。

『自閉症とパーソナリティ』（Alvarez & Reid, 1999）

　『こころの再生を求めて』の出版を持ってアルヴァレズ先生はロンドンのタヴィストック・クリニック，ひいては英国の子どもの精神分析的心理療法を技法と理

論の両面での発展を牽引する指導者になっていきました。そして彼女の主張の多くは，子どもの心理療法士の技法の主流になっていった印象があります。その彼女が終始関心を持ち続けているのが自閉症の子どもへの心理療法による援助であり，その研究の中心はタヴィストック・クリニックにおいてスーザン・リード（Susan Reid）と共同開催していた，自閉症ワークショップでした。このワークショップは，英国各地，時には外国で自閉症の子どもとの心理療法に取り組んでいる臨床家がケース提示して検討することで自閉症との心理療法について，特にその技法的側面について研究していく場でした。参加者には，共同開催者のリードの他に，マリア・ロード（Maria Rhode）などこの領域で傑出した仕事をしている臨床家も参加し相互に刺激し合い実り多いワークショップであり，その成果がまとめられたのが『自閉症とパーソナリティ』です。

　この本では，心理療法は，自閉症の子どもを発達的に援助することが目的であると明確にされ，そしてそのために家族への支援や関係者との連携が必須であること，そして精神分析の知見だけでなく，発達研究の成果を参照することが役に立つことなど，先に述べたタスティンとは強調点の大きく異なる主張がなされています。発達援助としての精神分析的心理療法の最大の特徴は，それぞれの子どもの個性，すなわちパーソナリティに注目し，それを大切にするアプローチであることが示唆されています。

　この本の中でアルヴァレズ先生は，「発達研究に裏打ちされた心理療法（developmentally-informed psychotherapy）」という考えを提唱しています。それは，発達研究を参照しながら，治療関係の性質と問題点を見極め，必要な介入をしていく，というアプローチであり，以下の3つの視点を強調しています（Alvare & Reid, 1999）。

①長期にわたる治療の中で，セラピストと患者の間に起こる相互作用から臨床的にみいだされること。子どもの反応をセラピストが観察し，続いてそれに対するセラピスト自身の感情や反応を観察する（観察者が観察者になる）。そして，またそのセラピストの反応に対する子どもの反応を観察する……といった具合に観察を続けていく。

②近年，発展してきた精神分析理論と技法。抑圧された素材を明らかにすることよりも，パーソナリティの失われた部分を（今ここでの相互作用において）コンテインすることに，より重点を置く。

③乳児の発達研究から得られた知見。つまり，正常な社会的・情緒的・認知的

発達の萌芽，あるいはその萌芽の萌芽に関する知見。

〈（　）内は筆者による補足である〉

本書『子どものこころの生きた理解に向けて』について

　先の『自閉症とパーソナリティ』において，「発達研究に裏打ちされた心理療法」を標榜したことで，一旦は精神分析そのものから離れていったかの印象を与えたアルヴァレズ先生は，本書で子どもの精神分析臨床の風景を根本的に変えるような，さらには精神分析臨床一般に関する見方を革新するような仕事を成し遂げているように思われます。本書のこの側面を簡単に見ていきましょう。

　精神分析とはなんなのか？　何を持って精神分析と言えて，何を持って精神分析ではないと言えるのだろうか？　この問いは精神分析の歴史を通じて常に問われてきたように思われます。最も有力な問いとして，「転移を扱っていること」そして「無意識を扱っていること」が挙げられます。このような立場をとれば本書でアルヴァレズ先生が述べている仕事の多くは転移解釈も「無意識」の意味の解明をしているわけでもありません。それでは本書で示唆している仕事が，どのような意味で精神分析的であると彼女は主張しているのでしょうか？　私は，それは「情緒的関係を通じて意味を生成していく営み」であるとアルヴァレズ先生が捉えていると理解します。

　このように精神分析を広く捉えてみれば，先に挙げた「転移の解明」も「無意識の解明」も包含される，より広大な領域を精神分析臨床として捉えることができます。本書はまさしくその広大な「意味生成の仕事」の領域の「目盛り定め」の仕事の成果であると理解できるのです。そのなかで，従来の精神分析臨床の大半，すなわち転移解釈や無意識の意味の解釈が意味を持つクライアントは，本書で彼女が「説明レベル」と呼ぶ，抑うつポジションを一定経験することができ，「複線思考」が可能なクライアントであると見なせます。私の言い方（平井，2016）では，これらのクライアントは「間主観性／相互主体性ゲーム」をプレイする力が一定ある人たちなのです。それはそれぞれの意味が確立されており，それらが抑圧されていたり，別の場所に位置付けられたりしていることが問題になっているのです。これに対して「記述レベル」では意味そのものが生成されていないか不安定にしか存在せず，まずそれがなんなのかが確立される必要があるのです。さらに，そもそも意味というものがあるということに気づく必要のある「強化レベル」にあ

る子どもの存在にもアルヴァレズ先生は注意を促しています。

　このように「関係を通じた意味の生成」が精神分析臨床の目標であるとして，それは，子どもにとっての「意味」あるものである必要がある点で，取り入れの問題に集約されます。子どもが，解釈を聞き，それが子どもの心に意味深いものになるには，どのような介入をするべきなのか，という問いは，先に述べたようにアルヴァレズ先生のライフワークとも言える関心です。本書の序で彼女は，プリモ・レヴィの著作からとても味わい深い，文章を引用しています。この引用には暗黙のうちに，精神分析臨床と化学物質を扱う仕事との類比が含まれています。変化を扱うこれらの仕事では，手順とそれぞれに必要な処置を間違えないということがとても大切であるということが示唆されており，それが本書全体の主題である「目盛り定め」の仕事の本質です。

　本書の冒頭でアルヴァレズ先生は，「私は精神分析を愛している。それには，精神分析が役立つこと（works）が少なからずある」と書いていますが，確かに彼女は私の知っている限り，子どもの分析臨床に最も情熱を持っている臨床家の一人であり，彼女の情熱の源泉は苦闘する子どもたちを手助けできるということであることは間違いないように思います。そのためには，子どもそれぞれ，そして同じ子どもでもセッションの局面局面でどのような状態にあるのか，どのような意味のレベルの仕事が必要なのかを見極め，手順を間違えないようにそれぞれのレベルに合った介入を行う必要があります。本書は，長年広大な分析臨床を旅してきた臨床家が，私たち後進の臨床家が手順を間違え，子ども達に不必要な負担を負わせたり，あるいは迷子になったり，立ち往生したり，あるいは子どもを傷つけたりしないために，持てる知識をすべて動員し細心の注意を持って作成した「虎の巻」の地図なのです。

　『こころの再生を求めて』以降のアルヴァレズ先生が強調し続けていることは，精神分析的心理療法の仕事は「ゆっくりとした芸術」なのだということです。精神分析は，「関係を通じた意味生成の仕事」であると述べましたが，それはまさしく私たちが生きていくことに意味を見出すことそのものと関わっており，それこそが子どもの成長や発達であるという理解が彼女のこの主張の底流をなしています。それは決して急げないし，また急ぐ必要もない何かと関わります。親として私たちは，子どもの成長は決して急げないし，急ぐべきではないこと，それは「ファーストフード」よりも「スローフード」の営みに似ていることを皆知っているのではないでしょうか？

この意味で，彼女が本書で示した「目盛り定め」の仕事はまた，「花瓶が水を抱えるように時間を抱える」ように一人の子どもの生をじっくりと抱えていくことでもあることが示唆されています。アルヴァレズ先生の前作の原題は，セラピストがこうした子どもの生きていく歩みを共にする生きている人であることの重要性を示唆する Live Company という言葉でしたが，本書の原題は，セラピストは，「目盛り定め」を厳密に行い，的確に判断して介入していくとともに，子どもと情緒的に深く関わる用意がなければならないことを示唆する The Thinking Heart となっており，まさしく臨床家，そして指導者としての彼女の真骨頂を表していると私は思います。

　本書は，我が国で子どもの精神分析的心理療法実践の普及を目指して活動しているNPO法人子どもの心理療法支援会（サポチル）の関東での活動グループの担当理事の脇谷順子氏を中心にサポチルの若いスタッフたちが協働して訳出しました。我が国においても，苦境にある子どもに，「考える心臓」を持って全力で関わり援助する，精神分析的心理療法実践が普及していくことが望まれます。本書は，そうした実践に不可欠なガイドブックであり，役に立つ臨床の知恵に満ちている宝箱のような本であり，多くの子どもの心理療法実践に携わる方に読んでいただければと思います。

文　献

Alvarez, A. (1992) *Live Company:Psychoanalytic Psychotherapy with Autistic, Borderline, Deprived and Abused Children.* London:Routledge.（平井正三・千原雅代・中川純子訳 (2002)『こころの再生を求めて―ポスト・クライン派による子どもの心理療法』岩崎学術出版社）

Alvarez, A & Reid, S (1999) *Autism and Personality.* London:Routledge.（倉光修監訳 (2006)『自閉症とパーソナリティ』創元社）

Bion, W. (1962) *Learning from Experience.* NH:Heinemann.（福本修訳 (1999)「経験から学ぶこと」『精神分析の方法 I』法政大学出版会）

Klein, M. (1955) *The psycho-analytic play technique, In Envy and Gratitude and other works,* London. Virago.（渡辺久子訳 (1985)「精神分析的遊戯技法」小此木啓吾・岩崎徹也責任編訳『妄想的・分裂的世界』誠信書房）

Lanyado, M. & Horn, A. (2009) *The Handbook of Child & Adolescent Psychotherapy: Psychoanalytic Approach.* London:Routledge.（平井正三・脇谷順子・鵜飼奈津子監訳・NPO法人子どもの心理療法支援会訳『児童青年心理療法ハンドブック』創元社）

平井正三 (2011) 精神分析的心理療法と象徴化：コンテインメントをめぐる臨床思考．岩崎学術出版社．

Steiner, J.（1993）*Psychic Retreats:Pathological Organizations in Psychotic, neurotic and Borderline Patients.* London:Routledge.（衣笠隆幸監訳（1997）『こころの退避—精神病・神経症・境界例患者』岩崎学術出版社）

Tustin, F.（1972）*Autism and Childhood Psychosis.* London:Karnac Books.（齋藤久美子監修・平井正三監訳『自閉症と小児精神病』創元社）

私よりもよく分かっている私の子どもたちそして孫たちに
アン・アルヴァレズ

謝　辞

　序文と第1章のいくつかの素材は，2001年にサンフランシスコ精神分析センター (the San Francisco Center for Psychoanalysis) で最初に発表された。また，カナダ精神分析的児童心理療法士協会 (the Canadian Association of Psychoanalytic Child Therapists) と英国児童心理療法士協会 (Association of Child Psychotherapists (UK)) を含む，その他多くの精神分析的心理療法の協会に感謝したい。後に私はそこに3つの水準に関する考えを提案し，そこでの議論が本章でかなり報告されている。

　初出は，2010年に「分析的な仕事の水準と病理の水準—目盛を定める作業」（国際精神分析誌 International Journal of Psychoanalysis, 91, 4：859-878）として出版された。考えを明確にするのを助けてくれた査読者に感謝したい。

　第2章の初版は，1997年にリード (S.Reid)（編）『乳児観察における発達—タヴィストック・モデル (Developments in Infant Observation：The Tavistock Model)』（ロンドン：ルートレッジ出版 Routledge, pp.123-139）で最初に出版された。この論文の改訂版の出版を許可したピエラ・ファージェル (Piera Fiurgiuele) に感謝する。

　第3章の初版は，1995年に「無意識的空想，思考，そして歩行—いくつかの予備的反射 (Fantasia inconscia, pensare e camminare：alcune riflessioni preliminare)」（リカルド・ピグル出版 Richard e Piggle, 3, 2：190-206）として出版された。この改訂された形で素材の使用を許可してくれた編集者に感謝する。

　第4章の初版は，1995年の『英国心理療法誌 (British Journal of Psychotherapy)』の年間講義として初めて発表された。それは，1998年に「つながることの失敗—攻撃か欠陥か？エディパル，そしてプレ・エディパルな思考について考える能力に関するいくつかの問い (Failures to link：attacks or defects？Some questions concerning the thinkability of Oedipal and pre-Oedipal thoughts)」(児童心理療法誌 Journal of Child Psychotherapy, 24, 2：213-231) として出版された。

第5章の初版は，1999年に「フラストレーションに関するシンポジウム (Symposium on Frustration)」(児童心理療法誌 Journal of Child Psychotherapy, 25, 2：167-198) として，私自身とハリソン (A. Harrison) とオショネシー (E. O' Shaughnessy) によって出版された。

第6章の初版は，1997年に「コミュニケーションとしての投影同一化—境界精神病児における文法 (Projective identification as a communication：its grammar in borderline psychotic children)」(精神分析的対話 Psychoanalytic Dialogues, 7, 6：753-768) として出版された。

第7章の初版は，1995年に「動機のない悪意—精神病質患者の心理療法における問題 (Motiveless malignity：problems in the psychotherapy of psychopathic patients)」(児童心理療法誌 Journal of Child Psychotherapy, 21, 2：167-182) として出版された。その翌年，それはフランカ (M.O. de A. Franca) とアルメディア (R. Almedia) (編)『アン・アルヴァレズのサンパウロ・セミナー (Anne Alvarez in Sao Paulo：Seminar)』(サンパウロ：Sociedade Brasilei de Psicanalise de Sao Paulo) の中で出版された。

第8章の初版は，2006年にカーンバーグ (O.F. Kernberg) とハルトマン (H.P. Hartmann)(編)『ナルシシズム—基盤—無秩序な者の治療 (Narzissums：grundlagen —Storungsbilder-Therapie)』(シュトゥットガルト：シャットゥール出版 Schattauer) の中で「ナルシシズムと愚かな対象—脱価値化か，侮辱か？懲罰的ナルシシズムと明示的ナルシシズムへの注意 (Narzissmus und das dumme object-Entwertung oder Missachutung? Mit einer anmerkung zum Suchtigen und zum manifesten Narziccmus)」として出版された。改訂された形でこの素材の出版を許可してくれたシャットゥール出版 (Schattauer) に感謝する。

第9章の初版は，2006年11月にロンドン精神分析協会(Institute of Psychoanalysis, London)の精神分析フォーラムにおいて，「生涯にわたる性愛性(Sexuality Throughout the Lifespan)」シリーズの中の論文として最初に発表された。発表版は2010年に「児童青年期の心理療法的な仕事における性愛転移と逆転移のタイプ(Types of sexual transference and countertransference in psychotherapeutic work with children and adolescents)」(児童心理療法誌 Journal of Child Psychotherapy, 36, 3：211-224) として出版された。ヴィヴィアン・グリーン (Viviane Green) の助言と編集上

の助力に深謝する。

第 10 章の初版は，2006 年に「断片化，不統合，未統合，統合の崩壊と，早期の統合の性質に関するいくつかの問い（Some questions concerning states of fragmentation, unintegration, under-integration, disintegration, and the nature of early integrations）」（児童心理療法誌 Journal of Child Psychotherapy, 32, 2：158-180）として最初に出版された。ジュディス・エドワーズ（Judith Edwards）とジャニン・スターンバーグ（Janine Sternberg）の論文への絶え間ない献身的な助けと編集作業にとても感謝している。

第 11 章の初版は，2002 年 6 月にロサンゼルスの UCLA 教育センター（UCLA Faculty Center）におけるグロトスタイン（James S. Grotstein）についての年次大会の論文として最初に出版された。素材の一部は，1998 年にアルヴァレズ（A. Alvarez）とフィリップス（A. Phillips）の「遊びの重要性—児童心理療法士の観点（The importance of play：a child psychotherapist's view）」（児童心理学・精神医学評論 Journal of Child Psychology and psychiatry Review, 3：99-103）に以前掲載されていた。この新版で素材の一部の出版を許可してくれたアシャ・フィリップス（Asha Phillips）に感謝する。また，ある版は，2003 年に「現実を想像すること—遊びと肯定的な経験の精神的成長の重要性（Sich die Realität vorstellen：Die Bedeutung von Spiel und positive Erfahrungen für geistiges Wachstum）」（分析的心理学 Analytische Psychologie, 34：156-172）として出版された。カルガー・ヴェルラーグ出版 Karger Verlag の編集者であるグスタフ・ボーフェンジーペン（Gustav Bovensiepen）がこの素材の出版を許可してくれたことに感謝する。

第 12 章の初版は，2004 年に「波長を見つけること—自閉症を持つ子どもにおけるコミュニケーション・ツール（Finding the wavelength：tools in communication in children with autism）」（乳児観察：国際乳児観察とその応用誌 Infant Observation：The International journal of Infant Observation and its Applications, 7, 2/3：91-106），そして 2007 年に「波長を見つけること—自閉症の子どもたちにおけるコミュニケーション・ツール（Trouver la bonne longueur d'ondes：les outils de communication avec les enfants autistes）」として，トゥアティ（B. Touati），ジュリー（F. Jouly），ランツニック（M.C. Lanznik）（編）『自閉症における言語，声，そして言葉（Langage, voix et parole dans l'autisme）』（パリ：フランス大学出版局 Presses Universitaires de France, pp.239-260）の中で

出版された。

第13章では，私は神経科学に沿った挑戦を試み，「探索システム（seeking system）」についてのヤーク・パンクセップ（Jaak Panksepp）の仕事を再読するルーシー・ビブン（Lucy Biven）によって刺激を受けた。これにより私は，Ｋというビオンの概念と関連する可能性へと注意を引き寄せることに価値があるかもしれないという考えに至った。

第1，2，4，5，6，7，9，10，12章の上記に引用された雑誌から素材の出版を惜しみなく許可してくれたテイラーとフランシス出版（Taylor & Francis）に非常に感謝する。

臨床，そして観察素材の使用を許可してくれたブリット・ボンヴィエール（Britt Bonneviers），ジャネット・バンジェナー（Janet Bungener），タムシン・コッティス（Tamsin Cottis），ジュディス・エドワーズ（Judith Edwards），キャロライン・フリーマン（Caroline Freeman），ルーシー・グリフィン - ビール（Lucy Griffin-Beale），ソラヤ・ラリ（Soraya Lari），ピア・マッサーリア（Pia Massaglia），ジョー・マックラッチー（Jo McClatchey），モトヨ・ミキ（Motoyo Miki），クラウディオ・ローテンバーグ（Claudio Rotenberg），マリヤ・ストイコビッチ（Marija Stojkovic），デイビッド・トレバット（David Trevatt），そしてその他多くの人々に感謝する。

ジョアン・フォーショー（Joanne Forshaw），テイラーとフランシス出版社（Taylor & Francis），ステファニー・エブドン（Stephanie Ebdon），マーシュ・エージェンシー（Marsh Agency）の絶え間ない根気強さと援助に深く感謝する。

そして，特に心から感謝したいのは，原稿と文献のすべての書式を整えるだけでなく，抑うつポジションと妄想分裂ポジションについての3つの図について構成および再構成してくれたエリック・ホープ・トンプソン（Erin Hope Thompson）である。また，サビン・デチェント（Sabine Dechent）と，タヴィストックの子どもの心理療法のスーパーヴィジョン・セミナー（2010/2011）の訓練グループのメンバーからの有益なコメントに感謝する。もしその図が未だ理解できないもの（unintelligible）であるならば，それは他の誰でもなく，私の責任である。

いつものように本書の各章の初版の入念な編集作業をしてくれたアル・アルヴァレズ（Al Alvarez），そして，特に本書を何度も読み，ほとんどすべてのページに創造的な批評と示唆を与えてくれた私の親友であり同僚であるジュディス・エドワーズ（Judith Edwards）にこの上なく感謝している。また，私はルートレッ

ジ出版社の匿名の査読者による有益で明確な示唆に感謝する。もし 3 つの水準に関する考えが未だ理解し難いものであり，使用できなかったり過度に単純化し過ぎたりしたものであるならば，その責任は私にある。

目　次

解　題　*5*
　英国の子どもの精神分析的心理療法実践とその歴史　*5*
　『こころの再生を求めて』　*7*
　『自閉症とパーソナリティ』（Alvarez & Reid, 1999）　*8*
　本書『子どものこころの生きた理解に向けて』について　*10*

謝　辞　*17*

序　章　*29*
　本書の計画　*33*
　記述的な仕事に特有な要素─喜びや好奇心がある時への注目　*34*
　表と図についての簡単な覚書　*36*

第 1 章　心理療法の仕事のレベルと病理のレベル　*39*
　はじめに　*39*
　上位から下位レベルまでの技法の連続体　*44*
　3 つのレベルそれぞれの治療的仕事と対応する患者の心の状態の詳細　*49*
　おわりに　*64*

第 1 部　説明的レベルの諸条件　*67*

第 2 章　複線思考の発達のための情緒的諸条件　*69*
　はじめに　*69*
　複線思考の発達とアリスの観察　*73*
　ポールの観察　*78*
　アンジェラの観察　*84*
　要約と臨床的含み　*86*

第 3 章　逐次的に考えることの妨害物と発達　*89*
　はじめに　*89*
　定義についての言葉：空想と思考，あるいは空想すること / 考えること？　*93*
　動くことと考えることの間の対応と，3 人の子どもたちとの臨床実践における時間的次元
　　を空間的次元に加える必要性　*95*

技法的な含み　*102*
　考察と結論：歩くことの発達と言葉の発達　*103*

第4章　連結を作ることと時間を作ること　*107*
　はじめに　*107*
　現実についての時間的な形を作ること―存在すること（presence）を調節すること　*108*
　ビオンにおける思考と思考の間の関連性　*109*
　ダニエル，そして接続詞の連結　*112*
　プレイにおける「そして」というつながり―順序性というつながり　*114*
　考察―プレイと統語論　*116*
　おわりに　*119*

第2部　記述的レベルの諸条件　*121*

第5章　現実感の発達における喜びと欲求不満の等価の役割　*123*
　はじめに　*123*
　欲求不満の精神分析理論　*124*
　欲求不満が強過ぎる場合―「ひどい驚き（terrible surprises)」についての問題　*128*
　欲求不満に対する見かけ上の「防衛」は，むしろ欲求不満と混乱（disturbance）の克服または統制の試みとして見なされ得るか？　*131*
　情緒的な健康に必要なものとしての楽しみ，安全さ，喜び　*133*
　自発的で，思考を伴う快状態と思考を引き起こすこと　*135*
　おわりに　*138*

第6章　精神的に苦しみ絶望している子どもたちとの精神分析的な仕事における道徳的要請と改正　*139*
　はじめに　*139*
　精神分析理論における発展　*140*
　精神分析理論における発展の技法的な含み　*141*
　投影同一化についての文法―願望とニードを比較しての技法　*142*
　ある患者，そして仮面を取る私の解釈　*145*
　考察―4つの検討事項　*151*
　おわりに　*155*

第7章　動機のない悪意　*157*
　はじめに　*157*
　サイコパスの特徴を持つ子ども　*159*
　神経症，ボーダーライン，サイコパスの心の状態の臨床上の区別について　*161*
　サイコパスの特徴を有する患者についての技法上の課題　*164*
　サイコパスの特徴を持つ子どもの第2の例―ビリー　*167*
　討論と結論―技法上の4つの論点　*171*

第8章　ナルシシズム，自己価値観，愚かな対象との関係についての論点　*175*
　はじめに　*175*
　ナルシシズムの定義　*176*
　ナルシシズムに関する内的な二者心理学への移行の歴史背景　*178*

子どもにおけるナルシシズム的な精神病理についての問い　*180*
ナルシシズムの３つの下位タイプ　*181*
ナルシシズムにおける発達的道筋とさらなる技法的論点　*187*
見かけ上のナルシシズムの３つの下位タイプと技法についての問い　*188*
おわりに―回復の結果とさらなる技法的な論点　*193*

第9章　子どもと思春期青年期の人たちとの仕事における性愛転移 - 逆転移のいくつかのタイプ　*195*

はじめに　*195*
児童期の性愛性に関する精神分析的理解の略史　*196*
正常な性愛的な（erotic）転移と逆転移に関する問い　*201*
子どもの倒錯的性愛の一例　*204*
混乱した性愛（disordered sexuality）　*207*
正常な性愛的自己と技法についての問い―そうしたものに対する逆転移反応の使用　*209*
児童期の性愛性―親対象の役割に関する問い　*211*
遅れたエディプス発達の臨床例　*212*
おわりに　*213*

第10章　妄想 - 分裂レベルでの未統合の状態と統合状態　*215*

はじめに―ビックの不統合（unintegration）についての論争的見解　*215*
すべての外見上の不統合状態が，原始的な統合に対する統合の解体過程の結果としてみなされ得るのか？　*217*
そもそも不統合な状態は存在するのか？早期自我のまとまりの程度についての問い　*218*
不統合は発達における一次的な最早期段階なのか？ビックの考えはクラインや発達心理学者への挑戦なのか？　*221*
統合は対象 - 関係性に必要な前提条件か？　*221*
ビックの議論に他に残されている価値は何か？いくつかのニードは他よりも優先されるのか？　*222*
妄想分裂レベルにおける統合についての問い　*224*
早期の前抑うつ的でプレエディパルな統合様式と統合するもの（integrator）の様式―技法的含み　*225*
おわりに　*234*

第3部　強化された活性化レベル　*237*

第11章　遊びと想像　*239*

はじめに　*239*
遊びと想像の重要性に関する論点　*241*
空想（phantasy）と遊びについての精神分析理論　*243*
取り入れと考えることのための遊びと想像の重要性　*245*
乳幼児研究―「一緒に」遊ぶことの重要性　*247*
象徴形成のレベルの連続体　*248*
象徴等価より下位，または上位の４つ目のポジションにいる患者の臨床例―無意味な遊びに精神分析的に関わるための技法的含み　*251*
時に象徴等価により近く，またある時には嗜癖的で熱狂した，見かけ上の移行的遊びの臨床例　*253*

倒錯的遊びの諸問題—象徴性の連続体における 5 つ目のポジション　*256*
考察—私たちはそれでもなお精神分析的な精神を持ち，子どもと一緒に遊ぶことができる
　　のか，あるいは遊びたいという欲望を革新し喚起することさえもできるのか？　*259*
おわりに　*261*

第 12 章　波長を見つけること　*263*

はじめに　*263*
乳児の定型発達と原言語　*265*
言語と，視線を追うことを含む三項関係のスキル　*266*
コミュニケーションの障害についての治療的な含み—的確な発達の波長に合わせること
　268
ジョセフ　*270*
考察と結論　*275*

第 13 章　さらなる考察　*279*

はじめに—子どもと思春期青年期の人たちの精神障害と精神疾患の水準　*279*
妄想分裂ポジションの再検討　*280*
心理療法を「マニュアル化すること」の危険性　*283*
逆転移　*284*
強化された仕事のさらなる実例　*285*
神経科学との対応可能性　*289*
技法的な類似点　*292*
転移　*294*
設定　*296*

文　献　*301*

監訳者あとがき　*321*

子どものこころの生きた理解に向けて

発達障害・被虐待児との心理療法の３つのレベル

序　章

　私たちがより必要としているのはゆっくりとしたアート（slow art）である。花瓶
　が水を抱えるようにアートは時を抱える。（Robert Hughes, 2004）

　私は精神分析を愛している。それは，とりわけ精神分析が役立つからである。
過去 50 年以上に渡って私が治療をしてきた子どもたちのほとんどが精神分析に
よって助けられたと私は言うことができる。にも関わらず，私の早期の仕事にお
いて最も重度であった 2 人のクライエント，ボーダーラインのサイコティックな
男児と重度の自閉症の男児が私のそうした方法にチャレンジし，それに私は当惑
させられた。パラノイドの男児への私の解釈のいくつかは，彼の状態をしばしば
悪化させ，より迫害的にし，絶望させ，ひどく暴力的にさせることがしばしばあっ
た。自閉的な男児のロビーへの私の解釈はしばしば全く彼には届かなかった。以
前の本では，彼に通じる方法を私がたまたま見つけたその源泉と，一種の再生法
（reclamation）としてそれを概念化する試みを辿った。両方の子どもたちとの仕
事で，私が学んだのは，何をしないかということであり，古典的なものとは幾分
異なる方法についてのいくつかのアイデアを得た。こうした異なる方法が，精神
分析的介入と優先事項のより幅広いスキーマにどのように適合するかを私が考え
始めたのはかなり後になってである。本書は，この連続体上の 3 つの点について
記述し，図表で表すことを試みている。
　『心の再生を求めて』（“Live company”, 1992）では，より中立的，あるいはコ
ンテイニングする精神分析的スタンスと，ロビーを接触するようにし，より生き
生きとした存在感覚を私が呼びかけているように見える再生的なスタンスとの相
違を示そうとした。しかし，『心の再生を求めて』は自閉症だけの本ではない。
後半は自我能力が制限されているし，絶望や迫害感にあまりに圧倒されており，

心的痛みを伴う真実に対する防衛を取り除くことを模索する解釈から恩恵を受けることができないボーダーラインの患者たちと心理療法を行うときに生じる技法的な問題点に関する多くの章から成っている。私が学んだことは，彼らの希望や切望に応答し，彼らのためにそれらを持ちこたえするということだった。そして，そのような介入は，よく考えて利用するときには，躁的否認を助長しないということだった。しかし，当時，こうした考えと技法的な反応がどのように関連しているかだけではなく，再生のプロセスとどのように異なるのかが，私には明確ではなかった。しかし，タイトルで言及されている快活さが，多くの読者はすべての患者を積極的に再生させるべきだという意味だと考えていたということに私は気づいた。私がタイトルで意味していたのは，ロビーとの再生的な瞬間に関連したものだったのだが。私は，私自身および他の人たちの心理療法における介入を観察し始めた。より肯定的な再生は同じではないが，ある種の強度（intensity）には共通したものがあった。後知恵として，意味を考えたり伝えたりする異なる方法の連続体というアイデアは，私たちが話していることを本当に理解する患者の能力を考慮することによってそうしたテーマに光を当てるのかもしれないと少しばかり明確に感じる。つまり，摂取する能力，複線思考と呼ばれる認知の複雑なレベルの能力をもっているということである。ロビーが感情に対してより生き生きとしていたときの次のような経験によって，私はこうしたことを思いめぐらし始めた。今に至るまで，彼には彼自身を根源とする活気はあるが，時にそれは彼を圧倒していた。

　私はロビーのことを重度の自閉症で外的世界を遮断していると思っていた。彼が7歳のときから非集中的心理療法が始まり，かなりの中断があった。やがてわかってきたことは，他の自閉症の子どもたちとは異なり，彼は隠れていないということだった。彼は迷子になっていた。週5回の心理療法に彼が来始めたのは13歳のときだった。数年後，10代後半になったとき彼の頭はより冴え始め，ついに時間感覚をもち（しかしながら，とても不安定な感覚だったが），空間的にも地理的にも適応することができ，彼の家から私の家までひとりで地下鉄で来ることができるようになった。さらに，時には彼は感情に十分にアクセスできた。もし，地下鉄が遅れたり彼が遅れて1，2分セッションに遅刻したときは，取り乱して動揺したり怒った状態でベルを鳴らしたものだった。私の胸にこぶしを握った腕をまっすぐに伸ばす身長180センチの彼に私はドアを開けるのだった。その頃，彼はボクシングを習っており，そうした光景はかなり怖かった。

プリモ・レヴィ（Primo Levi）は，『ルーツの探索』（The search for Roots, 2001）という，人生を通じて彼にとって必要不可欠だった彼の個人的な作品集の中で，有機化学における実験室の仕事における偶然の妨害に関するルートビッヒ・ガッターマン（Ludwig Gatterman）によるいくつかのアドバイスを彼はなぜ含んだのか説明している。ガッターマンのアドバイスとは次の通りである。

> 爆発物の作業はゴーグルなしには決して行うべきではない。……エーテルや他の揮発性で，可燃性の液体には火が近くにないように注意する必要がある。もし，火がついたら，可燃性のものはすべてすぐに取り除かねばならない。そして，火は水ではなく，湿ったタオルか炭素紫四塩化物をかけて消火するべきである。（Levi, 2001, p.75 から引用）

数カ月間，ロビーが興奮状態になったときには，おそらく私は水を使っていたのだろうと思う。明らかに，私は可燃性物質を取り除いてはいなかった。

私はきっと素早く，そしてうまく解釈しようとしていたのだろう。私は，「あなたはひどくおろおろしていて怒っていて，それは，あなた（あるいは電車）が遅れたからなのね。あなたは，まるで私のせいだと感じているようだし，本当は何が起きたかとか，あなたが遅れたのはどうしてだったのかを知りたくないみたいね」などと言っていた。これは，「なぜ—なぜなら」（why-because），「誰—あなた」（who-you）という，長ったらしい言葉による説明的解釈である。彼は来続けたが，依然として興奮していた。2，3カ月後，私はそれを短縮した。私は簡潔にそして，同情的に「今日はあなたはとてもうろたえているわね」と言った。これは彼の経験についての「何かといということ」（whatness）に関するコメントであり，彼が少しだけ落ち着くのをわずかに助けた。しかし，私は相変わらず「あなた」と言うことによって，彼の中に経験を位置づけていた。さらに2，3カ月後，私はたまたま（彼ではなく，二人の間の一方向から外れたあたりの空間を見ながら）「電車が時間通りに来ないときは，とても気持ちがかき乱されるわね」とか，簡潔に「遅れるのは，調子が狂うわね」と言った。これは，彼がちょっと止まって考えるのを助けた。

ブライス・ボイヤーズ（Bryce Boyers, 1989）と一緒に仕事をしているベス・スタインバーグ（Beth Steinberg, 私信, 1999）は，入院棟のスタッフは妄想的でサイコティックな状態の人には「あなた」という言葉は決して使わないことを

学んできたと言った。「あなた」という単純な言葉が，既に圧倒されている人の感情を満ち溢れさせ，非難することがある。一方，「それ」はわずかな客観性をもたらし得る。そして，患者は耐え得るだけの最大，あるいは最少のものを自分の中に取り入れることができる。いずれの場合も，ある瞬間には，「何（what）」が感じられるかが，「なぜ（why）」それが感じられるかより，あるいは，場合によっては，誰がそれを感じているかよりも優先されなければならない。

　しかしながら，より早期の，はるか彼方に行ってしまっていて空虚であった状態からロビーを呼び戻していた再生というやり方は，確かにとても異なっていた。それは，「なぜ（why）」，そして「何（what）」さえでもなく，「やあ！（hey!）」といった類のものを含んでいた。この新しい本では，こうした3つの治療的スタンスの間のつながりの可能性を発見し，それを理解することを試みる。そして，別のものよりむしろ一つの反応をセラピストから求める患者の心の状態をより詳細に検討するつもりである。本書は，分析的な仕事のレベルと意味のレベルの連続体についての3つの点を明らかにしようとしている。第1部では，代わりの意味を提供する説明的なレベル（なぜーなぜなら why-because），第2部では，意味を広げる記述的なレベル（何かということ－あるということ whatness-isness），第3部では，意味を増幅し，活気づけられるレベル（やあ！ hey!）である。他の多くの現代の論者たちは，説明的な解釈が患者に届かないとき，それよりも前のレベルは（私は，とりわけ，それは記述や増幅を通して意味を与えることを含んでいると思う），彼らが考えるのをより効果的に助けるだろうと述べている。本書が強調するのは，後者の方法は，患者の発達や精神病理的なレベルに適したところでは，前者のタイプの方法よりも劣っているとか完全ではないと見なす必要はないということである。それが理解のための強いニードを満たしているとき，それは適切だと感じられるだろう。論者の中には，これを他者の**ために**感じること，つまり他者と**一緒**にいると感じることとして記述している人たちもいる。解釈を媒介して，意味を与えるという方法のいずれのタイプも，何かということ（whatness），経験があるということ（isness of experience）に関係することである。私は，取り入れのプロセスの程度と質，および患者の象徴形成能力の程度と質の両方に関する事象に焦点を当てている。それは，よりやっかいでおそらく理解できない複線思考的なアイデアを患者に押しつけることなく，ブルーナーが単線思考と呼ぶレベルで，患者が必要とする援助を尊重している。繰り返しになるが，そのようなレベルの仕事は，それが何ではないかということよりも，

それが何かということやそれが何を与えるのかの意味をより明確にすると思う。

　私は，私たちの理解を伝えるために言葉を用いる必要はないと言っているのではない。患者が私たちの中に呼び起こす最も深い感情に触れ続けるときのみ，私たちは適切な言葉，口調，感触をなんとか得ることができるのだろう。これは，私たち自身の逆転移感情と患者の私たちに対する肯定的および否定的な転移の性質の両方へのきめの細かい注意を含む。

　さまざまなやり方でのこうした観察を私たちがいかに使っているかが，本書の主題である。

　ブラジル人の音楽学者が，審美的次元は日常的で実用本位の話しのスピードをゆっくりにし，私たちに注意を払わせることができると言うのを聞いたことがある。芸術作品は時を止めると彼は言った。精神分析的な仕事において，たまにではあるが，私たちはそれと同じことを何とかやりとげるかもれしれない。

本書の計画

　第 1 章では，連続体上の 3 つの点を概略し論じる。

　第 1 部の説明的なレベルの諸条件（第 2，3，4 章）では，2 つの部分から成る説明的な解釈のより高次のレベルを取り入れるために必要な心の状態は，複線思考や感情という能力を含むということを示したい。つまり，同時に 2 つのことを考える（あるいは 2 つの感情を保持する）能力である。情緒的な前条件は明確であり，不安や心的苦痛への耐性，そして考えることに耐える能力である。換言すると，クラインが「抑うつポジション」と呼んだものからあまり遠くはない状態である。しかし，認知機能の要素も含まれている。それは，既に自我の発達や象徴形成が達成されているということである。それらを一緒に考えてみると，これには神経症的あるいは少々ボーダーライン的な心の状態が含まれているだろう。今－ここでの転移解釈でさえ，同時に 4 つの考えについて考えていることを含んでいることを指摘する価値があるだろう。ある男の子が，学校で女性教師が他の男児をどのように扱っているかについて不満を言っている時を考えてみると，「彼女」，「彼」，「あなた」，「私」の 4 つのことを同時に考えている。しかしながら，私は転移と逆転移における思考と感情は精神分析的な仕事のまさに中心であり続けると思う。どの程度，どのくらいの頻度で患者にこのことを率直に伝えていくか（Roth, 2001）という問いが残る。3 つの章（第 2，3，4 章）では，最初に複

線思考発達のための情緒的及び認知的な諸条件，次に能力は持っていてもそれが
まだできないでいる子どもたちの中のさまざまな障害物について述べる。

　第2部の記述的なレベルの諸条件（第5章から10章）では，重度のトラウマ
体験やネグレクト体験のある子どもたちのさまざまな状況について論じる。彼ら
に必要なのは，別の意味や付加的な意味が与えられることではなく，いわば一度
に一つ一つの意味を明確化し，増幅することである。第2部の6つの章はさまざ
まな精神状態や患者の転移に関することが述べられている。彼らにはより記述的，
あるいは拡充的なレベルの治療が必要であり，時には劇化を媒介することもある
が，ほとんどの場合は，言語的であるが情緒に裏打ちされたコメントを通して行
われる。これらには圧倒的な絶望，激しい妄想的な復讐心，冷酷なサイコパス的
な残忍性，断片化（fragmentation）が含まれている。これらの章は，短く，時
にはほんのわずかの回復の兆しについて考える方法や，そうしたことに敏感であ
る方法についても書かれている。この点に関して，精神分析は何十年にも渡って
投影のプロセスを研究していることに注目する価値があるかもしれないが，今で
は患者の取り入れプロセスにも注意が向けられている（Williams, 1997）。第2部
では，患者が取り入れることができるような理解を提供しようとするためには，
より純粋に記述的レベルに向けて仕事を減速することがセラピストにとっては有
益である時期を明確にしたい。妄想-分裂ポジションの深い部分における仕事は，
患者の自己や対象の悪い部分についての分析家の逆転移におけるコンテインメン
トを含むことが認められている（Feldman, 2004）。しかし，未発達なよいものに
ついての問いに注意を向けることも重要である。そのようなコンテイニング機能
がこうした簡潔で，共感的で，記述的なレベルで生じることを述べるつもりであ
る。

記述的な仕事に特有な要素—喜びや好奇心がある時への注目

　フロイトやビオンによって提案された学習理論の補足が必要だと考えているこ
とを以前に論じたが，それは，期待はずれな現実を経験することが私たちを乳幼
児的な夢から目覚めさせ，注意を喚起し，学ぶことができるようにするというも
のである。私は，好かれているとか好きであるとかの感情や，願いが認められる
という感情などの楽しい体験は，とりわけ，わずかな希望や低い期待しか持たな
い子どもたちの場合は，注意を喚起するだけではなく，より現実的になるもので

あり得ることを述べた。剥奪体験のある子どもは，彼のセラピストの信頼性，礼儀正しさ，逆転移の応答性を発見することによって，情緒的だけではなく認知的にも注意を喚起されるかもしれない。このような注意を喚起することについての私の経験は臨床的な事象に基づいているが，今日，脳研究が乳児期の脳の成長はオピオイド^{訳注1)}やドーパミンのような神経伝達物質によって促進されることを確証していることは興味深い。それらは，養育者の笑顔，表情，声などによって引き出される（Gerhardt, 2004; Panksepp, 1988; Panksepp and Biven, 2011; Schore, 1994）（神経科学の知見と並立する可能性があるものについてのより詳細な討論は 13 章を参照）。臨床的な討論や記述のほとんどは，第 5 章から 10 章において掲載されている。私たちは，おそらく自分たちが考えている以上に，私たちの仕事の速度を緩めることによって，花瓶が水を抱えるように，十分に時を抱えることができるのだろう。

　第 3 部は増強された活性化のレベル（第 11 章，12 章）である。自閉的で，絶望的で無関心で，断片化していて，倒錯的な子どもたちとの心理療法では，私たちは別の，あるいはより前のレベルの仕事に降りなければならないかもしれず，それには，役立たずで，無価値で（価値下げ的ではなく），弱いと知覚されている内的対象，あるいは倒錯によってあまりにも簡単に興奮する内的対象をコンテインすることや**変形を増強すること**が含まれていることを示したい。患者(自我，自己，そして内的対象における欠損や損傷がある）との活動を活性化するものとしての再生という私の最初のアイデアに付け加えることを続けたい。意味があるのだと切実に主張することを通じて行う，心理療法の第 3 のレベルでの仕事方法について補足していく。空虚な患者と倒錯的な患者との分析的な仕事である，この第 3 のレベルの問題点は，感情について考えることも，感情を明確にすることさえも関係していないが，感情そのものに接近することに関係している。倒錯的な患者に関しては，彼らが習慣としている興奮の逸脱した形から生じる非常に異なった種類の感情への道を開くことを意味するのかもしれない。

　これらの章では，強化したり活性化したりするさまざまな方法，そして，嗜癖的で倒錯的なこだわりを弱める方法についての例証を述べるつもりだ。あまりにも集中的で侵入的になることと，あまりに遠く隔たっていたりあまりに弱かったりという間のバランスを取ることは容易ではない。ある種の患者が憎しみを整理

訳注 1）中枢神経抑制作用を持ち，少量で沈痛作用を示し，モルヒネに代表されるような作用を占める薬剤。

し，愛する能力を見出すまでの長い時間をかけて，いくらかの実質を持つ対象，生命力を伴った対象に関心を持つ能力が発達しなければならないだろうし，倒錯の場合には，非倒錯的な方法で興奮できる能力と強さが発達しなければならないだろう。この活性化機能は，人間の関係性のまさに基盤と取り組む仕事を含む。私たちは彼らの関心の欠如，あるいはそれゆえの倒錯的な関心に注意を向けなければならないが，時には，他の経験は興味深いし，わくわくするものであるということを示す方法を見つけなければならない。私たちは彼らの注意を引きつけなければならないし，それをいかに維持するかも学ばなければならない。ひとたびこのことが達成されると，仕事は「より高い」レベルへと移行可能だ。それは，1回のセッションの経過の中でそうなる時もある。

　本書を通じて，非常に混乱した自閉症の子どもや青年たちとの心理療法は，精神分析だけではなく，発達にも精神病理学の知見を必要としていることを主張したい。本書は手引書ではなく（非常に多数の限定や例外がそれを証明している）以前の事例や多くの新しい事例を再考し，さまざまな心の状態へのセラピストの技法的な反応に目盛りを定め，ある種の優先順位付けをしようとしている。おそらく，児童青年心理療法士は，非常に混乱したり発達的に遅れたりしている子どもたちや青年たちとの何十年にも渡る経験を十分してきたので，今こそ理論的及び技法的に首尾一貫して理解しようとする試みがあってもよいだろう。フロイト以降，精神分析家たちがしてきたように，私たちも失敗から学ばなければならない。

表と図についての簡単な覚書

　本書の表や図は，ほとんどの図表のように，あまりに概略的であまりに簡略化されている。

　表 1.1（第 1 章の終わり）は，仕事のレベルの概念を視覚可能な図式にしようとしたものである。

　図 A1, A2 と A3 は（付録部分），妄想 - 分裂ポジションから抑うつポジションへの発達についてのクライン派の理論を私が推敲し拡張したものを視覚的に概念化しようとしたものである。図 A1 はクラインが描写した抑うつポジションのいくつかの特徴を描いている。しかし，図 A2 と A3 はクラインのモデルとは異なり，妄想的・迫害的状態と分裂的・空虚な状態の間を区別している。これらの

図表は，例えば，陽性感情が躁的防衛へと高まることや，否定的な感情が嗜癖的，あるいは倒錯的でサディスティックな破壊性へとつながっていくとき，あるいは，最後のグラフに描かれているような空虚で受動的な状態は，私たちのために他者を活動させたり生きさせたりするものとして使用，あるいは誤用されるときといった精神病理に関するあらゆる問いは除外している。そして，もちろんそれらは，私たち臨床家が日々取り扱わなければならない（そして私たちが魅了されている）人間の心の多種多様な複雑性を正当に扱ってはいない。

第 1 章
心理療法の仕事のレベルと病理のレベル

目盛を定める仕事

はじめに

　ここ数十年でボーダーラインや深刻な障害を持つ患者について,「洞察」と「より原初的なレベルの理解」の2つの異なった水準の治療のどちらが有効かについて多くの議論がされてきた。その議論に同意はするが，この章ではその2つよりも原初的な「第3のレベル」が必要であることを示唆しようと思う。また，この3つのレベルはそれぞれ「意味のレベル (levels of meaning)」という連続線上に位置づけられ，相互に関連していると提起する。その第3のレベル（その病理とそれに応じた技法）では，自閉症・解離・絶望的な無気力など感情のない状態の患者や，興奮が逸脱した状態の患者にとって，そもそも感情や意味は重要なのかという疑問が提起される。

　最初の2つのレベルに関する議論はさまざまな言葉で言い表されてきている。例えば，患者が感情に対して責任を持つことの必要性と分析家によるコンテインメントの必要性のバランスとして言及される (Bion, 1962b；Feldman, 2004；Joseph, 1978；Steiner, 1994)。別の説明では，洞察かメンタライゼーションか (Fonagy & Target, 1998)，解釈かプレイか (Blake, 2008) などがある。他にも，「認識の瞬間」の際には情報処理の「手順」の様式が大切なのであり，解釈を超える何かが重要であるという点が強調されることもある (Sander, 2002；Stern et al., 1998)。ショア (Schore) は，より深刻な病理のレベルでは患者とセラピストの「大脳辺縁系システム間の会話」が要求されると強調した (Schore, 2003, p.147)。ボッテラとボッテラ (Botella&Botella, 2005) は，記憶痕跡が表象的なものというよりも「健忘症的なもの」である患者にとって「表象形成の仕事 (work of figurability)」を分析家が行う必要性を示唆している。より最近では, タッシュ

（Tuch, 2007）は解釈以前の作業で内省機能を促進する技法について論じている。

　クライン自身は，パーソナリティの乳児的レベルの偉大なる探求者であり，前言語的な情緒や空想が「感情による記憶」として転移状況に再現することを指摘した。また，クラインは「私たちは意識の領域から言葉を無意識の言語に貸すことなしに，無意識の言語を意識に翻訳することはできない」（Klein, 1957, p.180）とも言っている。子どもの心理療法士のリャナードとホーン（Lanyado and Horne, 2006）はかなり障害され行動化する子どもや青年と移行領域（transitional area）で作業する方法について模索している。ブレイク（Blake, 2008）は剥奪を受けた攻撃的な青年との袋小路を救うためのユーモアの重要性を強調している。第2部と第3部で，感情による記憶や，さらに悪いことに深刻に失われた感情に近づこうとするため，さらにはそれとコミュニケートするためには，言葉を超えていく必要があることを示そうと思う。そこでは私たちが適切な言葉，特に適切なトーンを選択する上で，自身の情緒，さらには情緒的な逆転移反応さえ利用することを考慮する必要があるだろう。

　ロス（Roth, 2001）は転移解釈の4つのレベルを識別している。それは外的世界の関係の意味についてのコメントから分析関係の今ここでの実演（enactment）まである。後者のほうのレベルが分析の中心であるものの，分析家は，患者が自分の世界についてより豊かで正確なイメージが得られるように，患者の経験の風景を患者に従ってできるだけ広く探索していく必要があると示唆している。しかしながら，ロス（Roth）は，特定の強い解釈をしようとするときの，その時点におけるその患者自身の罪悪感を担える能力について述べている。これは少なくともこの時点では，ロスはレベルの選択は患者が解釈を聞くことのできる力次第であると考えていることを示唆している。ただし，彼女の議論の主な狙いはすべてのレベルで仕事をすることからもたらされる有用性と豊かさである。そしてこれらすべてのレベルの解釈が洞察をもたらしうると主張しているようである。しかし，前述した著者たちの主要な関心は，洞察を与える解釈が不適切であり，最初に何か他のことが必要とされているような条件を特定しようとすることであるようだ。

　アンナ・フロイト（Anna Freud）はこの問題を伝統的な一者心理学の観点で，鮮やかに提起している。ハムステッド・クリニックの同僚との防衛概念についての議論の際に，彼女はパーソナリティが構造化する前に必要なものについて言及していた。彼女は「家が建っていなければ，そこから誰も追い出せない」（投影の機制の使用）と言っている。さらに，ジョゼフ・サンドラー（Joseph

Sandler）はそこに「地下室に放り込むこともできない」（抑圧の使用）と付け加えた（Sandler & Freud, 1985, p.238）。深刻な剥奪を受けた子どもの治療を行っているクライン派の対象関係論者はそれに同意するだろうが，基本的に2つの家が建てられているかが時に問われるということを付け加えるのを望むだろう。一つは自己のための家であり，もう一つは内的対象のための家である。サンドラー（Sandler, 1996, p.281）とハリー（Hurry, 1998, p.34）は，アンナ・フロイトよりもさらに踏み込んでいき，発達を志向する心理療法と精神分析的な仕事との間の区別は間違っていると主張し続けている。ここで私が強調しようとしているのは，精神分析的な仕事は，発達と精神病理に裏打ちされる必要があり，患者の「取り入れ」の力を考慮に入れる必要があるということである。

　ダ・ロチャ・バロス（Da Rocha Barros, 2002）は，思考可能性（thinkability）**へと向かういくつかのステップ**は，夢の中の情緒的な絵文字（pictogram）によって提供されうると指摘する中で，一つの連続体という考えを導入している。彼は思考可能性の現れの早期の段階では，視覚的・劇的なイメージはまだ考えられるプロセスにないが，無意識的空想の下層にある，力強い表象的・喚起的な要素を含んでいることを主張している（p.1087）。彼は分析家がそのような早期のステップに対して，異なった類の解釈で反応すべきかどうかには言及していない。しかし，それらが変成（transmutation）やワーキングスルーにつながり，象徴機能や言語的な理解へと至ることには言及している。ムーア（Moore, 2004）は，トラウマを受けた子どもでは，描画が象徴的な「表象（representation）」として形づけられるのではなく，真に象徴的ではない「再現（re-presentation）」として現れやすいとしている。心理療法を通して，子どもの描画はより自由で，より真に表象的になっていく傾向がある。彼女はこの変化を，トラウマを受けた成人が第4段階睡眠において悪夢からREM睡眠での夢へと変わっていくというハートマン（Hartmann, 1984）の観察と結びつけている。そして，REMの夢こそが，トラウマが心の中で処理と消化をされたこと，あるいは消化されつつあることを示すのである。

　ダ・ロチャ・バロスやムーアのように，私も一つの連続体という考えを提供する。しかし，それは障害のレベルや自我の発達（対象の発達）のレベルに応じて，どのようなレベルの介入をするべきかを考慮したものである。したがって，ここには患者の取り入れの力に留意することが含まれるだろう。ダ・ロチャ・バロスは成人の患者における思考発達の特定のステップのモデルとして夢という媒介物を

提示した。それに対して私は，さまざまな心的／情緒的な発達状態にある子ども
や青年の患者と遊びや会話を通じて，患者に意味をなす（届く）ようなやり方で
どう接触するかを考慮している。セラピストが理解を言語化し，表現し，また心
をかき乱す逆転移をプロセスすることが，患者の象徴化を促進するかもしれない
し，妨げになるかもしれない。これから記す事例においても，ダ・ロチャ・バロ
スが提案したようなワークスルーに向けたステップが問題になっている場合もあ
る。しかしながら，他の事例では，ただ痛みや不安を処理するという問題だけで
はなく，安堵や快適さ，さらには自分の対象の面白さや受容性（receptivity）と
いったものがおそらく全く新しい経験であり，それらを取り入れることができる
かが問題となる。したがって，私たちは，バロスによる「〜に向けた取り組み」
というもう一つの用語を強調したいし，さらにワークスルーと言うより「取り入
れ」といった言葉を付け加えるだろう。

　取り入れ，内在化，同一化はこれまでも問題になっている。クラインは以下の
ように書いている。「乳児期にとても好ましくない条件に実際にさらされていた
場合，回顧的に良い対象を確立しても早期の悪い経験を取り消すことができない
のは疑いようもない。しかし，分析を受ける中で，分析家を理想化に基づいたも
のではなく，良い対象として取り入れることができれば，それまでにほとんど欠
けていた良い内的対象をある程度提供することができるのである。」（Klein, 1957,
p.90）。現在，ビオン，そして発達学者や神経科学者に学ぶところによれば，考
える能力，そして解釈を取り入れる能力には，認知的機能と情緒的機能の両方，
すなわちアーウィン（Urwin, 1987）の言う認知／情緒機能が関与している（Bion,
1962b; Panksepp, 1998; Schore, 1994; Trevarthen, 2001）。それは部分的には自我・
自己・対象の発達がすでに達成しているレベルに左右されるが，その特定の瞬間
の情緒的な混乱のレベル次第でもある。その混乱が高まれば，それまでに発達し
た自我や象徴機能は阻害されうるのである。

　神経科学者たちは乳児期の社会／情緒的なトラウマやネグレクトが行動上の発
達や心理的発達に影響するだけでなく，脳の成長にも影響することを示してきた。
トラウマの後に生じる解離や，おそらくは自閉症により生じる無関心や引きこも
りは，その人物を情緒的・認知的な発達の経路から逸脱させ，それによって感情
やそこに関連する脳の部分の成長を深く阻害する（Perry, 2002；Schore, 2003）。
実際に，眼窩前頭皮質という他者の心と自分の情緒を共感的に理解するのに不可
欠な部分は，ほぼすべてが出生後に，特に乳児と他の人間との相互作用を通して

発達する。ロビーは重篤な自閉症とトラウマの両方に苦しむ少年であり，最終的には彼の心を使い始めた頃でも，彼の心や脳の一部はまるで委縮しかかった筋肉のようで，突然引っ張られ，不規則に動き出し，息を吹き返すようだった。当時は，脳に関する現代の知見は利用できなかったが，現代の研究から私はロビーの脳と心にそのような出来事が起こっていたと信じるようになった（関連する脳神経の研究については 13 章を参照）。

　本書の序文の中で，私は遅刻するたびに荒れ狂うパニック状態となるロビーを手助けする方法を見出す中で取るようになったステップを記述した。それは私が彼の感情を記述しようと試みる際に「あなた（you）」という言葉を避けるようになったということである。私は感情を指摘する際に「～時にはイライラするわね」と言うことから始めたが，これが必要不可欠なパースペクティブ（バランスの取れた視点）を可能にしたようだった。これにより，彼が耐えられるだけの少なさではあるが，できるだけ多くを取り入れることができるようだった。特定の瞬間には「なぜ」感じられたかよりも（また，私が以前に述べたように，「誰が」感じたかよりも），「何が」感じられたかを優先する必要があるだろう。

　そこで，もし私たちが，アンナ・フロイトが言う家やメラニー・クラインの 2 つの家（自己と内的対象）を建てる仕事に従事することになるなら，その家の基礎から始める必要があることを提起する。間主観性学派の人たちは，この問題を自己の欠損の問題としてきており，発達上の停止（arrest）を補おうという目的での防衛的な方略と葛藤する願望に対する本来の防衛との間の相違について記述している(Stolorow & Lachman, 1980)。クライン派の言葉で言うなら，欠損を「乗り越えよう」としているのか，欠損を防衛しようとしているのかの区別として考慮したいだろう（Klein, 1937）。

　本書においては，ここで欠損の問題にもう一つ別の次元を付け加えたい。それはある種の患者には内的対象の欠損が存在するということである。このことは，対象に対して興味がなく，対象は（脱価値化ではなく）価値がなく，利用できず，おそらく心が無いと体験されていることと関係している。また，倒錯的で，ときにサドマゾ的になり，興奮しやすい対象とも関係している。数年前，私は「こころの再生（reclamation）」という用語で強化レベル（intensified level）の介入を提案した（Alvarez, 1992, 1999）。それは，絶望的なほど切迫した逆転移に反応する介入ではあるが，ロビーのように心的な死の危険に瀕している患者には必要かもしれない。上述したように，後のさまざまな経験から（活気づきすぎて，ほ

とんど精神病的なほどに興奮したロビーとの経験），さまざまな状態にいる彼や彼のような人に接近しようとする私の試みを，聞いてもらえるようにするための条件について考えるようになった。

　フロイト，クラインからビオンを経て，自閉症の専門家へと続いている理論と技法の歴史的な展開は，いわばトップ・ダウンの展開であったが，臨床的，精神病理的，発達的な研究を考慮に入れるならば，それらは逆の順番で発達していくとみる必要があるということを私は提案する。私の記述は，アンナ・フロイトの言う家の最も上の水準から最下層のフロアやその土台の部分へと下がっていくことになるが，それは解釈が経験や空想に意味を付与する３つの方法について目を向けていくことでなされる。シェーファー（Schafer, 1999）は，解釈学的なモデルを使用しているからといってそれが「考えなしの相対主義（mindless relativism）」という含みを持つ必要はないことを指摘している（p.347）。そして，ここで引用した分析家やセラピストが一つの仕事のレベルのみを支持していないのは確かである。私は技法を拡張する方法を開示してくれた特定の論文を引用しているだけである。さらに言えば，分析の仕事がこの３つのレベルに整然と分かれることを意味していない。以前にも精神分析的な地図はあり，その卓越したものはビオン（Bion, 1963）のグリッドであったが，私はここで象徴の発達のレベルと技法を関連付けることを目指している。これらのそれぞれ連続体上には３つのレベルの間に多くの点がある。ただし，それら３つの点には，いわば土台から少しずつより高次の象徴機能に向けて上がっていく際に認められるステップが含まれている。まず，ある種の患者は感じることができ，意味を発見できるよう手助けされる必要がある。時にはその何か[訳注1]は他の誰かにとっては避けられず大切なものであるという経験によって媒介される。次に，感情は同定され，探索され始めうるだろう。その結果，別の意味がつけ加えられるようになり，聞き取られ，取り入れられていくだろう。

上位から下位レベルまでの技法の連続体

説明的なレベルー別の意味を示す

　フロイト（Freud, 1893 ～ 95）は，パーソナリティの抑圧もしくは置き換えら

訳注 1）後に感情や意味として感じられるもの。

れた部分とそれに対する防衛との結びつきについて説明する解釈が持つ力を発見した（あなたの脚が麻痺しているという信念は，看病の際に死にかけている父親に抱いた敵意への無意識的な罪悪感によるものである）。これは「……なのはなぜかというと……だから（Why-because）」というタイプの解釈である。クライン（Klein, 1946）は投影についてのフロイトの仕事を洗練し，拡大させて，パーソナリティの一部分が分裂され他者の中に投影されることを強調した。これは別の種類の説明的な解釈，すなわち，分裂・排除され投影されたパーソナリティがどこにあるかを探し出したり，その位置づけをし直したりする解釈を導いた（あなたは自分が劣っているという感情を取り除くために私に劣っていると感じさせようとしている）。これは，「……なのは誰かというと，あなた……（Who-you）」もしくは「……なのはどこかというと，……である（Where-there）」というタイプの解釈である。どちらの解釈も，ある意味を別の意味に置き換えるような傾向があり，無意識を意識に，所持できなかったものを所持し直せるものに置き換える。ビオン（Bion, 1962b, 1965）は投影同一化と逆転移とを結びつけたが，彼は患者から向けられる投影同一化は，患者に再び戻される前に，分析家の心の中に強く感じ取られ，そこでコンテインメントと変形が必要とされることを指摘した。

記述的なレベル—意味を帰属させるのか，それとも拡充するのか

しかし，ビオン（Bion, 1962b）はさらなる点へと進めていった。彼は投影同一化には，単に防衛や破壊的な動機に基づくものだけではなく，必要とされるコミュニケーションを目的として起こるものがあることを示した。ジョセフ（Joseph, 1978）とシュタイナー（Steiner, 1993）は，この種のニーズに注意を向け続けていた。つまり，ある患者に対しては，分析家は投影同一化をある瞬間には患者に戻さずに，コンテインしたままにしておくことが不可欠だということである。分析家は，患者の中の失われた部分を探索し，患者が自身で取り戻せるようになるまで，それを分析家の中に住わせておくことが必要である。この患者の投影のニーズに対するより受容的な態度は，あまりに早くに説明的な解釈を行わず移行対象自体に（矛盾した）意味を含ませておくというウィニコット（Winnicott, 1953）の考えと似ている。健常な発達という視点から親子のコミュニケーション，そしてそれが乳児の心の健康に及ぼす影響を研究している研究者は，心的・情緒的な状態の共有が起こるプロセスを特定してきており，より単純で，共感的で，（意

味を）拡充させるような言葉かけは，患者の考えを圧倒しないので，心の中の感じることのできる部分にも考えることのできる部分にも同時に届くという可能性にも言及している（Stern, 1985; Trevarthen, 2001）。上述したクライン派の分析家たちは「誰に代わって感じるか」という現象を記述しようとしていて，発達学者は「誰と感じるか」ということを記述している。どちらもかなり根本的なレベルの理解をコミュニケートしようとする仕事にとっては中心的であろう。意味を与えるどちらの方法も，経験が何かということ（whatness），その経験があるのかということ（is-ness）に関係する解釈になる時に，患者の取り入れのプロセスの程度や質と私が提案したように象徴形成の能力のレベルの双方に関する問題を提起する。それは，患者に高すぎる要求や理解できない可能性がある複線思考（two-tracked ideas）[訳注2] を強いたりせずに，単線思考（one-tracked thinking）のレベルでの手助けを求める患者のニーズを尊重する。こうしたレベルでの仕事は「それが何でないか」よりも「それが何であるか」に関するものであると定義した方がいいかもしれない。

さらに先行されるレベル－強化レベル－意味を主張すること

　これまで述べてきたように，内的対象の欠損もしくは障害を被った患者の存在から，ここに別の次元を付け加えたいと思う。これは面白くない，価値が無い（脱価値化ではない），活用できない，心のない対象，もしくは倒錯的に興奮した対象と関わっている。ここで必要とされるレベルの仕事は，説明的なレベルと記述的なレベルのどちらよりも優先する必要があるだろう。最も深刻なレベルの精神病理，それゆえ最も極端なレベルの技法においては，自閉症や，慢性的なトラウマによる解離，絶望やネグレクトによる慢性的な無気力により情緒がない状態になっている患者にとって，感情や意味は重要なのかという疑問が提起される。そこには欠損がより一層深刻であり，対象はとても離れているか弱いのでほとんど存在しない状態であった。また，解離や冷淡さがどこで倒錯的な動機を引きつけ

訳注2）これらの概念は，後に詳述する発達学者ブルーナー（Bruner, 1968）の仕事に基づいている。複線思考は，0歳児の発達において，一つのことを中断して別のことに目を向けたのち，また元のことに戻っていける能力の発達に言及している。Alvarezは，自閉症児にこうした思考が大変難しいことに注目している。この線路（track）という概念は，考えの流れ（train of thought）という概念と密接に関連していると思われる。それは，以下に展開される，第3のレベルにおいて，線路に乗せるか乗せないかが問題となっているという表現につながっている。

てくるかという疑問も提起され，そこでは生きた内的対象とのつながりは衰退していくだろう。

この最後のレベルの仕事は，心的生活と対人関係的生活の土台であり，聞くこと，感じることができない患者にどう聞いてもらうかという問題に向けられている。その患者の状態はおそらく自閉症や，慢性的なトラウマによる解離，絶望やネグレクトによる慢性的な無気力によるものである。これは単線思考か複線思考かといった問題ではない。患者が深く損なわれている（身を潜めている）状況にあるのを，まず線路（track）に乗せたり，線路に戻したりすることをどう手助けするかという問題である。また，家の比喩に戻れば，ある回復しつつある自閉症の青年がそう述べていたように（Edward, 1994），患者を「堅固な地面に」乗せる手助けをすることである。危うくなっているのは，単に弱い自我ではなく，自己の感覚における大規模な欠損である。それは，自己と内的対象の両方の欠損のことであり，そこではどちらもが死んでいて，空っぽで，活用できないと体験されている。そこにはしばしば関わることについて絶望を超えた慢性的な無気力がある。そこでは何も期待されない。グリーン（Green）は，乳児期に母親の突然の抑うつを経験していた患者のケースで似たようなことを記述している。彼は，母親の悲嘆や喪失による母親からの愛情の突然の喪失への防衛として，「母親対象の脱備給と死んだ母親への無意識的な同一化」を記述している（Green, 1997, p.150-151）。しかし，ここで私が考えているケースは，母親の引きこもりがより慢性的であったり，患者の引きこもりがさまざまな条件のもとで「関心が呼び起こされていない状態（undrawal）」であったりするケースである。ボブ・ディラン（Bob Dylan）は似たようなことをより攻撃的に「俺は誰の目の中にも何も探してない」（Dylan, 1987）と表現している。ただ，ディランは自分が探していないことを知っているが，ある種の子どもたちはそれを知らない。

これらの臨床的な問題は，自閉症の中で特に「関心が呼び起こされていない」という特徴を持つタイプや，深刻な剥奪や虐待を受けた子ども，また倒錯的な子どもとの間でさまざまな仕方で生じる。「心の再生」，すなわち切迫感のある強力な逆転移にセラピストが反応して子どもの関心をひきつけようとする行動は，健常ではあるがいくぶん抑うつ的で関心をひきつけにくい乳児を目覚めさせ，引きつけるために母親が普通に行う対処方法の極端な形態であることを私は示してきた（Alvarez, 1980, 1992）。その後，私はこの技法は特定のタイプの自閉症や剥奪があり自己と対象の感覚に深刻な欠損があるケースにのみ大切になることを明言

した（Alvarez, 1999）。そのような仕事は患者を心と意味に目覚めさせることを含んでいるだろう。それはビオン（Bion, 1962）の言葉で言えば，とても限られたものではあるが，ほとんど経験されなかった期待（前概念作用［preconception］）[訳注3] の現実化を提供する。現実化が起こらないと，前概念作用はおぼろになり，さらには衰退していくだろう。私はここで子どもや青年との仕事について考えているわけであるが，ティッチアーニ・ピエラッゾリ（Tiziana Pierazzoli, 私信，2002），ジョン・マックリーン（John McLean, 私信，2003），ダイレクター（Director, 2009）は，心の再生の取り組みが，ある慢性的で孤立したシゾイドの成人との仕事にも重要かもしれないことを示唆している。子どもの心理療法士もまたこの概念を活用してきている（Edwards, 2001；Hamilton, 2001；Music, 2009）。そして，ターニャ・ネジック（Tanya Nesic, 2005）はアスペルガーの患者との仕事は一定の「ミニ‐心の再生」のプロセスを含むことを提案している。

　リード（Reid, 1988）は似たような，より強化した介入を記述している。「心の再生」がセラピストとの接触に子どもを引きつけることを指すのに対して，リードはセラピストがいかにおもちゃや部屋の中のものに対する子どもの関心を引き起こすかということに関して書いている。彼女はこれを関心や意味の「生成（generation）」や「実演提示（demonstration）」と呼んでいる。彼女は，この方法をロビーに似たようなある種の自閉症患者に対して，限られた瞬間にのみ用いているようだ。

　ところで，死んだ内的対象を持つ絶望的なほど受け身な患者と，ジョゼフ（Joseph, 1975）が記述したような対象に関心や気遣いを投影して，対象は生気や活動性を持たされるのに対して患者自身はそれを持たないようなある種の患者との区別は不可欠だろう（両方の状況が当てはまったシゾイドのボーダーライン患者の例がある。私はまれなことだが，投影された感情の部分を患者に戻そうとしながら，それを私自身が抱えたり，私のこととして表現したりするといった両方の対応を取ろうとした（Alvarez, 1992, p.88））。また，シュタイナー（Steiner, 1993）が記述した「心的退避（psychic retreat）」を含むような要素から，心の砂漠のようなものの中に見られるほとんど萎縮している要素を解きほぐしていくことも不可欠である。乳児期における心の砂漠は，大人へと発達していく過程に

訳注3）Bion が提起した，乳児が生得的に持っている概念可能性。例えば，「養育的母親（乳房）」という概念可能性を乳児は生得的に持っており，実際の養育的な母親に出会うこと（すなわち現実化［realization］）で，それは概念として乳児の心に定着していくとされている。

おいて，防衛的もしくは嗜癖的な動機を集めていっている場合もあり，これらの動機に対して精神分析的な注意を払っていく必要があるのは確かであろう。しかしながら，対象が回避されているというよりも，遠く距離が離れていたり弱すぎたりすることでほとんど見つけられないという欠損の問題が付随したり潜在したりしていることもある。そのような心の状態では患者は隠れているのではなく，行方不明になっているのである。退避は少なくとも行くべき場所を提供するが，砂漠は何も提供しない。

３つのレベルそれぞれの治療的仕事と対応する患者の心の状態の詳細

説明的な解釈－そこに必要な前提条件

　ここで喪失や嫉妬による怒りについてのありふれた解釈の一例を示す。患者は精神病質でもボーダーラインでも精神病の状態でもなく，比較的良好な神経症レベルであり，そこでは「あなたは・・・だから，不機嫌で（cross），怒っているのですね」のように言うことが確かに役立つ。これは患者がそこでは罪悪感や愛情や自我を持つ力がある程度あることで，自身の攻撃性についての洞察を処理することができるようになる。しかし，ここにはすでにある程度の自尊心も築かれている。

　最近，ある青年期の少女が週末の最後のセッションにとても拗ねた様子でやってきた。彼女はきょうだいのせいでセッションに30分遅れたと説明したが，それ以上話すことを拒み，私に背を向けて座り，完全に私に対して苛立っていた。ボーダーラインや精神病質の患者はこのような失望や混乱から回復するのに数週間はかかることがある。実際に，彼らは怒りや憤慨のみを感じているわけではないのだろう。彼らは混乱や絶望，冷淡さがさらに強まるように体験しているかもしれない。しかし，リンダには次のように言うことができた。「あなたは私に完全に怒っているのだろうね。だって，今日のセッションがこんなに短くなったし，特に今週の最後のセッションでもあるから。それは私が悪いに違いないってことね」。彼女はくるりと振り返って，「そう，それに私来週は試験だってあるし」と言った。彼女はかなり早くに落ち着いた。これは彼女の怒りの解釈としては十分だった。ただ，彼女の自暴自棄を考えたり，彼女自身のものでもあった不当さを彼女に感じさせたりするには十分ではなかった。ボーダーラインの絶望している人たちはこのような感情を私たちがコンテインしておくことを必要とするが（6章の「道徳的命令法」を参照），リンダはそうではなかった。彼女は自分で立ち向かう

ことができた。そこで取り組む必要があったのは彼女の怒りだったのだ。彼女が
この段階に至るために，多くの重要な情緒・認知的発達が彼女の生活の中でずっ
と前から起こっていた（これらは第1部で論じようと思う）。

　このようにより高度な解釈のレベルは，2つの部分を持つ解釈を含み，それ
ゆえ複線思考の力，つまり2つの考えを同時に同等かつ完全に考えられる力
（Bruner, 1968）が仮定されている。情緒的な前提条件は明らかで，不安や痛み
に持ちこたえる力，考えることに耐えられる力，言い換えれば抑うつポジション
からそれほどかけ離れていない状態である。しかし，ここには認知機能の要素，
つまりそれまでに達成されている自我の発達と象徴形成の要素も含まれている。
併せて考えると，これは神経症やそれほど重くないボーダーラインの心の状態で
ある。ブルーナー（Bruner, 1968）は，「括弧に入れて考える」力や保持したま
までいる力と呼んだ認知能力の発達について記述している。ブルーナーの研究で
は，新生児の単線的注意と呼んだ状態（吸うだけ，もしくは見るだけ）から，生
後4カ月ほどで多かれ少なかれ同時に複線的に調整する能力を持つまでの乳児の
発達を観察した。ブルーナー（Bruner, 1968, p.18-24, 52）は，この最終段階[訳注4]
を「一時保留状態（place holding）」（誰かの話を聞くときに，読んでいた本の行
に指を置いておくような感じ）と呼んでいる。

　ブルーナーの複線思考と類似したことを記述している研究者もいる。ビオン
（Bion, 1950）は，精神病の患者が「両眼視」が困難であることを述べているし，シー
ガル（Segal, 1957）は象徴機能の達成において抑うつポジションの発達の重要性
を提起している（深い情緒的なレベルで括弧の中に入った考えや感情では，愛と
憎しみはもはや分離しておらず統合されているが，不鮮明になったり，混合した
りはしない）。また，ビオン（Bion, 1955, p.237）は，考えがいかに人のように振
る舞うかについても記述し，例えばお互いに主導権を握ろうとすると記述した。
これに加えて，私たちを追いかけ，とりついたり，互いに追い立てあったり，さ
らに詩や他の芸術において時には調和を持って結合するとも言えよう。健常な子
どもは，ある考えを保持して，その考えの中にある考えで考えたり，その考えを
超える考えを考えたりすることができる。一方で，ボーダーライン患者（精神病

訳注4）ここで Bruner が想定しているのは以下のステップである。①授乳中は目を閉じてい
　　　る状態から，②吸うのと見るのを交互にできるようになり始める時期を経て，③何
　　　かを見ている間は母乳を飲んでいるわけではなく，吸いつくだけで飲むのは弱める
　　　［soft-pedal］ようになる。最終段階とはこの③を指す。

的な瞬間には）は，具象的で，単線的であり，象徴等価（symbolic equation）^{訳注5)}
や過剰な分裂と投影という危機の中で，心の状態があまりにも一面的であること
によって圧倒されている。もし彼らのこうした切迫した命令法的で一面的な心の
状態を飛び越そうとすると，早熟な統合をさせてしまう危険性があるだろう。

　ブルーナーは，一時保留の感覚が促進される，または妨げられる条件について
議論していないが，精神分析家は二者から三者（エディプス）関係への移行に含
まれる情緒性がこの種の深い思考能力の発達に主な役割を果たすことを提起して
いる（Britton, 1989；Klein, 1932b, p.183-184）。2章で乳児がこの能力を利用する
例を示す。これは対象の2つの異なった見方を心に留めることのできる能力であ
り，それは時に両方が肯定的なものでもあるようだ（例えば母親は近くにいて，
離れもするけどそこにいる。母親は吸うこともできるし，見ることもできる。母
親は父親と話しているけれど，私のことに気づいてもいる。母親は父親と話して
いる背景で私のことを待っている）。その能力が，象徴形成の発達に一定の役割
を果たす。またそれは，2つのかなりかけ離れていて反対の考えや感情（愛情と
憎しみ，もしくは愛情と喪失）を同時に抱えておく抑うつポジションの力の重要
な先駆となる。

　しかし，いくつかの考えを同時に保持できる能力には更なる情緒的な要素があ
るが，これは2章で議論しようと思う。それは，特に喜びと自信，主体感，単線
的な経験以上の経験から得られる豊富さや期待などといった要素である。そこに
は別の考えに向かっているときでも，ある考えが自分の心の奥に留めておけると
期待できる信頼という要素がある。同様に，そこには自信や冒険の感覚といった
要素もあり，例えば歩くことを学ぶ時や新しい考えを探索しようと進む時に含ま
れる勇敢さが潜在している。これは全てビオン（Bion, 1967）の卓越した視点，
つまり考えと考えとの間の関係は人間同士の関係や自己と他者との関係と同じよ
うに動くようだという視点を継いだものと見なせる。

記述的なレベル
―自我の欠損を持つ患者に単に意味を与えること，あるいは拡充すること

　病理が深刻であったり，学ぶことの困難があったりするため（自閉症，トラウマ，
ネグレクトによって），たとえ近い流れであっても，二つの考えを一緒に考える

訳注5) Segal（1957）が記述した具象思考の一種であり，象徴するものと象徴されるものとの
　　　区分が消滅した思考形態を指す。

ことができない子どもも多い。彼らにとっては，さしあたり対象のある側面（例えば，明るさ）や自己のある側面（私の声はもっと大きくできる！）といった性質を単に探索することは，彼らの心が成長するためには十分である。多くのいわば学習障害のある患者には，潜在する「好奇心の障害（wondering disability）」のようなものを見出すことができる。私はさまざまなレベルの病理がここでの3つのレベルに対応するという含みを持たせてきたが，患者は整然とした診断分類に当てはまり続けようとはしないものなので，ここでのレベルというのはさまざまな心の状態に対応していて，もちろん同じ患者が同じセッションの中でも違う瞬間にはどれもが起こりえると言った方がよいだろう。かなり前にグラーバー（Glover, 1928a）は「空想を転移解釈することでは不十分」であり，「一般的なルールとして，私たちが次にする転移解釈は転移上での防衛の現れと関連することになるだろう」と指摘した（p.18）。そして，彼はまたボーダーラインの患者には注意深く調整しながら少しずつ解釈を投与することを推奨し，早すぎる解釈は危険であると戒めている（Glover, 1928b, p.213）。

　ビオンは，考える能力の発達の2段階を記述した。最初に前概念作用（期待）は，概念が生まれるためには現実化と出会う必要がある。そして，次に概念は，考えが生まれるためには欲求不満と出会う必要がある。興味深いことに，彼は最初の段階にはほとんど言及しなかった。彼は2つ目の段階により大きな関心を払ったようだった。彼は，真の学びは，欲求不満を回避するための方法かそれを修正するための方法かの選択次第であると考えた（Bion, 1962, p.29）[訳注6)]。そして，欲求不満に耐えることと現実を知覚することを結び付けた。前概念作用が現実とつながうという考えは，一次自己愛（Freud, 1938, p.150-151），共生（Mahler, 1968），錯覚（Winnicott, 1953）の理論に含まれる（何の欲求不満もなく）完全に（母子が）適合している（fit）状態がどういうものか考えるヒントを提供してくれる。すなわち，そのような状態は半ば眠っているような，意識が薄い状態と言えるだ

訳注6)　つまり，欲求不満や対象の不在が，考えることを促進し，情緒発達を促すという点を強調した。

訳注7)　Bion の理論は，これら「完全な適合」もしくは「母子融合状態」，すなわち前概念作用が現実化とつながっているだけの状態では考えることの成長には不十分であり，不適合，欲求不満，不在などが考えることの成長を促すために必要であることを示唆する。

訳注8)　後に詳述されるように，欲求不満ではなく，「こんな面白いものがあったのか」「こんなすばらしいものがあったのか」という驚き，すなわち期待が現実化と出会う瞬間を指すと思われる。

ろう[訳注7]。しかしながら，赤ん坊は，心地よい驚き[訳注8]によって，覚醒水準が
とても高められ，認知が刺激されるかもしれないのである。それゆえにビオンの
最初の段階[訳注9]，つまり接触の瞬間，あるいは「出会いの瞬間，もしくは認識の
瞬間」（Sander, 2000）の取り入れについては，更に詳細に研究していく価値が
あるだろう。こうした瞬間に起こる，理解されているという感覚は，単純な適応
モデルや欲求充足モデルとは関係なく，それ自体が「適切だと感じられる（feel
right）」ものかもしれない。実際にそのような経験は正確には出会いや認識を伴
うわけではないかもしれない。つまり，喜ばしい驚きという要素によって，こう
した経験は赤ん坊の心に活力を与え，考えを喚起するものになるのである。

　いずれにしろ，このレベルの仕事は，単に意味を（何かに）帰したり，単に意
味を与えたりする以上のものが含まれている。ここで提案するものは，ジョゼフ
（Joseph, 1978）による投影同一化をしばらくコンテインし，投影の早すぎる返し
をしないという着想の領域や，スタイナー（Steiner, 1994）の分析家中心の解釈
の重要性に関する領域にある。これはウィニコットが移行的な領域にある逆説を
尊重すること，つまり，移行対象をただちに対象か自己のどちらに属しているか
特定しない考えとも関連している。スターンのような発達学者によって提示され
た，心の状態の共有や情動調律という考え，そしてトレヴァーセンによる心ある
仲間（mindful companionship）という考えとも関係している。

　ボーダーラインの患者への技法として，ショア（Schore, 2003, p.280-281）の以
下の2つの提案も重要である。「（一つは）それまでの発達の中で関係性によって
調整されたり，内的に表象されたりすることもなかったような，無意識の情動を
特定したり」認識したりすること。（もう一つは）そこで，習慣的な顔の表情や
声の調子などで表現される一つ一つの情動を特定するだけではなく，その激しさ，
特に情動状態の持続時間と変わりやすさに気を配るアプローチである。このよう
な患者のセラピストは，スターンの言葉で言うところの患者の「生気情動（vitality
affects）」，すなわち情動の形，激しさ，時間的広がりに注意する必要があるので
ある。それは，情動の内容と同じくらい注意を払う必要があるし，それが他の情
緒とどう結びついているかよりもはるかに大切なのは確かである（Stern, 1983,
p.53-60）。「あなたは今日とてもイライラしているね」だけではなく，「あなたは
まだひどくイライラしているのよね？」と言えるかもしれない。また過去に厳し

訳注9）前概念作用が現実化とつがう段階。

く支配された支配的な子どもに対しては,「そのボールをバウンドさせるのが本当に楽しいようだね。特にいつも同じところに戻ってこないのが楽しいようだね」と言えるかもしれない。ある経験を別の考えに結びつけること,例えば象徴的な結びつけは,よくて余分であり,悪くて新しい発達を妨害するかもしれない。ここで提起されるのは,記述的な解釈もしくは拡充的な解釈を部分的で不完全な(Glover, 1928a, p.18) 解釈と考えるべきか,本当の解釈のための予備的なものに過ぎないと考えるべきなのか,それとも,より完全な経験がその瞬間に起こったと考えるべきなのかという問いである。何かがよいと感じられるという経験[訳注10]は,それだけでは部分的な経験に過ぎないと言わなければならないのだろうか。

　この領域での仕事でもっとも有用なツールはビオン (Bion, 1962b) の α 機能 (考えを考えられるものにし,経験に意味を与える心の機能) の概念である。ロビーのケースのように,誰がその経験をしているのかということ自体を問題にすることを避けたほうがよい場合もある。患者が迫害的,絶望的になっている,もしくは単に混乱している時には,一つか二つの形容詞を名詞につけ,一つか二つの副詞を動詞につけ,「it という代名詞」はそのままにしておくのが良いだろう。「〜な時はイライラするね」は,感情をある程度の距離に位置づけるのに役立つかもしれない。そうすれば,その感情を自身の経験とするかどうかは患者が選ぶことが出来るのである。私は,経験を名付け,記述することを,(誰かに) 位置づけることより先行しなければならないと考えている。ホプキンス (Hopkins, 1996) は,遊びを通して単に名づけることの重要性についてのウィニコットの考えを概観している (ホプキンスは,話もせず,アタッチメントも持たず遊ぶ力も無い3 歳の子どもとの心理療法のケースのスーパービジョンをウィニコットから受けた)。このレベルの心理療法は,精神病の患者が,深刻な解離の状態から抜け出て,情緒的な状態を自分のものとして認められるようになる前に,単にその状態を特定し,検証することを必要としているときに重要である。また,情緒的な脳／心の構造化がほとんどできていないトラウマや剥奪を経験した患者にとっても重要である。ショア (Schore, 2003) は,ボーダーラインの患者との仕事をするときには,患者の無意識を意識化するという問題ではなく,患者の無意識を再構造化する,もしくはまさに構造化するということが問題だと提起している。ここではボーダーライン,自閉症,精神病について話をしているが,実際には言語発達が

訳注10) Bion の最初の段階,すなわち前概念作用が現実化とつがう段階。

十分な人たちにとっても，もっとペースをゆるめて実際の経験に参加することが必要なことがありえる。自分自身の困難さをとても理解したがっているように見えたある若い女性は，「私，マシューにとってもイライラしたの。私，わかっているのです。彼が昨夜ずっと魅力的な子と話していたから，私が嫉妬しているということを。」と言うことができる。しかし，私が学ばなければならなかったのは，時には彼女が「嫉妬」と言うことで何を言おうとしているかを聞くにとどめることが必要なことであった。私の解釈をまるまる急いで飲み込んで，次にかなり未消化な彼女の理解を私に与えることよりも，彼女に必要なのは，ペースを緩めて自身の経験を吟味することを手助けされることであった。

記述的に意味を与えることの続き－投影同一化のコンテインメントの例

　ビオン（Bion, 1962b, 1965）はコミュニケーションとしての投影同一化の概念によって，母親が乳児の投影同一化をコンテインし，耐えられないものを耐えられるように変形して返すという状況を記述した。彼はこれを分析家のコンテインする機能と対応させ，患者が耐え難い経験を探索できるのは，他者がそれを経験することを通して可能になるという多くの臨床例を示した。ジョゼフ（Joseph, 1978）は，分析家が患者の投影から来る，強烈な経験を自身の中にコンテインして，時には長い間患者に戻さずに抱えておく必要性に注意を喚起した。スタイナー（Steiner, 1994）は，分析家中心の解釈と患者中心の解釈を区別している。子どもの分析では，このようなコンテインメントは，セラピストがプレイを通して患者の好ましくない自己の部分を実演するのを（一時的に）快く受け入れることによって起こる。フロイトもビオンも学ぶ過程には欲求不満が重要だとしたが，ある事例においては欲求不満から自由になることで考えることが促進されるようだ。それは，ある経験を深く感じ，またそれについて考えることができる誰か他の人の経験を探索する機会である。クレイトマン（Kleitman, 1963）は，生まれたての乳児は，空腹や不快さに駆られている時ではなく，食事や排泄の後の心地よくいるときに，自発的に覚醒し，活き活きとした関心を持てる状態[訳注11]にあることを示している。

　ジルは障害と奇形がある少女で，車いすでの生活を余儀なくされていた。彼女は小学校から大規模な中学校に進学した後で，絶望的になり，自殺の危険もあっ

訳注 11）新生児の覚醒・静止状態（alert inactivity）と呼ばれる状態を指していると思われる。

た。心理療法を始めて2, 3カ月後に，彼女はセラピストを椅子に座らせ，足を
セロテープで巻いた。そして彼女はセラピストに「あなたはずっと外に出て行け
ないし，ずっとそこにいなきゃいけないの」と言った。この遊びはあくまでごっ
こ遊びだったが（セラピストは本当に動けないわけではなかった），彼女の声は
とても真剣で，辛辣でもあった。明らかにセラピストが引き受けた役割はジルを
表していたが，臨床的な観点からは，セラピストがこの早い段階ですぐに投影を
返すのではなく，彼女が置かれているとてもひどい経験について想像し，記述す
ることが大切だった。ジルは，自分が経験している絶望や苦痛を誰かが自分のた
めに経験してくれているのを見ながら，自分が健康な子どもになってみたいとい
うだけでなく，そうした健康な子どもに**なってみること**自体が必要だったのであ
る。彼女は（障害を持ち奇形である身になるのは，自分ではなく）**誰か他の人が
なる順番であるべきだと感じていた**。これは，事態が今と変わればいいのにとい
う願望（そして熱烈な願望）というよりも，もっと切迫した，正当なニーズであ
るように感じられ，それをセラピストは，自分自身の（解釈の）言葉，逆転移の
反応，劇化において反映しうるのである。

　その遊びはサディスティックに始まったが，週ごとに徐々に象徴的に劇化され
始め，最終的に数カ月後にはユーモアに満ちたものになった。投影を早く引き戻
すことは，その子がすでに耐えられなかった欲求不満と絶望を増すだけであり，
痛みに満ちた真実をゆっくり探索していくことを妨げたであろう。ジルは自身が
どれだけ障害されていて，どれだけ深い絶望にいるかを本当によく知っていた。
しかし，健康でいられる彼女という前概念作用（期待）もどこか持っていて，こ
こでそれが（たとえ空想にすぎなくても）現実化とつがう機会となった。ここで
強調しておきたいのは，セラピストによるコンテインメントの有用性は，自身の
障害されている感覚の再取り入れに向かうステップになるだけでなく，むしろ，
自己の中にある希望や主体感（また世間並みで，部分的にでも可能な生活を求め
る願望）のために必要なステップだということである。それらはそれまで陰に隠
れていたが，必要とされていた投影によって実行された。クンデラ（Kundera,
1982）は裁きの空想や復讐の空想でさえ長年の苦痛な感情の「修正」を導くこと
があると記述した。こうして投影同一化を注意深くコンテインすることによっ
て，ジルは絶望から抜け出し，より有能な存在として自分を見始めることが可能
になったようだ。しかしながら，このように投影をコンテインする場合，セラピ
ストが逆転移を注意深くモニターしておかないと，セラピストがそのようなあり

方を過度に長く持続したり，過度に受身的になってしまう危険があり，そこから現実を否認したり，自己愛やサド−マゾヒズムを助長させてしまったりする危険に注意する必要がある。

記述的に意味を与えることの続き
−自己−共鳴するようなものを提供するα機能の例

　デイビッドという幼い男の子は，早産で生まれ，呼吸困難を持っていたため生後一年をずっと病院で過ごした。彼はまた情緒的な虐待を受け，発達の深刻な遅れが見られていた。心理療法の最初の頃は，どう遊んでいいのか話していいのかがわからなかったが，次第にテディベアーを叱りつけ，怒鳴ることが出てきた。そして，彼は新しい遊びを始め，セラピストに咳をしたり，むせたりするのを演技する遊びに加わるよう求め始めた。彼とセラピストは一緒に咳をしたり，吐こうとしたり，むせたりした。そしてデイビッドはどれも詳細まで真剣に演じるように強要した。セラピストは早期の生育歴を覚えていて，ある時に「かわいそうな赤ちゃん！」と指摘すると，デイビッドは必死に否定した。セラピストが彼と**一緒**に感じることをデイビッドが許容できる前に，さらにその先に自分の**ために**感じることを許容できる前に，セラピストはデイビッドそのものに**なる**必要があるようだった。おそらく，その経験に同一化する仲間が，共感（empathy）に先行しなければならず，共感は思いやり（sympathy）に先行しなければならないのである。結局，思いやりというのは（分離した）他者から生じるのである。おそらくデイビッドはまず自身のトラウマ的な経験を発見し，特定し，そして考えられなかったものを考えられるようにする必要があった。正確に再現されるということが，明らかに彼には重要であった。これは投影同一化の一例ではないことを強調しておく価値があるだろう。なぜなら，子どもとセラピストどちらもがその咳き込む役を実演する必要があったからである。これはソロではなく，子どもとセラピストのそれぞれが役を演じるデュエットであり，これが必要なα機能と共鳴を提供したようだ。子どもが自分自身ではない誰かがそうできるのを見るとき，私たちはいわばトロニックら（Tronick et al., 1998）が記述する「二者関係に拡張された意識状態（dyadically expanded states of consciousness）」を目撃しているのである。トラウマを抱えた患者では，その場での小さな恐怖を，過去のより大きくより恐ろしい経験と結びつける解釈がショックを与え，再びトラウマにさせることがある。そうではなく，こうした患者に対してセラピストは，フ

ロイト（Freud, 1917）が喪のプロセスに関して記述しているように，少しずつ進めていくステップを踏むことを大切しながら，トラウマから回復していくのを手助けしていく必要がある。ロバート・ヒューゲ（Robert Hughes, 2004, p.10）という芸術評論家は以下のように述べている。

　私たちがより必要としているのは，ゆっくりした芸術である。花瓶が水を抱えるように，時間を抱える芸術である……ベラスケス[訳注12]の一枚の絵の中のレースの襟を際立たせる一筋の筆遣いは，何年か前にオーストラリア人が捕まえて今やテムズ川の向こう岸にある水槽[訳注13]でひっそりと弱っているサメと同じくらい，過激でありうるのだ。いやはるかにもっと過激なのだ。

　妄想-分裂ポジションの深みにいる患者に対しては，良いと悪いという２つを統合する準備ができるかなり前に，分裂したそれぞれの側の小さな諸要素にα機能が働くように援助することが必要だろう。そうした場合には，私たちセラピストのごく小さな筆の動きで十分なのかもしれない。

　セラピストはデイビッドと一緒に実際に咳をするデュエットに参加することで意味を与えたのであるが，解釈の中で動詞を共有することで同じことが可能なのである。ロビーの事例の「あなたはとてもイライラしているのね」がある種の思いやりを提供するが，「……なときにはとてもイライラするね」は共感的な同一化とより関係している。しかし，デイビッドは共感を必要としているレベルよりも原初的なレベルにあったのではないかと思う。デイビッドはいわば窒息して死にかけるということがどのような感じがするものかを探索し，その対処法を手に入れる必要があった。より年長の患者では，セラピストが真にそのような状況の中に自分があることが想像できた場合に，「なんてひどい！」などと言うことで，必要とされるα機能を与えるかもしれない。

　ここで，ある但し書きが必要なのは明らかである。つまり，もっと高いレベルの解釈を取り入れることができる患者がいることにセラピストは注意しておく必要がある。患者が「なぜ」「だれ」の質問を理解したいと本当に思えるほど十分に情緒的に落ち着いていたり，十分に知的だったりという時には取り入れる

訳注12）スペインの宮廷肖像画家。
訳注13）ロンドンのテムズ川沿いに水族館がある。

ことができる。(そのような好奇心の飛躍的な上昇はハンス少年に見られている（Freud, 1909)。また，ボーダーラインの患者に治療において「鉄は冷たいうちに打て」と言った，パイン（Pine, 1985, p.153）の警句を考慮することは役立つ。）スタイナー（Steiner, 1994）は一人の患者でもより良い時には感情を自分のものとすることができるかもしれないし，断片化した子どもの患者の多くは，断片化された状態とより統合された状態の間で次第に揺れ動き始めると指摘している。

　スタイナー（Steiner, 1994, p.421）は，いずれの場合でも，投影されたものをコンテインするかそれを返すかという，単純な二分法的問題ではないことを指摘している。声のトーンや文法によって，投影同一化の受容のレベルの連続線において，さまざまなレベルの受容を示し得るのは明らかである（もちろん，声のトーンは文法に付随するものである。つまり単に単語だけの問題ではない）。「あなたは私に〜と感じさせたい」と「あなたは私が〜と感じるべきだと感じている」は非常に異なるし，その二つと「私は〜と感じるようになっていると思う」も違う。それらとボーダーラインや精神病患者が理想化された人物（彼ら自身であったり，幻覚であったりさえする）と持つ関係に対する嫉妬を率直に告白するサールズ（Searles, 1961）の方法とも大きく異なる（p.438）。そのような受容の程度の目盛定めは，患者が投影した自己をどの程度経験することができるか，その結果，投影同一化を防衛としてではなく必要なコミュニケーションとして活用する（Bion, 1962b）かということと密接に関連している。この特定のスペクトラムのもう一方の極に動いていく際に，虐待を受けた子どもがかつてそうであった被害者の部分を私たちがどのくらいの期間演じ続けるのか（そして，しばらくの間，私たちはそうする必要があるか），そして，子どもが使用することができなかった抵抗をいつ私たちが示し始めるべきかを確かめていかなければならない。

強化し，活気づけるレベルの仕事ー心の再生，そして自我・自己・内的対象の欠損を持つ患者と適切な波長の強度を得ていくこと

　ここで問題となっているのは単に脆弱な自我ではなく，自己の感覚における広範な欠損である。それは自己と内的対象の欠損の問題であり，その両方が死んでいる，空っぽである，利用できないと感じられるか，逸脱した興奮をしていると感じられる。そこにはしばしば関係についての慢性的な無関心があり，それが絶望を超えてしまっている。そこでは何も期待されない。絶望への抗議から逸れ，その後に離脱へと至るボウルビィ（Bowlby, 1988）の観察と結びつけるならば，

私はその開始があまりにも早期から起こったために，離脱（detachment）がアタッチメントの欠如（unattachment）に至ってしまう状況について考えている。より深刻な事例では，子どもは自閉症や深刻なネグレクトなどの理由により，アタッチメントを持ち始められないでいるのだろう（Perry, 2002 を参照）。

心の再生の例

　ここで自閉症を持つ患者であるロビーの治療の早期の段階に戻ろうと思う。彼は私がこれまでに見た自閉症を持つ子どもとかなり異なった子どもであった。タスティン（Tustin, 1992, p.23-30）が「殻タイプ」として記述した子どもとも，ウィングとアットウッド（Wing and Attwood, 1987）が呼んだ「疎遠」タイプとも異なっていた。ロビーは引きこもっている（withdrawal）というよりも，関心がひかれていない（undrawal）ようで，隠れているというより損なわれているようだった。私は以前に，彼の受身性は防衛的な退避の結果ではないと徐々に結論付けるようになった様を記述した（Alvarez, 1992）。彼は顔を背けているというよりも諦めているようだった。自我の大部分を対象に防衛的に投影しているのでもなかった。彼の内的対象は彼自身と同様に空っぽなようだった。彼は後にそれを「穴の開いたネット」と呼ぶようになるが，そこには人間的なものもコンテイニングもなく，さらには魅力的な対象や関心を引く対象も無いようだった。受容的なコンテインメントは彼には受身的過ぎて助けにならないようだった。いずれにせよ，私は彼の投影する力はとても弱いと信じていた。私は彼の関心を引き，彼のひどくゆるんだ心を集結させるのに，十分な密度を持ち，十分な実体があり，十分に凝縮した存在になるよう苦心していた。

　ロビーが13歳の時にセラピストである私は子どもを出産するために週2回の心理療法を数カ月間やめなければならなかった。同時期に彼の母親も新しい子どもを身ごもり，ロビーは月1回の経過観察のみに戻ってしまったが，彼はまったく諦めきっているようだった。彼は心理的に死んでしまったようだった。夏休み前の最後のセッションで，私は逆転移で切迫した絶望的な感覚を持った。私は，休みが来ること，お別れを言う必要があること，彼が私たちはお互いに覚えていると思えるかもしれないことを伝えた。しかし，彼にはほとんど届いていないようで，彼にとっての良いものは残されていないのではないかとますます心配となった。そこで私は彼の視線の先で頭を動かし，彼の名前を呼んでいた。彼は深海から水面に出てきた人のように突然私を見て驚いて，長く離れていた友達に

挨拶するように感嘆と優しさをこめて「ハロウオゥ」と言った（防衛的な患者とは異なり，抵抗を示すことなく，ここでは彼は驚きのみを示していた）。次の日，彼は抑うつ的な類の破綻を起こしたが，これはむしろ自閉症状態からの脱却のようであった。彼は数日間両親とのトラウマ的な分離に泣きじゃくっていたが，その分離は2歳のときに母親が病院に緊急搬送されたときにもあったことだった。その後，週5回にセッションを増やすと，彼はとても興奮していたが穏やかに筋道立てて私に次のように話した。彼は深い穴に落ちていたが，誰かが長い，長い，長いストッキングを垂らしてくれて，彼と彼の愛する者すべてを引っ張り上げてくれたと話した。そうして彼らは皆，次々と「通りの向こう側に飛んでいったんだ」とも言った。彼のもともとの話し方はフレーズを小さくつぶやくだけで，重要なことなど無いかのような気の無い発語であったため，人にたやすく無視されたり，忘れられたりしていた。しかし，ここでは彼は言葉も声の調子も仕草も生き生きとしてきて，彼の声はその話の主人公の救出と脱出に合わせて大きくなったり，小さくなったりしていた。ジュディス・エドワーズ（Judith Edwards, 私信, 2010）は，ロビーにとって自己だけなく，内的対象もこの瞬間に命を持つようになったと指摘している。

　ロビーの話が示唆していたのは，命綱のような「長いストッキング」の持つ意味であり，それはロープの長さがロビーに情緒的に届くまでにかかった私の感覚と正確に対応している。ロビーは，人との接触から遠く離れてしまっていたし，そうした状態に長い時間留まっていたので（彼はもう13歳だった），私が情緒的に彼に届くにはこの長さが必要だった。私は情緒的な切迫感を持ち，より大きな声で話し，無意識的に顔を動かしたのだった。とりわけ，私は，当時の私としては普段は取らないような積極的な方法をとってでも彼の注意を引こうとしたのであったが，驚いたことに，私は実際に彼の注意を引くことができた。その後に私は，彼との心理療法を月1回から週5回にセッションを増したのだった。ロビーは彼自身と人間の家族に呼び戻される必要があり，その過程は自閉症や長期間続く解離，もしくはその両方から目を覚ますことであったと思う（自閉症の特性上の弱さに，突然恐ろしい状況で両親と分離した経験によって引き起こされた解離が重なっていた可能性がある。リード（Reid, 1999a）は自閉症を持つ子どもの中にはトラウマの影響が認められる一群の子どもがいることを記述している）。私はもともと彼がほぼ心的に死んでいるのを引きこもりの一種として考えていたが，防衛的な遮断というよりも絶望的な諦めに近いと考えるようになった。いずれにせ

よ，その状況が慢性的になっているなら，もともと防衛的に使用しているのか，それともそれを使い始めることができない欠損なのかを区別する必要がある。そして，精神分析的技法もこれを考慮したものにすることができるだろう。

スーザン・リード（Susan Reid, 私信, 1989）は，このような技法は殻タイプの子どもには侵入的になるため推奨されないと指摘している。ロビーについても，もう少し後の段階で他の人を感じたり考えたりする仕事から離れることが快適であるため，自身の受身性を単に利用するようになったときには，この技法を用いることは非建設的になっていただろう。私たちは彼が援助を誤用することと，初期の頃の援助を本当に必要としていたこととの間にある違いについて多くを検討した。もちろんこの強化し生命力を与える技法は，十分な自我や自己感，そして生への関心を持ち，引きこもる習慣と奮闘する患者には不必要である。私が緊急救助を実施することは，彼の破綻や集中的な治療への変更といったむしろ劇的な日々の後は繰り返される必要がなかったことは興味深い。しかし，ここから学んだことは，私は，より引き締まっていて，緊密で，緩みの無い持続的な注意を提供するために自分自身に多くの仕事を課す必要があったということである。いわば私自身の心にある救急病棟での仕事は，集中治療病棟での仕事にとって代わられる必要があった。自閉症を持つある種の患者に対しては，彼らと接触を維持しようとするならば，ほとんど隙のない注意が必要である。それは，関係を求める動機が自分の中にあることを彼らが発見するまで必要であろう。実際に，乳幼児観察と乳幼児研究では，養育者が関係への命綱を引っ張ることが他の乳幼児よりも必要な子たちがいることが示唆されている（Brazelton and Nugent, 1995, p.65-66, 73）。私が注意を怠ってしまったことで生じた事態に気づき，それを解釈することも重要であったのは確かである。ロビーは後に，より多くの言葉を話すようになり，二つのボートがゆっくり遠くへ遠くへと離れて流れていくイメージについて述べた。また，ある日彼は，ずっと前に彼のおじが氷の中に不覚に埋もれていた自分を助け出してくれたと私に話した。その氷の中で彼はずっと出口がなく，「永遠に死んでしまっていて，目も耳も口もペニスもないまま」にされていたようだった。彼は氷から出ようと奮闘する様を，最初とてもゆっくり足を動かしながら示していた。私にはこれが慢性状況から抜け出すことの難しさを鮮やかに示しているように見えた。また，それは，ロビーがより生き生きとなったときに，その状態に留まるために**何をする**必要があるのかを思い起こさせてくれる。ロビーは，遠くへ流されたり，さらには沈んでいったりする自分自身をつかまえ

ることが以前よりうまくできるようになっていた。

　グリーンスパン（Greenspan, 1997）は，自閉症に限らず，（高すぎるもしくは低すぎる）覚醒レベルの極度な障害を調整する技法について論じている。グリーンスパンの考えた過覚醒の患者を下げるように調整する方法は，おそらくビックが言う意味でのコンテインメント〈ビオンのコンテインとは異なり，自己と対象世界がばらばらにならずにまとまっているという感覚という意味での統合を促すこと，さらに半狂乱的に多動となり混乱している子どもを宥めることに対応している（Miller, 1984 を参照）〉。またグリーンスパンは過少覚醒の患者に対しては声に活気をつけるなどで覚醒を高めるような調整をすることで「より引きつけられやすい対人的な環境」を作り出すことができるとしている。グリーンスパンの方法は一者心理学的なので，対象関係論の考え，つまり取り入れと投影のプロセスという潮の満ち引きのような内的世界の複雑さに対しては若干豊かさに欠けるようだ。しかし，目覚めていない状態，心の覚醒が上がらない状態というこの領域には，死んでいる，価値のない，興味を引かない内的対象が存在していることを考慮に入れ，枯渇した状態にいる患者と情緒的な接触をもち，意味や価値を示していく技法をさらに研究していく必要があるだろう。

　逆転移をより活用する 3 番目のタイプ[訳注14] があるが，それはロビーがほとんど心理的に死んでいると感じた時の絶望的な切迫感とは異なっている。それは時々生じる空虚な退屈さや無意味さという逆転移である。ベルグスタイン（Bergstein, 2009）は，分析家が患者と共にいて退屈さや空虚さを体験し，その穴を性急に埋めるよう駆り立てられないことが重要だと指摘している。しかし，彼はさまざまな空虚さの種類に区別を設けてもいて，ここで私が強調したいのは，その瞬間における患者の空虚さが，絶望からくるものでも，自己の生きている部分を対象に投影する防衛からくるものでもなく，嗜癖的な解決法となっている状況である。ここでは患者を動くように手助けする必要があるかもしれない。また，4 番目のタイプは，苛立ちでいっぱいになるような感覚であり，それは暴力ではないにしても，サドマゾ的動きの倒錯的な反復といった性質を伴っている。私はサイコパスの子どもとの仕事におけるこの種の逆転移の利用を 7 章で論じ，さらに遊びの中での積極的な活用を 11 章で，波長を見出すことを 12 章で論じるつもりである。

訳注 14）1 番目が絶望的な切迫感から命を与えようとする方法，2 番目は過少覚醒からより引き付けられやすい状態にしようとする方法を指していると考えられる。

おわりに

　精神分析は，ここ数十年，投影の過程を研究してきた。その関心は患者の取り入れの過程にも向けられ始めている（Feldman, 2004；Williams, 1997）。私はここでセラピストがより純粋に記述をするレベルでの仕事にペースを落とすことが有用な時があることを示そうとしてきた。それは，「花瓶が水を抱えるように時間を抱える」ことのできる理解を提供しようとするためである。

　また，ある自閉的な子ども，絶望した／無力な子ども，断片化した子どもの事例では，より原初的なレベルの仕事に降ろしていくことが必要かもしれないことを提案してきた。その仕事はコンテインメントと，利用できず（脱価値化ではなく）価値が無い内的対象や，倒錯により容易に興奮しすぎる内的対象を**強化変形したり**（intensified transformation），命を与えたりすることを含んでいる。強めすぎて侵入的になってしまうか，離れすぎたり弱すぎたりと経験されてしまうかのバランスを決めるのは簡単ではない。しかし，本書の序文で言及したように，ある患者が憎しみを処理し，愛する力を見出すというよりも遥かに前に，実質的で命のある対象に関心をもつ力を発達させる必要があるかもしれない。何か，そして誰かがその患者にとって重要になることが先決なのである。これは，まさしく人間的な関係性における基礎と取り組む仕事である。これも序文で述べたことだが，私達は患者の関心の欠如に注意を向けなければならない一方で，その注意を引きつけ，維持し続ける方法を発見しなくてはならない。これが達成されると，その仕事はより高次のレベルに移ることができるが，それは時には一つのセッションの中で起こるかもしれない。しかしながら，確かなことは，とても混乱した，もしくは発達上の障害を持つ子どもとの仕事には，精神分析だけではなく，発達や精神病理学に裏打ちされる必要があるだろう。本書は，こうした考えのいくつかを技法上の優先順位の階層の中で目盛を定めていく試みである。

第 1 章　心理療法の仕事のレベルと病理のレベル　　65

表 1.1　解釈のレベル

解釈／ 意味のタイプ	理論と技法	認知的能力	解釈の文法	心の状態 (診断ではない)
説明，位置づける (別の意味を提供 する)	フロイト，クライン 願望／防衛，投影を 引き戻すこと	複線思考	なぜかという と‐だから だれかという と‐あなた	神経症，健常， 軽度のボーダー ライン
記述する，名づけ る(意味を与える， 拡げる)	ビオン，ウィニコッ ト，スターン ニーズ，保護，投影 をコンテインする， 取り入れを促進する	単線思考	それが何かと いうこと 何であるかと いうこと	ボーダーライ ン，自閉症，精 神病，発達の遅 れ，嗜癖，倒錯
命を与える(意味 があることを主張 する)	タスティン，リード， アルヴァレズ 再生する，生成する， 嗜癖や倒錯をやめさ せる	ゼロ線思考 逸脱した思 考	呼びかけ 「おーい！」	自閉症，精神病， 絶望，発達の遅 れ，嗜癖，倒錯

第 1 部
説明的レベルの諸条件

第2章

複線思考の発達のための情緒的諸条件

行為の主体という感覚（sense of agency）と
豊富さという感覚（sense of abundance）

アン・アルヴァレズとピエラ・ファージェル（Anne Alvarez & Piera Fiurgiuele）

はじめに

　第1章で，探索的解釈を理解するには認知的・情緒的スキルが必要だろうと私は述べた。その解釈とは，例えば，「今日，あなたは私のことを怒っているかもしれないわね。と言うのは，治療の休みが来ようとしているし，それは別れについて強い感情を引き起こすだろうから」とか「学校での先生のある男の子への取り扱い方にあなたが突然激しい怒りを感じたのは，あなたがよくやりがちな方法についてちょうど私が言ったことに苛立ったり不公平だと感じたことと関係しているのかもしれないわね」というようなものだ。ブルーナー（Bruner, 1968）の複線思考力の発達についての研究は，こうしたスキルに関するあるひとまとまりの要素を概念化するのに有益だろう。しかし，ブルーナーは単線思考から複線思考への発達における情緒的要素の可能性を完全に除外した。

　本章では，自然場面の乳児観察からのいくつかの根拠と一緒にブルーナーの結果にも言及し，論じたい。そのために，私は乳児の行為の主体という感覚と称されている情緒的および対象関係の要素を検討し，それらがブルーナーによって同定された「括弧に入れて考える」（'think in parentheses'）の能力にどのように関連しているかを見ていくつもりだ。多くの点で，乳児は無力で依存的だ。しかし，乳児は有能で，注意深く，機敏であり，状況が許せば周囲の世界への強い好奇心に満ちている。

　発達研究は数十年に渡り，健常な認知・情緒発達の必要条件の要素を個々に分析してきた。自己効力感，あるいは行為の主体という感覚はブルセク（Broucek, 1979）によって明らかにされた一つの要素だ。彼は自己効力感，そしてそれに付随する喜びは自己についての感情（self-feeling）の基盤だと述べている。ブルセ

ク（Broucek, 1991）は，因果関係という概念の源は行為においてそれ自体が影響を及ぼす身体の経験にあると考えたジョアン（Jonas, 1974）を引用している。ブルセク（Broucek, 1991, p.28）はトンプキンズ（Tompkins, 1981）の観察を報告した。そこでは，誕生後間もない乳児の吸啜反射が自発的吸いへと替わり，反射的追視（visual tracking）が自発的追視へと替わることが描かれている。ブルセクは，トンプキンズは人生の最初から乳児はよい状況がさらによくなることに**自発的に**関わっていると指摘している。ブルセクは，これは乳児の意志や意図の最初の現れの一つ，つまり原初的な自己という感情の起源に関する魅力的な理論だと考えている。さらにブルセクは，乳児は大抵の場合は**誰か**に働きかけており，それゆえ私たちは対象についての感情（object-feeling）の重要性についても考える必要があることを明確にしている。すなわち，その人間の特質についての感情，あるいは，アタッチメント研究の用語では，乳児が自分自身が働きかけているとわかる内在化された表象的な像[訳注1]も重要なのである。その時々の経験は純粋に身体的なものではなく，それらは精神的なものでもあるのは明らかだ。乳児は自身の心が行為に影響を及ぼしたり，別の心に効果を与えたりする数多くの経験をする。そこでは，力の支配の感覚の要素が少なくないかもしれないが，それらにも増して行為の主体という感覚がある。これは，「乳児的万能感」（Klein, 1956, p.7）とかウィニコット（1945）の「錯覚」という観点から簡単に理解できるとは私はもはや思わない。乳児は身体的には無力かもしれないが，もし養育者がそう認めるなら，情緒的および社会的には少しも無力ではない（Reddy, 2008）。

　1979 年の論文の中で，ブルセクは偶然性に関する数多くの論文を概観している。彼は，自分が出来事を起こした行為者らしいと乳児が発見する喜びを描いた。赤ちゃんは彼の最初の自発的な行動と外的世界の出来事の間に因果関係があり，「それに引き続いて，前の行為を繰り返すことを通して**思いのままに外的な出来事を生み出す能力**」を発見すると大変喜び，笑い，興奮し，機嫌のよい声を出す。こうした状況における赤ちゃんの喜びは，その原因に関わっているという喜びだと結論できる。（Broucek, 1979, p.312）。ブルセクは意志の重要性を強調しているが，それは心理学や精神分析では比較的未開拓のテーマである。彼はまた，効力があるという経験が適切に赤ちゃんに与えられないとどのようなことが生じるかを述べている。もし赤ちゃんが非常に幼ければ，行為を始める能力（capacity

---

訳注 1）内的ワーキングモデル。

for initiative）は退化するだろうということだ。

パポウゼクとパポウゼク（Papousek & Papousek, 1975）は，研究室の実験で，最初は赤ちゃんにある出来事を起こす機会を与えた。赤ちゃんが喜んでいることは明らかで疑問の余地がなかった。（出来事そのものは何も特別ではないが，それ自体が報酬だということを実験は示していた。赤ちゃんにとって重要だったのは，その出来事を起こすことができるその能力だった。）実験者が赤ちゃんからこうした喜びを奪った時の最初の反応は，呼吸，脈拍，発汗の増加だった。しかし，より気がかりな状況は，「眠ったふり」を始める赤ちゃんがいたことだ。つまり，ぼんやりしていて，じっとしたまま横たわり，目は見開いたままで，睡眠時のような呼吸だった。パポウゼクとパポウゼク（Papousek & Papousek, p.313）が示唆したのは，こうした受身の状態は一種の「環境からの完全な内的離脱」であり，生後2カ月以下の赤ちゃんにより見られた。生後3カ月以上の赤ちゃんが欲求を阻止されるという同様の状況に置かれれば，解決できない問題に関連したあらゆることをより積極的に避けようとしたようだった。無力さという感情に対して，積極的な回避と受身的な応答のなさという大きく異なる反応が見られた。どちらの場合にも見られた結果は，注意と見当識の低下であった。（診断的および臨床的考察にとって，興味深い論点がいくつかあるだろう。自閉的な子どもの引きこもりが，より自動的で無力な状態からより積極的で意図を持った状態に変化したり，例えば，活力のない目から意識的な視線回避に取って替わったりする時，臨床家はそれを一つの達成や発達だと考えることがある（Alvarez, 1992, p.98; Susan Reid, 私信, 1989））。

精神分析の論者たちは類似した事象を論じているが，行為や効果の主体という感覚とは少し異なる。フロイト（Freud, 1920）は，統御力（mastery）について書き，コフート（Kohut, 1985）は自己‐対象欲求について述べた。メラニー・クライン（Melanie Klein, 1961, p.465）は万能的防衛と真の能力とを明確に区別した。アルヴァレズ（Alvarez, 1992）は万能感という感覚の中での勝利感と，潜在的な力があるという感覚における喜びや自尊心とをセラピストが混同する危険性を強調している。そして，子ども時代のある種の深刻な抑うつからの回復においては，能力があるという感覚における喜びの重要性を強調している。

ブルセク（Broucek, 1991）は，乳児の努力という効力感と，繊細で「ほどよい」母親的応答性に依っている世界との対比を明確にしている。彼は以前，「私が引き起こし，私が意図し，ゆえに私がある」（Broucek, 1979, p.313）と仮定し

ていたが，彼はまた，ほとんどの場合，赤ちゃんたちは実験器具の点滅ライトで
はなく人間である養育者に関心を持つと指摘している。そのため，彼が述べたこ
とは，「私は養育者の行為を引き起こす。それゆえに私は私であると感じ始め，
そしてまた養育者を養育者として感じ始める」と読み広げる必要がある。レディ
（Reddy, 2008）やトレヴァーセン（Trevarthen, 2001）などによる最近の研究は，7，
8 カ月の乳児でさえ養育者から楽しそうな反応を引き起こすと，見せびらかすこ
とを取り入れている（Reddy, 2008, pp.136-144, 148-149）。レディは，赤ちゃんが
自分たちを世話している他者に「より目立つ」ように，注目を得たり操るために
芝居じみたことをしたりふざけたりすると述べている（p.136）。また，彼女はこ
れらの結果について 2 つのことが重要だと指摘している。第 1 は，認知心理学者
は自己意識が十分発達する 18 カ月時までそうした発達は生じないと考えている
が，赤ちゃんは仮定されているよりもかなり早期に自己意識をもつということで
ある（p.128）。第 2 に，そうした現象は自己意識と定義されるべきではなく，常
にもう一人の人がいる文脈で生じるので，「自己―他者意識」と呼ばれるべきだ
ということだ（p.149）。

　本章では，このような因果関係的な関係性における 2 つの可能な要素を明らか
にしたい。最初の要素は，赤ちゃんが行為を始めることに対して注意深い関心を持っ
て養育者が快く応答していることである。そして，そのような応答性を呼び起こ
す際の誘因となる，主体であることに関連した，赤ちゃんの感覚である。ブルセ
クの主張に含まれているように，この要素が関係するのは赤ちゃんが養育者の関
心の前景に居る時である。最初の要素は（1）二つの対象の関係性（two-object
relationship）に関することであり，そこでは赤ちゃんは一つの対象に対して行
為の主体という感覚を感じるだろう。2 つ目の要素，あるいは複数要素のセット
は，（2）三者から成る関係で，そこでは養育者，あるいは赤ちゃんが二者の関係
性において主体であり，ブルーナー（Bruner, 1968）が「複線思考」と呼んだよ
うな何かに関与している。これから示す 1 番目の観察（アリス）と 3 番目の観
察（アンジェラ）における養育者たちの行動はわずかに異なるが，乳児のこうし
た能力の発達促進に役立つのだろう。最初の行動は，（2a）誰か他の対象が心の
前景にある時，後景に乳児を保持できる養育者の能力に関連している。こうした
ことを期待する乳児の信頼によって，複線思考が可能な対象に乳児は同一化でき
るようになるのだろう。第 2 の行動は（2b）乳児の注意が他のどこかにある間，
養育者が（関心を持ちながら）少し身を引くのをいとわず，待つことに関係して

いる。繰り返しになるが、このように、第一の状況では（ブルセクの例のように），乳児が一つの対象と関わる行為の主体という経験をするだろう。つまり、2a では，乳児は誰かの心の後景に保持されており，そのために複線という能力に同一化するようになる。2b では，二つの対象に関連した行為の主体を経験できるだろう（一つの対象は前景，もう一つの対象は後景に「待機」）。

　下記に描写する 3 人の乳児において，1 番目と 3 番目のタイプの行為の主体という感覚は，情緒的および認知的特徴のどちらも含んでいるように見える。1 番目は，働きかける対象は応答的で，敏感で，**しかも心的に関心を持っている**。3 番目は，乳児と養育者の両方に情緒的豊かさ，豊富さという感覚があり，豊富なアイデアに容易にアクセスもできる。世界は豊かであり，もし何か欠けても補給されるという感覚は，アイデアが満ちているという感情につながっているようだ。そこでは平等な注意のために要求が過多だったり混乱するくらいアイデアがぎっしりつまっていたりするのではなく，アイデアは列になって順番を待っており，消えることがない。（心の中で考えが列になって待ってはいない子どもの例は第 3 章で参照のこと）。これはブルーナー（Bruner, 1968）が「括弧に入れて考える」と呼んだ能力，つまり同時に 2 つかそれ以上の思考のつながりをうまく取り扱う能力と関連しているだろう。3 人の乳児はこうした事象の描写に役立つだろう。アリスは第 1 の例で，アンジェラは 3 番目で，行為の主体という 2 つの感覚が豊かだ。ポールは 2 番目の例で，2 つの感覚共に貧弱である。

複線思考の発達とアリスの観察

　ビヴァリー・マック（Beverly Mack）はタヴィストックの観察セミナーの観察者であり，アリスという名前の 1 歳と 1 週間の女児が複線思考を表す興味深い能力を示したある出来事に感動した。その観察が行われた時，リビングルームにはたくさんの人がいた。アリスが大好きな父方の祖母が訪問中で，父親が仕事から帰って来て，母親と 4 歳の兄のジョージがいた。いないいないばぁ遊びをしているある時点で，アリスは転んで痛い思いをした。母親が彼女を慰め，飲み物を作り，リビングルームに戻って来た。

　　母親は父親の隣に座り，アリスは母親の身体に包まれるように座り，スカッシュを飲んでいた。彼女の目や頬にはまだ涙が残っていたが，元気を取り戻していた。彼

女は静かに飲み物を飲み，ジョージの活動を見ていた。2，3分後，アリスはジョージの大きな車（ほぼ大きなテーブルのサイズ）のおもちゃの上にカップを置いて，2，3分休み，カップを見ることなく，（正確に）カップに手を伸ばしてつかみ，再び飲み始めた。

　アリスの注意はカップ以外のことに向いていたように見えたものの，置いたカップの位置を見ることなく，それを正確に覚えているアリスの能力に観察者は驚いた。

　最近の他の観察は，父親と母親の両方がアリスに十分な注意を向けていることを示すのに役立ちそうだ。その観察は，アリスの母親の複線思考も興味深く示している。母親はアリスがカップをつかんだのと同様に，他のことに注意を向けながら，アリスのことを心に留める能力があることが示されている。

　母親は，アリスの前に牛乳缶がたくさん入ったおもちゃのトラックを置いた。牛乳トラックは私からはよく見えなくなったが，アリスは大きな牛乳缶を移動して小さな車に置いているのだろうと私は思った。父親とジョージが私たちのいるところにやって来た。母親はアリスの鼻水が垂れていることに気づき，それを拭いた。アリスは鼻水を拭かれるのを避けようとするかのように顔をそむけた。母親は父親にアリスは鼻をかむことができ，彼女は賢くて鼻と口を区別できると誇らしげに言った。母親はティッシュを持ってアリスの顔に近づけ，アリスに鼻をかむように言った。アリスは微笑み，母親の言う事を聞き入れ，嬉しそうな顔をしてよちよち歩きでその場を離れた。父親は「彼女はいつお利口さんでいればいいかをわかっている」と言った。アリスは遊び続けており，床に沿って小さな車を押したり，自分の膝の上で走らせたりしていた。アリスがトラックから他の牛乳缶を移動した時，ジョージが彼女の注意を引いたので，それを落とした。アリスは床の上を見ていて，彼女の牛乳缶を探しているかのようだった。母親は父親と話していたが，急にアリスに「牛乳缶を探しているの？」と言い，アリスは立ち上がって母親の所に歩いて行った。

　母親と父親の両方がいかにアリスの新たな発達に注意を払っているかに注目したい。父親は新たに学ぶことができるアリスの賢さに関心があるだけではなく，彼女の賢さに**関係している**彼女の心の状態にも関心があることも示している。父親はアリスが賢いのはわかっているが，アリスが自分は賢いということ（第一の

意味での精神的な活動の主体）を知っていることもわかっている。アリスの両親は関心を持ち応答的であるが，観察者を感動させたもう一つの要素は，母親の注意が夫に向いていたにも関わらず，アリスが牛乳缶を探していることがわかった母親の能力だった。彼女は夫とアリスの両方を心に保持することができた。印象的なアリスの学習能力，とりわけ，同時に2つの思考の流れをうまく処理できる能力は彼女の両親の能力のおかげである。彼女の両親は，アリスが彼らの心の前景に完全に居るとき，彼女に十分な注意を払い，他の対象が彼らの注意を必要としている時，彼らの心の後景にアリスを保持することができる（第二の意味での精神的な活動の主体）。

　私が述べたように，ブルーナー（Bruner, 1968）は認知発達を記述し，それを彼は「括弧に入れて考える」あるいは，何かを予備的に保持する能力と呼んだ。こうした能力が，以前には心が機能していなかった（mindless）精神病的あるいは自閉的子どもたち，あるいは慢性的な抑うつ，剥奪を経験している子どもたちの中で発達するのを見るのは魅力的なことだ。彼らは，考えることと信じることのどちらもが可能になり始める。しかし，こうした発達は純粋に認知的なものではなく，乳児におけるファンタジーの発達，あるいは有用で辛抱強くて，さらには豊富な世界という期待に関連しているのだろう。すなわち，「私はできる，あるいは，何かを持っている」という乳児の感覚は，「私は仲間の中にいて何かをすることができるし，対象を持つことができる」というものだろう。そして，おそらく，対象は自分が十分に関心を持つまで，あるいは十分に探索するまで待ってくれるし，さらには，私が何か他のことに関心を持っている間，いわばその合間に，喜んで待つという感覚だろう。

　ブルーナーの研究は厳密には認知に関する研究であるが，魅力的であり，乳児の発達が観察されている。そこでは，吸うか見るかのどちらかだけという新生児の単線の注意の状態から，その両方，あるいは多少なりとも2つを同時に行うことができ，複線的に調和できる能力をもつ4カ月までの乳児の発達が観察されている〈初期には，第一段階では，吸っている時には乳児は目を閉じている。第二段階では，吸うことと見ることを交互に行う。第三段階では，何かを見ながら，ミルクを飲むためではないが控えめに吸っている（この何かは母親の顔であると想像できる）〉。ブルーナー（Bruner, 1968, pp.18-24, 52）は，第三段階を「位置の保持」（place-holding）と呼び，三つということ（threeness）へ，そしてより大きな概念的な多様性への発達に関する観察を描写している。実験者は乳児に一

つのおもちゃを手渡し，その直後に2つ目のおもちゃを手渡す。生後約7カ月時，乳児は最初のおもちゃを落とし，2つ目のおもちゃをその手で持ち，それを口へと移動し，最初のおもちゃは忘れている。生後約12カ月時，子どもは2つ目のおもちゃを空いている方の手に持つことができるが，3つ目のおもちゃを与えられると，最初の2つのうちの1つを落とす。12カ月児は2つのおもちゃには対処できるが3つは無理だ。1歳半の時，3つ目のおもちゃを与えられると，一つを落とすことはもはやなく，肘を曲げて1つをはさみ，空いた手で3つ目を持つ。このように，赤ちゃんは同じやり方でより多くのものを持つのだろう。ブルーナーは，口唇によって限定される1つから，両手によって限定される2つという制限へと進み，さらには，留保によってより多くのものを持つことができるようになると述べている。

　ブルーナーは，こうした留保という感覚が発達したり，あるいは妨げられたりする条件については論じていないが，精神分析家は二者から三者への関係性が，この種のより深い数量的思考能力（numeracy）の発達にも何らかの役割を果たしているだろうと考えている（Britton, 1989; Klein, 1923）。トレヴァーセンとハブリー（Treverthen and Hubley, 1978）は，第一次から第二次間主観性への移行を含む発達段階に関する優れた仕事をしている。そうした発達段階は，赤ちゃんがおもちゃで養育者と遊ぶ時に交代することができるようになり，母子は第三の対象であるおもちゃと人の**両方**に関心を持つことができるようになることと密接に関連している。

　乳児観察と乳児研究は，乳児の母親と父親の間の関係性，祖父母から母親へのサポートの程度，内的表象が極めて重要なことを明示している。情緒的な活力の乏しい子どもは，総合的にも微視的なレベルでも貧弱だろう。そのため私たちは，非常に早期の，しかも母親と乳児との相互作用のパターンを微細な時間間隔で研究する必要がある。例えば，赤ちゃんが母親を見たり，母親から目をそらしたりしている間，母親はどのくらい赤ちゃんを見つめているのだろうか（Fogel, 1977）？すなわち，どのようにして永続性のある対象の感覚は作られるのだろうか？養育者はどのくらい赤ちゃんの視線の跡を追うのを厭うことなく，赤ちゃんの関心に関心を持つのだろうか？何秒の間，養育者は赤ちゃんへの関心と赤ちゃんが関心を持っていることへの関心を維持できるのだろうか。研究によって，単一の対象に向けられた赤ちゃんの注意の長さを引き延ばす条件が示唆されている（Brazelton et al., 1974; Stern, 1977）。同時に2つの対象に注意を向けることは（例

えば，赤ちゃんの母親の後景にある関心と新しい対象の前景にある魅力に注意を向けること），赤ちゃんが母親に注意を戻すことを待つことのできる母親の能力，すなわち，赤ちゃんの複線性（two-trackedness）を母親が許容できることによって促進されるだろう。赤ちゃんは母親の関心が他の対象，父親，きょうだい，家事，電話に向けられるのを許容することを学ぶ。

　この研究の数年後，ブルーナー（Bruner, 1986）によると，デビッド・クレック（David Krech）は人々は「perfink」[訳注2]，つまり，同時に知覚し，感じ，考えると主張した。アーウィン（Urwin, 1987）は，認知を速くしたり遅くしたりするものとして情緒をみる認知研究者を批判し，精神分析家のビオン（Bion, 1962b）のように，情緒は認知自体の構造に入れ込むことを示唆した。何かを留保できるという感覚は，あなたの心の中の腕に挟まれて置かれている対象という空想を暗示できるだろうか？　おもちゃや人，あるいは考えは，あなたが戻るのを待っているだろうか？　あるいは，消えるだろうか？　一度に思考のいくつかの流れをしっかりと留保できるこうした能力は，ある程度，前の段階，つまり単線思考にも拠っている。単線思考では，それぞれの考えや経験は，赤ちゃんと養育者の両方に十分に探索される時間が与えられている（第2部の章を参照のこと。そこでは，認知あるいは情緒発達遅滞の子どもたちのこうした能力の発達を助ける臨床的努力が描かれている）。大部分は，意志は意志できるものとして，そして，（実際には希望されるものとして）快く何かを行う対象（willing-object）として用いられる。（もちろん，実際の養育者の役割が，こうした発達の唯一の要素だと示唆するのは間違いだろう。自分の世界を形作り，生得的に養育者の注意を留保する能力を他の赤ちゃんたちよりもかなり高く持っている赤ちゃんもいる。しかし，下記に描く2人の赤ちゃんの母親は，留保について大変異なる概念をもっていた。素材はかなり簡略化されて描かれている。

　下記に描かれた2人の赤ちゃんは，どちらも第一子で，女性の観察者によって観察された。赤ちゃんたちは主たる養育者と一緒に自宅で1週間に1時間，2年間に渡って観察された〈この種の自然場面での観察の記述に関しては，ミラーら（Miller et al., 1989）を参照のこと〉。

訳注2）perceive, feel, think の結合した言葉。

ポールの観察

　ポールの両親は30代半ばの専門職の人たちだった。父親と両方の祖父母共に母親と赤ちゃんをかなりサポートしていた。自宅での最初の観察時，Ｊ夫人は自分がよい母親になる能力があるかどうかという不安や不確かさを観察者に長々と話した。彼女は神経過敏な様子で，赤ちゃんの健康をとても心配していたようだった。2週間目の観察では，初めて母親になった多くの人たちに共通しているように，十分に母乳が出るかどうか心配していた。見るからに落ち着きがないという様子ではなかったが，彼女はミルクで母乳を補充することを急に決めたと言い添えたが，それは，おそらくパニックゆえだったのだろう。残念ながら，自分の不安に対する寛大な態度はまもなく消え，彼女は皆を批判し始めた。そこには彼女の赤ちゃんも含まれていたが，それは赤ちゃんが彼女の不安や失敗といった感情を強めるという理由からだった。ポールの健康状態が彼女を喜ばせ，安心させる時は穏やかで愛情深かったが，他の時には彼女は彼のことを嫌い始めた。後に，ポールがミルクを飲んだり排泄したりするのに集中している時，彼女はしかめ面をしないようにと彼に注意していた。唇がゆるんだり頭が垂れ下がったりすると，彼女は彼に「見苦しい」と言った。全く普通で自然な程度である彼の乳児的無力さは，何かや誰かを思い出させるようだったが，それが何かとか誰かということは私たちにはわからないままだった。

　次第にポールはミルクの前に母乳を飲むことを拒否し始め，生後2カ月半の時に完全に離乳した。「彼は頭を背けるし，私はそれをどうすることもできないのよ」と母親はがっかりした風に観察者に話した。そして，次のように付け加えた。「まあ，いいわ。今は前より楽になったわ。誰でも彼にミルクをあげられるから，前より自由になったし」。しかし，それはこの母親にはどうでもいいことでは**なかった**のだった。それは彼女の感じ方に影響し，彼女はより批判的になった。しかし，ポールは母親の注意をひきつけたり喜ばせたりするために一生懸命なように見えた。彼は母親の視線を探し求めたり，笑顔で母親と関わったりする能力をしっかりと持っていた。時々，彼女は彼の愛情のこもったコミュニケーションにしっかりと応答したが，つねに束の間だった。「何しようかしら？」とか「どうして欲しいの？」と言いながら，彼女は急に止めて，少し放心したように見えた。それはまるで，瞬間的には二人にとって可能性に満ちていた世界が，急に空っぽになるかのようだった。関心を持続できる対象への彼女自身の信念が，悲劇的に損な

われたように見えた。その後の数カ月間，彼女の関心が離れることは，より明白で決定的となった。彼女はただ行って電話をかけることがよくあった。彼女は赤ちゃんにミルクを飲ませる時，ほぼ常に彼女から赤ちゃんの顔を背ける形で抱いていた。彼女の母親の主張や反対にも関わらず，彼女はそうした。

　ポールが約 3 カ月になったとき，J 夫人の非情さはさらに強まったようだった。声を使っての抵抗が少しばかり強まり，身体的な動きが増した赤ちゃんに対する彼女の皮肉な態度，そして時には冷酷な態度が強まった。観察者はポールが生気を失った目で，だらりとした状態でいることが頻繁になったと描写し始めた。彼はベビーカーの中で仰向けに寝かされたままのとき，これまでに何度も抗議を始めたが，母親が彼をにらみつけ，半分抱いて降ろしているときの母親の脅すような冷たい声を聞くと，彼は静かになるのだった。怯えて抑制されたものは，ぼんやりとした無関心へと変化し，まるで彼はあきらめたかのようだった。そうした観察について話し合われたセミナーで，ポールが精神の死といった危険な状態にあることを私たちは懸念し始めた。

　生後 4 カ月目までに，ポールは自分の手を激しく噛み，ぬいぐるみをのどまで突っ込むようになった。ポールのニーズについて考えると，母親の抑うつ，皮肉な態度，困難さに立ち会っている観察者やセミナーグループにとってそれはとても辛いことだった。ポールは相手をしてもらい，楽しませてもらうことが非常に必要だった。彼は注目，会話，遊びを求めていた。しかし，J 夫人はしばしば空虚に感じ途方に暮れていた。赤ちゃんにとって彼女が主な関心の対象になり得るし，断続的な関心の一つであり得るということを信じることができないようだった。ポールが彼女と関わり続けることを彼女は積極的に避けてしまった。J 夫人は彼女に背を向ける形でポールを抱き，彼が彼女の顔，視線，注目を取り戻そうともがいていることに気づかないようだった。観察者のコメントは，コミュニケーションを再構築するのを度々手伝おうとするものだったが，無視された。母親はがっかりしたり苛立ったりしているようであり，赤ちゃんが成し遂げたこと（彼が“キーキー言うこと”）をからかった。しかし，ある観察セッションで，赤ちゃんの呼び声がより活気をもたらし，彼女の関心を引いたことがあった。おそらくそれは，観察者の赤ちゃんとの「会話」に母親がわずかながら同一化したからだろう。J 夫人はポールにいつもより優しかった。彼女は彼をもっと快適に座らせようとした。彼女はしばらくの間，彼を世話し，彼の悪夢について話した。その後，同じ観察内で母親は観察者に，ポールとおしゃべりするのは楽しく，最近彼

は応えるようだと話した。そこには真の対話があった。しかし，彼がソファーの上で斜めになったために少し泣き声をあげると，彼女はかなり苛立って冷酷に反応し，実際，彼女から顔を背ける形で彼を自分の膝に座らせ，彼のお腹を手で支えて動かないようにした。赤ちゃんは動きを止めて静かになり，彼の目は活気を失い虚ろになった。

　この観察セッションは，ほぼ，聞くに堪えられないものだった。ポールの母親は生き生きとしていて頭のよい赤ちゃんを望んでいたのに，彼が主体的に動くことを妨げるのを我慢することができない。彼女はポールの彼女に対する関心を拒否し，彼を身体的には動けなくし，精神的には空虚になるようにほとんど強いている。その結果，彼の主体性や効力感はひどく損なわれ，彼の意志はなくされているようだった。観察全体の間，抑うつ的で迫害的な雰囲気が漂い，母親が適切なことを行うことも観察者が助けとなることを行うこともとても難しかった。観察者は，沈黙，言葉，何かをすること，しないことのどんなことも迫害と感じられるだろうと感じた。セミナーグループは，ある程度「関与する」観察（より積極的でセラピー的な）で関わることを奨励したが，母親はそれを拒否した。私たちは，子どもの法的保護の点について法律の専門家とも話し合い，私たちが観察していることは注意深い観察者によるものとは言え，第三者によって児童虐待だと論じるにはあまりに微妙である可能性が高いことが明らかになった。ポールの困惑した表情，そして母親が赤ちゃんの中に何か手掛かりを見つけようと努力してもうまく行かず，彼女がさらに非情になっていくのを見るのはとても辛いことだった。これは，母親がより軽蔑的で冷酷な行動を赤ちゃんに取ることにつながり，J夫人はしばしば観察者が彼女と結託してポールに冷たくすることを求めた。観察者は時々赤ちゃんの悲しい表情から無言の要求を感じた。観察者としての役割があったし，母親の競争心や神経質さを考慮して，観察者は最小限のやり方でのみ反応できた。観察者は，抑うつ的だが支配的なこの母親が赤ちゃんとよい関係になれるようにと，機転をきかしたさまざまな方法で試みた。それには，ポールの精神発達についての心配を母親が実際に認めている時，彼女が情報や支援をどこで得ることができるかということも含まれていた。しかし，こうしたことは拒否された。私たちは，ポールが世界に対して影響を与える意志を失っていることに気がついていたが，彼が彼の心をも失っていくことを私たちは怖れた。

　まだ，すべてが失われてはいなかった。彼女が居る時に他の誰かが赤ちゃんの世話をしているとJ夫人は時々安心するようで，ポールとの関係は少し距離がで

きて折り合いをつけられるようだった。ポールもいつもより幸せに見えた。同じ観察で，例えば，父親が戻って来たとき，ものごとはよりよく進むのがわかった。

　　最初，父親は母親と話しており，赤ちゃんは一人取り残されており，悲しそうなぼーっとした目をして，よだれを垂らしながら前の方に傾いている。すると父親が彼を抱き上げて歩き，彼に話しかける。父親はポールのための特別に作った子守唄を歌う。ポールは再び存在していると感じているように見える。彼は「グヒー」と言い，生気が戻ってくる。少しずつ，彼はまわりを目で探索し始める。母親は今やよりくつろいでいる。彼女はソファーから彼に笑いかけ，愛情のこもった声で「こんにちは」と言う。最初，彼は母親を見ようとしないが，父親に後押しされ，振り返って母親に微笑む。母親は満足し，彼に再び挨拶をする。父親はほっとして「やっと笑った！」と大きな声で言う。

　祖母が居る時に，同様の回復が観察された。不運にも，ポールにとって両親共にいる時でさえも，彼にとって二人ともが一緒に十分に存在しているという感覚を持つことは稀だった。父親，あるいは祖母と一緒のときでも，母親がよそよそしい態度で見ているというのではなくても，彼は結局は一人の人からお世話されるのだった。そのような三者のあり方が，次の観察においてもかすかな痕跡があるのがわかるだろう。母親のパーソナリティーの困難さは根深く，彼女の悲観的な態度と倦怠は親戚の援助によってもほとんど変わらなかった。彼女はすぐに以前の生活を後悔しながら振り返り始めた。彼女は母親でいることは「おもしろくない」と不満を言い，「短い間だけなら」やることができると言った。ポールはしばしば床に置かれて一人で遊び，繰り返しの性質の兆しのある活動をしていた。彼は座って，ただおもちゃを単調に振っていた。彼はまた，じっとしていて受身的な状態でいることが多かった。

　生後７カ月の時に，ポールが自発的に吸い飲みカップを持とうとすることや，彼が身体を使って冒険したり探索したりしようとするのを母親は不安ゆえにコントロールした。彼女は，ポールはクラスの中で発達が最も遅れていると不満を言い，彼に寝がえりすることを「教えよう」とした（ほとんどの赤ちゃんは自分で寝がえりができるようになる。それは，もう一方の側の世界が誘うからだ。相対的に，ポールは寝がえりをしようとあまりしなかったし，それができるようになるという自分の能力への自信が乏しいようだった）。ポールの母親は，彼のた

めに彼女が作ったタワーの明るい赤色の立方体に彼が手を伸ばしたのは，タワーを倒したくてそうしたのだと解釈した。彼女は彼の無関心さにしばしばフラストレーションを感じていたが，無関心にさせることをやめなかった。彼の世界において行為の積極的な主体という感覚はひどく損なわれていた。多くの場合，そうした考えをもつことを彼はあきらめているように見えた。彼は小さなオブローモフ[訳注3]になっていた。

　しかし，9カ月頃，家族が休暇を取った後，ポールの運動スキルと理解力がいくらか成長すると（あるいは，むしろ，母親が信じるには，彼は理解しているということだ），一種の幼い生徒として，母親は彼に以前よりも関心を持つようになった。彼女の夫はポールにとっては助けになり，ポールには母親よりも寛大だったが，彼は多忙で，彼らはポールと一緒にいるというよりは，彼の世話を交代で行っていた。また，父親，そして祖父母は傷つきやすくて手のかかる母親をとても用心深く扱い，決して彼女を怒らせなかった。事実，彼らは彼女を怖れているようだった。ポールが16カ月のある時，彼はリビングルームにある花に近寄りたいようだった。母親は彼を腕に抱いて花の近くに連れて行き，「触らないで。見るだけよ！」と強調した。そして，すぐに鮮やかな黄色のミモザの花の色の名前を彼に言わせようとした。いつものように，彼の自発性を尊重するよりも，彼女は彼女が望む反応を彼から引き出すことに夢中だった。いつものように彼の要求はとても穏やかになされた。彼が隣にある花瓶に何とか手を伸ばして，モモの花に触ることができ，うっかりと花の一つを落とした時，母親は「全部の花を落とさないで。木が裸になるとみっともないから！」と言った。彼女の無慈悲さと我慢のできなさの背後にあると思われることが垣間見える。世界が再び満たされるということがないのだ。蓄積はないのだ。まるで全世界にモモの花はもう決してないと彼女は感じているかのようだった。この段階で，彼女はポールが探索するのを見ることに耐えられなかった。彼女は我慢できずに干渉するか，彼を置き去りにし，彼は自分で何とかするしかなくなった。

　しかし，母親は仕事への復帰後，抑うつ状態から幾分回復したようだった。彼女は以前より快活になり，ポールが家の中を自発的に探索するのを楽しめるよう

訳注3）オブローモフ（Oblomov）：ゴンチャローフの長編小説。1859年完成。進歩や改革を求める活動家シュトルツと，善意と才能を持ちながらも無気力，無為の生活を送る地主オブローモフとの対比を描く。「進歩は善か」という問いがこめられている。（広辞苑より）

になった。例えば、彼女はポールが棚から本を取り出してそれらを見るのを許した。彼女は彼に「教える」ことが好きで、彼はものの名前をほぼ学習し、褒めてもらうために常に彼女の顔を見上げた。彼女は彼に数を数えることを熱心に教えた。基本的な計算能力と、より奥行きのある多様性という感覚、何か有用なものが保持されているという感覚、再び満たされる豊かな世界という感覚との相違がある中では、うんざりするようなレッスンかもしれない。

　とは言え、ポールが以前のぼんやりとした状態から何とか抜け出し、深刻な引きこもりにはなっていないことは明らかだった。ある程度まで、彼は母親を通して方法を見つけ、母親も彼を通して方法を見つけた。彼がそれに興味があるからとか彼のために多くのことを学んだという証拠を見出すのは難しかった。今では、彼は常に絶えず活動していて、時折不安に圧倒されるようになっていた。母親が忍び足で仕事に出かけようとすると、彼は決まって取り乱した。彼は食事中にはコップを必死につかみ、それはまるでコップが彼に渡されてしばらくの間は彼のものだということが信じられないかのようだった。観察の間、探索遊びが生じたということを耳にすることはなかった。そして、確かに、じっくり考える時間はほとんどなかった。

　幼稚園に行き始めた10カ月半の時、ポールは苦しみ、身体的な病気になることが多かった。彼は方法を見つけたものの、その性質は狭くて単線的だった。彼は物の名前や数えることを覚え、一生懸命母親を喜ばせた。愛情豊かな彼の祖父母からかなりの恩恵を受けていたことは確かだが、アンジェラ（以下を参照）はそうだったが、愛情に満ちたお世話をしてくれる人たちが多くいるという気持ちで豊かだとか幸せだとは、彼は感じていないようだった。むしろ、彼の他の家族のように、彼は母親のことを理想化したり怖れたりしており（そして、おそらく心配しており）、ポールはほとんどの時間、まるで彼の内的世界にはとても強い影響力をもった対象が**たった一人**いるように振る舞っていた。そして、その一人はいつ役立つかは不安定でかなり危険な対象のようだった。分離の間中安全さは不確かで長続きせず、あるいは探索的遊びの期間でさえも決して十分には続かなかった。アンジェラに見られる、くつろいでいて、陽気に振り返って何かを考えるという様子はなかった。

　より微細なレベルでの瞬間瞬間の出会いにおいて、ポールの母親は、彼が彼女やおもちゃと積極的に関わるまで待たなかったことも事実だ。しかし、彼の関心が他のものや他の誰かに移る時、彼のことを待って、関心を持って彼を見ること

はあった。彼の関心が誰かに移る時，彼女は彼から逃れるための機会として彼に関心をもった。対象が不在の時，ポールは彼の対象の存在の永続性，そして，対象を保持したり呼び戻したりできる彼の能力が損なわれていると思い始めているようだった。彼の自信と情緒的生活への影響が明らかなのに加えて，貧困で用心深い性質を帯びた彼の遊びでも，彼の認知能力が損なわれている兆候が多く見られた。不安のために，最も用心深い活動を除いて，すべての活動は長続きせず，発達の可能性は乏しかった（母親の産後うつが乳幼児の認知へどのように影響するかに関しては，マレイ（Murray, 1991）を参照のこと）。

アンジェラの観察

　工場勤務だと観察者に話した両親のもとにアンジェラは生まれた。かなり後になって，両親はエンジニアだと観察者は知った。病院で，アンジェラが生後3日目のとき，母親は観察者にアンジェラは微笑みとしかめ面を交互にすると話した。「彼女は一瞬の間に，すばらしい考えとひどい考えの間を行き来するのよ」と母親は言った。自宅で父親は，アンジェラは緊張していて，彼女にとって家は病院とは随分異なっているのだろうと考えていた。彼は「彼女が家に慣れる」ことを望んでいた。アンジェラが既に考えや感情や非常な繊細さを持っているのがわかる。とても繊細で不安定ながらも適応性があるというのは，まさに新生児の特徴だ。そして，アンジェラの両親は，ものごとには時間が必要だという感覚を既に持っている。母親はポールの母親のように，十分なミルクを与えることができるかという不安を抱いていたし，しばらくの間，清潔や授乳の時間についてかなりこだわっていた。しかし，第2週目には赤ちゃんが夜中にぐずったり伸びをしたりするのは，何か不満足なことがあるからではないことがわかったと話した。そのため，赤ちゃんを常にチェックするのをやめることができた。また，母親は今では赤ちゃんが目で彼女のことをもっと追うようになっていると思うと言った。私たちは，この母親の安心できる能力と赤ちゃんについて何か新しいことを学んでいるという自信，そして，赤ちゃんの自主性や能力，そして母親が自身のそうした能力を尊重している感覚があることに気づく。そうした状況では既に少なくとも2つの表象がある。それは，それぞれが認識できるスペース（some recognizable space）と能力をもっているというものである。

　生後35日目，アンジェラは自分ではガラガラをつかむことができないみたい

だったが，母親が助けてそれを彼女の手に置くと，彼女がどのようにつかむことができたかを母親は描写した。ある時点で，母親はアンジェラに「あなたは，お友だちの振り子時計が好きなのよね」と言い，それがよく見えるようにアンジェラの向きを変えた。その後の観察での食事の時に，母親はアンジェラが関心を持つものに苛立ちや嫉妬を示した。アンジェラは食事の最初の一皿を食べ終えるよりも「友だち」の振り子の方を優先していたが，母親は負けを認め，アンジェラが食事を終えることに固執せず，食事の代わりに，もっと気を引く可能性のある何か別のものを与えた。妥協によって，対立状態にある2つの機能に第3の選択が与えられている。赤ちゃんが何か他のことに興味を持つのを母親がしばらく待つ時，母親はとても重要なやり方で赤ちゃんのことを心に留保し続けており，これは情緒的だが認知的な経験でもあるのだろう。私たちは，母親がアンジェラのより能動的な抵抗も受け入れることができるのがわかった。4カ月半の時，アンジェラが一方の手からもう一方の手に物を渡すことができることに気づき始めたと，母親は観察者に話した。事実，アンジェラはとても発達した赤ちゃんになっていた。

　資源が保存されているという感覚が，アンジェラの祖父母と彼女の父親の両方にしっかりとあったことを付け加えなければならない。彼らは子どもに寛容だったが甘くはなかった。6カ月時，母親が職場復帰をして間もなく，母方の祖母が定期的に子守りをするようになり，母親は祖母にアンジェラにくだものを食べさせる機会を与えた。祖母は「あなたがアンジェラにあげなさい。この先，私には多くの機会があるのだから」と答えた。8カ月時，母親はアンジェラに新しいおもちゃの電車が動くのを見せようとした。その時，彼女は「あなたは電車の動きには興味はないのね。電車の音がするのに気がついたのね。それはあなたのおもちゃよ。好きなように使っていいのよ」と言った。観察者は，アンジェラはすくすくと育っている生き生きとした（認知的・情緒的な要素に集中するためにパーソナリティーについてはほとんど述べていない）赤ちゃんで，心理学者が「拡張概念」と呼ぶものを持っており，紙の上にあるリモートコントロールできるおもちゃを取るために紙を引っ張ることができた。アンジェラの両親は彼女と一緒にいることが多く，アンジェラにとても関心を持っていた。両親にとって世界は興味深く，アンジェラの世界もおもしろいようだった。ちょうど10カ月になる前，父親は観察者に「アンジェラがプラスティック製の鍵を一方の手に持っていた時，彼女はすぐにもう一方の手に鍵を置いた。そして，空っぽになった手を見せたけ

86 第1部 説明的レベルの諸条件

ど，鍵はちゃんと持っていた」と話した。（最後の文章で彼は微笑んだ。）

要約と臨床的含み

この章では，3つの観察素材を示し，行為の主体という感覚における2つの要素，つまり，1つの対象に関する行為の主体という精神的な感覚（the mental sense of agency）と2つの対象に関する行為の主体という精神的な感覚を描いた。後者はブルーナー（Bruner, 1968）の保存の概念に関連している。最初の赤ちゃんのアリスの観察素材は，前景で心に留め置くこと（1）と後景で心に留め置くこと（2a）の両方の機会を与える両親の能力を描いた。それはまた，アリス自身の複線思考の能力の発達に関連するものの存在を描いていた。ポールの経験と発達はその両方に関して損なわれているようだった。3番目のアンジェラの観察素材は，（1）（彼女の対象においても彼女自身においても心に留め置かれている），（2b）（対象はあなたが戻ってくるのを待つことができるという感覚においても）豊かだった。

留保の感覚は行為の主体という感覚と密接に関連しており，この章は情緒的な諸要素は認知的発達にとって重要だということを示している。一人の赤ちゃんの情緒的および認知的発達は，他の二人の赤ちゃんの多様性，豊富さ，「括弧に入れて考える」という明らかに複雑な発達という感覚とは異なっていた。おそらく行為の主体という情緒的な感覚と知性は関連していて，その二つは知的に理解できて，関心をもっている養育者に関連しているのだろう。そうした養育者は，赤ちゃんと養育者自身の関心は，理解できるし，興味深いし，注目し，尊重し，終わりまで見るに値すると感じている。

臨床のレベルでは，ポールのような困難さをもつ患者にとっての重要な仕事について強調したい。患者があまりに放心していて絶望している時の心理療法には，より積極的に活気づけるものが必要だろう。患者が情緒的には存在しているものの混乱していたり断片的な時，描写的だったり拡張的なレベルで仕事をすることになる。豊富さという感覚や，記述的なレベルの範囲における興味深い区別を含む技法に関するロウド（Rhode, 2001）の論文は役立つ。つまり，子どもやその対象がまさに感じたり経験していることが描写されたり増幅される必要がある。第三の対象，おもちゃ，あるいは鏡像がしていることが描写され増幅される必要があるということだ。ロウドは，自閉症を持つアンソニーは，親密な対面的な接

触ではなく，最初は並行的なやり方で，セラピストが第三の対象物が互いに関係することができることを紹介するのが助けになったという発見について述べている。ロウドは，アンソニーに提示した一連の対象物によって，彼に重要なもののための場所がセラピーの中に作られたと感じた。これによって，彼女が彼個人に集中的に注目して彼を圧倒しないですんだ。彼女は実際，こうしたものたち，例えば，お気に入りのおもちゃ，歌，プレイルームの鏡は，もはや並行的な方法だけではなく，共同注視や発話交替，いくつかの象徴的活動にも使用されたと指摘している。使用した鏡は，いわば，二人を保持するのに十分な大きさになった。

　こうしたさまざまな三者関係間の性質や発達や多様性を考察するのは興味深い。通常，子どもが両親をエディパルなカップルと経験するのは一つの順列に過ぎない。アンジェラの観察において描かれた彼女の両親は，赤ちゃんを除外して時々会話していたが，彼らは彼女について共に話したり，彼女に話しかけたりしていたことがわかる。そのような時，もちろんそれはエディパルな三者関係ではないが，アベロとペレ - サンシェ（Abello and Perez-Sanchez, 1981）は，**乳児にとっては**，カップルと見なされている両親という感覚は，自分抜きでお互いに密接に関わり合っているエディパルなカップルという感覚に先立つものとして（あるいは，付属物と言ってもよいかもしれない）必要だろうと述べている。ロウドの鏡は赤ちゃんと母親に関心を持ち，気にかけている（両方の意味で）父親のような何かを象徴しているのかもしれない。彼女が述べたように，結果的には，両者にとって同時にその中に場所があるということであった。

第3章
逐次的に考えることの妨害物と発達[訳注1]
空想，考えること，歩くことの間のいくつかのつながり

はじめに

　前章で私は，まずは人々が，それから思考がどのように後景，言ってみるならば心の中で待っていると感じられるかを示そうとした。この章では，思考が私たちの注意の域を超えて，後景ではなく前景で考えられたり，注意を向けられたりする順番を待つことができるかということに関する条件や，いかにこのことが多様な思考の路線となり得るのかについて示そうと思う。私が記述したいのは，3人の子どもたちの考えること，会話をすること，歩くことの様式の興味深い類似点についてである。自己と内的対象との関係に関する内的空想の概念によって，このことは理解できる。3人のうちの2人の子どもは，会話形式での対話や内的に連続性をもって考えることが必要となる自発的な会話に困難さを抱えており，障害となっていた。彼らはまた通常の歩行に必要な，足を上げ，交互に出す運動という動的な流れにも問題があることがわかった。徐々に私がわかったのは，第2章で描いたアリスとアンジェラといった赤ちゃんとは異なり，彼らの内的対象は辛抱強く準備して待っているとは決して感じられてはいないということだった。こうした観察は子どもたちの私への転移に対する精神分析的な臨床的気づきや，しばしば彼らに感じる当惑や欲求不満といった私の逆転移に基づいたもので

訳注1) sequential thinking を「逐次的に考えること」と訳している。
　　　その理由は，連続性だけではなく，複数の考えが順番を待っていること，順番を待つこと，複数ある考えを順番に聞くのを待っている内的対象が子どもの心の中で発達していくことが書かれているからである。逐次的という言葉には順番という概念も含まれているために，「逐次的」と言う言葉を採用した。また，thinking を「考えること」とした。それは，「思考」とするよりも「考えること」とした方が，動きを伴ったものというアルヴァレズの考えをより反映できるだろうと思ったからである。

あった。こうした関係性の様相は、地面に対する彼らのくるぶし以下の部分の足と腿から足首までの部分の脚とのスムーズな相互作用、あるいは、むしろ相互作用の失敗の在り方と似ているように思われる。

　私は精神分析理論におけるある種の発達の概念には、例えばビオン（Bion, 1967）の考えることについての理論のように、空間を超えた心のモデル（over-spatial model of the mind）からそのような相互作用的性質をもつ、より時間モデル的なものという動きを含む必要性があることを提案したい。おそらく、ある患者にとっては、無意識的空想についてはあまり考えずに、無意識的に空想するという活動について少し考えることが役に立つ。つまり内容よりもその形態について考えてみるということである。私は、発達と神経科学の知見の関連性について、最後の考察の中で再び取り上げるつもりである。これらを引用することによって、乳児期に実際の両親が彼ら（剥奪された子どもたちではない）に対する関わりに失敗したことをほのめかすつもりはなく、子どもたちの性質を含む、いくつかの可能性のある理由のために、発達の早期段階に発達がわずかにうまくいかなかったことを示すつもりだ。しかしながら私が強調したいのは、内的に空想された情緒的関係性の在り方が、世界に対する私たちの関係性の全体に影響を与えるだろうということである。それは私たちの身体の世界との関係についても言えることだ。

　私が学んだのは、子どもたちは彼らの空想や思考の内容を変えるというよりも、むしろ考えることについての形態やパターンを変える必要があるということだ。彼らが空想している内的対象との関係性は、どのように彼らの足 feet が彼らの下にある地球の大地、彼らの上にある空に向かう姿勢、そして彼らの前にある空間への前に向かっての移動についての感覚と関係しているかということに影響を与えているように思われる。時には、この全ては子どもたちの考えることや考え、そして思考の連続性、また子どもたちの思考を広げるための自由さの方法に影響を与えている。

　ジョアン・リヴィエール（Joan Riviere）が編集し、1952年に発行された『精神分析における発達』は、主に英国精神分析協会によって1943年に調停された一連の論争的議論の中で読まれた4つのクライン派の論文を基にしている。4つのうちの1つの論文は、スーザン・アイザックス（Susan Isaacs）の「空想の性質と機能」というすばらしい論文である。その本の序で、リヴィエール（1952, p.16）は次のように述べている。

心は全体的であり，より高次の機能は単独では作用していない。無意識は心の退化した部分でも原始的な部分でもない。それは活動的な部位（organ）であり，そこでは心的プロセスが機能している。つまり，心的活動性はその作用なしには起こりえない。最初の心的活動性の起源は，大抵無意識にとどまり，私たちは無意識的「空想」と呼ぶ。ゆえに，無意識的空想はそれぞれの思考やすべての行為（身体反射の可能性は除く）の背後に位置する。

　彼女は現実的思考や行動さえも，このような空想（phantasies）に付随するものとして含んでいた。しかし，「背後」という言葉に注目しよう。ビオンの考えることについての理論が示唆することの１つは，私たちが今やリヴィエールの考えを広げる必要があるということだと思う。それを次のように置き換えると，より役立つかもしれない。つまり，そこには別の思考や相互に作用し合っている別の一連の思考があり，それらはすべての思考とすべての行為の背後と下部，**それだけではなく，側面，上部，周囲**にあるのである（私は「空想」と「思考」の差異をここで議論するつもりはない）。さらには，もちろん，フロイトやその他の人々（Sandler and Sandler, 1994b）が述べてきたことであるが，こうした空想の多く（あるいは思考）は無意識ではなく，ただ単に焦点からはずれたもの，連想や意味の広大な網目の中心からほんの少し離れただけのものである。それらはおそらく前意識と言うよりはむしろ「疑似」意識であろう。地形学理論に基づいたすばらしい地下室のある，幾分狭い２階建の家は，後の精神分析的理論体系の構築によって拡張され続け，広がり続けるカントリーハウス[訳注2]や，パッラディーオ様式[訳注3]の邸宅に例えられる。そこでは，知識の幅，横方向の思考，上部の無意識的内的対象の助けが，その下部もしくは背後に横たわるものと同程度の精神的成長を与えるかもしれない。

　実際，建築的メタファーでも，心の全体的な精神状態を表現するには十分では

訳注2）一般的なカントリーハウスは，応接間，広間，画廊，図書室，食堂室，寝室などの部屋数 25 以上，床面積は 8,000 平方フィート（740 m²）におよび，主棟に隣接して庭園（garden）が付随しており，さらにその外側にはパーク（park）が設けられている。パークは家畜の飼料および景観の観点から創られる。

訳注3）ヴェネチアの建築家アンドレア・パッラディーオ（1508 年 -1580 年）の設計から派生しヒントを得たヨーロッパの建築様式。パッラディーオの作品は古代ギリシアとローマの公式で古典的神殿建築から，その対称性，奥行き，価値観に強く基づいたものである。

ない。なぜなら，それらは空間的すぎるからである。私たちは，単一の単語，単一の思考，単一の経験における多様な意味を感じ取り，それらは常に次へと進んでいるというあり方を描写することのできる心的能力の概念というイメージが必要である。おそらく，準音楽的な概念の方が適切だろう。つまり，律動，反響，共鳴，調和そして不協和音のような概念は思考の流れ具合や絶え間ない力動的交流，思考過程の流動性，すなわち，それらが要求することの多さや生き生きとした状態をとらえている。脳研究はここでも関連している。シーゲル（Siegel, 1999, p.13）は蜘蛛の糸状の相互連結ゆえに，「一つのニューロンの活性化は受信側で平均１万のニューロンへの影響力がある！」と指摘している。

　クライン派は「無意識的」空想という言葉を使っているが，彼らは現実についての意識的な理解力に対する反対語としてこの種の空想を想定しているわけではないことを強調することは価値がある。確かに，彼らはそれには常に現実を経験することが伴っていると主張している。ブッチ(Bucci)の半象徴的(sub-symbolic)な方法で処理していく様式についての構想，特に情緒的な情報の処理の構想は似ている。しかし，それらは認知研究によって十分に支持されている。彼女は次のように述べている。

> それは経験的に…日常生活の私たちの行為ではありふれている。それは，ゴミ箱へ紙くずを狙い入れることから，あるいは車線に入ること…そして表情に反応すること。…半象徴的なやり方での処理は，運動，芸術そして科学における高度に発達したスキルを説明し，自分の身体についての知識や情緒的経験の中心となる。(Bucci, 2001, p.48)

　彼女は，それを言葉で完全に表現することはできないが(彼女は詩は除くと言っている，P.52)，それでもやはり，本質的には古めかしくも原始的でもないと述べている。アル・アルヴァレズ（Al Alvarez, 2005, p.59）はオーストラリアの詩人のレ・マレー(Les Murray)を引用している。彼はこのように書いている。「詩は思考と同じくらい夢見られ，書かれるのと同じように身体で踊られることである。それはあなたの肺でなされる。それはあなたの筋肉のあらゆる部分でなされる。あなたはあなたの筋肉でそれを感じることができる」。

定義についての言葉：空想と思考，あるいは空想すること／考えること？

　「それぞれの思考と行為の後景には無意識的空想がある（身体的反射の可能性は除く）」というリヴィエールの提案を広げ，思考の側面と周囲の思考があるという提案を試み続けているが，脳科学者や認知科学者は今日では記憶システムにおける同時処理とマルチモジュールのような特性について論じている（Bucci, 2001）。動詞に関しては，名詞よりもより妥当かもしれない（Schafer, 1976）。アイザックスとリヴィエールは「無意識的に空想すること」という言葉を使っている時もあり，実際，ある時には「心的活動性（mental activity）」と互換的に使っている。シミントン（Symington, 1993）は「情緒的活動性」という用語の方を好んだが，ビオン（Bion, 1962b）にならって「心的／情緒的活動性」が付け加えられるだろう。アーウィン（Urwin, 1987）は認知を遅めたり早めたりするものとして情緒を理解している認知科学者を批判し，ビオンのように，情緒が認知構造自体の一部になっていると提唱している。

　ゲルハルト（Gerhardt, 2004, p.50）は「新しいコミュニケーションの様式のそれぞれは前の様式に加えられるが，それにも関わらず何も失われない」と指摘している。見たり触ったりによる早期の乳児の情緒的コミュニケーションは，発声によって豊かになり，ゆくゆくは言葉によって豊かになる。そして，徐々に思考から生じた言葉や思考を通じた言葉（thought-out and thought-through words）によって，豊かになる。ある2歳児が，生後7週目の弟に祖母が頷きながら話しかけているのに反応して弟が口を動かしているのを見て，「赤ちゃんはお話しようとしている」とゆっくりと言った。彼の母親はそれに同意し，そして，「赤ちゃんは口で聞いているのよ」と言い添えるということがたまたま起きた（これは，新生児は真似をすることができるという発達的発見への興味深い拡張である（Hobson, 2002））。母親は真似以上の何かについて語っていた。彼女はそこで生じていたある種の深い投影と内在化の過程を描き出していた。母親と息子のどちらも彼らは話しながら考えていたし，ある意味で，おそらく赤ちゃんもそうであった。

　「空想」という用語は視覚的形態と輪郭の模倣（例えば，Isaacs（1948）の論文の中での子どもにみられる口のようなスリッパ），もしくは，自己と内的対象のドラマのような交流の模倣を伴う傾向にある。アイザックスはその用語を単に視覚的，演劇的なものだけに狭めることを望んでいるわけではないが，それにもかかわらず，私たちはにおいをかぐことのできる対象（smellable object），音

が聞こえる対象（sound object）（Maiello, 1995），触感の対象，身体的な圧など，つまりいくぶん身体的な弾力性や，リズム，メロディーライン，音楽形態を伴う対象の内的経験の重要性を私たち自身が心に思い起こす必要があるだろう。これらすべては，より視覚化できる空想のように，情緒的な含みがあり，それについて考えられ，留めることができるかもしれない。例えば，私たちは，人の内的身体的宇宙がその人が自由に動ける空間を与えるのかどうか，あるいは人が精神的筋肉を十分に強いと感じると，思考の流れを追うことができるのだろうかと考えるかもしれない。視覚的次元は明らかに空想の強力なコンテイナーであるが，視覚的輪郭や形態を強調することは，時間的次元を無視する危険をはらんでいる。例えば私たちは「患者は自身の考えをめぐらすのに十分な空間を持っていると感じているだろうか？」と問うだけでなく，「患者は，彼の内的対象が彼に思考をめぐらす十分な**時間**を与えていると感じているであろうか？」と問うだろう。あるいは，並列する２つの思考，あるいは分散する一連の思考を一度に追って理解するための時間と幅を感じているのか？　あるいは，周囲の景色を無視し，足早に通り過ぎるというよりもむしろ，少なくとも，かなりころころ変わるやり方の中の一つを辿って，ゆっくりと留まり取り入れられるための時間と幅を感じているかを問うかもしれない。

　私は，ビオン（1962b）の α 機能の理論（第１章を参照のこと）が暗に含んでいることについて示唆したい。それは，現実を考えることは抑うつポジションの発達を待つ必要がなく，それは思考について考える最初の考えることから始まり，この思考は現存する対象に関係するかもしれず，常に必ずしも不在の対象に関係してはいないということである。現存する対象について思慮深く考えることは，後に不在の対象について考えることの土台となるだろう。そして，それはまた，別の思考に付随して生じることになるもうひとつの思考のための余地を残すかもしれない。もし注目するのをせきたてられ，注意がすばやく消え去るとしたら，多くの思考や経験は切り刻まれて継ぎはぎ状の性質のままで，無意識的な空想生活や活動性は貧困化したままになるかもしれない。一層悪い場合には，それは虚ろな自閉的な子どもたちや深刻な剥奪経験を持つ子どもたちにおけるように退化するかもしれない。そういった状況では，私が第１章で述べたように，再生の技法，それから描写することは，より込み入った説明をすることより優先されなければならない。

　しかしながら，リヴィエールが強調した心の二室的な性質，つまり意識的に現

実を考えることと無意識的精神作用が並列しており，思考の2つの流れが並列に生じるということに戻ると，私がリヴィエールの観点を正しく理解しているのであれば，これら2つが不調和であるとは限らない。それらは，弦楽四重奏のメンバーたち，あるいは詩を空想している詩人，あるいは夢の中で発見する科学者（Al Alvarez, 1995）のように調和して機能しているだろう。無意識は常に私たちの敵とは限らない。つまり，時に，私たちの無言の目撃者であり，私たちの支持者，模倣者，友人，アドバイザー，励ます人，そして教師でさえある。常に葛藤状態にいる人はいない。芸術家が詩や音楽の内的世界に比較的適切に接近し，一時的に，調和が不調和よりも大きくなる場合を除いて，結局のところ，いかにして詩は創造され，音楽は構成されるのだろうか？ より臨床的な記録に関して言えば，それまで決して想像することのできなかった子どもが「僕たちに何ができるか知っているよ。**アイデア**が浮かんだんだ！」と言い始めた時，それは何を意味しているのだろうか？ 明らかに，彼のアイデアは呼ばれたときに出てきているし，頼まれていないときにも現れている。彼自身，自分のアイデアに注意をもっと向けたり，友好的になったりしているかもしれないが，おそらく，それらは彼により従順で応答的になっている。例えば，優秀なアスリートやダンサーは，なぜ簡単に，そして美しく走行し，跳躍し，滑走するのだろうか？ 単に筋肉とトレーニングの問題なのだろうか？ 一者心理学はこれを説明できるだろうか，あるいは私たちは二者心理学を必要とするのだろうか？ そのような人々は彼らの下にある地面をよりスムーズであまり抵抗がなく，より柔らかく，より弾力があると経験し（そして，ほぼそうしている），彼らを囲む空気，空間，高さを魅力的で，近づきやすく，スムーズに測定できるもののように体験しているからだろうか？ ジョン・ラー（John Lahr, 1995）は，偉大なタップダンサーのサヴィオン・グローバー（Savion Glover）は「床と遊んでいる」ようにみえるし，グローバーは彼が「音でステージを感じている」ことに同意したと書いている。しかし，以下に記述する患者たちは残念ながらより扱いにくい惑星に立ち，動いていた。

動くことと考えることの間の対応と，3人の子どもたちとの臨床実践における時間的次元を空間的次元に加える必要性

　数年前，私は子どもの歩行がある特定の無意識的空想にいかにしばしば影響を受けているように思えるかということに関心を抱くようになった。無意識的空想

は，彼らの絵や夢，そして転移にも現れる。ドナルドというある男の子は常につまずいていたが，彼は重心よりも前のめりになるほど急いでいるようにみえた。彼はとてもせっかちな男の子であったが，それには理由があった。彼と私は，関係性においても転移の中でも，彼がいかにためらいがちであるか，そして彼は明確に「はい」とか「いいえ」を言うこと，言わば，「断固とした態度を取る」とか「自分の立場を固守する」ことがいかに難しいか気づき始めていた。彼の母親イメージは，愛情深いが脆い人物のようだった。ある日，彼は地球の上空を飛んでおり，着陸したいと思っている夢を見た。しかし彼はあえて着陸しなかった。なぜならば，大地は美しい白い花で覆われており，自分が着陸するとそれらの花を踏み潰してしまうと気づいたからである。これはまさに彼の内的ジレンマだった。そして何年かかけて，彼の空想上の対象は強くしっかりとしたものになり，彼はよりまっすぐ立ち，より強くなり，そしてつまずかなくなった。彼の抱える困難さは主に神経症水準の葛藤であり，情緒生活は苦しいものであったが，考える能力は深いレベルでは影響を受けておらず，彼は説明的解釈に興味を示した。彼の空想の内容はその形態よりも重要であった。ダニーとジーンは二人ともより深刻であり，ドナルドとは異なっていた。

　ダニーは太り気味の男の子で，歩き方，話し方，考え方がぎこちなく，融通がきかなかった。彼はスポーツが苦手で，普通に学校に歩いて行くことさえかなりの努力が必要であったため，結果として，クラスメートからの嘲りの標的となることが多かった。やがて，治療の1年半後，彼はアイスホッケーに取り組み始めた。それは愚かなことのようにみえたかもしれない。なぜならば，試合のよく知られた特徴である，ひっくり返されることへの恐怖に彼は苦しんだからである。彼は未だにとてもぎこちなくて緩慢だったが，氷の上を滑らかに滑ることができるという**考え**がとても好きであり，これは彼自身と彼の対象の両方についての理想化された空想を表象しているようだと，最終的には私たちは理解した。彼は十分に安全だと感じて，情緒的にも，思考の中でも，生活の中でも自由になり，前進できるのを切望していた（そして，彼は悲しそうな大げさな態度だったが，どこかでは普通だと感じることが必要だとわかっていた）。氷の滑らかさは，摩擦のない潤滑な対象を表しているようであった。それは，ある意味，彼を前に進ませ，通り過ぎさせ，成長させ，変わらず彼を支えるのに役立つ対象だった（これはすべての幼児が直立歩行を学ぶときに，必要なことである）。

　集中的な治療がさらに3年経過したのち，ダニーの動きや会話はいくらか自由

になった。彼は怒りっぽく，またナルシスティックで，威張り散らすところのあるおしゃべり好きな子どもだったので，初期の頃，私たちの対話は決してスムーズではなかった。私は，彼が威張り散らすことにしっかりと抵抗し，私が話すことを彼が聞くような技法を発展させなければならなかった。さらに彼が屈辱を感じたり心をかき乱されたりしやすいので，そうしたことに非常に敏感に機転をきかせる必要があった。彼にとって大きな達成感と誇りを感じる源になったのは，ついにローラーブレードに上手に乗ることができ，しかも彼のスキルが学校で他の思春期の生徒たちに高く評価されもしたことだった。スムーズに滑る空想は，単なる否認，もしくは防衛的で躁的な否認ではなかったと私は思う。彼にはあるイメージがあり（それは理想化というよりは理想的なもの），どのようになりたいか，そしてどのようになる**必要があるか**，つまり，通りすぎることができるし，スムーズではあるけれど，途切れなく支えてくれる対象を超えて滑らかに動くということだったのだと思う。しかし，彼はこの種の関係性を獲得する手段を未だ持っていなかった。彼自身の内的対象は，閉所恐怖を内包しており，侵入的であり極めて妨害的だった。ある日彼は，昔，片方の足でボールを蹴っている間，思い切ってもう片方の足を地面から離せなかったことを語った。もしそうしたら，転ぶだろうと彼は感じたからである。片方の足が安全に地面に残されている時，前方に勢いよくあげた足ははずみで下りてくるという発想が彼にはほとんどなかった。身体の自然な動きという感覚によってのみ彼はそうできるようになった。ようやくそれが発達し始めた。

　ある子どもたちはどのように自由に新奇なものや，テーマの変化（もしくは場所の変化）を喜んで受け入れることを学び，他の子どもたちはどのように怖れを感じることを学ぶのだろうか？　アルフレッド・ブレンデル（2001, p.315）は，指揮者であるフルトベングラーの最大の強みは，彼が「偉大な繋ぎ手であり，転調の優秀なマスターである」ことだったと書いている。彼は次のように問うている。

　　フルトベングラーの転調がとても記憶に残るのは何ゆえであろうか？　それらは最大限の注意深さによって形作られながらも分離することはできない。それらはパッチワークのようなものではなく，性質の異なる2つのアイデアをつなぐために挿入される。それらは，何かから生じて成長し，何かにつながっていく。それらは形質転換の領域である。もし私たちが詳細にそれらを観察すれば，ついにはそれらのイ

ンパクトが最終的にそれと感じられるまでに，最初は微細に，そして，たいてい他の指揮者の場合よりもはるかに早く，テンポに影響を与え始めるということに私たちは気づく（Brendel, 2001, p.325）。

　ブレンデルは転調のための「準備」の重要性を強調し続けている。私たちが踵からつま先へ，足から足へと動かし，そこにスムーズな流れがある時，脳／無意識的な心／身体においてこのようなことが起こると私は想定している。
　ここで，ジーンについて述べたい。彼女は10歳の少女で，不器用さ，抑うつ，学校での成績不振のために紹介されてきた。彼女は奇妙で，扁平足であり，チャップリン風の歩き方をしていたが，私が彼女とそのことについて話し合う機会を得ることができる（もしくは私が話題にできると感じる）までに何年もかかった。しかしながら，私たちは彼女の不器用さについて，かなり早期に話し合いを始め，約1年以内に不器用さは完全に消失した。ジーンはとても礼儀正しく，物静かな女の子であった。実際，彼女はとても礼儀正しく，彼女の不器用さは，彼女自身の気恥かしさのせいではなく，他の人々の決まり悪さのせいであるように見えた。もし誰かが何か愚かなことを言ったり行ったりしたら，彼女がつまずいて倒れただろう！　ある種の受身的な投影同一化の過程も不器用さの中にはあった。そこでは彼女は静かで，一見したところとても無邪気であったが，彼女がつまずいたり，物にぶつかったり，私の足を踏んだりして，私を苛立たせた。しかし，私が述べたように，この身体的不器用さはかなり早い段階で消失した。彼女の心的な混沌ぶりや学ぶことの困難さはしばらくの間続いた。彼女が何か私に言おうとした時，出来事の順序があまりに混乱し，思考障害に苦しんでいるように見えることが時々あった。彼女のパーソナリティにおける多くの要因が彼女の奇妙な思考，奇妙な言語，そして奇妙な歩き方に影響を与えていると私たちが理解するのに数年かかった。
　私が述べたように，ジーンの話を聞くことはとても混乱させられることであり，そのような混乱を招いているのは何なのか私たちが理解できるまでには長い時間を要した。実際に，初期の頃，彼女はほとんど話さず，空っぽの窓と閉じられたドアのある殺伐とした狭い家を際限なく繰り返し描くのを好んだ。家には大抵人はおらず，そこではほとんど何も起こらなかった。時々彼女は鉄道の駅を描いたが，到着したり出発したりする人がいたことはなく，しばしば雨が降っていた。物事がわずかに動き出した時でさえ，尋ねたり，押したり引いたりすることは私

に委ねられた。ジーンには他の人々がなんとかして彼女に考えを述べさせようと彼女に過度に依存しているという信念があることを私たちは徐々にわかってきたが，そのことは，不運にも彼女の信念を承認することになった。大人は親切であるが，もろく，愚かであり，人生に向かうように彼女を誘うほどには魅力的でも，興味深くも，あるいは（ダニーの場合と同じように）安全でもないと見られていた。

　治療の３年目までに，ジーンは面接室の空間をより多く使い始め，より安心していられるようになり始めた。彼女の過度の礼儀正しさは弱まった。彼女は家を描くことを続けていたが，入り口は広がり，庭が建物に囲まれ始めた。私は技法について心配することに多くの時間を費やした。それは，描画についてあまりに素早い質問をいかに差し控えるかということだった。素早い質問は閉所恐怖的な混乱を引き起こすように思えた。そして，あまりに長く彼女をひとりにしていないかということも考えていた。もし私がそうしたなら，彼女は抑うつや，暗闇や本物の憂鬱な状態に沈み込んだだろう。早期の描画はみじめさに満ちており，霧雨が降っていた。彼女の描画の中で屋根が崩壊しているように見える状態が続き，私がその絵をセラピーの休みや，試験のような差し迫った外的な出来事についての不安とつなげようとした時，彼女は礼儀正しく肯定するのだった。しかし私はこうした解釈や他の説明的解釈が本当に彼女に届いているとは全く感じていなかった。彼女が一度に一つの考えを深く考えることができるようになるまでは，２つのことをつなげようとする私の試みは，ほぼ時間の無駄だと考えるようになった。彼女は，彼女の無意識的思考が意識的思考の背景にどのようにあるのか考えることができなかった。そうできるようになったのは，彼女が彼女の意識的思考を充分により深く考えることができるようになり，いわば彼女の意識に近いことを探索したり，それに密着したり，所有したりできるようになった後だった。

　それから３年が経ち，彼女が描く家には明るさと空間があり，動いたり生活したりということも可能になるかもしれないという感じがあった。しかしながら，私が話し始めるといつでも，彼女は侵入されたとか詰め込まれたといとも簡単に感じて，すぐさま動けなくなり，前に進むことができなくなるのに私は気づいた。彼女は簡単に関係を断ち，聞いているふりをしているだけで，対話は全くなかった。しかし，ある日，彼女はとてもすばらしい靴を描いた。それは，床の下から電気を得ることのできる靴であった。床の上には電気の磁石があった。足は床に触れる必要がなく，床に触れずにその靴は電気を得ることができるのである。私は，おそらく彼女はそれが会話をするためのすてきな方法だと感じているのだろ

うと言った。私の話しかけによってひどい摩擦を起こさずに，彼女をゆっくりさせてくれさえすればいいのにと。ただ彼女に「活力」を与え，彼女を自由にしてくれさえすればいいのにと。彼女は私が言ったことを本当に理解しているように見えた。私はある程度，彼女が正しいと感じていた。彼女はそのような対象を必要としていた。彼女はせっかちで妨害的な内的対象ではなく，彼女が進んで行くことを妨害しない対象を見つける必要があった。彼女は進んでいくことに，時にとてもためらいがちであり，またある時には槍のように信じられないくらい素早かった。ジーン自身，かなりせっかちであり，ある意味，かなり侵入的であった。

　私たちは，わかりにくい，ほとんど思考障害的な会話が，ある部分では，彼女自身の性急さによるものだと理解するようになった。しかし，私が強調したいのは，それは，彼女の内的な聴く対象（listening object）のある部分が非常にせっかちだと彼女が見なしていることにもよるということである。彼女は４つのポイントを含んでいる物語を詳しく話し始めることがあった。それは１番目から始まるが，彼女の心は３番目か４番目へと飛ぶのだった。それは待ってはくれないだろうし，素早くそこに行かなければ消えてしまうと彼女は怖れていたからだった。それ故に，それは彼女の注意を要していたことになる。別の時には，彼女は第３もしくは第４番目のポイントに飛んだが，それは**私が**考えている考えであり，それゆえ，彼女が考えることを期待され，望まれていると彼女が考えていたからだった。言うまでもなく，この早過ぎる飛躍によって，３番目と４番目へ向かう途中で１番目と２番目を順番に考えていくことができなかった。その結果として会話が混乱するということが起きた。

　約１年後，私が観察し始めたことは，いかに彼女がしばしば，彼女に代わって私が最後のセンテンスを終えるようにそれを残すのかということだった。例えば，彼女が「太陽のある・・・」と言い，間があるので，私は「空」と言っていることに気がついた。私は，これは彼女が苦しんでいる，せっかちに聞いて邪魔をする対象と関連しているのだろうかと思い始めた。しかし，彼女が私をそうさせるように誘導し，強いてさえもいるようだった。このようにして，彼女は自身のせっかちや，センテンスの終わりに達して自分を理解してもらいたいという彼女の願望を経験する必要がないということが明らかになった。彼女はまた，とてもさりげなく，しかも満足気に，フランス語は学校で彼女の「最も苦手なこと」であり，フランス語教師はいつも彼女の誤りを指摘しなければならないと話した。セッションは交通渋滞の車の中にいる人々の説明から始まり，車を動かしていくのは，

いかにいつも私や彼女の先生たち次第であるかを彼女に示そうと試みた。私は，彼女が突然前に動き出すときは，私の言葉は彼女が急いで追い抜いた他の車のようであり，彼女がそうするのは，明らかに私の言葉を聞いていないからだとも話した。しかしながら，彼女は**このこと**を本当に注意深く聴いていた。彼女は物静かな少女であり，他者の中に投影している彼女自身の活力や活動性といった精神的な力は容易に自身から切り離していた。

　2，3ヵ月後，彼女が話しかけていると感じている聞き手のようなものについての素材が増えてきた。彼女は，話を聞いてもらえるほど大きな声を出せない人々にとって低い天井がいかに役立つかについて話した。なぜなら声が反響するからである。高い天井だと，そうした声は全く聞こえないであろう。私は，本当のジーンはとても小さな声で話し，とても慎重で注意深く，しかもしっかりと安定した聞き手をとても必要としていると思った。そうした聞き手は，一度に1つの考えを注意深く彼女にゆっくりと話させ，話を前に進めていくこともできる。彼女は，彼女の聞き手は彼女が考えを話し終えるまで待ってくれないだろうという信念に苦しんでいたようだった。つまり，聞き手は常に性急に彼女に応じようとするか，何らかの方法で彼女を遮ろうとするか，あるいはとても遠く離れているように感じられていた。

　ついに彼女は，彼女の絵の中に現れ始めた美しい湖のように落ち着き始め，彼女の内的世界は広がっているようだった。彼女は家族との散歩中，常にうつむいて早足で歩き，散歩を終えており，小道の両側にある植物や樹木を右や左を向いて見ることが決してなかったことを思い出した。彼女の視野狭窄は，さまざまな方法で彼女の心や学びに影響を与えていたことを彼女は理解した。彼女の会話はよりゆっくりとなり，より安定してきたが，逆説的に，より早く，そしてより自由になった。彼女はもはや抑うつ的ではなく，融通がきくようになり，柔軟性が増した。ある日ついに彼女は，足を引きずって歩くことについて話し始めた。彼女は，踵をあげて押し出すことを怖れていたことに気がついたと言った。彼女は走る時にそうすることができたが，歩く時にはできなかった。彼女は，地球にしがみつく必要性を感じていると話しているようであり，それはちょうど彼女が常に彼女自身の考えをまず続けて，完成する代わりに，他の人々の思考に精神的にしがみついているのと似ていた。しかしながら，今では，より連動し，調整された前への動きが切望されていた。実際，彼女はダンスやスポーツを楽しみ始めていたし，学力が顕著に改善し始めていた。

技法的な含み

第1章で，特に境界例，あるいは精神病状態の患者との治療において臨床的に優先されることは，その患者の心の状態に届かないと思われる早過ぎる説明的解釈に気をつけることが私たちに求められているだろうと述べた。ドナルドは多くの時間，探索的解釈で分析的なセラピーを行うことが可能であった。一方で，ダニーとジーンは境界例もしくは精神病ではなく，説明的解釈を理解することができるように**思われた**が，私のコメントを彼らがどのように聞いているのか，あるいは聞くことに失敗しているのかということに，他の子どもたちとのセラピーの時よりも，より多くの注意を払うことを学ばねばならなかった。そして，興味深いことに，聞く，話すという会話のパートナーとの関係性についての多くの仕事をなした後，そして，私たちの会話のやりとりがより快適になるにつれて，彼らは歩行に伴う困難さについて話すことができた（現在，いわば，両方向から治療するために，作業療法士や運動療法士との協働を模索している）。ミケランジェロ・アントニノニ（Michelangelo Antoninoni）の映画『愛のめぐりあい（Beyond the Clouds）（1995）』は，メキシコ人の運搬人のグループについての物語である。彼らは山を急いで登らないことにしているが，それは彼らの魂が背後に残されてはならないという理由からであった。疑似-，そして前-意識的思考，つまり，他の思考に並行している，あるいは近接しているかもしれない思考は，下部，あるいは無意識にある思考よりも前に探索されなければならないかもしれない。このことは，時に，名詞にふさわしいと感じる形容詞を結びつけるための時間を患者に与えるのと同じくらいシンプルな何かを必要としている。ダニーの氷のすばらしい滑らかさや，ジーンの電気を帯びた靴の滑らかな動きは，その段階で氷や靴についての無意識的で象徴的な複雑な意味探索が行なわれるよりも，彼らの困難さや希望についてより多くのことを教えてくれた。どちらの患者も動き始める方法を見つける必要があり，これが始まりであった。ひとたび彼らが動き始めると，ある種の発話交代が私たちの会話に確立され，それぞれの思考のための十分な場所ができると，ある感情と他の感情，ある思考と他の思考，そしてある経験と他の経験の間に連結を作り始めることがとても容易になった。しかしこの発達のためには，それぞれが場所と時間を与えられるまで本当に待たなければならかった。ショア（Schore, 2003, p.245）は，「2つの脳半球の処理装置の間に葛藤もしくは競争が生じるためには，ゆっくり作動する言語領域を司る左脳は，非言

語的で素早い右脳の処理装置における情動的な評価や出力にアクセスしなければならない。そして，その時に制止が可能になる」と指摘している。情緒的処理を行う右脳に欠損がある場合，葛藤の問題（そして複線思考の複雑さが付け加えられるだろう）に取り組まれる前に欠損は修復されなければならないと彼は指摘している。ここで述べた子どもたちが聴くことに耐え，交互に会話することを受け入れて楽しめるようになるにつれて，彼らは彼らの心の袖で待っていた思考により注意を向けて尊重し，そして遂次性をより保つことができるようになった。

考察と結論：歩くことの発達と言葉の発達

　より新しいアイデアが意味していることは，思考の動きがその内容と同じくらい重要であるということだと私は述べてきた。つまり，内的対象の性質は重要だが，その配置やポジションも重要だということだ。時に私たちの対象は心の後景で待つ必要があるし，もっとはっきり言えば，前景を超えてでも順番を待つ必要がある。ノブロー（Knoblauch, 2000）は患者の話の聞き方，患者への話し方の聞き方について述べており，患者とセラピストのコミュニケーションの輪郭を描き出す声量，トーン，リズム，テンポを重視している。彼は患者のある種の根本的な変化は，それが言語化されるずっと以前に，彼らの反応のパターンにおいて変化し始めると指摘している。

　補足説明が一つある。本章で私が記述したことが常にあるとは限らない。多くの天才たちは運動が不得意であり，多くのアスリートたちは抽象的思考に対して比較的無関心である。それにもかかわらず，3人の子どもたちには類似性があり，ある程度，彼らの発達の大部分の領域は非常に似たやり方で多少歪んでいたように私には思えた。

　おそらく，ここで，歩くことの発達について言及する必要があるだろう。まず，通常，その能力のあるすべての，あるいはほとんどすべての子どもたちが歩けるようになることは明らかであるが，テレンとスミス（Thelen and Smith, 1995）の魅力的な著書では，このことは決して単純な生得的な神経学的発達ゆえではないと論じられている。あるいは，単純な環境的な影響によるものでもない。著者たちは代わりに，複雑に絡み合った因果関係を提案している。それはダイナミックなシステムモデルであり，歩く能力に先行すること（ダンスしているように足を動かすこと，両足同時にキックすること，片足でキックすること，交互にキッ

クすること，ハイハイすること，支えられて立つこと，つたい歩きをすること，支えられて歩くこと）に関する下位 - 構成要素を分析し，それぞれがともに乳児の心，身体，姿勢，ポジションとその時その瞬間での環境の状態が相互に作用し合う方法を分析するものでもある。テレンとスミス（1995, p.16）は次のように記述している。

> ここでのポイントは，はじめの 1 年の間，足の動きに関して**本質といったものは何もないこと**である。足の協応性パターンは完全に状況依存的である。つまり乳児が落ち着いているか興奮している，直立状態かあおむけ，あるいはうつぶせか，探索や移動のために足を意識的に動かしているかどうか，歩行器（探索できる道具）を使っているかどうか，水中に潜っているかどうか（これもまた探索できる状態），一人で立っているかどうかということである。

　私たちは，「何に，あるいは誰に興奮しているのか？　何に，あるいは誰にひきつけられて探索しているのか？」と問うことによって，このリストを拡げていきたいと思うだろう。そして，床に自分の足を押し付けたときに得られる力の感じについて，人生早期には，親の手を足で押した時に親の手から感じる力，そのような押すことによる接触が与える快や行為の主体という感覚，そして養育者を押し返すことの中にある茶目っ気のある攻撃性に対する気づきから得られた力の感覚はどんなものなのだろうか？赤ちゃんがあいさつしているように動かしている足を掴むことで赤ちゃんの呼びかけに親が応答する時，喚起される柔らかな愛情はどのようなものなのか？サヴィオン・グローバーは音を出すために床を鳴らす感覚をどこで得たのだろうか？赤ちゃんは口と目だけで笑うわけでないことを思い出すのは重要である。彼らは手や足でも私たちに呼びかけている。そして私たちの足と世界との関係性は，私たちが実際に大地に足をつけることを試みるずっと前から始まっている。リズムとビートという私たちの感覚は，1，2，1，2 という歩行を待ってはいない。つまり，母乳を吸っている間の休憩や休止，見ているときの休憩や休止，あるいはブルーナー（1968）が言及したように，二人の間の交替における休憩や休止の中で始まる。なぜ子どもたちは上や前にジャンプすることが，飛び降りるのと同様に大好きなのだろうか？上部や前という空間が誘うからか，あるいは，禁じられているからか？

　似たような力動的な複雑さは，後に会話の中で言語を用いる能力の基礎にあ

る能力，すなわち，見ることや声を出すことを媒介とした原-会話的コミュニケーション能力の発達にもあてはまる。(Trevarthen and Hubley, 1978)。ビービ(Beebe) は，乳児と養育者との間のこのような発声による対話を研究しており，いかにそれぞれのパートナーが自分自身の状態の道筋や流れ，そして相手の道筋や流れの両方に影響されているかを示している。**そして，一方は相手に影響を与えるのである。**(Beebe and Lachmann, 2002)。ゲルハルト(Gerhardt, 2004, p.31) はビービを引用している。「あなたは私が心を開いていく仕方で変化し，私はあなたが心を開いていくやり方で変化する。そうしたときの問いは，こうした対話から内在化されるものは何か，そして子どもの自己は何を共同的な対話者に期待するようになるのか？ということである。」

右脳は情動に関わる脳（そして見ることや触れることによる非言語的コミュニケーションに関わる脳）の基質であり，生後最初の１年半で急成長し，その成長が終わった時点で左脳が急成長することを思い出すことが重要である (Schore, 2003, p.244)。これは言語の始まりにつながる。シーゲル (Siegel, 1999, p.179) は，右半球には素早く活動する並列的で（同時活動的な）全体的な過程があると指摘している。そこにはまた，メタファー，矛盾，ユーモアの理解といった意味でのいくつかの言語がある。一方，左脳においてはよりゆっくりとした活動があり，直線的で，逐次的な活動，時間に関する処理過程がある。言葉の言語的意味は最も重要である。これらのプロセスは，物語の情動的な力だけではなく，物語における出来事の逐次性を決定するのを助けてくれる。しかしながら，ゲルハルト (Gerhardt, 2004, p.50) は，「それぞれの新しいコミュニケーション様式は，以前の様式に加えられるが，何も失われない」と指摘している。ゆえに，もし逐次性に困難さがあれば，私たちは，これが主には左脳における認知の問題なのかどうか，あるいは，右脳における情動的関係性に起因する困難さがあるのだろうか？と問うことができる。私は答えを知らないが，歩くときの１，２という拍子は，より早期の多くの１，２，例えば吸うこと／飲み込むこと，見ること／目を逸らすこと，見ること／まばたきすること，声を発すること／黙ること，声を発すること／聞くことなどに続いて生じるものだと私は思う。マロックとトレヴァーセン (Malloch and Trevarthen, 2009, p.8) が『コミュニケーション的音楽性（Communicative misicality）』において問うているのは，私たちの「すぐに過ぎ去ってしまう空気のように軽い思考」が，私たちの「重くて複雑に動く身体」をいかに何とかしてうまく動かすのかということである。そして，外的な音，

接触，動きを通じて他者の中にある注意深さ（mindfulness）を私たちはいかにして読み取っているのだろうかということである。彼らの答えは，「人間は，内在的動機付け衝動（IMP）の時間が計測され，エネルギーが調節された，調和され統合されたコントロールの下で動く」，そして「私たちは動く中で，生き，考え，想像し，思い出す」(p.9) ということである。

第4章

連結を作ることと時間を作ること
思考の圧縮を下げることへと向かう段階と
思考どうしのつながりの確立へと向かう段階

はじめに

これまでの章で，私はジーンの考えが彼女の心の中で列を作って順番を待つことを拒絶するやり方を述べた。彼女の中の複数の考えは，彼女自身と彼女の聴き手のなかで，詰め込まれ，混乱を引き起こしていた。ここでは，類似しているが，より困難な現象について考察したい。つまり，ある種，考えが詰め込まれるというのは，ビオン（Bion, 1955, p.237）の統合失調症患者の一人が，「思考は互いに競争している」と述べたものと類似している。本章で述べる患者もまた，複合的な思考（multiple thoughts）を考えることができる。しかし，思考が非常に圧縮されている。私は，このような思考が過密になりすぎず，ある程度緩く連結するためのいくつかの条件と，こうした発達が，真の連続的思考に向かう可能性のある先駆けとして機能する仕方についても考察したい。

マペットショー（The Muppet Show）^{訳注1）}のエピソードにおいては，カエルのカーミットはミス・ピギーと約束したデートを忘れた。彼女が約束を守るように彼に要求すると，その晩は外出する**時間が**無かったと言い張り始めた。ミス・ピギーは「カーミット！ 時間を作りなさい！」大声で命令するように言った。これは，時間の作り方について学ぶことに関係している。

はじめに，私はビオンの考えることについての理論に関して，いくつか異なる主張を論じたい。とりわけ，ビオンの偉大な論文『連結することへの攻撃』（1959）で，彼が私たちに示した思考と思考の間の連結の問題についてである。連結の失敗に関して，私がそうしているように，ビオンがいくぶん矛盾すると思われる

訳注1）セサミストリートに出てくるような腕と手指で操る人形が多く登場した米国のテレビ
　　　バラエティ番組。

二つの立場をとっているのは興味深い。一方では患者自身の自我と考えること（thinking）への破壊的な攻撃の影響に言及している。他方では，連結することの何らかの欠損のようなことに注意を払っている（あるいは，後に彼が「連結に関する現実化されない前概念」と呼んだもの）。一つ目の立場は，パーソナリティの中で，連結を考え出したり連結を作り出したりする能力に先行する何らかの発達を想定しているように思われる。そして，二つ目の立場は，考えることや考えを蓄積することができない患者がいるということについて述べている。この場合，ビオンは自己や対象，あるいはその両方の欠損を説明しているようだ。こうした区別によって，思考障害や考えることの欠損といった問題を持つ私たちの患者に対する私たちの解釈的応答は，導かれ得るのだろうか？ 明らかに，二つの立場は相互に矛盾しない必要がある。つまり，それらは同時に存在し得るのである。

それまでに確立された連結への攻撃よりもむしろ現実の困難さや欠損がある場合，セラピストは連結を作る上で，逐次性や順序性，そして二者性に耐えられ，楽しめるようになるような，連結の時間的および動的な特徴に注意を向ける必要があるかもしれない。私は，考えることが困難な自閉的な患者と精神病的な患者のいくつかの臨床素材を論じる。また，技法について考察し，遊びと統語論の間にあるいくつかの類似点を示したい。

現実についての時間的な形を作ること—存在すること（presence）を調節すること

フロイト（1920）の孫息子の糸巻き遊びや，いないいないばぁ遊びは（Bruner and Sherwood, 1976），不在の対象についての精神分析理論のモデル，そして現実を乳児が受け入れていく方法に関する精神分析的理論のモデルであった。それはたいてい，欲求不満や喪失，分離という現実である。それに加え，同様に原初的な現実（primary reality）について考えたい。それは，そこにいる対象の現実であるが，現存する対象は時間における動的な形や，時間が形態において現実化する（Robarts, 2009; Stern, 1985）。たとえば，リズミカルな行き来の他に，リズミカルな揺れや満ちたり引いたりがある。現存する乳房は，生命の基本的なリズムの中で，激しい勢いで吸われては休む。それは徐々に統制され，呼吸するのと同じくらい簡単に吸うことが可能になる。ブルーナーとシャーウッド（Bruner and Sherwood, 1976）は，いないいないばぁ遊びは，より早期に何かによって始

められていると示唆した。ルーミングゲーム（looming game）[訳注2]では，母親は自分の顔と乳児の顔の間に距離をおいて遊ぶ。現存するということに関わる調節と統制は，乳児の課題である。それはおそらく，不在の間，対象の恒常性を維持するのに先行するだろう。たとえば，バートラム（Bartram, 1999, p.140）は次のことを指摘した。彼女の2歳の自閉症の患者が，セラピストが突然やって来たことにどうにか対処しようとしているまさにその時に，彼が母親にさようならを言うのを待つことは，非現実的なことであった。さようならは，ある程度，恒常的な対象を事前に内在化していることを必要とする。だが，自閉症を持つ子どもたちの多くは，そもそも経験を取り入れることが非常に困難である。彼らにとって取り入れは実に難しく，経験の取り入れは，より永続性のある内在化と表象に先行する必要がある。スターンの生気情動（vitality affect, 1985）や，生気様態（vitality forms, 2010）の概念，つまり，経験に形が与えられ，調律や輪郭化が共有されることは，おそらくこうした取り入れ過程の中心をなす。そのように，バウアー（Bower, 1974）の反射的追視の行動と，動いている対象の道筋を予想し，推定する乳児の能力に関する研究は，私たちが思考の筋を追っていくことを学ぶ方法と何らかの関係があるだろう。

　私は，糸巻遊びやいないいないばぁの遊びに付随するパラダイムとして，ルーミングゲームと，音楽家がアウフタクト（強拍の前のはらはらするような弱拍）と呼ぶものについて述べる。どちらかと言えば私は，後述するサミュエルという重度の自閉症を持つ4歳の男の子の非常に断片化され，荒れ狂った行動に意味を与える方法を見つける難しさを経て，こうした微視的，あるいはミクロ分析の水準に注意を向けるよう駆り立てられた。やがてサミュエルは二者性という考えを持ち始めたが，彼は荒れ狂わんばかりになった。彼と私は，二つの考えについて考えることは時間がかかること，そして時間とは，サミュエルが持っているようには思えない何かであることを学ばなければならなかった。

ビオンにおける思考と思考の間の関連性

　今や，私たちは心についての精神分析理論を有し，それは私たちの主観的な印象と符合しているという事実は，ビオンに拠るところが大きい。生きた対象や記

訳注2）母親が赤ちゃんに顔を近づけたり遠ざけたりする遊び。

憶，事実やイメージで満ちた内的世界全体はもちろん，思考は意味によって照らし出され，そのもののエネルギーによって強化され，絶えず互いに影響し合っている。『言語と統合失調症』（1955）でビオンはフロイトに同意し，精神病の患者は現実に対し敵意を抱き，感覚器官や意識に対しても攻撃すると述べている。ビオンは，精神病の患者は，彼らの言語性思考（verbal thought）の能力を攻撃し，そこには非常に冷酷でサディスティックなタイプのスプリッティングが含まれていると付け加えた。また，サディズムに加え，彼は貪欲さにも言及している（p.223）。

> 私は，スプリッティングの機制が患者の貪欲さに仕えるために行為に持ち込まれることを示したいと思う。それゆえ，それは単に，対象をスプリットする患者の決意の産物として，彼の自我がばらばらにスプリットされるときに起こる種類の不運な破滅ではない。それは，できるだけ多くの人に，できるだけ多くの場所で，できるだけ多くのものを手に入れ，そのためにできるだけ長くという意志として言語的に表現された決意の結果である。要するに，時間を超越しているのである。

（ビオンはその後の論文を通じて，サディスティックな攻撃によって生じたものとみなす思考障害の記述と，むしろ自我の欠損に近い何か，むしろ思考することの拒否であるという記述を交互に続けている。時に，思考することのできなさについて述べている。）彼は，積極的なスプリッティング（active splitting）について印象的な例を示している。それは対象のスプリッティングのための行動様式として，言葉を用いる患者の例である（Bion, 1967, p.226）。「患者は部屋に入り，心をこめて手で私を揺すった。そして，私の目を刺すように見て言った。『セッションは長くはないけれど，私が出ていくのをずっと止めると思う』」。ビオン（Bion, 1967, p.25）は，この素材を積極的なスプリッティングの一つの結果として扱った。ビオンは，患者がセッションは少なすぎるが，彼の自由な時間を邪魔するという不満を持っていることを認めた。彼は，一度に二つの解釈を与えようとする分析家に対する意図的なスプリットとして受け取った。ビオンの根拠は，患者が続けて言ったことにある。「私が一度に二つのボタンを押したら，エレベーターはどうやってどちらに行くとよいか，わかるのですか？」（Bion, 1955, p.226）。

　グロトスタイン（Grotstein, 1981b）が指摘しているように，晩年のビオンが（『経験から学ぶ』，1962b）コンテインする対象の欠損という考えを有していたこと

に感謝する。私たちは，素材を別の方法で見るのを試すことができると思う。この二つの思考を切り離すのを可能にするのに十分な自我や，弾力のある精神的なコンテイナーを十分持たない患者として，この素材を理解することができる。スプリッティングを必ずしも，意図的な攻撃の結果としてみなす必要はない。同時にやって来て，ひどく押しつけ合っている二つの思考の切迫した表現であったかもしれない。この患者は，両方同時に取り入れ，徐々に**彼のために**それらを分離するコンテイナーによって，一度に両方を理解される必要があると感じていたのかもしれない。これは実際，ビオンがなしたことである。

　ビオンは次のページで，欠損についての論点を取り上げている。彼は，患者の夢見ることと空想を抱くことの困難さに言及している。彼は，夢なしでは彼の問題について考える方法はないと患者に解釈し，そしてその後（p.236）「あなたが言葉を十分持っていないと感じているので，心の中に考えを蓄える方法を十分に持っていないともあなたは感じます」と述べている。この患者は，ビオンが今まさに言ったことを思い出すことができないと言い，ビオンは「この感情はとても強いもので，あなたが物事を忘れるということをあなたに考えさせています」と答えた。欠損に関するこの解釈の後，おわかりのように，患者は心を取り戻し，患者は思い出すことができた。

　最後の例でビオンは，いかなる思考を考える場合でも，考えることや夢見ることの全般的な難しさについて述べている。しかし，『連結することへの攻撃』（1959）で，彼は思考と思考の間の**連結**を作ることや，認めることの失敗についてさらに述べ，考察している。彼は，これらの失敗は，創造的なカップル間の連結に対する破壊的攻撃によって生じたものとみなしている。しかし，不完全な能力に関する観念は，依然として患者への解釈に含まれている。患者が一度に一つの思考だけを考えることしかできないことが時々あるという知見は，乳児観察や乳児の発達研究の恩恵だろうと私は思う。私は，ビオンが連結への攻撃を強調しすぎていると思っているが，連結の妨害に関する情緒的な**重要性**（significance）や，考えることを通して流れている情緒性に対する彼の注意は，非常に革新的であり，当然のことながら，このことは思考に関する認知文法学者の説明には欠けていたということを思い出すことは重要である。そして，パルテノペ・ビオン（Parthenope Bion）は，『思考力（Cogitation）』（Bion, 1992, p.216）のなかで，彼女の父親が，分析家の考えることへの患者の攻撃は，サディズムによって動機づけられているではなく，患者自身の α 機能の欠落の投影によって誘導されてい

るのだろうと話したと述べている（私信，1996）。そこに含まれているのは，破壊性というよりはむしろ，差し迫った必要性の一つ，つまり欠損の一つだということだ。

1962年の『考えることの理論』（Bion, 1962a）は，「α機能」の概念を紹介した。考えることは，思考に対処するために生み出される必要がある。「考えること」は，動詞を本源とする名詞である。何かのために何かをすることを含んでおり，それを実行するために何か他のもの，つまり時間を手に入れる過程である。この論文は，『経験から学ぶ』（Bion, 1962b）に続いており，コンテイニング対象（the containing object）の重要性に関する理論が含まれている。ここでも，その対象は時に不適切なコンテイメントを与えるという指摘があり，最終的には欠損理論について述べられる余地がある。

ブリトン（Britton, 1989）は，考えることの「第三の位置」という概念を提示した。そこで彼は，両親の性交は非常に侵入的に感じられ，子どもと母親の連結は大きな打撃を与えられるだろうと示している。彼は，考えるためのエディパルな三角空間の重要性を強調した。以下に記述する事例では，必ずしも空間における欠損ではなく，時間の順序の内的な感覚や連続性の欠損について述べたい。それは，時間的なコンテイナーにおける欠損である。この章で記述した患者たちは，可能性のあるいろいろな理由のために，考えるための時間があると感じていなかった。私の患者のサミュエルは，彼自身の自己の内側にある非常な短気さ，憎しみと貪欲さに苦しんでいた。しかし，それは，信じがたいほど瞬間的で素早いという内的対象への感覚を伴っているようだった。彼は内的対象を，その対象についても，その内側にある連結や，内的対象と他の対象たちとの間にある連結についても見出す時間を決して彼に与えないものとして経験していた。

ダニエル，そして接続詞の連結

ダニエルは19歳の少年で，パニック発作と学校での書字の全体的な能力の低さのために男性の心理療法士に紹介された。後に彼は，いつも文末に達するとそれを死であると感じ，終わりまで書き続けることができないとセラピストに話した。彼はとても引きこもっていたが，これまで学校ではなんとかやってきた。彼が幻覚を感じていて，非常に強迫的であったと考える，ある理由があった。以下に引用するセッションの時まで，彼は数カ月間は週1回の治療を受けており，も

はや幻覚はなかった。彼は再び書くことができるようになったが，大きな問題を
抱えていた。

　これは冬のクリスマス休暇後の最初のセッションであり，セラピストの記録か
ら引用する。

　　彼は5分遅れてきて，ほとんど支離滅裂な説明をした。それから彼は，勉強でき
　　ないことについて，非常に早口に話し続けた。それは麻痺したような，堂々巡りの
　　奇妙さに満ちた合理化であった。ダニエルは，混乱している知識と「穴に落ちるこ
　　と」について繰り返し話し，堂々巡りの話のなかで混乱する前に，死にたいという
　　話を手短に話した。

　セラピストは，知っていることを失うことについて感情や，それを死ぬことの
ように感じていることについて話した。セラピストはまた，「私が休暇に入ると
き，それは彼の中に穴があるまま彼を置き去りにするみたいで，その穴の中で彼
は迷子になり，過去に私たちが行ったセラピーを彼は忘れている」と話した。ダ
ニエルはあるアンビバレントな感情を表したが，話すスピードを落とした。それ
から，話すスピードは速まり，堂々巡りが再び始まった。そして，セラピストは
かなり注意深く，再び彼を落ち着かせたようだった。「患者は，『そして（and）』
という文字を書くことができないし，『その（the）』を書くことができないし，『あ
るいは（or）』を書くことができないと言った。彼は代わりにハイフンを使った。
彼は，そのために，自分の文章がとても長いことに気づいていて，それで，それ
らの文字を省き，意味を失わないためにハイフンを使ったと言う」。セラピストは，
彼は，存在するということが重要なために，どんな連結もあるべきではないと感
じているようだと伝えた（ダニエルはビオンの患者に似ているが，ダニエルは少
なくともハイフンを挿入することができる）。「ダニエルは同意し，再び加速した。
あたかも本文それ自体の内側に入り込もうとするかのように，意味を探し求めて
旋回しているようだった」。

　「そして」とは何だろうか？　それはとても特別な種類の連結であり，やって来
る（come）ということ以上の約束したもの（promise）を含んでおり，死や行き
止まりではない。それは私たちの貪欲さや欲求，また私たちの希望，期待，予想，
そしておそらくは私たちの恐怖や不安をも満足させる。音楽における，ピンと張
りつめたアウフタクトでは，強調された強拍の前の弱拍も，約束したものを含ん

でいる。強調される拍子や,「タ ララ ブーム ドゥェイ」といった歌のキーワードを確立する。私の小さな自閉症の患者のサミュエルと違い,ダニエルは完全に現実認識が欠けているのではない。少なくとも彼は,何らかの認識をハイフンという形で示す必要を感じていた。それは,名詞は他の名詞とつながれるために接続語を必要とするという事実や,そしておそらく,待ち時間を短縮するという彼の要求や願望がどこかにあるという認識である。彼は,連結は長すぎるし,終わりがないと感じているようだ。彼は,それらを短くすることを望んでおり,同様におそらく,セラピーの冬休みや,セラピストが居るときでさえ彼が感じているセラピストからの距離を縮めたいと思っている。彼はどうやら,より緊密でより密接なつながりを欲しているようだ。「その」に関する彼の問題は,「その」が,内的な母親やセラピストの特徴や個体性の証になるからだろう。おそらく,要求が差し迫っていて,誰でもそうなのだろうと感じるとき,特異性は贅沢なのだろう。

　ダニエルは試験に関して激しいパニックの状態にあった。そのような患者に対し,私たちはどのように話すべきだろうか? 彼らは私たちの解釈の何を理解できるだろうか?言葉をもたない自閉症の子どもとの心理療法では,最も精神活動や言語を引き起こす言葉,声の調子,言い回しを見つけることに常に関心をもつ。経験と合致し,調和するが,少しばかり経験を広げる言葉を見つけることに我々は関心をもつ。時には単に「ゆっくり,落ち着いて。大丈夫よ,十分時間はある。」とか,「大丈夫よ。お互いに戻って来た。休暇は終わり。」は助けになるだろう。

プレイにおける「そして」というつながり―順序性というつながり

　最初,サミュエルは,水の流れや車輪の回転,固く握りしめた彼自身の手,彼が見つけることができる表面が光るあらゆるものに映る彼自身の影,時折ひどく興奮した目で私をちらっと見ることにのみ関心を示した。私の側からとても慎重に接近することを何度も行うと,彼は私の顔に関心を示すようになり,私たちはたびたびルーミングゲーム遊びをした。私たちは共に顔を近づけ,そして離した。彼は興奮した状態から抜け出すようになり,部屋にある物により興味を示すようにもなり,私はおもちゃを紹介した。おもちゃは,セッションの中で,非常に早期の発達水準で彼の非自閉的な瞬間瞬間が明らかにされるものであれば何でも適しているように思われた。サミュエルのような子どもたちは,自閉症を手放すか

もしれないが，彼らの新しく芽生えた正常な瞬間にさえ，著しい発達の遅れが明らかになる。

　ある時，私はおもちゃの輪を与えた。それは鮮やかに色付けされた大きめの一連のプラスティックの輪であり，先の細い支柱にくっ付いている。サミュエルはそれが大好きだったが，完全な形になるのは輪を正しい順序に正確に並べたときだけということは嫌っていた。彼は支柱，あるいは輪を重ねてできる塔にはなんとか我慢できた。しかし，順番や物事の順序を示す関係性を嫌った。あるいは待つことができなかった。この問題に対する彼の解決策は，この支柱を横柄に放り投げたり，自分の選ぶ順序で支柱を使わずに輪で塔を建てたりすることだった。しかし，彼は正しく建てると決めていることも時々あり，それは私が正しい順番で彼に輪を手渡し，息を潜めてはらはらしながら，それぞれの輪が置かれる前に「それから…紫の輪，それから…青い輪」と言えばであった。私は，以前は耐えられなかった隙間を何かで埋めようとしていたのだと思う。それは，ひどく苛々しているだけでなく絶望的なこの小さな男の子を空虚感で脅かすのに代わるものであり，それは期待とかろうじて耐えられる，ある種，苛立たせるような苦痛も含んでいた。それは，彼自身の待てなさや遂次性に耐えることのできなさに酷く苦しめられた無力さと調和しているようだったが，それもまた修正され，ゲームにされたようだった。それは，アウフタクトのはじまりのようだった。

　ビオンは，乳児は現実を回避するのではなく，修正することを学ばなければならないが，現実もまた時には修正可能であるべきだろうし，現実がそれ自体を修正することさえあるだろう。生命があり生きている対象は，常に自己修正と乳児による修正の両方が行われている。定型発達の赤ちゃんは，修正され得ないものと修正し得るものの両方として現実を経験している。この章は，重度の自閉症を持つ子どもへの心理療法の技法に関して論じる場ではない。しかし，サミュエルの自閉症が早期乳児期に存在していたことに言及するのは重要である。彼の注意の長さやアイコンタクトの問題，世の中の他者への忍耐の欠如ゆえに，認知的および情緒的発達を進めるために生活経験を調節したり調整したりすることから彼は閉ざされており，増々剥奪されたのだと私は思う。その始まりが極度に早い場合，子どもの発達の筋道はより逸脱される可能性がある（Aquarone, 2007）。そのように重度の自閉症を持つ子どもとの心理療法は，このように発達的（同様に精神分析的な）知識を与えられる必要がある。非常に早期の乳児的な欠損に取り組む必要がある場合，より強化された技法が必要となることがある（Alvarez, 1996）。

4年間の集中的な心理療法の後，サミュエルは三者関係に真の関心，そして真の嫉妬を示し始めた。彼は部屋のわずかな変化や，クリニックの廊下にいる他の人々に関心を示しただけでなく，彼の興味あるものや，時には彼の暴力さえ私に見せるようになった。しかしながら（後の章で説明するつもりである），連結に関する彼のより早期の問題は，エディパルな問題よりも，より深いものだったと思う。人間の顔を見て取り入れる能力や，子守唄を聴く能力に含まれるような小宇宙的な連結は，より広いエディプス的連結が築かれるよりも前に確立される必要があるだろう。

考察—プレイと統語論

「その」や「そして」「あるいは」のような単語の統語論的な連結と非常に早期の遊びとの間に関係はあるのだろうか？ 前言語的な遊びは，乳児に真の話す能力や真の文の構造を準備させるのだろうか？「そして」をせがむことは連結であり，自由でプレイフルで人間的なものだ。これは，ビオン（Bion, 1959）が「（2つの部分が）柔軟で有機的に連結したつながり（articulated link）」と呼んだものにも似ているだろう。あなたは，そのつながりの輪が**いつ**来るか正確には分からない。しかし，それがやって来るだろうということは知っている。ある意味では，いつかを知っている。なぜなら，それがやって**来るのを見る**ことができるからである。ぼんやりと現れ，遠のいて行く対象は存在し続ける。注意を喚起するような驚きは，多くの形で訪れ，常に不愉快であるとは限らない。ブレンデル（Brendel, 2001）は，ハイドンは思いがけないことで私たちを驚かせ，モーツァルトは予期されたことで驚かせたと指摘した。

スーザン・リード（Susan Reid, 私信, 1994）は，自閉症を持つ子どもの難しさは，彼らの経験に関する「句読法」にあると述べた。これは，サミュエルが完全に抵抗した何かとは，音楽における休止符やフェルマータのようなものであり，音符と同じくらい重要なものである。もし患者がフェルマータを世界の終り，そして彼の心の終わりとして考えるなら，敢えて休止しないだろう。ソレンソン（Sorenson, 2000）は，安定した愛着や注意深さの発達にとっての移行を促進する（transition-facilitating）母性的な行動の重要性について記述している。サミュエルはついには，二つかそれ以上の積木を見ることができるようになり，大きな入れ物から小さな入れ物へ積木を移すこともできるようになった。彼は，積木が

落ちるはらはらする状態を楽しみ始めた。子どもたちは「よーい，ドン！」の遊びを好む。おそらく，どっちつかずの未定な状態は言語にとって不可欠であり，私たちが散文形式と呼ぶものの一部である。統語論の話し言葉，つまり構造化された文は精神病患者の電信的な話し言葉とは異なり，どっちつかずの未定な状態に耐えるのに必要な能力を含む。サミュエルは，どっちつかずの未定さをあまりサディスティックではないやり方で使い始めた。彼はテーブルのまさに端に何かを置いて，私を見た。そしてためらい，それを落とそうかどうか，からかうようにニヤっと笑った。それは残酷なからかいではなく，共有される冗談になった。

　耐え得る持続的緊張状態の経験は，主語の起源と何らかの関係を持っていると推測できる。しかし，より重要なことは，はらはらする遊びはこうした経験に象徴的な意味を与えることであり，それは仮定法の起源と何らかの関連を持っているだろう。安全な世界への信頼と信頼できない恐怖感の間のバランスとは何だろうか。恐怖や躁的否認を脱して発達するためには，疑いと希望のどちらが必要だろうか？　サミュエルが私のことを大好きだと感じる時や情緒的な接触を必要とする時には常に，私との侵入的な身体接触を強く求める代わりに，私の近くの小さな椅子を使うことを受け入れ始めた。そして，実際も，（初歩的な）会話や何かじゃれるような相互交流を期待し，私に向けて椅子を引っ張ることで毎回のセッションをスタートし始めた。椅子を手に取ることと置くことは，準備や導入への信頼のシグナルのようであった。そして，より重要なことは，準備や導入のための場所や時間という概念への信頼である。生きているものを必死でつかむ必要はなくなり，サミュエルは待機している場所と，待機している時間という何らかの概念を発達させているようだった。そして彼は，準備し待機している価値ある何かに続いてそれが起こることを確信をもって予測した。

　居る対象と不在の対象，あるいは，さらに詳しく言うと，前景の対象と後景の対象は，入口の準備と出口の準備によって連結されている。音楽用語で，アウフタクトはらはらする瞬間であるが見込みを含んでいて，楽節の終止法はフレーズや楽曲は終わらせるが，どちらも音楽の形態にとって必要である。通常の発達で内在化されるものは，一つの対象だけではなく，むしろ空間的な形態をもつ二つの対象であり，動的な形態，つまり時間の中での形態をもつ一つあるいは二つの対象である。「それ」「そして」「あるいは」といった連結語や，遊びの中での休止やフェルマータの受け入れ（喜びさえ含まれた）に関するサミュエルの成長は，真の人間世界が内在化されたやり方についての何かを示しているようだ。ブラゼ

ルトンら（Brazelton et al., 1974）は，無生物の対象を見る乳児の中のリズムはぎくしゃくしていてとがっていると指摘している。生きた対象を見る時，リズムは一定の輪郭を形作り，徐々に強まりそして減少し，グラフは曲線が連続したものになる（Malloch and Trevarthen, 2009 を参照のこと）。

　スターン（Stern, 1974, p.192）は，乳児に向ける母親の行動のゆっくりしたテンポと，著しく誇張した表現に言及している。彼は，おそらく「刺激の変化の割合と程度に関する乳児の好みと耐性の範囲は密接に一致する」と言っている。こうして，「乳児はさまざまな身体的変化を超えて母親の顔の概念を保ち続け，このように顔の一定のシェマの獲得を促進する」ことが可能になる（おそらく，人生早期に一度に母親と父親の二つの顔を取り入れること，さらに一方はより前景に，他方はより後景となるには，より多くの時間とより注意深く注視したりざっと見たりすることが必要なのだろう）。

　養育者は少しずつ，乳児が注意の曲線を形作ることを習得するよう助ける。そして，ブラゼルトンら（Brazelton et al., 1974）は，どのような細部が興味をそそるのか記述している。相互交流のある時に，母親が乳児の注意を引き付けたい時，母親がどのように舞台を設定し始めるかを魅力的に詳細に記述している。このことは，赤ちゃんが後に「むかしむかし…」とか「そうねえ，じゃあ，何しようか？」というのを聴くのを助けるだろうか？　それから母親は，相互交流への期待を作りだす（これは「〜があった」と類似しているだろうか？）。そして，その時だけ，彼女は誇張し（待望の名詞，物語の主題），乳児の注意を捉え，**抱える**ための安心させる動きや音，視線を交わして注意を引き，乳児の注意を強化し続ける。母親がしていることは，乳児の経験にダイナミックな形，時間の形態を与えるということである。「それ」は何かの特徴を強調するだけでなく，私たちの注意を引き，何かが来ているという事実を私たちに知らせ，準備させる。冠詞，前置詞や動詞は連結する言葉だ。しかし，すべての連結のように，それらは約束を含んでいる。兆し無しでは，連結は想像もつかず，待つことは悪夢である。a 機能は，ある時は，居る対象について考えることにおいて作用するかもしれない。居る対象は，時に接近し，時には離れる。だが，見ることはできる（そして，もちろん聴くこともできる）。

おわりに

　本章では，先の二つの章のように，エディプス状況において単一で存在する対象の特徴に関する考察を広げることを目指した。エディプス状況において，子どもは三者関係における二人の対象と居あわせており，その三者関係は子どもを含み，三人全員の余地も残すものである（エディパルな三角関係に先立つ調和のとれた三者関係に関するアベロとプレ - シャンセ（Abello and Perez-Sanchez, 1981）を参照）。私は，二人の対象の間のいくつかの連結が形成されるのは，二人の親の間の連結が子どもの**ため**だとみなされ，そして，彼らが一緒に現れるタイミングと場所が慎重に計られているときであり，それは，子どもを含み，子どもを除外しないものであると述べた。私はまた，いくつかの臨床的，および技法的な例から引き出された，微小な連結のためと考えられる必要な前提条件について，よりミクロ分析的な点を論じることを試みた。

　最後に，私は起きている現実を学ぶ方法に関して，これまでの考えに代わるものを提案しているのではないことを述べておきたい。私が論じているのは，それらに付け加える必要があるだろうということだ。口唇的欲求不満，対象の不在，分離，境界，分離性，そしてエディパルな欲求不満は，すべて覚醒を促す体験である。しかし，妨害するものが非常に大きいと，思考は考えられないものとなる。私は，時間の形態（temporal form）のさらなる重要性を強調したい。そこでは，現実はそれ自体としてあり，時間における形と時間におけるダイナミックな形があり，それによって現存と不在が連結され，また**二つの存在が連結される**。二つの対象はちょうどよい時に共にいることによって，ちょうどよい時に連結する。母親と父親は乳児の**ために**，そして乳児と**共に在る**ことで，時々連結される。

　フィヴァ - デペルジネとコルボ - カーネリ（Fivaz-Depeursinge and Corboz-Qarnery, 1999）による早期の乳児の三者状況の研究は，一人のための二人，あるいは一人に対しての二人として両親が経験されているかどうかに応じて，どのように乳児が三者状況に対処していくかを学ぶのかを示している。真のエディパルな連結は子どもを閉め出すものであるが，そこにおいて「そして」という連結が意味を束ねる唯一の方法ではもちろんない。すべての生きている対象の内部の動きや，それに関する動きは，それらが生き生きとしていることに必要不可欠な特徴である。つまり，舞台設定，入口と出口の準備は，人間の洗練された交流の中心部分を担う。現存する対象に関するいろいろなバージョンの間の連結は，不

在の対象に関係する他のいろいろなバージョンに並行して築かれなければならない。精神分析的な技法はこのことを考慮できる。糸巻き遊びといないいないばぁの遊びは，不在の対象のひな型であった。はらはらするけれど連続性のある遊びであるルーミングゲーム，そして，もちろん，子守唄や原初的な会話は，調節する対象のひな型となる。そうした対象は，時間経過の中で動的な形は変化するが，実際には不在ではなく，ただ，届く範囲が時にはより遠く，時にはより近いものになる。

第 2 部
記述的レベルの諸条件

第5章

現実感の発達における喜びと欲求不満の等価の役割

はじめに

　第1章で，ある種の患者に対して，なぜかといういうこと（whyness）よりもむしろ何かということ（whatness）といった体験をすることの必要性について論じた。本章では，この問いに対してさらなる次元を付け加える。すなわち，そのような記述的解釈の内容についての問題である。私は，肯定的な体験や空想に注意を向け，または拡充する解釈は，否定的な体験に対する注意と同じくらい分析的治療にとって主要なものかもしれないということを提起する。したがって，それは，学ぶことと欲求不満の関係についての通常の精神分析的な仮定（Bion, 1959；Freud, 1911）に付言するものであり，それに取って代わる試みではない。

　私は，欲求不満と学ぶことの密接なつながりについての4つの特徴を明確にするつもりである。

1. 欲求不満はそれが耐えられる，そして考えられる限界を超えない時にのみ考えることを促進する。そうでなければ，トラウマや絶望によって解離や認知障害が引き起こされるかもしれない。
2. 欲求不満と不安に対する見かけ上の「防衛」は，実際には，そうしなければ耐えられない欲求不満または不安を保護し，克服または統制し，安全と信頼の状態に至るための試みであるのかもしれない。
3. 情動生活の発達において，肯定的な体験の取り入れと内在化は欠くことのできない要素である。
4. 精神生活と学ぶこと。

よい驚きは，特に欲求不満と絶望が基準となっている場合，悪い驚きと同様に認知的に注意を喚起するものである。私は，欲求不満と分離性を扱う解釈と，つながっているという感覚を発見することに対する安心と驚きを扱う解釈の差異に関するいくらかの技法的な含みについて考察する。

「欠くことのできない天使（The necessary angel）」（Alvarez, 1992）と題された前著のある章の中で，私は，ある男児の例を挙げた。その男児は，彼がちょうど，彼に対する援助や思いやりの感情で満たされているような彼の対象（転移の中の彼の治療者）を心に抱き始めた時に，わずかな興奮状態を呈していた。彼の治療者は，より悲しい真実の否認として，彼のこの新しい考えをとらえた。彼女は（後に続く第6章の私のように），明らかに理想化された体験は幾分偽りであり，真実はこうした防衛的否認の背後または下に隠れていると想定した複線的解釈をした。この解釈の後，私の患者も彼女の患者もどちらも完全に意気消沈した。もし彼女がただ，子どもが私たちに伝えようと試みていたものを何とか記述し強調していたならば，彼は理想化対象というよりもむしろひとつの理想として，セラピストの中に彼が新たに発見した希望や信頼といった感情を拡充し強化することができたかもしれないと，1992年に私は論じた。クライン（Klein, 1952）が，理想化が時には発達であることはしばしば忘れられており，そして，理想化はあまりにしばしば防衛としてのみ見なされてきたと記述したことを私は示そうとした（pp.119-120）。

本章は，いくつかの付加的，さらにはより一般的な精神分析的概念が，単純な記述的レベルに留まるゆっくりとした技法（the slow art）に耐え得ることを見ていくことから始める。記述的，あるいは拡充的解釈が否定的な考えだけでなく肯定的な考え，または肯定的な考えの萌芽も重んじること，そして，後者は情動的および認知的成長を導き得ることについて論じる（Music, 2009, 2011；Schore, 2003）。増加している脳研究の多くは，ある種の形態の喜びは脳発達にとって必要不可欠でもあり望ましいことを示しているようである。

欲求不満の精神分析理論

精神分析理論は，それぞれの新しいタイプの患者との臨床経験によって，その原型を（moulds）を拡張し部分的に打開するのに従って，成長し，拡大してきた。クラインによる理論の追加は，例えば，非常に幼い子どもたちとの経験や，精神

病的現象の経験から生まれた。精神分析の歴史における現段階で，児童と思春期青年期の人たちの心理療法士が理論に対して問うことにいくらか貢献してきただろうということを示唆することは，理にかなっている。早期の発達研究と早期の親‐乳児の相互交流の観察の訓練，そしてこの数十年の彼らの（50年前に治療されていたのをはるかに超える障害（disturbance）や損傷を持ち，特にトラウマやネグレクトのレベルにある患者との）経験は，臨床的エビデンスに対する理論を検討するための多くの機会をもたらすものである。いくつかの精神分析理論においては，そのような患者との臨床の仕事は欲求不満を重要視しており，欲求不満は現実を学ぶのを推し進める主要なものだとみなしていると私は思う。

　フロイト以後の精神分析理論家は，不快の経験が私たちを教育し，「現実」へと導くと主張している。決してすべてということではないが（Balint, 1968 参照），彼の著作の多くにおいてフロイト（1911）は，赤ん坊を，快と不快という一次的ナルシシズムの状態でその人生が始まり，徐々に，母親および宇宙の君主でも主人でもないという真実を学ぶものであると描写した。初期にはフロイトは，エディパルな性的失望の悲嘆が真実との最初の主要な出会い（1905b）になるとしたが，後期（1917）にはさらに，より早期に注意を喚起するものとして，離乳に関連する痛みと喪失を付け加えた。ウィニコット（1960）は，発達的な創造と，言うなれば精神における遊びの重要性と想像力の使用に情熱的な関心のすべてを向けた。彼はフロイトの立場に近く，赤ん坊の最早期の状態を錯覚のひとつとして捉え，覚醒させられることを起源として必要な脱錯覚を伴うものであると述べている。フロイトもウィニコットもこのレベルの満足感または錯覚と認知的あるいは知的機能の低いレベルとを明確に結び付けなかったが，「錯覚」という言葉に暗に含まれる意味は，その状態が特に注意が行き渡ったもの（mindful）ではないということのようだ。一方，メラニー・クライン（1952）は幼児期における早期の自我機能の存在について強調した。認知機能と情動の明確な繋がりについては，クライン（1930）とシーガル（1957）によって始まり，ビオン（1962b）によってより大胆に発展した。ビオンは，欲求不満と痛みに満ちた情動的現実に単に情動的に直面すること以上の何かとの間，つまり，それ自体を学ぶことと考えることのプロセスについて，最も強力に連結した理論家であった。彼は，2つの点を重要視した。第1に，前概念は概念が生まれるために現実化と出会わなければならないこと，そして第2に，概念は思考が生まれるために欲求不満と出会わなければならないことである（興味深いことに，彼は第1のものよりも第2の

段階についてより多く書いている。また，前概念が現実化と出会うという彼の概念が，上述したナルシシズム，共生，錯覚の理論の中に暗に含まれるものに完全に適合する要素についての暗示があることは注目に値する）。いずれにせよ，ビオン（Bion, 1962b, p.29）は，現実を学ぶこと（real learning）とは，回避のための技法と欲求不満に対する修正技法の間の選択によると考えた。彼は，欲求不満耐性と現実感を連結する。本書において私が主張するのは，不浸透性のまたは修復できない内的対象をもつ患者たちは，現実を必要としており，それによって，対象が修正可能だと体験され得ることを理解することが必要だということである（審美的体験（aesthetic experience）をコンテインする対象の役割に関連した論点について，ミトラーニ（Mitrani, 1998）を参照）。

　しなしながら，ビオン第2の記述がフロイトの見解を洗練した以上のものであるということに留意すべきである。それは，フロイトの『精神現象の二原則に関する定式」Formulations of the Two Principles of Mental Functioning)』（1911）に近いように思われる。ここではフロイトは，それが内的欲求（internal needs）の圧力だと述べている。そして，彼が提起したのは次のことである。それらの欲求を満足させることへの失望が続き，どんなに長期的な方法であってもそれらの欲求を満足させるための不適切な幻覚的な願望充足の夢が続くと，最終的には精神装置は，外的世界における現実の出来事（real circumstances）の**概念を形成せざるを得なくなり**，それらの中で現実交替（real alteration）することに努めることに駆り立てられるということである。「精神現象（mental functioning）の新しい原則は，このように導入された。心の中に浮かんできたことは，もはや快いものではなく，例えそれが不快なものであったとしても現実なのである。この現実原則を立ち上げることは，重要なステップであることが証明された」（Freud, 1911, p.219）。しかしながら，フロイトはこの発達における情動性の重要性を強調していた。ビオンはさらに加えて，精神装置の「概念形成」に必然的に含まれるプロセスの性質に注意を集中した。彼は「しかし，この現実原則の立ち上げに必然的に含まれるものは何か？」と問うていた。彼は，情動の中身の変化についてだけでなく，より根本的な何かについて，つまり，考えること自体の獲得について語っていた。このように，情動と思考の間の重要な本来備わっている連結が生まれ，心が注意深い状態の情動的コンテインメント理論，そして，α機能の理論が生まれた。これは，思考が考え得るものになるプロセス（Bion, 1962b）である。

　考えることについての理論の意義と臨床の仕事と技法におけるその効果を過大

評価することはできない。メラニー・クラインは，もちろん，この分野の先駆者であり，幼い自閉的な子どもの象徴機能の発達についての初期の論文がある（1930）。彼女とアイザックス（Isaacs, 1948）は，すべての思考が無意識的空想に満ちていて，無意識的空想で満足させられている方法を強調し，そして，シーガル（Segal, 1957）の象徴機能の発達についての偉大な仕事によって，さらなる前進を遂げた。しかしながら，彼女らの理論は妄想ポジションにおいて，考えるということがあるかどうかについてはほとんど言及していない（シーガルの象徴等価の理論が暗に意味することは，それが考えることの代わりであるということだと私は思う）。しかし，ビオンは考えることの理論が，最も病的あるいは最早期の妄想分裂レベルにさえも広げられるものであるという可能性を残したように思われる。つまり，α機能は，最も単純で最小限に統合されたレベルにおいては一度にひとつの思考だけ（またはβ要素）に作用するものであると見なされるだろう（Bion, 1962b, p.35）。

　私は，この点に関するクライン理論についてより十分に議論する余地を残している。なぜなら，クラインの理論の中核面には，学ぶことにとっての欲求不満の重要性について強調したビオンによって無視されたものがあると感じるからである。そして彼の意見には（他の者たちではなく。第4章を参照），少し後戻りしたものがあるように感じるからである。クライン（1952, p.76）とシーガル（1964, p.54）はどちらも，迫害的な対象関係の統合と妄想分裂ポジションから抑うつポジションへのこのような移行を可能にするのは，理想的対象の強さと個人個人の本能衝動の**強さ**であると語ることに慎重であった。これは二部分（two-part），二要素（two-element），双極性（bi-polar）の理論である（付録の図A2を参照）。ある意味では，ビオンの理論もそうであった。彼は，概念が欲求不満と出会って思考を生成する以前に，前概念が現実化と出会い，概念を形成することについて語った（しかし，何らかの理由で，このプロセスの第一段階は，第二段階よりも注意を向けられることがはるかに少ない）。児童青年心理療法士が会っている剥奪された子どもの多くや，自閉的な子どもたちの中には，良い概念または興味関心を持っている対象がかろうじてしか存在していない。したがって，私たちは，より基本的なレベルの前概念で仕事をしていることと，良い対象または興味関心を持っている対象の可能性への希望や関心の非常に微かな表れに注意を向けることを身につけていることに気づく。そして，それは通常の状態，無関心の状態，絶望している状態，疑い深い状態，冷笑的な状態のさなかに現われるかもしれな

いのである。

　クライン（1932b）は，アンナ・フロイトとの論争において，患者の最も深層にある不安を分析することが**技法的に重要**だと論じたことで有名であった。それでも，どのように人々が妄想分裂ポジションから抑うつポジションに進展するのかという彼女の理論は，愛と憎しみの間の苦闘を強調し，その結果は，「［人が］**彼の自我の核を形成する，彼の良い対象を取り入れ，確立することができる程度**」によって決まると強調した（Klein, 1957, p.76；本著者の Alvarez による強調）。最も重篤な患者の一部にとっては，まさに取り入れることと確立することが問題であり，それは治療において取り組まれなければならないものである。おそらく，羨望（1957）や抑うつに対する躁的防衛（1935）についての彼女の仕事と共に，クラインの技法についての薦めは卓越しており，それらによって，ビオンは患者の自己の中にある否定的な力（negative forces）（1959）についてのみならず，自己に向いた否定的な力について学ぶことの重要性を強調するに至ったのである。スピリウス（Spillius, 1983, p.324）は，1950 年代と 1960 年代には英国精神分析協会への入会のためのクライン派の証となる入会論文では「患者が迫害的に感じるかもしれないやり方で患者の破壊性を強調する」傾向があったこと，しかしその破壊性が徐々によりバランスのとれた方法で解釈され始めたことについて述べている。しかしながら，同様のバランスは，患者にとって彼の対象が悪いのか良いのかの感覚についての解釈において必要であり，素材によってそうした選択が可能なときは（しばしばそうである），私たちは分離と分離性，あるいは戻ってくることへの信頼とつながっているという感覚について強調する（後者は，共生期においては記述される必要はない。快を感じる体験に注意を喚起する機能については以下を参照）。

欲求不満が強過ぎる場合
―「ひどい驚き（terrible surprises）」についての問題

　私は，欲求不満が学ぶことを促進する方法を例示するつもりはない。なぜならば，このことは精神分析の文献にとてもよく記述され，論じられており，私からのさらなる説明は必要ないからである（Freud, 1920；O'Shaughnessy, 1964）。その代わりに，それが耐えられないレベルに達する状況について集中するつもりだ。それは考えることがもはや不可能な状況である。「ひどい驚き：子どもの発達に

おけるトラウマの影響」と題された講演で，ヘレン・ハンド（Helen Hand, 1997）は，幼い男の子の父親の自動車事故による死が，どのように彼の情動生活や行動だけでなく，考えることに対しても影響を与えたかについて記述した。その出来事から長い時間が経ち，トラウマに対する彼の反応はそれ自体の生命を得ているかのようだった。その子どもは，物語を決して終わらせることはできなかった。つまり，原因と結果を理解することもできなかったのである。喪失は持続的にもかかわらず，これは剥奪された子どもではないが，その後遺症は長期間にわたって存在した。

　トラウマ体験のあるボーダーラインの子どもたちの多くは，トラウマと同様に深刻なネグレクトに苦しんでおり（Music, 2009），よい対象の感覚が弱いが，悪いまたは虐待する対象の感覚は強いのかもしれない。よいまたは理想的な（クラインとシーガルはこれらの言葉をしばしば互換的に使用する）対象の強さは，まさしく分析的な仕事の中では，当然のこととみなされないものである。ディーンは，アルコール中毒の両親に深刻なネグレクトを受けた子どもであり，いろいろな養育者に引き継がれながら，人生の早期の数カ月を病院で過ごしていた。彼は4歳の時に母親が目の前で倒れて死んだのを見た。6歳の時の彼は，逆上しやすく，狂暴で暴力的な子どもであったが，集中的治療の早期の数カ月での進展につれて，いくらか安定しているように見えた。しかし，彼の治療者が最初の長期休暇から戻った時に，ディーンは自分の箱の中に車がないと言った。彼女は，彼がいつも遊んでいた車がまだそこにあることを彼に見せた。彼は「違うよ。それはずっと前に一緒にいた別の女の人の時のものだよ」と答えた。恒常性または実在性を実際的に伴わない内的対象という文脈で生じる分離や喪失は，そのような子どもたちにひどく影響を与えるのである。その損傷は，情動的であるのと同じくらい認知的なものでもある。

　ペリーら（Perry et al., 1995）は，早期の**心理的**トラウマによる乳児の脳への影響，そして続いて起こる幼児期と思春期青年期の注意欠陥と解離性障害の罹患率について示した。また，ヴァン・デ・コーク（Van der Kolk, 2009）は，『精神疾患の診断・統計マニュアル』第5版に加えられる「発達性トラウマ障害」という新しい診断を提唱している。障害と疾患（disturbance and disorder）は，パーソナリティの一部または全体における遅滞と欠損を伴うかもしれない。すなわち，それは自我機能，自己や同一性の感覚，対象恒常性の感覚においてである。混乱があまりにも大き過ぎる場合，分離についての思考は，戻ってくることへの信頼

についての思考が成長するまで考えられないものとなるかもしれない。私たちには，患者がこれらの新しい思考を考え始めることができる状態について，多くのことを学ばなければならない。セラピーの休みの後に戻ってくる患者は，まだ，不在のさびしさや喪失の感情に苦闘していることを話すほど十分には状態がよくないか，十分に統合された状態ではないのかもしれない。彼らは，よい対象や親密な対象という感覚との接触を失ってしまって，不在をさみしいと思えなかったのかもしれない。彼らには，再び彼らの良い対象を見つけるための援助が必要なのだろう。

　私は，クリスマス休暇後の最初のセッションで混乱し，困惑したように見えた剥奪されトラウマ経験のある子どもたちについて聞いたことがあった。休暇と分離を思い起こさせるものは，状況をさらに悪化させるように思われたが，くつろぐことの困難さ，あるいは部屋の中や治療者の中，または子ども自身の中に見慣れた何かを見出すことの困難さに対して注意深くいるのは助けとなるように思われた。喪失と分離性についての解釈に関する過度の強調は，時に，そのような子どもたちにトラウマの再現をもたらすことになりうる。くつろぎ，心地よさや安全さ，またはそうすることの難しさといった，そうした感情のごくわずかな兆しに注意を向けることは，子どもが接触を取り戻すことを援助しうる。その時に，もし子どもが十分によい状態であれば，いなくて寂しかったとか，喪失または怒りの感情が現れ始めるかもしれない。別の子どもたちにとっては，この第2段階が訪れるのに何カ月もかかるかもしれない。

　深刻な虐待を受けた子どもであったジョエルは，セラピーの休みから戻って来た時，非常に混乱しており，セッション開始時には感情が切り離されていた。少し経つと，彼の遊びの素材の中で「いくつかの部分を元通りに組み合わせる」ことに必死な姿が見られるようになった。彼と彼の治療者のジュディース・エドワーズ（Judith Edwards）が，本当にお互いに戻ってきたということを信じるのが彼には難しいということについて多くの分析的な仕事を行った後，彼の激しい怒りが表現された。そして，彼は少し落ち着き，幾分，精神的により集中できるようになったようであった。彼は何かを描き，それは化石化した羽のように見えると言った。エドワーズは，それは興味深いわね，あなたはその柔らかさをわかるけれど，それに触ってそう感じることはできないとコメントした（覚書：彼女がいかにゆっくりと繊細に，彼の石化した，より柔らかい感情に近づいたか）。それから彼は「それは，ネス湖で3億年の間ずっと保護されていたにちがいない！」

と，驚いた声の調子で付け加えた。それから，エドワーズは，それは生き残っており，彼と彼女もそうだということについて言及した。少しして，ジョエルは窓を見て，「アオガラ[訳注1] が見えるよ！」と嬉しそうに言った。ここで，対象を**見つけ出すこと**への不安を強調したクラインの言う「最も深い不安」に，治療者であるジュディースの注意が向いていることがわかる。ジョエルが彼の激しい怒りを表出し始めた時にのみ，彼女は対象を失うことについての不安と怒りに焦点を当てて扱った。そして，最終的には，両方の解釈を通じて，存在することをほとんど忘れていた対象をジョエルが見出し，そして，その対象を守ることを援助されたようである（Judith Edwards との私信，2006）。

欲求不満に対する見かけ上の「防衛」は，むしろ欲求不満と混乱 (disturbance) の克服または統制の試みとして見なされ得るか？

クライン自身（1935）は，抑うつポジションにおける修復プロセスに関係する防衛と乗り越えることの間の基本的なメタ理論的な区別を導入した。彼女は，躁的な償いとは異なり，真の償いは罪悪感への反動形成ではなく，罪悪感を**乗り越えること**であると主張した。私は以前に（Alvarez, 1992, 1997），**妄想分裂ポジション内の発達**に対して「乗り越えること」というメタ概念を私たちは必要とするかもしれないと論じている。妄想分裂ポジションにおいて問題となることは，憎しみ，罪悪感や悲嘆といったものよりもむしろ，残忍さ，恐怖や絶望を乗り越えることである。抑うつポジションにおいて憎悪を乗り越えるために，もし愛が憎しみよりも強くなければならないならば，その時，迫害的不安に対して防衛するのに対抗して，乗り越えることへの恐怖よりも強くなければならないものは何か？残忍さ，恐怖または絶望を軽減して，よい感情が現れ始めるのを可能にするものは何か？不安または欲求不満の圧倒的な圧力からの解放は，こうした治療プロセス，そして自己を愛し保護するクラインのよい対象または理想的な対象のような観念（1957, p.188）を創始しうる。サンドラー（Sandler, 1960）の「背景としての安心感」，ボウルビィ（1988）の「安全基地」，ウィニコット（1960）の「抱える対象」など，そしてその他多くの分析家が，耐え難い重圧からのそのような解放が獲得されるかもしれない方法を示唆している。（覚書：「安全な」対象（'safe'

訳注1）アオガラ：ヨーロッパ・アフリカ北部に生息する鳥。

object）というこれらの後者の概念が「よい」対象とは異なる。比較的安定している子どもたちにおいて，安全という感覚はある程度当然のことであり，背景に留まる。それはいわば，良い対象が前景でより生きているように見えるということだ。しかし依然として，信頼できるという観念を虐待された子どもたちが心に抱き始めるとき，彼らはしばしばそれについて，懸命に考えているように思われる。私は彼らの発達の道筋は，より保護された子どもたちとは非常に異なると考えている。）安全あるいはよさへの信頼は防衛ではない。けれども，もちろん，それが防衛的に使われる可能性もある。

　私が示唆していることは新しいことではない。クライン（1935）は理想化と分裂が発達のために使われうるということを述べ，そして必要とされるコミュニケーションとしての投影同一化というビオンの概念も同じことを主張している（1962b）。それゆえ，そのような見かけ上の「防衛的」プロセスの使用は，ある状況では新たな取り入れが生じるのを可能にすることだとみなされ，それは防衛的と言うよりもむしろ投影的なものとして記述されるべきである。希望または誇りの急な高まり，あるいは突然生じる安心感は，防衛として使われる躁的状態とは異なる。回復は否認ではないが，否認を伴うものかもしれない。

　第6章で，いくつかの臨床例を提示するつもりである。そこでは，見かけ上の防衛的な活動が，深く内在するニーズと健康的で発達的なせめぎあいを，単にそれらの背後または**下部**ではなく，それらの**中に**コンテインするかもしれない方法を例証している。ここではひとつの例で十分だろう。アダムと呼ばれる深刻に断片化した少年はひどい自己嫌悪に満ちており，遊ぶ能力は非常にわずかしかなかった。彼は，極度に抑うつ的な母親のもとに難産で生まれた。2年間の治療の後，彼はゲームで遊び始め，その中で彼は人なつこいが思い通りにふるまう子犬で，床の上で治療者の足に這い上っていた。クリスマス休暇の前のわずかな間，彼は治療者に彼女の旅行用スーツケースを開けるように指示し，そこで彼女は素晴らしい思いもかけない贈り物，つまり子犬！を見つけることになっていた。それは，彼が彼女の新しい赤ん坊になると感じたということかもしれないと彼女が伝えた時，アダムはそれを赤ん坊にしておくことができなかった。彼は，いくらかの恐怖を伴いながら，それは子犬にすぎないと主張した。彼が**人類**（homo erectus）として姿を現わす準備はできていなかったことは明白なようであった。治療者は，子犬を与えられた彼女のうれしさと喜びを簡潔に話すことを学んだ。次のクリスマス休暇までには，スーツケースには赤ちゃんが入れられた。その間，アダムの

恥と無力さという感覚，そして人間の乳児として喜びを**もたらすことができると**信じることができないことについて，多くの分析的な仕事がなされた。それと同様に，喜びを与えるのは気が進まないという彼自身がもつけちさや頑固さにも注意が向けられた。彼は最終的に，内的に彼の出生の歴史を書き直し，治療者に驚きと喜びをもって彼を迎えることを教えることができたように思われた。この時期，アダムは彼の出生の歴史を否認しなかった。彼は象徴的にそれを書き直していたのである（Segal, 1957）。つまり，その出生空想は，欲求不満や残酷な真実に対する躁的防衛として使われているようには見えなかった。その代わりに，その出生空想が含んでいたのは，あらゆる健全さと希望，自我の強さに依拠する，母親と赤ん坊の肯定的な関係性の構築と確立のはじまりであった。私は，アダムが彼の治療者がクリスマスに彼のもとを去らないだろう，または去らなかったということを「望んでいた」とは思っていない。私は，彼がクリスマスの後，彼が戻って来るのを望んでいる対象についての空想を発達させ始めていたと思う。そのような空想は，防衛的な願望，あるいは願望を否定するというやり方で失望を否認するのではなく，正当なニードと合致する形態と構造を与えることになるだろう。

情緒的な健康に必要なものとしての楽しみ，安全さ，喜び

クライン（1940, p.388）は以下のように記述している。

> よい対象への信念が揺るがされることは，精神発達において必要不可欠な中間ステップである理想化のプロセスを最もひどく妨害する。幼い子どもにとって，理想化された母親は，報復する母親や死んだ母親に対する，そして，すべての悪い対象に対する保護手段であり，それゆえ，安全と生命それ自体を表象する。

クラインは，憎しみがどのようにそのような信念を揺るがしうるのかについて記述しているが，今や私たちは，虐待もそうであることを知っている。幼い子どもたちに，恐怖，痛み，絶望が慢性的に与えられると，たいてい健常な心理発達に害を与え，愛し，楽しみ，自尊感情を持つ能力の発達の停止や欠損を引き起こすかもしれない。そして，それは超自我と内的対象の質（quality）にも停止や欠損を引き起こすだろう。つまり，患者のパーソナリティの迫害的な面が発達過

剰であるのと同じくらい，肯定的な面が発達**不全**であるかもしれない。（付録の図 A2 を参照。）問題は，理想と迫害の間，あるいはよいものと悪いものの間が単純に分裂しているということではなく（パーソナリティと内的対象世界の両面が十分に発達しているということを暗に意味することを伴う），**良い自己と良い対象の発達が欠如している**ということである。クライン（1957, p.188）は，良い対象は自己を愛し，保護し，そして自己によって愛され保護されており，その人自身の良さへの信頼の基盤となると述べた際，最初の外的対象への乳児の本能的な備給と羨望がこのことに害を及ぼしうるやり方について強調していた。私たちが，深刻な剥奪を経験した子どもたちと分析的な仕事を行うとき，彼らの外的対象はこのような愛情に満ちた投影を受け取ることができず，子どもたちは諦めており，いわば，私たちが両面から分析的仕事をしなければならないという感覚にしばしばなる。つまり，子どもの側の愛の制止と信頼の失敗の問題という面からと，子どもを好きになり世話する能力のない内的対象の問題という面からである。「私たちがお互いに戻って来るということを，あなたはほとんど信じられないのね」，または「私が戻ってくるよと言って，私が戻ってきたことをあなたはほとんど信じられないのね」，あるいは「私が 1 月 4 日に戻るつもりだということを，あなたは信じることが難しいのね」，または「あなたは信じることが難しいのね。1 月 4 日が来るということを」，「あなたはここに来ることが好きになり始めているのね」は，「あなたがそうした時に，私があなたのことを好きだとあなたは感じたのね」，または「それが起こった時に，私があなたのことを好きだとあなたは感じたのね」と添えることもできる。また，「あなたは，私があなたの身に起きたことを気にかけているように感じ始めているのね」とも言えるだろう。これらすべては，子どもが彼の対象に備給する，または備給しないということを取り上げているだけでなく，彼の対象が彼に備給する，または備給しないと彼が感じることについて取り上げる方法である。そのような患者にとって，理想的な対象の取り入れと愛する，または愛することのできる自己（lovable self）の感覚を確立するプロセスは，時間がかかりゆっくりとしたものだが，精神的健康に不可欠なものである。セラピストは，感傷，共謀または誘惑にそそのかされるとなく，陽性転移と，陽性逆転移における子どもの希望，または信頼のはじまりについての問題を取り上げるだろう。母性的または父性的な性質をもつ強力な逆転移は，繊細に扱う必要があるが，暗示的な偽りの約束をする必要はない。私たちが子どもを本当に養子として引き取ることを暗に意味することの恐怖は，時に治療者側

の否認と禁止につながり，子どもがそうした禁止を拒絶として体験してさらなる絶望を味わう一因となりうる。この時期に，誰かが彼を養子にするべきであり，または私たちが，今は休暇のために彼から離れるべきではないということを認めることは，結託してなされる必要はない。さらに，そのように認めることは，絶望している子どもに，私たちが彼を置いては行かないだろうと彼は「望んでいる」と解釈することとは非常に異なるだろう。当然な欲求を解釈することは，絶望している子どもの自我を強化しうる。空虚な望みについての解釈は，自我を弱め，絶望を増加しかねない。

自発的で，思考を伴う快状態と思考を引き起こすこと

　心の快状態は，あまりにしばしば，受身的で，順応，満足，適合や共生といったイメージを使いながら精神分析の中では記述されており，それは，いくらか活気のない，心が機能していない状態を暗に意味している（Mahler, 1968；Winnicott, 1960）。子どもが日々の否定的な状態を当たり前のものとして慣れてしまったとき，セラピストが戻ってくること，恒常性，信頼性や耐久性といった新しい体験は，注意を喚起すること，興味関心を持つことや思考を引き起こすことといった能動的な活動になり得るのである。これらの体験は対象の**存在**によって生じる。こうした状態が消化される時，それらは**精神的な**発達と学ぶことを促進するかもしれない。クラインは，情動生活にとってよい対象を確立することの重要性について記述したが，この考えとビオンのいくらか無視された概念である「現実化」とが結びつくことが，肯定的な体験が精神生活と同様に情動生活にとっても不可欠だという結論を導くのは明白だと私は思う。クライン自身（1952）は，赤ん坊がミルクと共に理解を取り入れると言った。私は，ビオンよりもさらに進み，生きている対象との肯定的な体験が，満足または共生的感覚の中で純粋に「現実化する」のではないと主張する。しかしながら，赤ん坊が「調子がよくて好ましいと感じる」('feel right')のは活気づけるというやり方によってであり，睡眠を誘発するようなやり方によってではないと私は確信している（ビオンは彼の理論のこの部分についてほとんど記述しなかったため，心が機能していない状態での満足や適合を彼が暗に含んでいたかどうか確信はないが，その概念は現実との「完全な適合」という特色を持つものであり，思考が生じるのは，欲求不満と対象の不在が現れる時のみだと私は考える）。それでも，肯定的な要因は注意を喚

起するだろう。なぜなら，それらは**興味関心をひく**からである。ビオン（1962b）は，誰かを知りたいという欲望である「K」を仮定し，愛することの欲求である「L」と「憎しみ」の「H」を付け加えた。しかし，おそらく K は，H だけではなく，L の**一部**とも見なされるべきである。通常の発達において，人を喜ばせる驚きは，不快な驚きとまさに同様に注意を喚起するものである。それは，意外性という驚きの要素であり，喜び，内省，メタ内省を呼び起こすかもしれない。そして，これは人間的で生きている対象が存在しているときに生じるのだろう。

　乳幼児観察と乳幼児研究（そして，クライン理論）は，対象が存在しており，満足を与えている時でさえ，完全な一致はほとんどないことを私たちに教える。なぜならば，対象は生きて動くので，立ち去ったり不在だったりするのと同様，その存在はさまざまなことを要求するし，注意を喚起するものでもある。やって来たり戻ったりは注意を喚起するが，そのようなことは原会話の間ずっと母親のまたは父親の顔を見るという単純な体験でもそうなのである。親が話したり応答するときの動きがあり表現に富んだ顔，見開いたり，輝いたり，細くなったり，曇ったりする目，声の調子の質の変化など，全体の性質や構造が変化し，それらすべてが注意を要するのである。スターン（1985），トレヴァーセンとハブリー（Trevarthen and Hubley, 1978），ビービとラックマン（Beebe and Lachmann, 1994）が示してきたように，ひとりの生きた人間は，**存在するとき**（when present）には，複雑で多様な**絶えず変化する存在**であり，力動的な流れに満ちた時間的な形態をもつのである。それは喜びを与えるかもしれないが，多くを要求するやり方でもある。ショア（Schore, 2003, p.81）によると，母親と乳児の対面のコミュニケーションは，鎮静（心地良く幸せな感情）だけでなく，ドーパミンによる覚醒と高揚をも引き起こす（パンクセップ（Panksepp, 1998）は，ドーパミン・システムは，探求することや好奇心と関係があるということを示している）。

　私は，それゆえ，現実が出現するのは，**最初に欲求不満**，不在，分離と分離性を通してであり，そして思考が生まれるというビオンとフロイトには同意しない。存在の調整と統制は乳児にとっての課題であり，それは情動的な課題と同様に精神的な課題でもあり，対象が不在の間ずっと対象恒常性を維持することよりも先のことだろう。取り入れは，大抵の場合は大変な作業であり，体験の確かな取り入れに続いて，より恒久的な内在化と表象化が生じる。私は，体験の取り入れについての問いは精神分析において十分に研究されてこなかった主題であると

思う。前概念は現実化と出会う必要があるが，この「出会うこと」は生きていて，力動的で，不完全な「連結式の（articulated）」つながりであり（Bion, 1957a），静的なものではない。それゆえ，概念は思考でもあること，つまり，思考を考え得るものにすることは，喜びや楽しさに満ちた思考を中心にしてさえも生じるということを示唆している。シェイクスピアの『冬物語』の中で，レオンティーズ（Leontes）は死んでいると思っていた彼の妻が彫像ではなく生きた存在であるということを発見し，彼は「あぁ，彼女は温かい！」と喘ぎながら言った（第Ⅴ幕，第3場）。これは人生の冬の中にいた男性が最も深い絶望から抜け出していく物語であるが，私はそのような体験が乳児にも定期的に起こるものであると思う。乳児は，スターン（Stern, 1983）がつながっていることの「ゆっくりとした重要な発見」と呼ぶものに対処している。

　つまり，赤ん坊がそこにいる対象（present object）**について考える**のは，例えば彼らの養育者の笑っている顔，またはミルクを味わうこと，または彼らの手に乳房を感じる方法を学ぶときである。赤ん坊が以前には口によって大部分を知っていたまさしくその乳房を彼らの目で，そして，彼らの手で探索し始めるのは魅力的な瞬間である。第三世界の国の養護施設で育てられた経験があり，養子になった10歳のある少女は，彼女のセラピスト（彼女がとても愛着を持つようになっていた人物）に，「なぜあなたはジェーンと呼ばれるの？」と考え深げに言った。しばらくして，彼女はセラピストのカーディガンの毛羽立った肩を軽く撫でて，そっと「なぜそんなに毛羽立っているの？」と尋ねた。彼女が使っていた言語と「なぜ？」という問いは，10歳の子どものものであったが，実際には彼女は赤ん坊が目または手で母親や父親の顔を探索するときにすることをして，親についてのなぜかということ（whyness）ということだけでなく，何かいうこと（whatness），何であるのかということ（isness）を情動的にも内省的，認知的にも知ろうとしていたのだと思う。

　現実に居る対象には多様なバージョンがあり，しかも，そのこと自体がきわめて多くのことを要求するものである。ウォルフ（Wolff, 1965）は，赤ん坊が知的好奇心を示すのは空腹で疲れたときでなく，十分授乳され，休息し快適であるときであることを見出した。彼らの好奇心は，欲求不満によっては駆り立てられていなかった。つまり，好奇心は満足とよい内在化によって解き放たれたのである。α機能は，そこに現実に居て喜びを与える対象に作用すると私は思う。よい対象の取り入れが先にあり，それに続いて内在化は起きる。それについては，偉大

なポーランドの反体制派の詩人ズビグニェフ・ヘルベルト（Zbigniew Herbert, 1999）が，死後，よい記憶が傷跡を癒すと書いている。私が論じているのは，よい記憶がなく，考えることや記憶が損なわれたところでは，癒えることもないということである。

おわりに

　先に述べたように，私は現実について学ぶことがどのように生起するかについて，従来の考えに代わるものを示しているのではない。私は付加的に，より十分な全体像のみを論じている。エディパルな欲求不満，口唇的欲求不満，対象の不在，分離，境界と分離性は，すべて注意を喚起する体験である。しかしながら，現実に存在する対象のさまざまなバージョン間の結合は，不在の対象に関係するさまざまなバージョンの結合と併行して築いていかなければならない。その対象は，あなたがそう期待するほんの少し前に再び現れ得るし，実際にともかく現れる。そして，微細な瞬間から微細な瞬間にその形態が変化するが，それはその対象が生きていて欲求を持っているということの本質の一部であり，その対象が望む時にはいつでも立ち去ることができるのと同じように多くのニードが処理されている。ある患者にとっては，親切でよい対象の感触，雰囲気，声の調子，表情が取り入れられているのかもしれず，それは初めても同然かもしれない。技法的には，そのような瞬間は繊細に取り扱う必要があり，必ずしも，感傷やなれあい，または躁的防衛を助長するものではない。それらは，フロイトとクラインが本能的と呼ぶ要素であり，また彼らや私たちが愛すること，つまり人生と呼ぶものであろう。

第6章

精神的に苦しみ絶望している子どもたちとの精神分析的な仕事における道徳的要請と改正

願望なのかニードなのか

はじめに

　第1章で私は，車椅子を使用している身体障害を抱えた少女について描いた。その少女は自分の代わりに誰かが絶望と苦痛を経験しているのを見ている間は，健康な人としてのアイデンティティを試してみる必要があった。彼女は自分の運命を不公平だと感じているようにみえた。それは他の誰かの運命であるべきだった。本章では，神経症的な心の状態における願望についての文法と，ボーダーラインの妄想的な心の状態における命令的なニードについての文法を区別することによって，この問題を詳しく述べる。1960年代後半に私の集中的心理療法を受けていた，リチャードという境界性精神病の10歳の少年との精神分析的な仕事の素材を提示する。1980年代後半のある夏に，私は彼の素材を読み返し始めた。私は，読んだもの，および，20年前にどのように仕事をしてきたのかということにひどく心が痛んだ。

　その20年の間，クライン（Klein, 1946）の投影同一化の概念をビオン（Bion, 1962b）が拡張したことによる強い影響力と，ローゼンフェルド（Rosenfeld, 1987），ジョセフ（スピリウスとフェルドマン（Spillius and Feldman, 1989））や他の者たちによって探究された結果として生じた技法の進展は，こうした患者たちとの精神分析的な仕事に非常に顕著な変化をもたらし始めた。私がリチャードとの間で使っていた技法は，こうした発展によって用いられたものではなく，説明的で覆いを取る解釈や，神経症的な患者との治療により適したものであった。当時の私の技法は，彼にとって明らかに有害であったと私は思う。その技法は，仮面を剥ぐ性質の要素をもち，その当時，私が彼の躁的で万能的な妄想的防衛として考えていたものの背後にある，抑うつと喪失を明らかにすることを意図して

いた。いわゆるこうした「防衛」は，実際的には，絶望と恐怖の状態を**乗り越え，回復**するための必死の試みなのだと，今では思う。つまり，それらは基本的な発達のニードの要素を帯びている。つまり，保護や保存，行為の主体という感覚や有能感のためであり，復讐や正義のためでさえもある。リチャードは，暴力，苦痛，迫害に満ちていた。しかしながら，彼は境界例的な問題にサイコパス的な付随症状を持つ患者とは異なり，暴力にふけったりそれによって興奮したりというよりは，暴力に満ちていた（暴力を目撃したり暴力に晒されていたりして，やみくもに怒りを爆発させる，トラウマ体験をもつある種の患者たちに，今日では私は，「あなたはそうしたのですね」とか「あなたはそうしたいのですね」と必ずしも言いたいとは思わない。トラウマの内在化を伴う離人症に気づくために，「そうするものが，**あなたの中にあるのですね**」と言う方がよいだろう）。また，神経症の患者とは異なり，リチャードの自我はほとんど機能していなかった。彼の「防衛」は，彼の圧倒する感情を扱うには不十分であった。例えば，彼には，投影し，スプリットすることができ，確実に抑圧し忘れ去る必要があった。私は，物事はそうなり**うるだろう**，あるいは，さもなければそうなって**いるだろう**，という神経症患者にみられる願望と，物事はそうなる**べきだ**，あるいは，さもなければそうなって**いるべきだ**，という境界例患者たちにみられる命がけと言ってもよいほどのニードの相異について検討していくつもりである。

精神分析理論における発展

　私が言及している主な理論的変化は，投影同一化のプロセスの目的や動機に関連している（それは，通常の防衛と，早期に構造化された保護的な巧妙な手段，あるいは防衛の前段階との違いに関する，サンドラーとアンナ・フロイト（Sandler and Anna Freud, 1985），コフート（Kohut, 1985），ストロロウとラックマン（Stolorow and Lachmann, 1980）による再定式化と重なる部分がいくらかある）。ラッカー（Racker, 1952. ラッカー自身1968年の文献で引用している）は，逆転移は，患者のイドと自我だけではなく内的対象にも分析家が同一化していることの表れであり，そのように使用されるべきであると強調した。ビオン（Bion, 1962b）もまた，精神分析家は患者の心の中だけではなく，分析家自身の心の中で，患者が失った自己の一部を担うかもしれないと述べた際，逆転移と投影同一化とのつながりについて強調した。つまり，患者は強力に投影するので，自分の

分析家が怖がっていたり，抑うつ的であったりすると感じるだけではなく，患者は分析家を怖がらせたり抑うつ的に**なるようにさせている**のかもしれない。しかし，1950年代，そして1960年代の初期にさしかかる頃でさえ，ビオン（Bion, 1957b）や他の者たちも，依然として，破壊的あるいは防衛的で，病理的な動機から生じるものとして，投影同一化を記述していた。ビオン（Bion, 1962b）はさらに進んだ。彼の概念は，分析家はこうした投影の容器（receptacle）やコンテイナーというものだったが，容器は大抵不適切にしか機能せず，時に患者をより強く投影させてしまうという含みを帯び始めた（このことはコフート（Kohut, 1977）よりかなり前に対象の中の欠損という概念を導いていると，グロトスタイン（Grotstein, 1981b）は指摘している）。ビオン（Bion, 1962b）は，ある投影同一化はとても深いレベルで**誰かと何かをコミュニケートする**ニードを表していると示唆した。彼は，患者の感情や思考への分析家の「コンテインメント」と「変形」（1965）を母親と乳児の間で生じる，原始的であるが強力な前言語的コミュニケーションにたとえた。彼が示したのは，感情がいかに耐えられるものになるのか，そして，考えがいかに考えられるものになるかということだ。ある意味では，より民主的な二者心理学は，どちらの用語にも同等に，その相互交流に影響を与えるための余地がある。そのようなモデルには，**内**的あるいは**外**的な対象がそのシステムに強い影響を与えることができるさらに多くの余地がある（境界性精神病の問題をもつ子どもについて精神分析的に考えることに関する発展についての詳細な討論に関しては，ルッベ（Lubbe, 2000）を参照）。

精神分析理論における発展の技法的な含み

　対象に対する不適切さへの注目が増すことについての技法的な含みは非常に重要である。ローゼンフェルド（Rosenfeld, 1987）は，分析家の発言を過大評価するボーダーラインの患者に対する解釈の危険性を強調した。彼は，抵抗の中に見出し得る健康な力と，あまりにも早く理想化を壊さないことの重要性を強調した。マニイ・カイル（Money-Kyrle, 1947）は，必死の投影同一化を破壊的な投影同一化から区別することに関する論点は技法的に切迫した重大な事柄だと考えた。ジョセフはこの問題に生涯をかけて取り組んだ（スピリウスとフェルドマン（Spillius and Feldman, 1989）の諸所に書かれていることを参照）。彼女は，投影同一化のコミュニケーションとしての使用についての考えを技法的にも理論的に

も発展させた。また彼女は，強い圧力をかけている投影は，いかに何かを伝える
ニードを含んでいて，分析家の中で長い間コンテインメントされ探究される必要
があるかもしれず，患者にあまりに早まって戻されるべきではないということに
注意を引きつけた。大抵の場合，分析家が自分自身の中で経験を保持し，探索す
る方がより適切だ。例えば，「あなたは私を愚かだと感じている」（愚かであると
いう患者自身の感情の投影であると付け加えることはしない）ということだ。ジョ
セフ（Joseph, 1978）が指摘しているのは，分析家が投影を十分に長く保持して，
患者が理解し損ねている部分や他の部分を経験すること，あるいは以前には吟味
されなかった内的対象を経験するのを厭わないと患者が感じる必要があるかもし
れないということだ。言うならば，失望させたり，あるいは脆弱な親対象の弱さ
は常に否認されているが，正当化するのではなく，徐々に覆いを取っていく必要
があるのかもしれない。それは，説明の文法から記述の文法という動きとして描
写できるだろう。スタイナー（Steiner, 1993）は，分析家中心の解釈と患者中心
の解釈を比較した論考において詳細にその論点を提起している。

　ビオン（Bion, 1962b）は，最早期の乳児が十分な注意や関心を自分に向けてく
れる仲間の中にいることを必要としているように，そのようなコミュニケーショ
ンを有するコンテイナーを必要とする正常さを強調した。どうやら，伝達される
これらの情動は患者が排除したい情動とは限らず，患者の代わりに対象が担って
くれるのを必要としている情動なのかもしれない。それらは，患者が治療者の中
で探索する必要があり，ほんの少しずつ自分自身で所有する必要のある情動かも
しれない。さらに，本書において私が強調しているのは，これらは否定的な情動
である必要はないということである。肯定的な心の状態は，混乱してやみくもに
伝えられる恐怖や残忍さについてのビオンの早期の例と同じくらい強力に，この
無意識的コミュニケーションのプロセスを通して伝達され得る。ビオンは，精神
病者には苦痛はあるがそれを苦しまないと述べている。精神病者に喜びはあるが，
それを楽しまないと付け加えられるかもしれない。前章で私が論じたように，通
常の発達が進むためには，両方の領域で前概念は概念になる必要がある。

投影同一化についての文法——願望とニードを比較しての技法

　そのような無意識的な投影のコミュニケーションが，より普通の言語的コミュ
ニケーションのように，文法を持つかもしれないという考えについて私は探究し

第6章　精神的に苦しみ絶望している子どもたちとの精神分析的な仕事における道徳的要請と改正　143

たい。この文法の多様性は，患者が神経症と精神病の連続体上のどこに位置づくのかということ，つまり，自我発達のレベル，および，患者のニードの切迫性と必死さのレベルに対応しているのかもしれない。神経症の子どもとボーダーラインの子どもの両方とも，躁的で大げさなやり方で得意がったり，不公平さに抗議したり不平を言うかもしれない。私たちはほめたり共感したりするプレッシャーを感じるかもしれない。逆転移は両方のケースで似ているかもしれないが，子どもの動機づけは二つの状況では非常に異なるだろう。実際に私たちは，未成熟さのために滑稽で愚かに聞こえるやり方で自慢するかもしれないボーダーラインの子どもの仮面をもっと剥ぐことに駆られるかもしれない。しかし，私たちの解釈的反応は文法用語において，注意深く構造化される必要があり，それは，万能性への願望と有能性へのニードの違いを考慮したものである（Alvarez, 1992）。健常な子どもや神経症の子どもは，物事が別なふうであればと願ったり，要求したりもするかもしれないが，物事は本当は外的な現実，および自分自身の心の中にあるということを認めることにまさに耐えることができる。そうした子どもは，大抵二つの現実（Stern, 1985）を上手にやりくりし，比較し，二元的な観点（Susan Reid, 私信, 1998），または複眼視（Bion, 1950），そして「括弧に入れて考える」複線思考（Bruner, 1968）を何とかうまく取り扱うことができる。そのような子どもは，考えを保持でき，その考えの範囲内で考えを検討し，その考えを超えた考えをじっくり考えることができる。そうした子どもは，メタ認知プロセス（Main, 1991）や自己内省機能（Fonagy et al., 1991），そして，ある程度の象徴機能（Segal, 1957）を上手に取り扱うことができる。一方，ボーダーラインの子どもたちは（つまり精神病的な瞬間では），具象的であり，単線的であり，単一的な心の状態に圧倒されており，象徴等価と大規模なスプリッティングと投影の危険がある状態にいる。私たちが彼らの切迫した，有無を言わせぬ，頑なな心の状態に留まることを拒否すると，時期尚早の統合を**私たち**が生み出す危険性があるだろうか？情動発達のかなり早期のある段階では，象徴等価，つまりほぼ完全な適合のような何かへのニードがあるということさえあり得るのではないだろうか？こうした瞬間においては，心が機能していないとみなされる必要はないことを言い足すことが重要である。つまり，脳内の快を感じるオピオイドと高揚させるドーパミンの間のバランスは，その時々で変化するのだろうが，眠っているような心が機能していない状態では，そのどちらも必要ない。

　赤ん坊の心がいかに成長するのか，間主観性がいかに内的主観性

(intrasubjectivity) として内在化されるようになるのかについて，発達心理学者による多くの仕事がなされてきている (Stern, 1985; Trevarthen and Hubley, 1978)。魅力的なのは，自閉的あるいは心が機能していないような子どもたちが，何かをすることが好きであること，さらに，それをすることが**好きなことが好き**であることを発見し始めた瞬間である (First, 2001)。(彼らはさらに発達し，最終的には二元的な観点を獲得する。例えば，同じ玩具を二つの異なるやり方で見ること，言葉を使うことやごっこ遊びが始まること)。赤ちゃんが母親の見る方向を追い始めるずっと以前に，母親は赤ちゃんの見る方向を追う (Collis, 1977)。乳児観察は，赤ちゃんの視線を捉えているものを母親が見る時，「あぁ，木が動いているのね！」というように，母親の目が輝くときとその仕方を示している。発達心理学者と精神分析的な観察者は共に，心が成長するとき，乳幼児と養育者の間では，心と心が出会うことが必要であり，あまり多くの「ダンスにおけるミスステップ」(Stern, 1977) は必要ではないということに同意しているようだ。しかし，ミスステップは全く見られない訳でもない。ミスマッチ，脱錯覚，そして分離性は，現実について学ぶことの基盤である (Beebe and Lachmann, 2002; Hopkins, 1996; Tronick, 2007)。それにもかかわらず，私たちが解釈を行うとき，調和と不調和のバランスは，子どもの患者がいかなる時点においても機能している発達的レベル，そして情動状態に慎重に合わせていく必要がある。言うは易く行うは難しである！

　ここで，解釈のレベルにおける文法とその問いに立ち戻る。私が示唆しているのは，理想的対象と理想的自己の分離性や差異を強調する解釈，つまり願望と望みについての言語を使用する解釈は，自我がいくぶん発達し，対象に対するいくらかの信頼感や自分の中にいくらかの自己価値感のある患者に適しているだろうということである。しかし，不安，怒り，そして抑うつが大きい患者は，世界の構造の中にある切れ目 (the gaps in the fabric of the universe) を吟味するための十分な自我装置を持っていない。ラテン語では，結果の不確かさ (doubts) を含む動詞 (あなたが願うのは (you wish)，あなたが怖れているのは (you fear)，あなたが考えているのは (you think)，あなたが望むのは (you hope) など) は，仮定法もしくは条件法を伴う。「私は行くかもしれない」は「私は行くことにしている」あるいは「私は行くつもりだ」より弱い。「あなたは望んでいるが，あなたも私もあなたができない（あるいは，しなかった，あるいは，しないだろうという）のを私たちのどちらもが分かっている」という言語は，現実のもう一

つの選択を心に抱ける場合には，耐えられる。もし私が，「あなたが怖れている
のは，週末に私がいないと死んでしまうだろうということですね」と言っても，
神経症患者はその含みと，そのような言葉に含まれるもう一つの可能性（つま
り，彼はおそらく死なないだろうということ）に注意を向けることができるのが
わかった。二元的観点と複線思考の能力によって，多かれ少なかれ一度に両方に
ついて，そうした患者は考えることができる。

　ボーダーラインの患者は大抵の場合，このようにはできないことを私は多くの
苦い経験から学んだ。そうした患者の混乱，そして躁的な否認さえもが表現して
いるのは，彼は保証，安全，保護，そして正当性さえも持つべきだったこと，つ
まり，そうしたものを持つ正当なニードがあることを私たちが理解する必要があ
るということなのかもしれない。「月曜日まで持ちこたえられるだろうと想像す
ることは，あなたにとっては難しい」，あるいは「あなたが感じているのは，こ
の時に私があなたを置いていくべきではないということ」というのに似たこと
を，ボーダーラインの患者は聞く必要があるかもしれない。共謀，誘惑，偽り
の約束を含むことは不必要だ（ボーダーラインにおいては不安の解釈が不安を
増大させうるということに関して，クト・ローゼンフェルドとスプリンス（Kut
Rosenfeld and Sprince, 1965）と，今日ではアンナフロイトセンターを参照）。子
どもが保証を必要としていることは，正当なニードとして理解する必要があり，
最も差し迫った緊急の状況を除けば，再保証は必要ではないだろう。既に絶望し
ている子どもに対する，不安や喪失についての解釈は，子どもを無力にするだろ
う。他の文法，つまり必要不可欠さに関する文法は，そうした子どもの自我をよ
り強く成長させることができるかもしれない。

ある患者，そして仮面を取る私の解釈

　リチャードが私に紹介されてきたのは，彼が10歳の1967年の春だった。紹介
した精神科医は，彼のことを疑い深く緊張した表情で，頭を打つのを避けるかの
ように奇妙な手の動きをしている，ひどく興奮した少年だと思っていた。リチャー
ドの母親は，躁鬱病と診断されており，彼が赤ん坊の頃はよく叩いていた。リ
チャードが18カ月で，彼の弟が4カ月の頃，彼女は突然いなくなった。彼女は
それ以来ほとんど彼らを訪ねて来なかった。リチャードが私のところに来たとき，
彼は特別支援学校に通っており，あまり学ぶことができていなかった。母親が去っ

た後，彼は父方祖母と2，3カ月間，その後は父親とナニー[訳注1]と一緒に暮らし，彼は彼女にとてもなついていた。その女性が去った後は，リチャードの父方祖母は子どもたちを世話するために父親の家に引っ越した。父親と祖母はとても親切で聡明な人々だったが，とても上流ぶっていて，彼の心の中にある深い悲しみ，恐怖，強い怒りを乳児期にリチャードが表したことがあったとしても，彼らがそれらを受け取ることは難しかったのだろうと私は思う。彼のおばは温かみのある賢明な女性で，彼女もまた子どもたちを世話した。私は，週に2回リチャードに会い始めた。そして，彼の傷つきや混乱の程度が著しかったために，すぐに週4回に増やした。

　私は初期のセッションを詳細に論じたい。それは，かなりマゾキスティックで学者ぶった試みのように見えるかもしれない。なぜならば，当時私はかなり未熟であり，私の仕事のやり方はさまざまな理由で望ましいものではなかった。しかし，私は文法および文法の背後にある理論的かつ技法的含みを見ていきたい。まとまりのないアプローチを読者には大目に見て欲しい。

　心理療法を開始したとき，私の家にはペンキ塗り職人がいた。初回のセッションでは，リチャードはプレイルームのドアを通り過ぎて進み，職人のひとりと出くわし，その人が親切にリチャードに道を示した。リチャードは，金髪に青い目で，少しぽっちゃりしていて，かなり機械的に歩く少年だった。まるで目隠しをして歩いているかのように，彼は極端なほど慎重に一歩一歩進んだ。彼は怯えているように見えたが，私が少ししゃべり，セラピーについて説明した後，彼は壁を見て，「ぼくはそれが何か知っているよ。それはペンキでしょう」と言った。そしてすぐに，「あれは壁だよ！」と言った。その後，上階の職人たちの音に彼が怯えているように見えたとき，彼は「彼らはなぜここにいるの？この家はバラバラになるの？」と尋ねた。

　しばらくすると，彼は怯えが少し和らいだように見え，大きく弧を描くような筆の運びで，絵具で絵を描き始めた。それは，まさに上階のペンキ塗り職人のようだった。私は，彼が職人のように今や絵具を塗っていて，いかにそうした大人たちのようにペンキを塗ることができるようになりたいか私に示しているのだろうと言った。私は，多分，パパができることをやってみたいとしばしば思うのだろうと付け加えた。彼は（言葉や考えが互いにごちゃごちゃになって，混乱です

訳注1）住みこみ，あるいは通いで育児を中心に家事全般も手伝うために雇用されている人。

べてが流れ出たように）「そうだよ。ぼくはそうしたいよ。でも，ぼくはそうし
ているよ。これはぼくがやっていることだよ。ほらね！」と言った。

「あなたはペンキを塗ることが**できるようになりたい**...」という私の解釈に着
目して欲しい。彼の必死の訂正にも注目して欲しい。私はそれを万能的で防衛的
な同一化や欲望だと思っていたが，彼が実際に私に伝えていたのは，能力があり
修復する父親であることができること，あるいは少なくとも，そのような父親の
ようになっていることを私に理解されたいという，彼の必死のニードだったので
はないだろうか？　彼は私の解釈，そして，その後の多くの同様の解釈を，長年
の無力さ，そしておそらく長年にわたる屈辱を破壊的に思い出させるものとして
経験していたかもしれない。結局のところ，彼はふたりの養育者に見捨てられ，
ひとりには叩かれていた。私は，「そうね，上の階の人たちとはそんなに変わらず，
あなたもペンキを塗ることができることに私は気づくべきね」と言うことができ
ただろう。

その後，彼が少しだけ落ち着いたとき，より大きな物音がした時，彼は少し神
経質そうにはっとした。彼はまだ怯えていると私が解釈すると，「ちがう，ぼく
は怯えてなんていないよ。デイビッド（彼の弟）が怖がっているよ」と彼は言っ
た。彼は自分自身が怯えている人にならないためにデイビッドを怯えている人と
して使用していると私は思った。結局は，ここは初めての場所であり，私は彼に
とっては新しい人だと付け加えた。しかし，全体的な落ち着きがあり，デイビッ
ドにスプリットオフされた恐怖を，リチャードに戻され再統合されるべき投影や
スプリッティングとしてではなく，理解して尊重する必要のある何かとして見ること
によって，そのことを強調していたならば，つまり，「今はあまり怖くなくなっていて，
怖がっている他の誰かのことを考えることができるのね」と言えただろう。つまり，
私はスプリッティングの別の半分，いわば，怯えていない半分について言及するこ
とが出来ただろう。また私はもっと早く，「少なくともこの変な家でぼくは何かを認
識している。それはペンキであり壁である」と，彼が感じているのを認めること
が出来たであろう。スプリッティングと投影には，病理的な機能だけではなく，
健康的な機能がある。恐れに一定の距離を置くニードと能力は，防衛的なだけで
はない。それらはわずかな信頼の発達を可能にするかもしれず，それゆえにほん
のわずかな自我の成長を保存し保護する（付録の図 A3 を参照）。

いずれにしてもリチャードは，怖いのは彼の良心ゆえだと説明し続けた。そし
てその時，突然に彼はおばあちゃんの目覚まし時計を壊していないことを私たち

双方に再確認した。私は，その時計と私の家がすべてバラバラになることについての感情をつなげた。そして彼の内側には，何かがすべてバラバラになるという感情があるのだろうが，彼はそれが何かはわかっていないのだろうと思った（私はやっと，急いで説明しすぎないでいられた！）。ようやく，彼はリラックスしはじめた。彼は，彼のおもちゃ箱の中を調べてのりを取り出した。そして，「でも直すものがない！」と落胆して言った。今や，修復可能なコンテイナーがないという彼の悲劇的な状況について彼が話しているのだろうかと私は思った。分別を欠き，暴力的な母親はバラバラになっているだけではない。彼女はいなくなってしまったのだ。しかも，私には上の階のペンキ塗りたちがいて，おそらく**彼には**ここは十分だと感じられてはいなかったのだろう。ここで私が考えるのは，内的対象の欠損に直面させられるとき，より発達した対象群に対する葛藤と防衛と同じ程度の葛藤や防衛に取り組む必要があるということだ。このことは，転移によって患者の歴史が書き直されるに任せ，修復できない苦痛に満ちた現実を急いで思い起こさせないということを意味している。おそらく私は彼に，上の階のペンキ塗りのようでありたいか，あるいはそうなりたいかを彼が感じるに任せる必要があった。

　2回目のセッションでリチャードは，セッションが短くなるのを恐れていた。そして，私が彼にセッションは全く同じ長さであり，セッションとセッションの間に待つことが彼は好きではなかったのかもしれないと言ったとき彼は喜んだ。彼は強く同意し，永遠に終わりがないのが好きだと言った。私は，そうしたことを話すことを心苦しく思いながら，彼の母親について話し始めた。彼の母親が今はもう一緒に住んでいないことを私は知っていると言い，そして母親に会ったかどうか尋ねた。彼はびくびくした声で，「そうだよ。絶えずにいつも。」と言った。絶えずにいつもでないとあまりにもさびしく感じるので，いつもだと感じたいのだろうかと思うと私は伝えた。彼は，自分には永遠の母親がいるべきだったと感じており，それと全く同じように，1週間に2回のアルヴァレズ先生ではなく，絶えずいつもアルヴァレズ先生が自分にはいるべきだったと感じていた。彼に対してとても強い痛みを感じているという私の逆転移からの重圧がおそらくあったが，私は彼のニードについてのいくらかの理解を伝えた。しかし，私は依然として仮面を取るモデルを使用していたと思う。私は，永遠についての彼の主張を，連続性のための正当なニードとして理解するかわりに，悲しみに対する防衛として扱った。第二に，リチャードが転移を通して新たな内的現実にいくらか

の希望をもつことができたその時点で，苦痛に満ち，修復不可能な外的現実を私は持ち出して，彼を混乱した絶望へと押し戻し，拒絶したのだった。このやりとりの始まりのところで，「あなたは，この治療が長い間ずっと続いていくだろうという，素敵な永遠の感じが好きなのでしょうね」という類のことを言うこともできただろう。パーソナリティの乳児部分には，中断や終わりに耐えることを学ぶことができる前に，よい体験の持続と耐久性の感覚が必要である。グロトスタイン（Grotstein, 1983）は，離乳が可能になるには，人は絆で結ばれなければならないと指摘している。

　7回目のセッションでリチャードは，恐ろしい歯車が回転して彼の頭に穴を開け，内部の仕組みがバラバラになる時計を見ているという幻覚について私に話した。私は再びこのことを彼の母親と私につなげて，後のセッションでは，母親と私の仕事が進むのを阻んでいる彼の恐れについて取り上げた。事実，私は彼の治療の間に二回妊娠していて，彼は侵入的な性愛性をいっそう強力に示すようになり，私との「仕事」を破壊するのを楽しむという考えがより一層強まった。そして何年もの間，赤ちゃんを殺害する考えを抱いていた。私も他の者たちも，このバラバラになっている時計，あるいは穴を開ける歯車を攻撃の結果彼が生み出した，破壊された対象として理解した。彼は，「マザーグースが，腐ったタマゴを生んだために，嘆きのあまり死んだ」という他の悪夢や妄想を話した。これは，1960年代の後半と1970年代の前半であり，コンテインメントについてのビオンの考えについての十分な影響力は，まだ探究されていなかった頃である。リチャードのサディズムが解放されていっそう活発になるにつれて，それは次第に強まっていった。ある程度それは真実だったが，どの程度それが修復できない対象への絶望によって駆りたてられていたかや，こうした事態の全責任があると彼を責め立てているような私の解釈がそれをいかに助長していたかを私は理解していなかった。クラインの下手な模倣であったのだが，人はそれを受けるに値する悪い対象を獲得するという考えがあったと思う。つまり，内的な悪い暴力的な対象は，患者の自己から生じる暴力的な空想の投影の結果だということである。リチャードはあまり怯えなくなりあまりサイコティックでもなくなったが（彼の幻覚は消失した），彼はまた暴力的になりサディスティックな空想に満ち溢れるようになった。バラバラになっていることへの幾らかの責任を彼の対象が持っていることを私が理解していると伝えていたならば，彼の抑制が発達するのをもっと早く手助けできただろうと私は思う（見たところのサイコティックな要素が本物であるな

らば，このことが助けになるとは思わない）。常軌を逸し，修復不可能で，暴力的な内的対象を彼が探索することを私が手助けしたならば，私は彼の罪悪感を助長するのではなくむしろ弱めることができたかもしれなかった。修復が簡単にできる対象を私が探索していたならば，修復可能な対象の前概念（その欠如に彼は言及していたので，それは明らかであった）を成長させ，修復する父親と同一化させることができただろう。

　例えば，「あなたへのメッセージを受け取った」と彼が苦々しく歌ったり，お尻から大便を取り出しそれを鼻にくっつけたりして，彼の絶望と憎しみが窮まるところを知らない時期があった。別の時には，「ぼくはあなたを泣かせたので，止める！」と彼は言った。私はこのことを彼の恐怖を投影し，伝えようとする正当なニードとして理解していなかった。私はサディズムとしてそれを捉えて続けていたが，時に私は哀れみと絶望で圧倒され，おそらく私は何かを共有しコンテインしていた。彼は学校で学習しはじめたが，小動物を殺害する空想で頭がいっぱいだった。実際に，彼は1，2匹を殺した。私は，復讐とひどい裏切りの感覚のかわりに，サディズムと嫉妬を解釈した。結局，私は彼の治療の最初の4年間に赤ん坊を二人産み，彼の現実の母親は本当に彼の信頼を裏切った。

　今にも破裂しそうな妊婦の近くにいるのがどのようなことか，私はわかっていないと彼は不平を言った。彼は正しかった。私はメッセージを受け取っていなかった。しかし，私の解釈のいくつかが彼をいっそう混乱させるようだと私は観察し始めていた。中断をはさみながらの4年間の治療後，やっと私は彼の素材を，ビオンに非常に影響を受けていたシドニー・クラインのスーパーヴィジョンに出した。クライン博士は，彼のサディズムについての私の解釈でリチャードを私が迫害していると述べた。赤ん坊に対するリチャードのサディズムは減り始めた。3カ月の内に，とても異なるやり方で，次の休みについて彼は話すことができた。彼は，「イエスは私を愛している」をとても可愛らしく歌い（甘ったるいやり方ではなく），ナイアガラの滝からカナダにロープで渡る男について話した（彼は私がカナダ人だと知っていた）。彼のいい子ぶった声に割って入る余地はなかった。はじめ，それを彼の憎しみの否認として理解したが，最終的に私はそれを仮面で覆われた本当の愛でもあると理解するに至った。6年間の（中断を含む）治療のうち最後の2年間では，彼はかなり落ち着いて，まとまりをもち，洗練された。しかしながら，私にとっては彼との早期の記録を読むことは依然として痛みが伴う。

考察─4つの検討事項

　サイコパスの要素が顕著でない，ある種の妄想的なボーダーライン患者の治療の中で，重要かもしれないと今では思う4つの考察について論じたい。これらは単に考察である。なぜなら，人間の心の複雑性には，さらには子どもの精神病的な心には，手引書はないのは確かだからだ。数秒間の間に，患者は神経症から精神病の機能レベルを行き来し得るし，あるいは，生後3日目の乳児から6カ月の乳児まで，そして10歳の子どもまでの間を行き来し得る。心理療法で行うことのレベルはそれに応じて変化する必要がある。そのことから，ひとつのグループをなす妄想的なボーダーラインのあるタイプについて私は述べていくが，それが過度な単純化であるのは明らかである。同様に，文法の強調は，そのような患者(に対する私自身の理解の構造化)について考える方法である。もちろん，言葉そのものの中に魔法のような力は存在しない。私たちが情動的に適切に理解するならば，患者は私たちの文法を許容する。

発達の遅れ

　最初のポイントは，子どものサイコティックな病気は，それが一時的なものであろうと境界を越えたものからの脅威であろうと，健常な心理的発達を大抵は阻害し，発達的な停止と欠損を生み出すということである。妨害や障害には，おそらくパーソナリティのある側面，あるいはすべての側面において停滞と欠損が伴うだろう。それは，自我機能，例えば，自己とアイデンティティの感覚，愛すること，楽しむこと，自尊心を感じることの能力において，そして，超自我と内的対象においてである。おそらく患者のパーソナリティの肯定的な面は，迫害的な面が**過剰**発達するのと同様に，**未**発達となるだろう（付録の図A3を参照）。クライン（Klein, 1952）とシーガル（Segal, 1964）の主張においては，明らかな発達的含みが常にある。彼女たちは，個人のリビドーの衝動および理想的対象の**強さ**が迫害的対象関係を統合し，妄想分裂ポジションから抑うつポジションへの動きを可能にすると考えている。しかしながら，多くのボーダーラインの子どもたちにおいては，この強さこそが，まさに考慮に入れられないものなのである。理想的対象の取り入れと，愛するという感覚と愛すべき自己をつくりあげるプロセスは緩慢で時間がかかるが，精神的健康に必須である。スプリッティングと投影同一化は，防衛というよりは発達の助けになるものとして理解され得る。なぜな

ら，それらによって，防衛的と言うよりは保護的と記述されるべき状況下では，新たな取り入れが生じることが可能になるかもしれないからである。

　残念なことに，何年もの間，リチャードとの私の心理療法は，この取り入れのプロセスを妨げてきたのだろうと私は思う。私が示してきたように，理想的自己（ペンキ塗りとしての彼），あるいは理想的対象（永遠の母親）への信頼が微増したこと，あるいは迫害や絶望に対する防衛として誰か（怯えているデイビッドや，泣くべきである私）の中に悪いものを分裂し投影しようとしていることを迫害に対する防衛として，私はしばしば解釈した。今では，それらはわずかな発達的動きだと見なせると考えている。つまり迫害や絶望を防衛するのではなく，むしろ乗り越えようとする試みである。希望と誇りがわき上がってくること，あるいは突然の安堵感は，防衛として使用される躁的状態からは区別される。もちろん回復は否認ではないが，それは否認を伴うものかもしれない。ある特定の深刻な抑うつ的な子どもの中には，明らかな誇張や万能的な自慢が，躁的な自己主張のように思える者たちもいるが，実際には，対象が彼らを有能だとみなすことができるかどうかという**かなり試験的な問い**（highly tentative question）を伝えている。サイズの合わないすべての靴が盗まれるとは限らない。何足かは単に新しいのであり，履いている必要がある。しかし，1960年代の後半，それはビオンの業績である技法的な影響を受ける前であり，そして，シドニー・クラインの助けを得る前であり，その靴，つまり心的状態が患者のものか，それとも自分のものかということに苦闘していたのは，残念ながら明らかだ。

妄想ポジションにおける防衛と乗り越えることの区別

　メラニー・クライン（Melanie Klein, 1935）は，抑うつポジションにおける修復のプロセスと関連して，防衛と乗り越えることとの間の区別についての基本的なメタ理論を導入した。前述しているように，躁的修復とは異なり，真の修復は罪悪感に対する反動形成ではなく，罪悪感を乗り越えることであると彼女は主張した。私たちはまた**妄想分裂ポジションの範囲内**で発達のために「乗り越えること」についてのメタ概念を必要としているだろうと，私は付け加えたい。このポジションで問題とするのは，罪悪感や悲哀と言うよりはむしろ恐怖や絶望を乗り越えることである。抑うつポジションにおいて，憎しみを乗り越えるために愛が憎しみよりも強くなければならないならば，迫害不安に対して防衛するよりもむしろ乗り越えるために，恐怖よりも強くあるべきものは何なのだろうか？　恐怖

や絶望を減じ，よい感情が生じるのを可能にするものとは何なのか？ 圧倒され
るような不安の圧力からの軽減は，そのような回復のプロセスを引き起こし得る。
そして，母性的対象のコンテイニング機能というビオン（Bion, 1962b）の概念，「安
全感という背景（background of safety）」というサンドラー（Sandler, 1960）の
概念，「安全基地」というボウルビィ（Bowlby, 1988）や，その他多くの者たちが，
耐え難い圧力からそのような安堵が獲得されると思われる主要な道筋を描き出し
た。

改正（rectifications）
—復讐についての必要な空想（imperative phantasies）

　このアイディアは，投影同一化をあまりにも早く戻すのではなく，私たち自身
の中で探索し，抱えることを指摘しているジョセフ（Joseph, 1978）の入念な仕
事に関連している。この場合，私が言及している瞬間とは，自己の一部ではなく
非常に悪い種類の内的対象を患者が投影している，あるいはむしろ外在化してい
るときである。あるサイコティックな青年期の少年は，魅惑的だが恩着せがまし
い女性の親戚を絞殺したがっていた。彼の憎しみと怒りへの解釈は，それらを強
めたようにみえた。しかしながら，**彼女が彼を扱ったやり方ゆえに彼女は死に値
する**と彼が感じた事実に対する解釈は，彼を殺人狂に向かわせるのではなく，彼
を落ち着かせたようにみえた。このことには，重要だがしばしば危険でもある問
いが含まれている。それは，「あなたは」という解釈で患者にすべてを押し込む
のか，あるいは私たちの中や別の対象の中という別の場所でコンテインされるま
まにしておくのかどうかということである。緩和させ落ち着かせるためには，悪
いものが**そこからなくなる**必要があるという理解が必要なようだ。さもなければ，
非常に強く投影されているだろう患者の中に，屈辱，絶望，恥，そして復讐心が，
爆発的で危険な噴出を招き得る。

　クンデラ（Kundera）は，彼の小説『冗談』^訳注2)（1982, p.229）の中で，二種
類の改訂，つまり許すことと復讐があることを指摘した。彼が描き出すのは，生
涯憎むに値する対象が，復讐のためのあなたの計画を軽々と回避し，あなたと友

訳注2)「今世紀の傑作は社会主義の地から出る」というサルトルの予言は，チェコスロバキア
　　　出身のクンデラ Kundera によって実現された。己の魂や精神という怪物とのみ戦えば
　　　よかった時代は過ぎ去り，小説家が戦うのは〈歴史〉という外部からやってくる怪物
　　　であると言われた。

達になることにし，あなたが憎むことを止める時，人の全体的な内的バランスが
いかにかき乱されるかということである（彼が言及しているのは，彼を裏切り，
14年間彼を強制労働収容所に入れた友人についてである）。彼は，「私が彼と和
解できないことをどのように説明したらいいのだろうか？…若い頃，私が抱いた
悪の重圧の帳尻を合わせるために自分の憎しみを使用していたことをどのように
説明したらいいのだろうか？…私が彼を憎む**必要がある**のをどのように説明した
らいいのだろうか？」と問う。このような絶望的で，辛い思いのこもった憎しみ
は，より気まぐれ的な残忍な攻撃性とは注意深く区別される必要があるし，より
冷徹で殺人的なサイコティックな患者たちは，共謀としてそのような解釈を経験
するだろう（この問題については第7章を参照）。絶望的な憎しみや復讐への欲
望を理解することは，もちろん，そのような空想を行動化することに共謀するこ
とをほのめかすべきではないが，そのような空想を持つことの正当なニードへの
理解を示しうる。

さらなる改正（rectifications）－正当性と他の道徳的要請

　私が述べてきたのは，患者が私たちに与えるさまざまな種類の重圧によって，
別の文法の形式が強調され，解釈についての別の文法が必要になるということだ。
空想は，願望と必要な要求（imperative demands）についてだけではなく，そ
うかもしれないし（may be），そうであったかもしれないし（could be），あるいは，
そうであり得る（can be）（期待と可能性）ということ，そして，そうであろう（will
be）（全知である必要はなく，信頼や確信）ということや，そうであるべきだ（should
be）（正当性）ということについてもあるかもしれない（アナ・フィッツジェラ
ルド（Anna Fitzgerald, 2009）による重要な論文を参照）。正当性という感覚（sense
of justice）は，サイコパス的な脅威を与えるような命令とは別の種類の命令を意
味しているが，それにもかかわらず，命令なのである。最初は自我がほとんどな
く，おそらく過酷で剥奪する超自我がある場合には，願望についての解釈の文法
は，あまりにも過酷な意味合いを帯びるかもしれない。つまり，子どもが剥奪に
ついて考えるのを助けるよりはむしろ，子どもをさらに剥奪し続けることになる。
その子どもが理想的対象と同一化し始めるのを許容するのではなく，私たちは「脱
同一化（disidentifications）」(Sandler, 1988) を永続化させてしまうかもしれない。
　それゆえに私たちには，異なる文法，正当なニードについての文法，例えばよ
い対象とよい自己が成長するのを許容する文法が必要なのだろう。危険で暴力的

な家庭で育った，乱暴でかなり取り乱しているボーダーラインの子どもが，わずかに穏やかになりはじめた時期の後，もしセッションに食べ物を彼が持ち込んでも治療者はもちろん怒らないだろうと言い張るのを，私は聞いたことがあった。それから，彼は自分自身で訂正して，「まあ，彼女は怒る**べき**ではないね！」と言った。彼は，恐怖の躁的な否認から，道徳的要請へと動いた。

　物事がどのようであるべきかという感覚は，秩序，正当性，正しさと深く関連した感覚とつながっていると思う。虐待を受けたり剝奪された子どもが，私たちが彼を養子にしたり救い出すことを切望しているとき，「あなたは望んでいるけれど，私たち両方が，あなたがそうできないのを知っている」という筋に沿ってなされる解釈は，絶望を助長し自我を脆弱にするだろう。「私はあなたを救うべきだとあなたは感じている」，「誰かがあなたを助けてくれるべきとあなたは感じている」，あるいは「あなたの母親はあなたを見捨てるべきではなかったのにと，あなたは感じている」という解釈は，実際に救い出すという約束を含んでいるかのように言われない限り，子どもを強化するだろう。ズビグニエフ・ヘルベルト（Zbigniew Herbert, 1977, p.79）は，裏切られた人々に代わって許す権限は私たちにはないと記述している。

おわりに

　本章で議論したのは，妄想ポジションにはそれ自体の論理，文法，健全さがあり，私たちがより「成熟した」レベルへと彼らの旅路を急がせると，自我の弱い患者にとっては負担となるということである。

第 7 章

動機のない悪意

サイコパスの特徴を有する患者との心理療法における諸問題

はじめに

　本章では，サイコパスの子どもにきわめて特徴的な破壊的性質をいかに理解して，彼らと出会うかという難題を探求する。神経症，ボーダーライン，サイコパスそれぞれの心の状態や心的世界の相違点を，破壊性のさまざまなタイプに注目して描いていく。つまりそれは，神経症患者における怒りであり，ボーダーラインのパラノイアにおける絶望的で復讐心を伴う憎悪であり，サイコパスにおける暴力への冷淡な嗜癖である。そして，サイコパスの患者と出会うための技法上の問題と必要性について考察する。私たちが彼らと出会うのは，彼らの住まう心の中の荒涼とした情緒の墓場においてである。ふたりが見ているものを率直に勇敢に伝えていくことは，治療者の熱意を相当に要するものではあるが，破壊的行動を説明しようと試みること（それは言葉巧みな説明に聞こえる）よりも，はるかに効果的である。言うまでもなく，患者自身は輪郭をなぞったような小綺麗で図式的なカテゴリーに分類されることは拒絶するが，これらの非常に異なった心の状態の固有の性質を私たちが認識することには確かに価値を認めるようである。

　映画『アサルト 13 要塞警察』は，若いギャングたちがロサンゼルスのワッツ地区を車で乗り回すシーンから始まる。彼らのライフル銃は，まず年老いた黒人女性に向けられ，続いて白人男性，それから黒人男性に向けられる。彼らのやっていることは少なくとも人種上は無差別なものだ。標的は手当たり次第で，ほとんど行きあたりばったりである。ライフル銃の照準は次々と獲物を捉えるが，引き金が引かれることはない。こうやってギャングのメンバーは楽しんでいるように見える。（ブルース・チャトウィン（Bruce Chatwin, 1987）によると，多くの遊牧民の言語において，都会人には「肉」という語が充てられている。）そして

シーンは変わり，少女が登場する。少女は父親が電話ボックスで話している間に露天へアイスクリームを買いに行く。それから父親の元へ戻っていくが，ふとアイスクリームに目を向けてがっかりした表情を浮かべ，露天の売り子のところへ引き返す。そのわずかな間にギャングが売り子を殺したこと，そして店に立つ男が殺人者であることに少女は気付かない。少女は男に声をかける。「ねえ，チョコレートを頼んだのだけど，これストロベリーだよ！」。すると殺人者は振り向いて，まるでハエでも叩くような何気ない気まぐれさで少女の開いたままの口の中に銃を撃ち込むのだった。この気まぐれさが何より恐ろしい。その殺人者に怒りは見出せず，サディスティックな様子も読み取れない。せいぜいいくらかの苛立ちを認めるくらいである。

　別の映画『スリル・オブ・ゲーム』では，ある男が女性精神科医を騙して，彼女からあらゆる援助を引き出す。最初彼女は（そして我々も）男が彼女に恋をしているのだと思わせられる。実は男は詐欺師グループの一員なのである。彼女がついに彼の誘惑と背信行為を知ったとき，憤怒し，不信と傷つきをもって「どうしてこんなことを私に**する**ことができたのか？」と男に問う。すると男はそっけなく肩をすくめて，「これが仕事ですから」と静かに答えるのだった。

　これまで精神分析家や精神科医が描写してきたのは，サイコパスがみせる良心の欠如や，自分の行いに対する罪悪感や自責の念の欠如，犠牲者の命乞いに対する無関心さであった。より近年の精神医学の分類では，「サイコパス」という用語が一部軽蔑的でくずがご的に使用されるのを避ける試みがなされてきた。しかし，より新しい用語である「行為障害」や「反社会性パーソナリティ障害」，また「ソシオパス」でさえ，破壊性の由来が怒りなのか，激しい憎悪か，憤怒か，サディズムか，あるいは気まぐれな残忍さであるのか，意味の純粋な記述のレベルでは区別されていないため不十分になってきている。

　このことは小児精神医学の領域ではいっそう当てはまることであるが，少なくとも小児精神医学の研究では変化が見られ始めている。ヴァイディング（Viding, 2004）はサイコパスを発達障害として捉えることを提唱しており，フリックとホワイト（Frick and White, 2008）は反社会的で攻撃的な若者の特定のサブグループに充てる，冷淡で無感情なパーソナリティ特性（callous-unemotional personality trait）[訳注1] の重要性についての研究を論評している。これまでの教

訳注1）日本では CU 特性と訳されている。また，DSM-5 では，"冷淡で無感情の傾向"と訳されている。

科書とは異なり，その研究では若者自身それが単純に怒りの問題ではないと分かっていることが示されている。それどころか共感性の欠如が快適なようである（Frick and White, 2008）。この論評では，これらの区別が治療上重要だと示唆しているが，こうした子どもたちに届きうる治療をどのようなものだと想定しているかは明確ではない。動機があり復讐心を伴う妄想的な暴力と，嗜癖的で常習的な暴力とは，異なるものである。嗜癖的な暴力は，はじめは恐怖に対する防衛として出現したのかもしれない。次第にサディスティックな興奮を伴うようになるが，生涯にわたる慢性的なある特定の状況下に置かれることで，ついにはほとんど動機のないまったく気まぐれなものになる。行為の重大さは，犯人に残っている感情の量とはもはやまるで釣り合わない。嗜癖は防衛とは異なっている。一時的で防衛的な心の硬化は生涯にわたる情緒の硬化症とは異なっているし，宇宙終焉におけるビッグフリーズ[訳注2]は束の間の冷たさとは異なっているものだ。

サイコパスの特徴を持つ子ども

　私自身の苦難を伴う実体験は，サラという少女との仕事で始まった。サラは私に決まって身体的な攻撃をしてくる破壊的で暴力的な子どもだった。金曜日のセッションで椅子を投げ付けてきたときには，私は彼女にこう言ったものだった。「今日あなたは私を散々やっつけているね。それは，週末がきて，私たちはさよならしないといけないし，あなたは置いてきぼりにされるのが嫌いだからなのね」。サラは「そうよ」と同意して，また私を蹴った。そして月曜日，私は再び似たような解釈をするのだった。つまり，「あなたは私を蹴っているね。それは，週末私があなたを置いてきぼりにしたからなのね」と。次第に私はこう考えるようになった。「でも彼女は，火曜日も，水曜日も，木曜日も私を蹴っているじゃないか！」。単に彼女は人を蹴るのが**好き**なのだ。彼女のパーソナリティには強固なサドマゾ的要素があることを，私は遅ればせながら学んだのだった。

　数年にわたる身体的な暴力を経て，サラは心理的な残酷さを示すようになった。彼女は邪魔をすることにかけては熟知していた。それは非の打ちどころのない，音楽的とさえ言えるタイミングであり，練り上げられ明確になった重要な事柄に私がいよいよ到達しようとするまさにその瞬間なのだった。彼女はまた，いかに

訳注2）宇宙物理学における宇宙の進化の最終段階についての議論で，宇宙膨張が永遠に続いて生命が維持できないほど低温な状態になるというもの。

期待を高まらせ，そして挫くかを熟知していた。それは高度な芸術と言えるもの
であり，彼女の注意力は周到で，寸分違わず，たゆまぬものだった。もし紙で作っ
た蝶を飛ばそうとして落ちたら，彼女は最初の一秒で振り返り「飛び続けると思っ
たんでしょう？」と嘲笑っただろう。実際，彼女も（しばらくの間は）飛ぶだろ
うという考えを抱いている。しかしその期待はあまりにも即座に投げ出され，即
座に破壊される。そのため私の方では注意深いモニターが基本的に分刻みで欠か
せないだけでなく，**秒刻み**のモニターさえも求められた。私は耳を傾けてくれる
あらゆる同僚に向かって，この患者のように自分や相手を打ち砕く程の人生の**実
践**を積んでいない者には，こういった患者に遅れずについていくことはできない
と嘆いたものだった。私は相互作用を基本的に分刻みにモニターすることは気に
かけていたが，秒刻みのようなミクロな分析的な単位で絶えず用心して**いたかっ
た**かというと，そのことには確信が持てない。

ベティ・ジョセフ（Betty Joseph）の著作（Spillius and Feldman, 1989）は，ボー
ダーラインの患者に対して説明的な解釈を表面的に使用することを思いとどまら
せるのに有益だった。嗜癖の過程についての彼女の教えと著作は欠くことのでき
ないものだった（Joseph, 1982）。また，ハーバード・ローゼンフェルド（Herbert
Rosenfeld）も，こうした患者に対してはビオンの記憶なく欲望なくという格言
は適さないと言った（私信, 1983）。それどころか彼は，絶えず用心して，常に
一歩先んじていなければならず，さもなければ患者たちは私たちを蔑むと考えて
いた（確かに，彼らは偽善には驚くほど敏感である）。患者のサイコパス的な部
分に関して言えば私はローゼンフェルドに賛同するし，こうした患者は良さが問
題になる遥か以前に，私たちの勇気や強さやつけこめなさを計っていると私も指
摘したい。（しかしながら，彼らの絶望的で迫害的な部分は，私たちが現実的に
なることよりも，感受性の鋭さを必要としている。）

このような患者はおそらくメラニー・クライン（Melanie Klein, 1935）の言う，
妄想分裂 – 抑うつの連続線上における分裂の末端に位置する。対して，猜疑的で
迫害的に硬化するか誇大した者は，実はかなりの発達を示していると言える。自
分には関係がないと感じずに罰を恐れるようになってくると，それは不思議にも
誇大性が弱まる前兆と言えるし，少なくとも情緒の氷が溶け始める前兆である。
たとえ危険な類のものに限られるにしても，内的対象がわずかな実質と生を帯び
始めたのかもしれない。どこかで対象が，自分にとって危険があること，少なく
とも何かが問題であることを，目の当たりにして真剣に受け取ることができるよ

うになっている。(明らかにこれは他者への思いやりを示す抑うつポジションの話ではない。それでも妄想ポジションの中の発達もやはり発達なのである。抑うつポジションの思いやりや罪悪感を伴っていないからといって，価値が下がることはないのである。)

　映画『ノーカントリー』の中で興味深いのは，サイコパスの殺し屋が，最後のシーンで先の2名の犠牲者の妻であり娘である女性を殺そうとするときに，コイントスの賭けで勝てば命を助けようという彼の提案を女性が退けたことに，彼が驚いて見えたことである。彼女はこれまでのどの犠牲者とも違っていて，哀れに抵抗したり命乞いをしたり，助かるための取引をすることはなかった。そうでなく，ただ男を見据え，男が自分を殺すのを待っているのだった。私たちが彼女の死を見届けることはなく，次のシーンでは彼女の家を出た男が運転をしている様子が映し出される。彼はバックミラー越しに，後方で二人の少年が自転車に乗ってふざけまわっているのを目にする。彼は，少年たちを見て動揺したようである。そして一瞬のうちにコントロールを失い，事故を起こしてひどい怪我を負う。私がここで考えるのは，彼が犠牲者の峻厳な勇気に動揺させられたのではないかということである。

神経症，ボーダーライン，サイコパスの心の状態の臨床上の区別について

　ここでは，神経症患者の怒りと，二人のボーダーライン患者の絶望や憤怒や復讐心と，非常に若年のサイコパス的な患者の氷のような計算尽くの残酷さについて，区別して論じていきたい。そして，サイコパス患者の治療における技法上の課題を4点検討したい。すでに述べてきたように，生きた人間はこれらの小綺麗で図式的なカテゴリーには分類できないものであり，こうした診断上の分類は議論の目的のためだけに用いる。また，近年私は，自閉症を持つ一定の子どもにおけるサイコパスやパーソナリティ障害の要素に関心を持っているのだが，これはより多くの紙幅を割いて触れるべき問題だろう（Alvarez, 1999, 2004）。

神経症の患者

　本書のはじめに，喪失や嫉妬による怒りに対して通常の解釈が可能であった神経症患者の治療の例を示した。患者は，「あなたは腹を立てているね。なぜなら

…」などと伝えることが役立つような，比較的よい神経症のレベルで機能していた。患者の中には，罪悪感を抱える能力や愛する能力，自分自身の攻撃性を洞察できる自我があり，そしてある程度の確立した自尊心もあった。

ボーダーラインの患者

　ピーターという少年の治療者は1カ月後にクリニックの退職を控えており，異なる状況が生じた。彼はひどく絶望して，乱暴で，断片化した状態でセッションに現れた。母親はピーターと同様にセッションの終了に動揺し，それを認められず，彼を遅れて連れてきていた。（いずれにしても）かなり引きこもった母親は，ピーターが生まれた年にはきわめて抑うつ的であり，彼は深刻な剥奪を体験していた。数分して彼はセッション用のカレンダーを取り外すと，いつが終わりでどれが今日なのかと尋ねた。近頃はしなくなっていたことであったが，治療者はカレンダーに印をつけようと提案した。すると彼は「やめろ！」と言って，カレンダーを破き始めた。治療者は，もう会えなくなることについてピーターが彼女に腹を立てているのだろう，と伝えた（つまり「怒っている，なぜなら」という説明的な防衛解釈）。ピーターはますます乱暴になって椅子をひっくり返し，治療者は彼を止めようとして，もう会えなくなるから怒っているのだろう，と繰り返した。すると彼はさらに興奮して，赤ちゃんの時にいつもやっていたように壁に頭を打ち付けた。

　この場合，怒りを解釈するのでは不十分だと思われる。ここには絶望があり，この子どもの絶望的な無能さと無力さが，こうした折にどうしようもなく高まり増大するのかもしれない。彼は怒りについての解釈に耳を傾けることはできない。なぜなら怒りについて考えて処理できる状態にはないからだ。必須の自我機能と希望はどちらもが欠けている。しかし，もし治療者がいくらかの悪さを自分の中に引き受けようとするならば，子どもは物事は耐えられるものだとわずかながら感じはじめ，経験を処理していけるかもしれない。そうならば（ともかく気持ちを込めて）こう言うこともできただろう。「私が辞めることはあなたにとって本当に**ひどい**ことなのね。あなたはこの全部の経験を破けるはずだと感じているみたい。こういうことは起こる**べきではない**し，私はあなたを置いて**いくべきではないわね**」。この言葉は子どもの絶望を認めて拡充し，今のところはまだ名前が無く，言葉にされていない，しかし少なくとも「前概念」（Bion, 1962b）としてある，彼の不当に扱われているという感覚を伝えることになる。（道徳的な命令

法への反応についてのより詳細な議論は第6章を参照。)

　他に述べておきたいのは，心的外傷を負った一定の子どもたちがPTSDの状態下では衝動的に行動すると認識しておくことの重要性である。そしてそれは「そう行動する方へと彼らを動かすものが彼らの中にある」のであって，彼らの行いは彼らに属しているという想定とは異なると私たちが認識していることが彼らに示される必要がある。暴力は，虐待か暴力の目撃の結果として噴出しうるものであり，子どもは当然，自分がそうするつもりなのではなく他の誰かがそうしたのだと感じるだろう。

　より妄想的な患者では，罰に対する他者についての空想（行動ではない），つまり正義と復讐の空想は，彼らを絶望的にさせ，投影を引き起こさせてコンテインされる必要があるのかもしれない。ジョセフ（Joseph, 1978）は，ボーダーライン患者に投影を早まって返すことの危険性を指摘している。安心させ落ち着かせる効果は，悪いものを**外に出しておく**必要性を理解することと関係があるようだ。さもなければ，6章で述べたように，屈辱や絶望や恥や復讐心は，過剰投影になっているかもしれない患者を爆発的で危険な噴出へと導く。この種の絶望的で激化した憎悪は，より気まぐれな残忍さ，あるいはより冷淡で殺人的なサイコパスの攻撃性とは注意深く区別されなければならない。後者は，上記の解釈を共謀として体験しうるのである。

サイコパスの特徴を有する患者

　ウィリアムズ（Williams, 1960, 1998）は，スプリッティングや置き換えや投影といった十分な理論を備えて注意深く殺人者と関わるとき，彼らの良心は欠如しているわけではないことが分かると指摘する。つまり，確かに良心はあるが，それは特定のスプリットオフされた対象にだけ向けられるのである。例えば，女性を殺した男性は，その女性のことでは罪悪感は抱かないが，傷ついたハトに対して突然，同情心や後悔の念を抱くかもしれない。シミントン（Symington, 1980）も似た指摘をしており，こうした人たちの内面を注意深く探ってみると確かによい対象とそれへの愛をどこかに持っているもので，しかしそれらは多くの場合目に触れず隠されている。彼らは完全に良心を欠いているわけでも，完全に愛に欠けているわけでもない。彼らは過剰な罪悪感を抱えている。シミントンは，エミリー・ブロンテの小説『嵐が丘』（1847）でのヒースクリフのキャサリンへの共生的な愛を引用している。私が強調したいのは，ヒースクリフが抱き続けた

のは自分への彼女の愛についての確信でもあったことである。しかしながら，よ
り冷淡なサイコパスの人々の暗闇の中ではそれだけの光さえも見つけることはで
きないだろう。

　メロイ（Meloy, 1996）は，カリフォルニアのサンディエゴ地区の刑務所で暴
力的な収容者と長期間集中的に関わった経験を有する心理学者であるが，彼は攻
撃性について非常に有益な区別をしている。それは，恐怖を知覚して喚起される
攻撃性である「情動的に喚起された攻撃性（affectively evoked aggression）」と，
「奪略的攻撃性（predatory aggression）」の区別で，後者は類人猿の狩猟採集生
活に見られるような**獲物を殺すことを目的とする**攻撃性であり，最小限の自律神
経系の興奮と発声を伴う。

> 飼い猫が追い詰められ威嚇されると，神経化学物質によって情動的攻撃性が表出さ
> れる。つまり，シューという鳴き，毛の逆立ち，瞳孔の広がり，激しい引っ掻き，アー
> チ型の背中である。同じ猫が裏庭で鳥にそっと近づき仕留めようとするときは，奪
> 略的攻撃性が優勢になる。すなわち，音を立てずに獲物へ接近し，習慣的な行動を
> せずに，標的に照準を合わせるのである。(Meloy, 1996, p.25)

　彼は，奪略的攻撃性はサイコパスの特徴であると指摘する。（彼はサイコパス
の連続体における重度と軽度の区別に注意を払い，軽度の者は治療できる傾向が
あると考えている）。メロイ（Meloy, 1996, p.74）は，司法精神病院や拘置所で働
く人によって描写される，一定の患者や収容者の眼差しの「冷淡で，睨みつけ，
無情で，空っぽで，虚ろで，感情を欠いた」様子と，その結果生じる不気味な恐
怖感にまつわる逸話は深刻に受け止めなければならないと述べている。この種の
ぞっとするような恐怖の経験は，危険で好戦的な患者との間にさえ生じるもので
はないと指摘する。

サイコパスの特徴を有する患者についての技法上の課題

　ここではシミントンの論文（Symington, 1980）の主要なテーマを取り上げたい。
それはサイコパスによって喚起される三種の反応についての素晴らしい描写であ
る。彼は最もよくある反応の一つが共謀であると指摘する。人々は，いじめを行
う人をただ好きにさせているものだ。それは私たち自身のサイコパス的な部分の

欲求充足と関係があると彼は言う。第二のよくある反応は不信と否認である。逆転移で私たちが感じる，心をかき乱す事実を回避するために，まさにこの否認というやり方で，精神分析的な説明を患者や私たち自身の両方に適用することは可能だが，それは無意味か危険でさえあると思う。そして，こうした患者は私たちが回避的になったり彼らのつけ込みに耐えられなくなったりすると，それに気がつくものである。シミントンは，こうした人々によって分析家や治療者や看守に喚起される恐怖や，私たちが臆病にもどうしても否認してしまうことは，かなり許容している。彼は安全と平穏を求めるのは健全なことだと指摘する。第三の反応は非難である。こうした患者は，恐怖，憤怒，非難，報復といった最も強力な感情を引き起こす。あいにくこのような反応は，患者を興奮させるか患者の武具を強化させて治療者を打ち負かそうとますます決意を固くさせるものである。

　もっとも難しいことは，勇敢に，しかし報復や非難なしに，悪を見据えることである。サラがナイフで刺して捻じることをどれほど好んでいるか，私がついに気付いたとき，まずショックを受け，ぞっとした。そして「あなたは本当に私の心を傷つけたいみたいね？」と伝えた。「本当に」という言葉には，やはり不信の響きと，彼女が拒絶するであろう無用な期待の響きを伴っていたのではないかと思う。しかし彼女は拒絶する代わりに，ぐっと前かがみになって「そう！」と，熱を込めてつぶやいたのだった。どんな期間であれこうした患者と仕事を共にするならば，私たちは成長し変わらなければならない。なぜなら彼らが私たちを変えるからだ。否認の段階を越え，それから憤怒の状態を越え，勇気と確固たる姿勢を要する心の状態へと変化しなければならず，そしてまたある意味では，空っぽの世界で生き延びている患者の勇気への尊敬が求められる。

　ここで，ウィニコットの学徒であり，精神的に極度に混乱した子どもたちの入所施設を運営したドッカー・ドリスデイル（Docker-Drysdale）の著書（1990）に触れておきたい。彼女は「凍結された」子どもたちについて書いており，彼らはおそらく小説の『嵐が丘』のヒースクリフやシミントンの記述する人々よりもさらに重篤だと思われる。人生のあまりに早期に凍結されたため，隠されている愛さえほとんどない子どもたちがいるという事実を，私たちは頭の片隅に置いておくべきではないだろうか。ドッカー・ドリスデイルは，通所施設への受け入れのためのアセスメントでは常に何か感情のかすかなきらめきを探しているのだと明言する。彼女がこうした子どもたちの象徴化の難しさについて書いたものは興味深い。彼女は，新しく学校に行き始めて冷蔵庫からものを盗む子どもの例を挙

げ，食べ物には何の象徴的意味もなく，子どもは単に空腹なだけだと述べている。2年が経ち，それまでにその子どもが担当養育者に強い愛着を抱くようになると，担当養育者が休暇に入るという事実に動揺して冷蔵庫のものを盗むかもしれない。するとこの盗みには象徴的意味が豊かに含まれていることになる。ドッカー・ドリスデイルはそれら二つを混同しないことが重要だと考える。このことはウィニコット（Winnicott, 1953）の移行期の概念と同様に，シーガル（Segal, 1957）による象徴等価物と真の象徴の区別とも関連がある。こうした子どもたちが悪性の行動化に始まり，悪い遊びを行うようになり，言葉での残酷なジョークを言うようになり，そして，より穏やかなジョークを言うように変化していくのを見るのはとても魅力的だ。この進展のプロセスは数カ月あるいは数年を要するが，対象をかなり思いやるということを含む重要な発達である。

　ドッカー・ドリスデイルは，こうした子どもたちは「どんな現実の対象とも関係を築けない，あるいは，対象へのニードを感じることができない」と考える。そして重要なことに，「この種の子どもは，一度も経験したことのないことや現実化したことのないことは，象徴化できない」（p.179）と考える。同様に私が言いたいことは，サイコパスの人々がいるべきだと私たちが考えるところではなく，彼らが本当にいるところで，せめて彼らと出会おうと私たちが試みていることを彼らに感じられるだけの十分に寒々しい言葉を，私たちが見つけることが重要だということである。彼らの存在の大部分は，情緒の墓場に住んでいる。私たちは，彼らを説いたり上手く誘ったりして抑うつポジションに引き入れることはできなし，他のすべての人間の中に参加させることもできない。何年も感情から離れたところにいると思われる相手に，もし私たちが怒りや喪失や痛みについて話したとしても，相手は私たちのことを思い違いした馬鹿者だと思うだけだろう。ましてや，私たちに対する依存心を防衛する必要があるようだとか，私たちのよさに目を向けることを拒絶しなければならないようだと想像することはできるはずがない。彼らは**本当に**私たちを役に立たないとみなすだろうし，それは彼らが役に立たない内的対象を有しているからである。暴力は最初は痛みの防衛だったのかもしれないが，それが生き方へと変わってしまったのだ。

　ドッカー・ドリスデイルは，経験と現実化と象徴化の興味深い区別を行っている。つまり，こうした子どもたちには良い経験を与えるだけでは不十分であり，それを得ていることを現実化する必要があると指摘する。これは，重篤な剥奪児や被虐待児との仕事の経験を通して得た私個人の意見に近い。必要な解釈は例え

ば「今日あなたは，私があなたを好きだって感じているね」や「今日あなたは私が好きなのね」となる。さらには，彼らが好かれることが**好きな**ことや，愛情を感じることが**好きな**ことを示す必要がある。つまり「あなたは私を喜ばせることが好きだし，それは私があなたを好きな時なのね」というようにである。こうした子どもたちは，何か挑発的なことを行い，対象が罰するとますます挑発的なことを行うという悪循環にしばしば陥る。そして別の（おそらくごく束の間の）良い接触に気がつくことは殆どない。（こうした解釈は，サイコパスの状態にある患者に対してはいっそう冷静により事実説明的に伝える必要がある。）

　ドッカー・ドリスデイルの現実化の概念は，ビオン（Bion, 1962b）の２つの概念に類似している。それは，考えの周辺にあって考えられる形にするための「α機能」を得る必要性と，経験がいかに意味を獲得するかの発達理論の両方である。スターン（Stern, 1985）はビオンよりもさらに好ましい意味付けを記述しているが，共有やコンテインのために私たちにもたらされる，あるいは強いられる経験は心をかき乱すものであり，しばしば恐ろしいものであって，そのため例えば残酷さのレベルのわずかな減少や束の間の親しみなどは見落とされがちである。しかし，こうした瞬間が訪れたとしても，私たちはあまり熱心には反応をしないことを学ぶだろうし，空想的で象徴的な説明的解釈をしないことを学ぶ。単にその患者と共に留まり，その瞬間その瞬間の患者の経験について考えていく方がよいようだ。サイコパスに対しては，ストレイチー（Strachey, 1934）の概念である転移内での「最少量」を，「必要最小限の量」にまで弱める必要があるだろう。このような相手は意味の詰まり過ぎたどんなコメントも嫌うことが多い。なぜなら情緒が含まれすぎていると感じられるし，解離の継続期間が長いために，情緒は忌まわしく，侮蔑に値し，見当違いだと見なされているからである。

サイコパスの特徴を持つ子どもの第２の例―ビリー

　先述したサラは若干 10 歳であり，これほど若年の子どもがあのような残酷さに専心できるとは当初は信じがたかった。その後私は，母親に対する冷淡さを理由に紹介されてきたビリーという４歳の男児を治療した。（母親は，ビリーが生まれてから一度も彼女を見たことがないと思っていた。実際この母親は滅多に家にいなかったので，彼は最初の子守に強い愛着を示した。その子守が辞めた後は，次々と別の子守がやってきていた。）ある時点でビリーは非常に引きこもったが，

その時期の前後には態度を冷やかに硬化させたのだった。彼は魅力的な子どもであり、芝居がかってはいたが、聡明さや活発さで見知らぬ人を魅了した。しかし、氷のようなうわべの魅力と操作性を発達させ、彼からの拒絶を感じていなかった父親をも心配させた。ビリーは自分よりも好かれている2歳の妹にひどく嫉妬して残酷さを示し、セッションでは「ドクター」（彼自身）による赤ちゃんテディベアへの時間をかけた計算尽くの拷問に耽った。私はテディの代弁をするよう命じられて、明らかにそれに耐えられなくなっており、ある日テディの声で、なぜ自分はこんな罰を受けるのか、なぜドクターは自分にこういうことをするのか聞くという間違いを犯した。ビリーは、まるで私が完全な馬鹿者であるかのような目を私に向け、答えた。「**なぜ？** なぜってこれが好きだからだよ！」。私は1日か2日前に、彼がバッチのピンをテディの目に限りなくゆっくりと殆ど愛情を込めて突き刺すのを見たところであり、もっとよく理解をしておくべきだったのだ。「行為障害」という用語では、こうした瞬間の感じは捉えられない。このような破壊性は衝動的な怒りや激怒といったものと異なり、生涯変わらず永続するものだと感じられる。4歳児の「生涯」であってもそうであり、ビリーのつらい失望の生活はとても長いものだった。

　私は普段、テディをビリー自身の赤ちゃんの部分を象徴するものとしては用いず、乳児的な依存感情が取り置かれているということにも言及しなかった。そのテディが他者性に満ち、憎い妹を象徴していることもあったと思う。私は、復讐の空想（行動ではない）を改めようとする欲望は、ある点ではクンデラ（Kundera）が述べるように**ニード**は、かなり長期間にわたって取り組む必要のあるものだと思っている。臨床家は、スプリットや投影した部分を戻されることを患者がいつ受け入れられるのか判断しなければならない。それは数秒後かもしれないし、数年後かもしれない。また臨床家は、暴力がいくらか目的性を欠いた漠然としたものになり、もはや必要なくなっていることにも気付かなければならない。ビリーは正真正銘のボーダーラインのパラノイドの特徴を有していたのだが、何かもっとサイコパスに近いものに固まり始めていた。

　この段階では、ビリーの両親は、自分たちが彼に与えたいものが心理療法であるのか確信が持てず、彼が扱いやすくなってきたことで治療を終えた方がよいと考えるようになっていた。引きこもりも少なくなり、両親にとってはそれで十分のようだった。1カ月後には治療を終えるという決定を彼らが電話で伝えてきた週末が明けた月曜日、ビリーはいじめっ子のように威張り散らし、しかしひどく

荒れて乱暴な状態でセッションにやってきた。最初に彼は，プレイルームへ降り
る階段の私の行く手を塞いだ。私は，今度は私が締め出される番になっているみ
たいだ，と言った。すると，彼にしてはとても混乱した言い方で（いつもは氷の
ようにクリアで筋の通った話し方をした），こう言った。「あの人たちが，ぼくは
もうここへは来ないって言った。あの人たちがぼくに聞いたのは……ぼくはもう
ここに来たいと思っていない…。違う。あの人たちが思っていない…違う…ぼく
が思っていない」。私は彼に，彼は混乱しており，それは誰が彼を来させたがっ
ていないのか分からないからなのだと思うと伝えた。彼は玩具箱を開きながら繰
り返した。「ぼくはもう来たくない…。おまえは，…悪い魔女だ」。とはいえ，彼
が顔を上げた時，いつもはきわめて不遜な子どもらしくない目を私に向けたもの
であったが，この時には私を見ようとしなかった。その代わりに私の腰あたりに
目を落としてじっと見ていた。私は彼に，私を見ることが難しくなっていて，そ
れはおそらく自分が何をしたいのか，また，本当に全て私が悪いのかわからなく
なっているからなのだろうと伝えた。彼は玩具箱の中身を全て床に投げ捨て始め，
玩具箱の底の方にあった牧場や野生の動物に行き着くと，まず小さな羊を取り出
し，慎重に指人形の中に置き，そしてその手前にまるで歩哨のように白と茶色の
子馬を置いた。それらは先週，小さな羊を護衛していた良い像たちであり，それ
らが生き残っていることに私は驚いた。ビリーはこの上もない侮辱をもって，わ
ざとひどくゆっくりと，他の動物たちを全て床に投げ続けた。そして，柔らかい
赤ちゃんウサギの上に足を置いてゆっくりと徹底的に引き摺りまわし続けた。動
物たちが殺され食べられるサディスティックな「ゲーム」を私と始められないほ
ど，彼は傷つき氷のようになっていた。彼の侮辱は（そして思うに彼の絶望は）
遊ぶことさえできないほど完全なものだった。私はこれに気付いてはいたが，コ
メントしたのは羊の保護についてだった。親しい気持ちやここで過ごした良い思
い出のある心の中の小さな部屋からあなたは去ろうとしているように思う，と私
は伝えた。私が冷静に（必要）最小限に伝えたのは，彼にとってはそうすること
が適切だと思ったからであった。そのことは，彼の尊厳を守り，彼自身の中にあ
る桁外れの憎悪や他者から向けられていると彼が信じている憎悪を何とかしてい
くという途方もない仕事の中での彼の勇気を，ある面では認めることになった。
それゆえに私は，彼の赤ちゃんの部分や，使わずに済ませ，また取り置いてある
乳児的な依存感情には言及しなかった。

　少しして彼は「おまえはあとで後悔するぞ！」と叫んだ。ここまでですっかり

ひどい気分になっていた私は，彼が去ることを悲しむのは私であるべきだと彼が感じているように思うと伝えた。そして，それは私が**とても**悲しんでいて彼を失いたくないと思っていることを彼が知っているからかもしれないと伝えた。しばらく経って，私はこうつけ加えた。彼が残れるよう両親に説得できるほどに私がしっかりしていなかったことを私は後悔すべきと彼は感じているに違いない，と。彼は私をちらりと見るようになり，そしてきわめて暴君的な態度で玩具を拾うように命じ始めた。この状況は複雑に感じられた。というのも，彼は暴君的な子どもであり，こういうやり方で彼が人から奉仕される場合，憎悪まで伴わないにしても，必ず嫌々ながら行われることになったからだ。しかし彼はますます絶望を深めているようにも感じられ，そのため私が玩具を拾うことが彼には必要に思えた。それはつまり，私は彼のことが好きだから**進んで**そうしているのであって，彼の癇癪を恐れて**強いられて**そうしているのではないことを示すためだった。また，人をいじめるような態度ではあったが，彼はついに私を共同の遊びに引き入れていた。だからこそ私は彼から目を離さず玩具を拾い始めたのだが，彼が不愉快そうに冷淡に睨む中ではつらいことだった。全ての暴君がそうであるように，彼も自分が奴隷に憎まれていることを確信していただろうと思う。

　上の階から物音がすると，彼は跳ね上がった。私は彼に，こうやって私をいじめる彼を嫌う上にいる誰かのことを彼は怖がっていて，そしてそれはこうやってこき使う彼のことを私が本当に嫌っていると彼が感じているからなのだろうと伝えた。（サラとの無理解と否認の年月は私に何かを教えたようであった。なぜなら，私はこの言葉をとても真剣に伝えている。注目してほしいのは「本当に」という言葉である。）彼は「ぼくはここに来たくない」と言い始めたが，それは「おまえはここに来たくないんだ」となり，とうとう私の目を彼に向けさせ，その言葉に真実が含まれていることに私は気づかされた。そして私は「あなたが去ることを私が喜んでいると，あなたは感じているのだと思う」と伝えた。彼はとてもまっすぐな眼差しを私に向けた。

　ここで「あなたが去ることを私が喜んでいると，あなたは怖れているのでしょう」と言わなかったことに注目してほしい。動詞が「〜と怖れている」という疑念を含むことは，患者の自己と彼の対象との間で本当に起きていることを否認するのに一役買うことになる。重要なのは，現実の彼の情緒的な経験をコンテインすることであり，「感じる」という語の方が否認は少なくて済む。（ウィニコット（Winnicott, 1949）の「逆転移のなかの憎しみ」を参照。）患者の目を勇敢に直視

することは，自分自身を正直に見つめる勇気を持つことでもある。

　帰る時間になり，彼は階段で「もしおまえが箱に入れられたら，**おまえは**どうする？」と叫んだ。そういうことが起きるのは彼ではなく私であるべきだとあなたは本当に感じているのだと思う，と伝える時間はかろうじてあった。彼は正当だと私が思っていることをここであえて伝えたのは，この時の投影同一化が絶望的なものであり，残酷さではなかったからだった。実際のところ，よく考えてみると，それは投影同一化でさえなかったと思う。それよりも，彼の投影の失敗や，投影を引き受けられる対象を彼が見つけて保つことができないということの告白だったのだろう。彼は今では昔の最愛の子守には滅多に会わなかったので，母親の強力な投影の受け手としての自身の運命を彼が表わしていたのだろうと私は考える。しかしながら，彼の問いに含まれていたそれ以上の要素には，治療終了までの1カ月では取り組めなかった。それはつまり，「ぼくのようであることがどんな感じのすることか，おまえは本当に余すところなく知ろうとしているのか」ということだった。

　私の一部はそうではなかったことを，ビリーは知っていたのではないだろうか。

討論と結論—技法上の4つの論点

　こうした患者との関わりで問題になることを4点挙げて締めくくりたい。シミントンの言う，共謀と否認と非難の三つ組を避けるためには，第一に非難を避けることが重要である。つまり，非難する代わりに悪を直視することである。このことは，患者の衝動の強烈な冷淡さや悲惨さを避けないこと，また彼らの内的対象や転移に現れるできなさや愚かさを避けないことを意味している。ドクター，つまり拷問者であり，その子どもが，「ぼくはこれが好きなんだ！」と私に返事をした時のようにである。また，それは彼らの無慈悲さ，残酷さ，私たちや対象や彼ら自身に対する残忍な扱い方を，私たちが嫌がり，嫌気がさし，憎悪さえ抱いていることを彼らが知るようになることを避けないことをも含む。ビリーの赤ちゃんテディの遊びが単なる普通の攻撃的で空想的な遊びでないことを私はどの程度伝えられただろうか。また，彼が赤ちゃんの妹に対して本当に事故を起こし，それが事故以上の何かだと誰も気がつくことがないように慎重な操作をするかもしれないような子どもだと，なぜ私が感じたのかを伝えられたかどうかわからない。

ただ，彼には絶望的なパラノイドの要素もあるため，対象の憎悪や疲労を彼が知ることを，これまで誰も抱えられず誰も正直になれなかったという投影を，誰かが引き受けることが重要だった。願わくば，誰かがそれを報復することなくできるとよいのだろう。ただ不幸にも，彼の残酷さはサドマゾ的倒錯に繋がりうるというさらなる問題があった。彼はいくつかの場面で文字通り興奮に震えていた。確かにこのことによって，後に彼との集中的な治療が必要となり，結果的にはかなりの成果を収めた。

第二に，私たちの努力は，共謀や否認を避けることだけでなく，患者の中の親しい気持ちやどれほどかすかな兆しでも信用や信頼を，感傷的ではないやり方で見出していくことに向けられなければならない。存在していない良い自己や良い対象に訴えかけるべきではなく，そこに**ある**信頼や希望の一瞬のきらめきにいつも注意を向けておくことが求められよう。それらを大きくしたり拡充したりするのは危険であり，まだ軽く見ておく方がはるかによい。患者は最近の休暇による彼のルーチンの中断にいくらか苛立っていることには同意できるかもしれないが，その間隙に対するつらい喪失感に接近するには程遠いのだ。また時々，患者が認めることができないときにも，私たちの傷つきや敗北感やいつくしみを観察しているかもしれないことを，感傷的にではなく，私たちは認めなければならないだろう。

第三に，象徴的な解釈は，肯定的あるいは否定的などちらの感情についても，通常は避けることが重要になる。例えば，「あなたがお母さんから見捨てられたのと同じように，私に見捨てられると感じているようです」というような解釈は意味を伝えすぎているため，硬化し凍結した状態の患者には全く利用できないだろう。彼がするのは「そうしたい」からであり，今日は「ただ苛立っている」のであって怒っているわけではなく，意味はないと言う患者の主張は尊重する必要があるだろう。そうして，おそらく，意味がゆっくりと生成していくのだろう。

最後に，患者の脆弱性を見つけ出し暴きだすことに向かう2つの部分から成る解釈（two-part interpretations）[訳注3]は，通常は危険か無益かのどちらかである。こうした患者は抑うつポジションの水準では機能していない。彼らは，愛ではなく生き残りが問題になるパラノイドの世界に生きている。知性，大胆さ，度

訳注3) 患者が妄想―分裂ポジションにいるときに，抑うつ的ポジションにいるときに有効なような解釈をするということ，つまり二領域にまたがるような解釈を意味していると考えられる。

胸，スキル，勝利という価値，つまり戦場での価値が最重要なのである。患者が
まだ自分のものと認めていない，隠された傷つきやすさや依存に注目した時期尚
早の解釈は，危険な噴出を生むかもしれず，あるいは少なくとも患者からそれ相
応の侮辱を受けることになるだろう。その代わりに，患者が住まう死の世界に直
面し続けている彼らの尊厳を守り，彼の勇気に敬意を払うことが重要である。

第 8 章
ナルシシズム，自己価値観，愚かな対象との関係についての論点
脱価値化，あるいは無価値化

はじめに

　本章では，内的世界についてのクライン派の理論を用いるつもりである。その内的世界はさまざまな内的対象と関係性をもつ自己によって形作られており，児童と青年におけるナルシシズムの３つの下位タイプと見かけ上の（apparent）ナルシシズムの３つの下位タイプを明らかにしてみたい。下位タイプのいくつかは，愚かな対象とのさまざまな関係性を特に参照する。

ナルシシズムの３つの下位タイプ
1　愚かな対象が防衛的な脱価値化から生じる場合のナルシシズム。
2　脱価値化が嗜癖的となり，パーソナリティ構造の一部になっている場合のナルシシズムと愚かな対象。
3　(a) 嗜癖的なナルシシズムが嗜癖的な破壊性と結合している場合の破壊的ナルシシズム　(b) マゾキスティックなナルシシズムと羨望的で侵入的で監視的な対象の問題。

見かけ上のナルシシズムの３つの下位タイプ
1　発達的なニードとしての見かけ上のナルシシズム。そこでは，内的対象が自己の行為という感覚や行為の主体になり得るという潜在力に無反応だと感じられている。その結果は絶望であるか，あるいは自尊心によって恥を克服しよう（それに対して防衛するのではなく）と試みる。
2　無関心で，無頓着で，興味関心のない対象と自己が関係し，同一化している場合の見かけ上のナルシシズム。つまり，二重の欠損，無関心な対象への無

関心さ。

3 ナルシシズムではなく自尊という感覚の見かけ上のナルシシズム。つまり，
貴重な自己と貴重な世界。

　私が見ていきたいのはこれらの区別についての技法的な含みであり，ほとん
どの場合，最初の下位タイプ以外のすべては，説明的というよりは記述的な反応
を必要とすることを示したい。

ナルシシズムの定義

　多くの著書において（しかしながらすべてではない。バリント（Balint, 1968）
を参照）フロイトは，乳児は一次的ナルシシズムの状態で生まれると考え，その
場合，乳児の自我はリビドー的な愛の対象として見なされた。彼はまた，二次的
ナルシシズムを「対象喪失，あるいは対象によるある種の軽視によって失望する
対象関係からの退行，つまり，自我のナルシシズム的な愛に戻ること」だと考えた。
(Hinshelwood, 1989, p.350) クラインは，ナルシシズムは発達の初期段階や初期
の時期であるということには異議を唱えていた。つまり，赤ん坊は生得的に対象
関係的であり，発達のどの時期や段階でも対象関係的な状態と共存し得ると考え
た。基本的には，彼女はすべてのナルシシズムは二次的だと言っており（Klein,
1952），バリントの考えも同様だった。

　ナルシシズムの性質について生じる論争の多くは，欠損か葛藤かという点に関
することである。そうした議論が含んでいる問いは，ナルシシズムは根本的に反
発達的なやり方で防衛的に使われているのか，あるいは発達的なニードを満たそ
うとする試みなのかということだ（Stolorow and Lachmann, 1980）。児童と青年
におけるさまざまな下位タイプのナルシシズムの議論を通して，3 つの要素への
注目がこの問題のいくつかの側面を明確にするのに役立ったことを私は述べた
い。最初の要素は，ナルシシズム的な患者における自己の内的対象に対する関係
性の性質である。対象は脱価値化されているのか，あるいは無価値化されている
のか？そして，自己は過剰評価されているのだろうか，さらに言えば，極度に過
小評価されているのだろうか？　第二の要素は程度に関するものであり，欠損に
基づいたナルシシズム**か**，防衛に基づくナルシシズムの**いずれが**嗜癖的になるか
ということである。すなわち，私が示唆するのは，たとえ子ども時代であって

も，習癖，慢性化，特性についての問題に焦点を当てるべきだということである。第三の要素は，利己心がどのような象徴機能レベルにあるかという問題であり，利己心が妄想分裂－抑うつポジションの連続体（paranoid/schizoid-depressive position continuum）のなかでどのように位置づけられるかという問題と関連している。より高度なレベルにおいては，病理という言語を用いるべきかどうかは議論の余地がある。

　多くの著者たちはナルシシズムの下位タイプを区別している。（Bateman, 1998; Britton, 1998; Kernberg, 1975; Rosenfeld, 1987）。ナルシシズムの動機や機能の相違について強調している人たちもいる。（Broucek, 1991; Stolorow and Lachmann, 1980）。ストロロウとラックマン（Stolorow and Lachmann）は，ナルシシズムが何に対して防衛しようとしているのか，ナルシシズムは何を達成しようとしているのかを分類した。両者は作用し合っているようだ。羨望（Kernberg. 1975; Rosenfeld, 1987; Segal, 1983），あるいは恥（Broucek, 1991）に対する防衛は，優越感や自尊心（Broucek, 1991; Lynd, 1958）の感情を得ようとすることを目的にしているのかもしれない。動機や機能の問題はとりわけ有用である。と言うのは，それによって議論が自己の厳密な領域を越えて，対象との関係という点に及ぶからだ。羨望に対する防衛は，自己への影響だけではなく，まさに対象との関係における問題に関連している。

　後者の著者たちの多くは，内的対象の性質についてさらに言及している。カーンバーグはその脱価値化を論じ，ストロロウとラクマンは分析家にとって心をかき乱す逆転移を描写し，ローゼンフェルドは，以前敬服していた対象の性質の乗っ取り（take over）について強調している。私は，自己と愚かな対象との間の関係性の変動について論じるつもりである。まず，ナルシシズム的な心的状態の3つの下位タイプを論じる。次に，ナルシシズムに類似してはいるがそうではない他の3つの下位タイプについて論じたい。この第二の部分では，脱価値化された内的対象をもつナルシシズム的な子どもたちの間の相違を探索するつもりでもいる。そこではけなすことは防衛的であり（あるいは，少なくとも防衛として用い始められている），さまざまな理由によって，彼らの内的対象は決して評価されていないし，そもそも称賛されてない。また，決して尊重されないし，敬われるだけの精神的な高尚さも十分に獲得していない。

　私がこうした特徴（明らかに，かなり味気なく具象的なやり方で）について考え始めたのは，何人かの剥奪された子どもたちが人形たちを決まって寝かせて並

べるのを見て以来だ。人形たちはカウチの上やドールハウスの床の上に横になっていたり，まれにテレビを見ていたりするが，それ自体かなり受身的な活動だった。（こうした事例の親たちは，アルコールや薬物中毒，あるいは重度のうつ病という傾向があった。）人形たちは大抵の場合，「眠っている」とのことだったが，人形たちは確かに何もしないし，もっとひどいときには，立つことさえしなかった。類似した病理をもつ青年たちは，親や教師やセラピストといった大人たちとの出会いに無関心さを示す傾向があった（しかし，積極的な侮蔑は伴わない）。多くの場合，セラピストの逆転移は防衛的なナルシシズムをもつ患者に対するものに似ていた。青年たちは，無視され，役立たずで，耳を傾けられてはいないし，援助することができるとは思われていないと感じていた。とりわけ，彼らは**理解力がある**とは見られていなかった。確かに，いくつかの事例では，理解力という概念や，関心をもたれたり関心をもったりという心というものがないように思われていた。大人たちは愚かだと見られていたが，必ずしも悪いものとは見られていなかった。例えば，虐待を受けた子どもたちの中には，大人の男性を危険と見なすけれど，少なくとも強力で影響力があると思い関心をもつ者たちがいた。それは，迫害的で耐えず警戒している時でさえそうだった。一方，大人の女性像は親切で確かに愛されていると思うものの，弱くて，役立たずで，無防備で，保護されていないと感じられ，それゆえに，根本的には**興味をもたない**ということがあった。多くの子どもたちがセラピストが彼らの感情を理解することができることを突然実感して，「どうやってそれがわかったの？心が読めるの？」と尋ねるのを聞いてきた。

ナルシシズムに関する内的な二者心理学への移行の歴史背景

　ナルシシズムの病理に関する影響力の強い論文の中で，ローゼンフェルド（Rosenfeld, 1964）は，ナルシシズム的な患者を治療している分析家の大多数は，転移はないというフロイトの見解には同意しないと述べている。彼は，分析状況においてナルシシズム者の行動を詳細に観察すれば，転移は明らかにできると指摘している。しかし，かなり原始的な性質をもつ転移においては，主体と対象を区別することはかなり困難だと述べている。ローゼンフェルドは，フロイトが大洋感情を一次的なナルシシズム的経験としての神や宇宙への希求と同様のものと見なしたことを私たちに思い出させる。そして，バリント（Balint, 1968）は，

第8章　ナルシシズム，自己価値観，愚かな対象との関係についての論点　179

フロイトは生涯を通じて，2つの矛盾する考えを持っていたという事実を指摘している。1つは一次的ナルシシズムへの確信であり，もう1つは，私たちは本来的に対象希求的であるという確信である。バリント（Balint, 1905b）は，かなり早期の論文である『性欲理論三編』においてさえ，フロイトはすべての対象の発見は実際には対象の再発見だと述べたことに着目している。バリントは『精神分析入門』（Introductory Lectures, 1916-1917）において，フロイトは性愛状態における明確な構成要素，例えば，サディズム，窃視症，および好奇心には，まさに最初から対象があると述べていると指摘している。そこでバリントが問うのは，なぜ一次的ナルシシズムではない型が公式の型になったのか？ということだ。

ローゼンフェルドの指摘はとりわけ重要である。それは一者心理学的な観点からであるが，自己への愛（self-love）のように見えるものは，以前は賞賛されそのアイデンティティが乗っ取られた対象との同一化に実際には基づいていると彼は述べている。クライン（Klein, 1955）は，『同一化について』の論文の中で，この乗っ取りタイプを投影同一化として記述している。（このプロセスは『分裂機制についての覚書』（'Notes on some schizoid mechanisms', Klein, 1946）で描写されている明け渡しタイプ（evacuative type）から区別すべきであるが，2つのプロセスは一緒に起きるのだろう。より極端ではない（1946）タイプにおいては，全体自己は変化しない。つまり，良い部分は保持される。）ローゼンフェルドは，ナルシシズムにおける自己は合併し一体化された（incorporated）対象と非常に同一化するようになり，別々のアイデンティティや自己と対象の間のあらゆる境界は否認されると付け加えている。それにもかかわらず，分離性の欠如は対象関係の欠如の構成要素ではないと彼は主張している。

しかしながら，愚かな内的対象をもつ子どもたちのタイプにおいては，かなりの程度の欠如があるという問題に取り組まねばならない。そこにあるのは，防衛的な脱価値化というよりは無価値化である。対象関係が欠如しているのではなく，ある種の対象関係が欠如している。対象やカップルが欠如しているのではなく，活気があり，関心をもっている対象や両親カップルが欠如しているのだ。こうした事例においては，ローゼンフェルドの例のようにあまりにも接近しているというよりは，対象と途方もなく隔たっているようだ。どうにか一人でいることが唯一の選択肢のようである。ここには，愛着研究の回避的な子どもたちとの関連性があるのかもしれない。

ハミルトン（Hamilton, 1982）は，ナルキッソスの神話が関連していると述べ

ている。この神話は，16 歳の若者ナルキッソスと彼を愛し崇拝するエコーとの間の関係性についての物語である。ハミルトン（Hamilton, 1982, pp.4-5）は次のように書いている。

> この青年の関係性は「揺りかごの中の」乳児のナルキッソスと彼の母親であるレイリオペの間の早期の関係性に基づいている。グレーブズ[訳注1]（Graves）の言葉に，「幼少時代にさえ，誰もがナルキッソスに恋をする」というのがある。ナルシシズムという用語は「愛の**関係性**」を描写するのだろう。この解釈の観点から，後のナルキッソスとエコーの関係性はいくつかの病理性，つまり，早期の無条件な称賛的な関係性が永続した結果を例証するのに役立つかもしれない。エコーは，「言われたことを常にそのまま返す」若い女性であり，若い男性であるナルキッソスは自分を追い求める称賛者を拒絶するのだ。

自己の方が上位で対象は下位である。しかし，対象は存在しているのである。

子どもにおけるナルシシズム的な精神病理についての問い

ベレン（Beren, 1998, pp.xv-xvi）は，私たちは子どもたちの中に「確立されたパーソナリティ障害」を大抵の場合は見出さないが，性心理的（psychosexual）および発達的なすべてのレベルにおいて，彼女がナルシシズム的な「関心事」と呼ぶものを見出すし，見出し得ると指摘している。ベレンは，子どもたちに関する著述が，彼らの問題点は何よりもまずエディプス葛藤に関連すると示唆していることに注目している。一方，彼女は欠損と葛藤の両方が起きると考えている（私はそれに賛成である）（Beren, 1998, p.xvi）。より最近では，カーンバーグら（Kernberg et al., 2000）は，さらに進んでいる。彼らは，彼らが「ナルシシズム的パーソナリティ障害の子どもたち」と呼ぶ病理的な自己中心性と，子どもたちの健常なナルシシズムとを対比している。彼らは健常な子どもたちは互恵性と感謝を伴って，養育を承認することができるが，ナルシシズム的な子どもたちは権利という感覚を見せることを指摘している（Kernberg et al., 2000, pp.180-181）。私が論じたいのは，防衛の習慣的な性質，あるいは，さらに詳しく言えば，欠損

訳注1）グレーブズ（Robert Graves）1895 ～ 1985：英国の詩人・小説家・批評家；Goodbye to All That（『さらば古きものよ』(1929), 詩論 The White Goddess『白い女神』(1948)

を修復しようとする習慣的な性質は，ナルシシズム的な関心事以上の何かにつながるかもしれないということだ。私たちは，確立されたパーソナリティ障害を児童期に見出し得るし，見出すのである。それにも関わらず，児童期後半に始まった防衛的ナルシシズムが非常に異なって感じられるのは，精神的打撃を受けるよりも前に，発達および対象との関係性が発達し続けているからである。

ナルシシズムの3つの下位タイプ

　より伝統的な下位タイプの臨床例から始めたい。私が述べるのは下位タイプの心の状態についてであり，子どもたちのグループに言及するつもりはないことを明確にしておきたい。同じ子どもがある心の状態，動機，脆弱性のレベルや困難さから別の状態へと，あらゆる特別な瞬間に動くかもしれない。それでもやはり，私たちの技法的な感受性のためには，その識別は重要である。

愚かな対象が主に防衛的な脱価値化から生じる場合のナルシシズム

　ここで考えたい患者の両方ともが，両親との関係の始まりはよかった。理想化されていたのかもしれないが，母親と親密な関係をもち，明らかに父親とも良い関係を持っていた。第一子だったピーターは，3歳の時にきょうだいが生まれた後，非常に難しくなり始めた。軽度の身体的な制限が恥と傷つきの感覚を強めたようだった。きょうだいへの身体的な攻撃があったが，ほとんどの攻撃は言語的なものだった。そして，年齢が上がるにつれて，きょうだいや両親に辛辣で非情な屈辱を与えるようになっていた。彼の両親はあたたかくて愛情深かったが，ピーターの粗暴さや尊大さに何度も途方に暮れ，傷つけられた。両親が彼に制限を設けると，「ぼくに制限を加えようと思ったのはどいつだ？」というように，彼は大げさに激怒した。彼は両親の厳しさは愚かで，彼に制限を設ける者は愚かにもこうしたやり方で彼を見張る必要があると考えていると本当に感じているようだった。しかし，私が既に言及した剥奪された子どもたちとは異なり，両親が愚かだという彼の感覚には激しい感情と激しい怒りがあった。そして，そこには心的痛みと恥が確かに内在していた。より重要なことに，どうやったら両親がそんなに愚かになれるのだ？という驚きもあった。彼には，聡明な親というものはどのように機能すべきかについての確固たる彼自身の考えがあった。つまり，ピーターにとっては，彼には彼自身のやり方が与えられるべきだったのだ！しかし，

ピーターは大人たちへの関心をすべて失うことはなかった。彼は教師たちとよい関係を維持し，彼らの言う事にある程度は耳を傾けることができた。しかしながら，おそらく彼の軽蔑ゆえに学業成績はほぼ平均以下だった。

もう一人の非常に傲慢な患者であったリンダは，10歳の時に父親がしばらく別居するまでは，彼女のナルシシズムは重大な精神的打撃を受けることはなかった。家庭でのあらゆる制限に対して，彼女は暴力的になり怒り狂い，こうした態度は学校にも及び始めた。しかしながら，彼女は彼女の対象の理解力について非常に強い感覚をすでに発達させていたので，容赦のない軽蔑のために選ばれたのは何人かの教師のみだった。彼女はその教師たちを無慈悲に嘲笑い，彼女の学業成績が優秀であり続けても，彼女のことを強く嫌う教師たちもいた。

ここで，両方の患者にとってエディプス状況が多少歪んでいることに言及する価値があるだろう。彼らの母親との関係がある点であまりにも親密で理想化されており，父親は脱価値化されている状況がある。どちらの父親も一家の稼ぎ手としては成功していた。しかし，彼らは家庭では目立たず重要な位置にはいなかった。私は，二人の子どもたちのナルシシズムは，心的痛み，屈辱，羨望，嫉妬に対する防衛の役割を時には果たしていたのだと思う。それゆえに，治療の早期の段階で彼らが優越感を確信していることに言及する時，慎重に扱わねばならなかった。私は彼らの別の面にも関心を示そうとしたが，防衛が表れるときには，細心の注意を払ってそうした。こうした子どもたちは複線思考が十分に可能なようだったが，傲慢さの背後にあると思われる恥や屈辱への怖れについての説明的解釈は彼らをかなり傷つけてしまうようだった。私が伝えることができたコメントは，「その話題についてすべてを知っているとあなたが感じることは，とても重要なようですね」とか，「このことについて，学校の先生や親や私よりも自分の方が優れているとあなたが感じることはとても重要みたいですね」ということだ。全知や全能それ自体について話す（それは，しばしば，馬上から彼らを引き下ろして，私が馬に乗ろうとするかのようだった）よりは，第三者的な立場を取り，全知や全能の理想化について取り上げる方が大抵の場合は最適だということを私は学んだ。多くの場合，他者が勝つに任せるのが彼らにとっては難しいということに焦点を当てるよりは，勝つこと自体がなぜそんなに重要で理想化されているのかについて，考えを巡らせてみる方が適切だった。次第に，彼らはあまり神経質ではなくなり，彼らがなぜそんなに防衛的に自慢したがり，私や彼らの学校によってどんな屈辱を感じる破目になっているのかについて，複線的な解釈を

行うことができた。

　しかしながら，別の時には，彼らのナルシシズムはよりひとりよがりな性質を
もっていた。そして，「きっとこの大人は，私が子どものように扱われるべきだ
とは考えていない。彼女は私が誰だかわかっていないの？」というように，それ
に対するいかなる挑戦も強い驚きやショックを与えるかのようだった。このより
自己満足的な態度は，アイデンティティにおける永久的な優越感の始まりの合
図の可能性がある。ハミルトン（Hamilton, 1982）が言うように，その嗜癖的な
性質は，乳児期からある，どんな性格学的な偏りにも基づく可能性がある。（羨
望に対する防衛としての誇大さの理論（Kernberg, 1975）と，恥に対する防衛と
しての尊大さの理論（Broucek, 1991; Lynd, 1958）の間に二分法が必要かどうか
私は疑わしく思う。多くの場合，その二つは一緒に起きる。自己についての感情
は対象への補完的な感情を当然伴っている。）しかしながら，私が述べたように，
扱われていないまま頻繁に起こる防衛は自己満足につながるかもしれないし，嗜
癖的なナルシシズムやより深刻な性格学的困難さをもたらすかもしれない。この
ようにして，続いていくのである…。

脱価値化が嗜癖的となる場合の愚かな対象

　ここで，防衛として始まった行為が習慣的となり，性格構造の中に定着するか
もしれない過程に注目してみたい。つまり，それはその人が不安や羞恥といった
ストレス状況にない時さえも，ナルシシズム的ポジションがそこにはあるという
ことである。そうしたタイプの患者たちに私たちが少し立ち向かい始める時，最
初に彼らが経験するのは憤怒ではない。それは不信であり，後にはおそらく激怒
のようなものである。私が言及しているのは，そのプロセスが習慣的となり，そ
の人のアイデンティティの感覚に深く含みこまれてきた状況である。これによっ
て新たな技法的な問題点が持ち上がる。

　ピーターの場合，彼のナルシシズムは防衛的に始まったが，今やかなり習慣的
となり，家族からは自己中心的で攻撃的であまりに自分本位に威張り散らすと思
われるようになっていた。変わることは彼にとって難しかった。それは，悪循環
に陥っており，喧嘩や言い合いを彼は探し求める傾向があり，あまりにもしばし
ばそうしてきたからでもある。彼は馬鹿丁寧に法を守ることに専心し，心理療法
の早期，私はしばしば彼との言い合いに巻き込まれたり，自分が言ったばかりの
ことを擁護したりしていた。彼がこうしたことを起こす速さは並はずれていた。

傲慢な子どもを実力通りの評価に引き下げるという誘惑にかられるとき，やり返したりからかったりせず，しっかりと安定した状態でいることは重要だった。ピーターの親がそうであったように子どもにあまり懐柔しない場合は，落ち着いて安定した状態を維持することはより容易だった。（親自身がナルシシズム的な特徴を持っている場合，子どもの外的な行動に進歩があればすぐに子どもが治療を受けることをやめさせるかもしれない。）

　3年間の治療後，ピーターは以前よりはケンカにあまり惹きつけられなくなり，家でかなりくつろぐようになり，私に会いに来るのが好きだということをしぶしぶ認めることが時々あった。（その前の数年は，彼は両親が強制するから来ているだけだと言い張っていた。）しかしながら，彼は過去の心的態度の背後に隠れていなければならないと感じることが多かった。それは彼のアイデンティティ全体が関与しているからだろうと私は思う。今から6週間後に友人の誕生日パーティーに招待されたと彼が知らせた日，私への嫌みや侮辱がものすごい勢いで戻った。そのパーティーでは，ショーのためにロンドンの別の地域にミニバスで行くことになっていた。彼は，両親と私は彼がセッションをキャンセルするのは認めないと信じ切っていた。数週に渡って私は，彼は私が彼に強要すると思いこんでいて，私がセッションを別の日に変えるかどうかを尋ねてみるという考えもないということを継続的に解釈した。私は，彼は本当に喧嘩が好きで，話し合うよりも喧嘩の方が好きだと話した。（私は，過去にはたいてい，彼は親に強制的に連れて来られていたことを知ってもいた。そのため，この場合，そうした状況が彼の側の投影かどうか，私は確信できなかった。）パーティーの2，3日前，彼はパーティーには遅れて行くつもりで，バスが待っていてくれるのだと言った。それは，彼はまず私に会いに来るつもりだということを示していた。彼は最もおいしい食べ物を食べることができないだろうけれども…。突然，私は誰がこの助けになる妥協案を計画したのかを尋ねてみようと思った。（私は彼の両親からはこのことについて聞いていなかった。）そして，それはピーター自身が友人と一緒に考えたのだということがわかった。喧嘩をし続けようと装ったり，セッションに来ることを気にしていないふりをしたりしたことを彼が奇妙に思って，私たちの関係性を尊重して，責任感があり友好的なことをしたのだろうかと私は尋ねてみた。彼は，ごまかしていたことに気づかれた神経症の子どもと同じように，恥ずかしそうだった。

　私たちの分析的な仕事の間ずっと，私はかなりの機転をきかせながら，この

少年のより愛情に満ちた感情にアプローチしなければならなかった。ブリトン（Britton, 1998, p.46）が書いているように，「厚い皮膚をもつあらゆる患者の内部に，見つからないようにしている薄い皮膚をもつ患者がいる」。彼はローゼンフェルド（Rosenfeld, 1987, pp.274-275）を引用し，まるで厚い皮膚をもつようではあるが，繊細で薄い皮膚をもつ患者が心的外傷を与えられる経験をする危険性について述べている。私はまた，ピーターがとりわけ侮辱的であり続けた後に彼とのセッションの中で興味深い経験をするようになった。こうしたことの2，3年後，彼が少しばかり恥じるようになっていて，心から申し訳なく思っていることさえあるということに私は気づいた。しかし，彼はそうした感情をどのように表現するかを知らなかった。実際，彼はそうした感情を隠していた。私は彼に，彼は明らかに仲直りしたいと思っているけれど，そのためにどうしたらよいかがわからないみたいだと話し始めた。彼の中にあるこうした感情（償いの萌芽）をしっかりと理解し，それを生かしていくことはとても重要である。

嗜癖的なナルシシズムが嗜癖的な破壊性と結合する場合の破壊的なナルシシズム

ローゼンフェルド（Rosenfeld, 1987, ch.6）は，破壊的なナルシシズムについて明らかにしている。一方，ジョゼフ（Joseph, 1982）の論文は，主には自己破壊的でマゾキスティクなプロセスについて，嗜癖的で倒錯的なプロセスが転移‐逆転移において作用するあり方を詳述することによって解明している。ジョゼフは嗜癖的行為と倒錯的興奮を明確には区別していない。しかし，私はそうすることは可能だし，有益だろうと考えている。相互影響的な「悪循環」に繰り返し陥っているが，必ずしもそれらに興奮を伴わない人たちがいる。つまり，例えば，より自己満足的な賛美や称賛を期待しているナルシシズム的な人たちは，必ずしもそれによって刺激され興奮する必要はないのかもしれない。例えば，リンダのようにそのプロセスが強迫性に駆られたもので，性的興奮を含むようになるかもしれない人たちもいる。破壊性は報復的な迫害から単純に生じるものではもはやなく，嗜癖的で興奮させるようなものである場合には，深刻なパーソナリティ障害の始まりである。リンダが家での喧嘩を描写するやり方にはこうした要素があった。彼女の口調には迫害感や辛辣さだけではなくうっとりしたものもあり，彼女が喧嘩について話したり喧嘩をしたりすることにスリルや喜びを感じているみたいだと私は指摘した。

もちろん，子どものパーソナリティはまだ十分に形成されていないので，子ど

もに関して「パーソナリティ障害」という用語を使用することにはかなり躊躇する。しかし，現今，新聞や雑誌にはストリートチルドレンの「人格崩壊」，つまり，人生，そして彼らや他者の運命への非情な態度が進んでいるというショックな記事があふれている。『シティ・オブ・ゴッド』（City of God, 2002）という，ブラジルのストリートチルドレンの思いつきで残酷な暴力に関する映画が参考になる。「子どもの心理学と精神医学」（Journal of Child Psychology and Psychiatry）における嘆願がこうしたことに直接関連している。シャイナーとカスピ（Shiner and Caspi, 2003）は，児童・青年期のパーソナリティと，その時期のパーソナリティ障害との関連，及び成人期に遅れて出現するパーソナリティ障害との関連についてのその道筋についての研究の必要性を強調している。（サイコパスを持つ子どもたちとの精神分析的な仕事に関する論点に関しては7章も参照。）

マゾキスティックなナルシシズムと羨望的で侵入的で監視的な対象の問題

　マゾキスティックなナルシシズムに関する興味深い仕事がなされている（Broucek, 1991; Waska, 2002, p.105）。シミントン（Symington, 1993）が言うには，自己観察が肯定的か否定的かは関係ない。自己観察**それ自体**が問題なのだ。アンダーソン（Anderson, 2003）はそれに類似した，剥奪された子どもたちの危険覚悟の行動について研究した。彼らは攻撃や事故を引き寄せるが，それは，面白いという感覚や存在しているという感覚を少なくとも彼らが確認できるからだ。退屈さや無視されるよりは，どんなことでもましだ。決まったようにいじめに遭う子どもの中には，非情で妬み深いが，極度に注意深い内的対象を持つように思える者たちがいる。このように妬み深い対象は侵入的なことが多く，そのために患者は永久にじっと見られていると感じる。迫害の裏には，単に注目への願望だけではなく倒錯的な満足感があるのかもしれないという理解が徐々に可能になり得る。

　私の患者の一人は，どんなクラスや学校に通おうとも，強迫的にいじめを見出した。そして，彼女は常にいじめについて話した。彼女は注目をとても必要としていて，そうした類の強迫的な注目はいじめによってのみ得ることができると本当は感じているのだと考えることは彼女には難しく，彼女にそう思わせることはさらに困難であった。それはまさしく嗜癖的で倒錯的だったが，深い満足感を与えるものであり，そこから移動するのはとても難しかった。普通であること，一時的に人目につかないことは思いもよらないことなのだ！技法的には見えざる危

険が多くあり，その最初の誘惑は，彼女がいじめに立ち向かうのを援助しようとすることだった。彼女のマゾキスティックで受身的な反応と拒絶によって，彼女を叱ったり小言を言いたくなったりするが，それは彼女をいじめる人たちがやっていることと同じになる。しかし，お手上げだとあきらめることや彼女を見捨てることは，いじめと同様にサディスティックだと彼女には感じられるだろう。いかに彼女が注目を得るのが好きかを示そうとしながら，過度に刺激されないように，少々退屈でも関わりを維持し続けることが最善の応答であった（そうすることは非常に大変であろうとも）。

　別のマゾキスティックな事例では，愚かと見なされている脆弱で過度に保護的な対象は，患者がもつ理解力を制限するように働くことを学んだ。私は最初，見かけ上の学習障害をもつ少女の中にそれを見た。やがて，彼女は「愚かであることを演じていて」，無力であるのだと私は理解した。その主な理由は，その少女は彼女の母親的対象はあまりに脆弱で単純すぎて，彼女が理解力をもち強い可能性があると気づくことができないと思っていたからである。それゆえ，破壊的で侮蔑的に見えるものが，ある種，保護的で愛情深い機能を含んでいる時がある。ヘンリ・レイ（Henri Rey, 1988）は，境界例の患者においては，自己の内的対象は自己がよくなるよりも前に回復しなければならないだろうと述べている。

ナルシシズムにおける発達的道筋とさらなる技法的論点

　子ども時代のナルシシズムの発達的道筋について考える時，下位グループに関する以前の著述の中の言葉がここで適切かもしれない。何人かの著者は厚い皮膚および薄い皮膚タイプのナルシシズムを区別している（Bateman, 1998; Britton, 1998, pp.46-54; Rosenfeld, 1987, pp.274-275）。ギャバード（Gabbard, 1989）は，「無神経」とされる厚い皮膚に似たグループに言及している。そして，カーンバーグ（Kernberg, 1975）は，利己的な人に言及し，そうした人は恥知らずで，多くの場合，親を崇拝し，批判には選択的に不注意だと述べている。薄い皮膚タイプ（脆弱で傷つきやすい）は自己肯定感が低いと言われているが，ブルセク（Broucek, 1991, pp.59-62）は，それにも関わらず，彼らは自己中心的だと言っている。子どもの発達と子どもの精神病理の道筋の観点から私が付け加えたいのは，厚い皮膚タイプのナルシシズムが形成されるまでには時間がかかるだろうということである。私の印象では，ダニー（3章で言及した，いじめを行う少年）はナルシシ

ズム的な皮膚を持ち，それはとても厚く，おそらく生涯続くだろうが，ピーターの場合は中程度の厚さで，彼にはその気はなくても人情がある。

　しかしながら，厚い皮膚タイプの子どもとの分析的な仕事の困難さを過小評価することを望んではいない。彼らとの分析的な仕事においては，彼らの傲慢さと彼らを実力通りの評価に引き下げることによって仕返しをしたいという欲求の両方に対して，かなり断固としていることと精神的な強さが必要である。ユーモアをもって怒ることによって，彼らの尊厳がしばしばなんとか保持されることに気づく。そして，それによって，セラピストが反生産的な関係性に陥るのを避けることができ，純粋な苛立ちのはけ口にもなる。しかしながら，ダニーとの分析的仕事の早期の段階では，ユーモアさえも役立たなかった。けなされたと感じると，彼のナルシシズムに強力なパラノイド的な過剰反応が伴い，ユーモアは嘲笑や屈辱としてしか知覚されなかった。

見かけ上のナルシシズムの 3 つの下位タイプと技法についての問い

見かけ上のナルシシズムと自尊心のニード―行為の主体という自己の感覚やその潜在力に対して，内的対象が無反応だと感じられる状態において，発達的に必要な過大評価された自己

　私は，ストロロウとラクマン（Stolorow and Lachmann, 1980）から「発達的必要性（developmental necessity）」という言葉を借りている。コフート（Kohut, 1977）は，これを補償的なものとして説明している。ストロロウとラックマンが強調しているのは，ナルシシズムの間の区別をすることの重要さである。それは，より発達したパーソナリティ，より発達した自我や対象をもつ人における防衛としてのナルシシズムと，「防衛の前段階」としてのナルシシズムの区別である。彼らは，2 つの異なる下位グループにおけるナルシシズムは似たような機能，つまり，自己肯定感を調整することだと考えている（pp.18-20）。しかし，自尊心がひどく損なわれている人々におけるナルシシズムは「発達的に必要」である。そのことは，ナルシシズムは発達の妨害物**ではなく**，防衛的に使用されているという意味を含んでいる。

　通常の発達を描写するために精神病理の言語を使用する際，私たちがいかに気楽になるかを考えてみることは興味深い。「防衛の前段階」は，子どもの発達を学ぶ学生によってうまくつけられた名前である。赤ん坊や子どもは，どのように

親に関心を持ってもらい，彼らの目を輝かせ，笑わせるのか（Trevarthen and Hubley, 1978）。レディ（Reddy, 2008, p.136）は，誇示は生後1年の早期に生じることを示し，「より目立つこと」を求める傾向を指摘している。トレヴァーセン（Trevarthen, 2001）は，乳児の情緒的発達の中核は恥と誇りのバランスだと考えている。リンド（Lynd, 1958, p.252）は，恥の反対は誇りだと述べている。彼女は自尊心と奢り，つまり名誉と不可侵とを意味する名誉への愛（philtimo）^{訳注2)} と傲慢とを区別した（p.258）。そして，真の誇りを持つ者だけに真の謙遜があると述べた。ビオン（Bion, 1957b）もまた誇りと尊大さを区別し，私たちは，喜びを与える能力があるという乳児の感覚は，それを受け取る能力があるという感覚と同様に重要だと付け加えることができるだろう。

　以前，私は恥と好かれていないという感覚を強く持つダニーという少年のことを書いた（Alvarez, 1992, pp.181-182: 本書の3章）。彼は8歳の時，学校での学習の困難さ，攻撃的行動，火をつけることを面白がるという理由で私のところに紹介された。彼の両親は，家族の病気のために彼は乳幼児期に多くのことを逸したと感じていた。彼は尊大で自慢げに見えたが，活気がなく抑うつ的な少年で，聞き手の関心をどうやって引くかとか，どのように遊ぶかがほとんどわかっていなかった。彼にはほとんど友人がいなかった。約1年の治療後，彼は攻撃的な爆発をどのように抑えるかを学び，鼻にかけることが少しばかり減り，数人の友人ができた。ある日，彼はやって来て，彼と男の子たちのグループは学校で騎馬戦をして遊んだと話した。彼はクラスで最も肩が強く，彼が馬になり，彼と彼の友人はベストペアだった。私は，彼の友好的で強い面を見せることができる喜びや誇りについて話した。すると彼は，友人を学校まで全力疾走で運ぶことが時々あると興奮気味に言った。私は（Alvarez, 1992），なぜこのことを（この瞬間に）問題にして説明を求めたりすることは，典型的に絶望的な自信喪失を引き起こすだろうと思うのかについて述べている。そして，そのように「嘘をつくこと」によって私たちに賞賛させようとすることは，脅し的な投影同一化（bullying projective identification）ではなく，「期待を示す同一化」（'anticipatory identification'）と呼ばれる方がよい何かだと見なせる時があると私が考えるのはなぜなのかということを説明してきた。無理強いに見せかけた背後には，希望に満ちたある種の問いがある。つまり，「これまでに私を……だと思ったことは

訳注2) 原文では philotimo となっているが，philtimo だと思われる。

ありますか？」という問いだ。これは，恥や羨みに対する防衛と言うよりもむしろそれらを乗り越えることにつながり得る。私は，「あなたは私にあなたを……だと思ってもらいたい」（これには，でも私たちは……だと知っているということを含む）と言わなかった。その代わりに，私が言ったのは，**彼は強くて勇敢で勢いよく走っていると私が思うだろう**と感じたのだということだった。2，3日後，彼がよりしっかりとした状態だったとき，気持ちが沈んでいるときに誇張することがしばしばあることについて彼に話すことができた。

　私の別の患者のトビーという男の子は，片目がほとんど見えない状態で生まれた。彼は回復したが，非常に献身的な両親によって世話されていた。そして，手術のトラウマや人生早期の制限はそれほど深刻にはならなかった。しかしながら，彼は難しい子どもだった。対象にとって自分は非常に大切だと感じることが，自分は特別で，特別な保護が必要だという彼の尊大な感情に輪をかけていた。それにもかかわらず，彼が心理学的により強いと感じ始める（既に彼は身体的にはかなり回復していた）につれて，彼の男らしさといったアイデンティティが発達し始めた。彼が6歳の時のちょうどセラピーの休暇の前，彼はポップミュージックを楽しみ，とてもリズミカルな歌を歌うようになっていて，足を踏みならし，男らしさを誇示してグイと足を突き出したりしていた。次には，別の歌を大声で歌い，想像上のギターを私に向けて，とても性的に挑発的に，しかも攻撃的な様子で弾いた。彼はダメージと無力さという深い感覚から何らかの回復を経験しているようだったし，彼のわずかばかり遅れたエディプス的な（いまだにどこかナルシシズム的な）潜在力と性愛性を示しているようでもあった。私は，これを楽しみ，感心し，そうしたことを示すことが重要だと思った。（私の逆転移反応に関しては，次章で詳細を論じたい。）そのような危険な状態で生まれた赤ちゃんの親にとっては，彼には性的潜在力があると思うことも，健康で強い男性としての彼の将来を安心し自信をもって思い描くことも難しかっただろうと思った。しかしながら，トビーは剝奪された子どもではない。抑制されていたのは彼のアイデンティティの一部だけだった。つまり，彼は彼の愛する能力や関心を引き起こす力には何の疑いも持ってはおらず，彼の強さや性的潜在力についてだけ疑っていたのだと私は思う。

無関心な対象に対する関係がある（しかしその対象と同一化もしている）場合の見かけ上のナルシシズム—二重の欠損

　序章で私が言及した患者たちがいる。彼らは，大人たちや世界に対しては非常に無関心だと私は考え始めた。長い間，患者である幼い男の子のジェイコブが彼の絵を投げるときには決まって，私は完全な無関心というある特異な経験をした。彼の絵が彼にとっても私にとっても本当にどうでもいいものではないのだと実感するのにしばらくかかった。彼の描画の多くは非常に漫然と描かれた。それは，「ぼくは子どもだ。子どもたちは絵を描く。少しの間彼女に邪魔をさせないために絵を描こう」という感じだった。これは，学校で彼が要求されることに対する彼のあるやり方であり，真の学びを伴わない義務の遵守だった。しかし，子どもたちは絵を描くものなので，私は愚かにも彼の絵の中に意味を探した。彼は私のために義務的に絵を描いたが，彼の心はそこには決してなかった。意味はなかったのだ。（同様の例に関しては，フェロ（Ferro, 1999）を参照のこと。）希望や信頼が欠如していることをこの子どもに示し，それゆえに，彼のコミュニケーションの一つ一つに意味があることを彼に示すことは重要だった。（このことはオグデン（Ogden, 1997, p.4）によって最も示唆的に書かれている。）ジェイコブは彼が作ったものが関心をもたれるとは思っていなかったし，彼の対象が反応するのは彼に関心があるからだとか，もっと関心を引くことが可能だとは思っていなかった。世界は空っぽのようだった。（11章で再びジェイコブについて述べたい。）

　ジェイコブよりも剥奪された子どもたちの中には，**見かけ上**のナルシシズムは無関心，退屈さ，軽蔑を顕にし，しばしば最初は，対象が興味深いことや対象が関心を持つことに驚きを示す者たちがいる。こうした対象はローゼンフェルドやハミルトンの患者たちの対象とは異なり，密接しすぎている。こうした対象から遠く離れることは不可能に近く，唯一の解決は他者から援助を受けないで一人でやっていくことである。私たちの逆転移は，よりわかりやすいナルシシズム的な事例におけるものと似ているかもしれない。しかし，内的対象の性質についての研究によって問題は明らかになっている。より深刻な事例では，摂取や内在化への影響は悲惨であり，世の中だけではなく，その人自身の考えにも興味関心はないという状況になる。学ぶことや認知機能はしばしば深く損なわれている。考えは，吟味されたり自分のものと認められるほど十分に興味深いとは感じられていないのかもしれないし，継続して考えてみたり，最後まで考えてみる価値がある

とは感じられていないのだろう。精神分析的な仕事はこのレベルで開始されなければならない。そして，患者はそんなことには価値があるとは思っていないので，わざわざそんなことはしたくないと思っているということを心に留めておかねばならない。対象が（そして彼の心の中身が）関心や重要さを増せば，羨望が重要な特徴として生じるかもしれない。しかし，このことは，以前のナルシシズム的な無関心さが羨望に対する防衛として生じたことの証拠では必ずしもない。むしろ，ひとたび対象が重要になれば，羨望は経験されなければならない。そして，すべての赤ちゃん，幼児，潜伏期の子どもたちが経験する通常のプロセス，つまり，大人たちができる全てのことに羨望を感じることは，いわば，皆が乗り越えて行かねばならないことなのである。

ナルシシズムではなく自尊の感覚という見かけ上のナルシシズム―大切な自己と大切な世界

　私が最初にこの問題に関心を持ったのは，乳幼児観察について定期的に聞くようになってからだ。ある母親は赤ちゃんに特別に献身的で注意を向けているようだった。（それ以来，こうした性質をもつ幾人かの母親たちを見てきた。）赤ちゃんは身体的，情緒的，そして認知的にすくすくと成長していたが，私たちのセミナーでは，そのように完璧な母親の子育ては，二者レベルでの発達は促進するとしても，エディプス的な試練を生き残ることができるのだろうかと思われた。しかし，その赤ちゃんの父親も積極的で，母親と同じように寛容な存在であり，結婚生活もうまくいっているようだった。そして母親は，赤ちゃんに対してと同様に，赤ちゃんのための世界，そして赤ちゃんにとっての世界は貴重で興味深いと感じているようだった。この家族を批判するのは難しかった。その子どもは母親にとっては際立って大切で，セミナーにおいて私たちは多くの議論をした。

　ほぼ2年の後（私たちは，エディプス的な挑戦や次の子どもの誕生を見ることはなさそうだった），かつて助産師としての訓練を受けていた母親は，観察者に彼女自身の弟が赤ちゃんの時に亡くなり，その時彼女は8歳だったと話した。私たちは，彼女の息子が彼女にとって非常に大切だったことを理解することができた。それは，ナルシシズム的な満足感における特別さでも，自分の母親への勝利感という意味でもなかった。クライン（Klein, 1937）が言ったように，死を悼むというプロセスを通して死別と喪失を乗り越えていくことは，それらに対する躁的防衛とは非常に異なる。そして，おそらくそのために，私たちのグループは，

母親の赤ちゃんへの愛情，そして子育てのスキル，そして赤ちゃんが「世界に恋している」についての観察を聞いてしばしば感動し，喜びを感じたのだと思う（Mahler et al., 1975, pp.70-71）。私たちは母親の抑うつポジションの発達の成り行きを見ていたのだと思う。(私が「特別」という言葉を価値下げ的に使うことについてのルチアーナ・トマッシーニ（Luciana Tomassini）の批評と，愛された赤ちゃんは親にとっては無比であるという意味で「特別」でもあるという指摘（私信, 2004）に感謝している。)

　もし，親が人生の多様性と豊かさに対していくらかの驚きと非ナルシシズム的な尊重を持っていれば，子どもがナルシシズム的になることはないだろう。「特別」が「優れている」を含む必要はない。赤ちゃんや子どもがより自信を持てば，彼らは十分に強い自己の感覚を持つようだ。そして，**自分のことを忘れて**世界と関わることができるようになる。彼らの才能や達成は，ひとりで勝ち得たとか親に関わらず得たというよりむしろ，内的親対象，そしてきょうだいたちとさえも**共有されて**いるように感じられる。以前は絶望していた子どもや青年が何か小さな成功を私たちと何とか共有できるその瞬間はとても大事だ。私たちに必要なのは，それについて軽蔑的になる誘惑にかられたり限度を越したりすることなく，そうした瞬間を祝福できることだ。もちろん，これはすべて相対的なことである。健常な子どもたちがきょうだいへの大いなるライバル感情や親たちへの羨望を経験しないと言うつもりは全くない。程度とバランスの問題なのである。

おわりに―回復の結果とさらなる技法的な論点

　カーンバーグ（Kernberg, 1975, p.256）は，憤怒はナルシシズムが弱まったときの共通の成り行きだと述べている。レズニック（Resnik, 1995, p.95）は，サイコティックな患者が妄想的な世界から回復するとき，ナルシシズム的な抑うつが生じると指摘している。カーンバーグはまた，ナルシシズム的な性格の人は重篤な抑うつと自殺願望のファンタジーをおそらく経験し，もしそうした人々がそれに耐えるだけの十分な自我の強さがなければ，彼らの生命は危険な状態だろうと述べている。患者の自我が弱い場合，彼は支持的な心理療法を提供していた（Kernberg, 1975, p.256）。

　私は，防衛的で嗜癖的なナルシシズムにおける抑うつと自殺願望の問題について見てきた。(より剥奪されたグループの多くは，より強健になることに向かって，

彼らの対象と自己が変化することによって元気づけられるようだ。）しかしながら，外的な支援を求めずに抑うつ的に破たんする問題を精神分析的に取り扱う方法が時にはあるように思う。もし，その患者の精神病理が彼に2つの選択肢，つまり，相手より優るか絶望的にも劣るかを命令すると考えるならば，この狭い二元性が承認されていると感じるのは誤りだろう。結局，第三の選択肢があり，他の楽しみがあることを彼が発見すれば，下りることはナルシシズム者にとってはより簡単に違いないし，コントロールを少しばかり手放し始め，支配力，コントロール，勝利者になるためのことは何でも理想化していたことに気づく。そうでない場合，虚脱症状は本当に衝撃に違いない。人類の一員であること（私たちもまた，という意味が含まれている）について，何がそんなに恐ろしいのかと尋ねることは，時に，一人だけが（私たち二人のうち）優れているという間違った信念を取り扱い始めるのを助ける。ワスカ（Waska, 2002, p.106）が書いているように，ナルシシズムは抑うつポジション，あるいは妄想分裂ポジションのどちらにより近づくかによってかなり左右される。そして，前者にかなり近づく場合，母親対象の性的能力の発見についての激しい怒りには大いなる安心感と活気が伴うだろう（Alvarez, 2010b）。

　ナルシシズムが嗜癖的になる場合，解離状態，アスペルガー症候群，自閉症とさえも，何らかの興味深い診断的な重複があり，さらなる研究が必要である。いくつかの同様な技法的問題が生じるし，いくつかの回復の結果も類似している。ジョセフ（Joseph, 1981）の記述によると，あるタイプの心的痛みは生き生きとし始め，それは抑うつ的な痛みとは異なる。トレメロニ（Tremelloni, 2005）の本には自閉的，およびサイコティックな大人たちにおける「氷が溶けること」に関して書かれている。見かけ上のナルシシズム症候群から回復中の患者にとっては，抑うつ的な挫折はありそうにない。私の経験では，彼らは人生をより楽しみ始める。

第9章

子どもと思春期青年期の人たちとの仕事における
性愛転移 - 逆転移のいくつかのタイプ

はじめに

　私は正常な性愛の問題に関心を持つようになったが，それは深刻な性的虐待を受けた患者，あるいは，多くの場合，性的な問題を起こした患者を治療するセラピストのスーパーヴィジョンを通してであった（Cottis, 2009; Woods, 2003）。それ以降，私の患者であるトラウマを負った子どもや品行不良の子どもの中に，私は正常な性愛性の存在を認めていたのだろうかと思うようになった。回復過程で，あまり倒錯的ではなく，より健常な性愛性が表れてくるのは興味深く，また細心の注意を要する時でもあるが，それによって偽装されている時さえあるし，より常習的な倒錯的ファンタジーが混ざっていたりする。

　まず，成人の分野のいくつかの論者から取り掛からねばならないだろう。子どもの分野において，ポスト・エディプスの性愛（post-Oedipal sexuality）と呼ばれてきたものに関する著作は相対的に少ない。成人の精神分析的な仕事の分野における何人かの論者は，倒錯的で性的な意味を与える転移（eroticized transference）と通常の性愛的な転移の相違を描写している（Bonasia, 2001 ; Wrye and Welles, 1989）。また一部の論者は，分析家側の性的意味合いを与えるものと通常の性愛的な性質に関わる逆転移を区別してきた（Davies, 1998; Gerrard , 2010, 2011）。私は，これらのことが子どもの患者に関係があるかどうか考えていきたい。フロイト（Freud, 1905b）とクライン（Klein, 1945）は，性愛的な存在としての親に対する関心と，そうした親に魅力を感じることに関連した子どもの性愛性について私たちに多くのことを教えた。だが私たちは，子どもが後に自分自身を性愛的な存在であると感じる能力，つまり，他者から求められる能力の起源を乳児期の早期の経験の中に見出すこともできるのだろうか？その

ような性愛的な自尊感情はナルシシズムとどのように違うのだろうか？

児童期の性愛性に関する精神分析的理解の略史

　フロイトは「精神（mental）」という言葉を心の無意識の部分で生じる過程を含むものへと拡大したように，「性愛（sexual）」という言葉を大幅に広げた。はじめに生殖の領域へと広げたのだが，それは患者が実際の生活では遂行せず，フロイトが空想や夢の中に出現することを発見した種々の逸脱した衝動を含んでいる。フロイトは，性愛は単に性交という性器の結合の他に多くの形で表れ，こうした非性器的な活動や空想はフロイトが「多形倒錯（polymorphous perversity）」と呼んだ早期乳児期の前性器期にその起源があると結論付けている。その源や本能は目的をもち，その目的とは緊張を解放させることである。

　精神分析の初期の時代，目的としての対象，つまり他者は，どちらかと言えばほとんど重要ではないものとして見なされていた（Freud, 1905b）。緊張は，いわばそれが生じるのが当然の，口や肛門や生殖器といった皮膜の敏感な性感帯で生じる。すなわち，掻くことを要するむずがゆさに似たものと説明される。しかし，ハンス少年の事例研究は，フロイトの他の事例史のように，非常に特異で，より含蓄に富み，難解な印象を与える。つまり私たちは，たとえば嫉妬と優しい愛情の間にある痛みを伴う葛藤について読んでいるのである（Freud, 1909）。

　またフロイト（1905b）は，窃視症や露出症，サディズムやマゾキズムといった，「部分欲動（component instinct）」と彼が呼ぶものは，倒錯的であるが，それらが後に固着し，限定的に没入するようになる場合に限り，倒錯になると考えた。なぜフロイトは「愛情」のような言葉や「結合への欲望」といった言い回しを用いなかったのかとタンゼイ卿（Lord Tansey）が尋ねたのに対し，アーネスト・ジョーンズ（Ernest Jones , 1967, p.317）は，乳児が性愛的な（倒錯的に性的な）存在であると示すフロイトを非難する悪評を彼が避けたのだろうと述べている。そして一面では，私たちも後の研究や理論の後知恵でもって，乳児の愛情ある生活を明らかに病的なもの，あるいは倒錯的なもの（このような言葉があるならば）と見なすことに苛立ちを感じている。しかし他の面では，フロイトは正反対のこと，すなわち病理の中に正常な基本的筋道を見つけようとしていたのである。問題は，健康な乳児の正常さが，病理の用語で概念化されたことである。私たちは今でも時にはそうすることがある。タンゼイ卿への応答として，いくつかの代案

第9章　子どもと思春期青年期の人たちとの仕事における性愛転移 - 逆転移のいくつかのタイプ　197

を試みることができるかもしれない。今日では多形倒錯に代わり，乳児の全体的な激しい感情を伝える言葉を用いることを私たちは望んでいるだろう。それは，乳児が挨拶する時に興奮や喜びをあらゆる身体部分で表すというやり方である。彼らは大人がするように目や口元で微笑んで私たちに挨拶するが，手を回し，足をくねらせながらとても表情豊かに私たちを歓迎してもいる。

　フロイトは，統合はエディプス・コンプレックスを経て，3歳頃に達成されると考えた。一方で今日私たちは，最初に統合を引き起こすのは，親の真の他者性（早期乳児期の二者的，つまり前エディプス期の頃でさえある）だと理解している。健常な乳児は対象に引きつけられる。そして親が，乳児が体験についてあれこれゆっくりと考えることができる時間を与えるならば，このこと，それ自体はかなり統合的である。さらに，乳児は親にとっても魅力的である。

　ところで「部分欲動」というフロイトの概念のいくつかの限界に戻る。ここに提示するのは100年前に書かれたもので，ウイリアム・ジェームズ（William James）訳注1) はその複雑性に敬意を表している。

　　従来の心理学者は，川を成すのは，バケツ一杯の水，スプーン一杯の水，ポット一杯の水，樽一杯の水，それ以外の容器に入った水だけだと話す人のように述べる。バケツやポットのすべてが実際にその流れの中に置いてあっても，自由な水は依然としてそれらの間を流れていくだろう。正確には，それは心理学者が強い意志で観察する意識としての自由な水である［「無意識としての」も付け足すことができる］。心の中のあらゆる一定のイメージは，まわりを流れる自由な水に浸され，染まる。それは近づいたり離れたりする関係性の感覚，それが私たちにやって来た時の消えかけたこだま（dying echo），それが導かれる夜明けの感覚とともに進む。その意味，つまりそのイメージの価値は，それを取り囲み付き添う後光や半影の中にすべてある。あるいはむしろ，意味は融合して一つになり，そのものの骨となり肉となるのである。

　　　　　　　　　　　　　　　（James, 1992, Crapanzano, 2004, p.18 から引用）

　美しく聖書のようなジェームズの散文は，兄弟のヘンリーのものと同じくらい

───────────────────────────────
訳注1) 1842年～1910年アメリカ合衆国の哲学者，心理学者。意識の流れの理論を提唱。概念や認識をそれがもたらす客観的な結果によって科学的に記述しようとする志向をもつプラグマティズムの代表。

優れているかもしれない！脳の研究者や遺伝学者でさえ，バケツの点から考えすぎることの危険性を私たちに警告している。現代の脳モデルや遺伝モデルは非常に詳細であり，単純ではない。それは驚くほどの複雑性を描写している（Alhanati, 2002, p.116; Solms and Turnbull, 2002）。もちろん，バケツなしで完全に分配することもできないが，性愛感情の「構成要素」や「諸側面」といった言葉はより適切なように思う。あるいは，他のものが背景に留まる間に心の最前線で生じる感情や思考といった概念は，常に無意識なのではなく，サンドラーとサンドラー（Sandler and Sandler, 1994b）が示したように，おそらく前意識にすぎないのだろう。他の表現では，言ってみれば近くに存在しているがあまり目立たない「周辺意識（paraconscious）」なのかもしれない。

　もちろんフロイトも，正常な成人の性愛についていくつか述べている。「性に関する三つの論文（Three essays）」（Freud, 1905b）の中で，フロイトは肉欲的なもの（the sensual-erotic）と愛情のこもったもの（the affectionate）という，人間の欲動生活に二つの傾向に関する余地を残したが，リッカーマン（Likierman, 2001, p.90）によると，フロイトは愛情のこもった動向を，主要で単純化できない力とは見なしていなかった。そこに至るにはクラインを待たなければならない。フォルナリ（Fornari）（Lupinacci の引用，1998, p.411）は，小児性欲の発見は，フロイトを非常に眩惑させ，成人の性愛，とりわけ，性愛的および情動的な成熟の時期に，乳幼児的な性愛のタイプから，互恵的に調和した関係性による二人の性器的な結びつきという真の存在への移行に関する彼の見解に影を投げかけたと述べている。ルピナッチ（Lupinacci, p.411）はフォルナリに同意し，次のように書いている。「我々はここに，男性と女性の構造と機能に関する創造的で洗練された相補的な状態についての考えを有している。それは，カップルのそれぞれのメンバーは，個々に選ばれており，それぞれが有限であり，依存しており，他者を必要としている。そして，両者の相互利益のために代わるがわる相手に与える何かを有している」。

　フィリップス（Phillips, 1993, pp. 102-103）は，とりわけ青年期においてキスをすることの性質との関連を強調した。彼は，キスすることよりも吸うことや食べることに関わる要素の方が多いと指摘する。彼は，キスは他者を**味わう**（tasting）原始的な感覚的経験へ回帰するものでもあり，キスは支配ではなく互恵関係というイメージであると述べている。つまり，「キスする時，私たちは対象を愛撫し夢中になる。ある意味では対象を食べているのだが，その存在を持続

させる。口にキスすることは相互的であり、与えることと受け取ることの区別を曖昧にする。」

　クラインは、フロイトの理論に固守する一方、実際には、本能を構成している概念を部分**対象**という概念へと置き換えた。クラインとその弟子たちは、私たちを魅了し私たちの発達に影響を与えるものは、人々の他者性であると主張していた。よく知られているように、ニードや願望の一次対象としての乳房はクライン派理論の中心的な考えになったが、クラインは乳児はミルクに加えて理解も取り入れていると述べた。後にビオン（Bion, 1962b）は、新生児の心の前概念の存在について記述し、オショネシィ（O'Shaughnessy, 2006）は心理的なコンテイメントを与える対象を心理的対象と呼んだ。クラインも母親の顔や手に向けられる乳児の関心について述べている。しかし、今では、乳児の人々の顔への関心は、乳房や哺乳瓶への関心と同じくらい早く現れることを私たちは知っている。それは、誕生直後か、生後１日目に見られる（Hobson, 2002）。私は発達研究とビオンを敬愛しているが、身体を生殖器から顔、そして心にまで格上げすることは、性愛性から私たちを遠ざけることになるかもしれない。クライン（Klein, 1945）は、どのような場合も、一次対象へ向けられた愛と憎しみという早期の経験は、エディプス段階における後の発達を特徴づけ、影響を与えると教えた。

　グリーン（Green, 2000）は、乳児観察と子どもの発達研究が精神分析に何らかの貢献をしたかどうか疑問を呈した人物であり、クライン派が乳児を強調していることに批判的で、その結果、性愛を無視することになっていると考えている。彼は乳児研究のテーマを実に雄弁に非難している。たとえば、彼は「もはや乳児の親を愛情対象と呼ばず、『養育者』と呼ぶ研究者はどうなのだろうか？養育者は性愛的願望を抱くのか？愛するのか？憎むのか？空想を抱くのか？夢を見るのか？関心なんて持たないだろう。」（p.58）と問うている。そして、性愛が精神分析に何をなしたかを問うた論文では、「観察や子どもの発達から得られた対象関係や前性器期の固着、境界の病理と理論や技法に焦点を当てた現代的で時代の最先端を行くものは、精神分析理論と実践における性愛の意味や重要性をあいまいにした」と提言した（Green, 1995, p. 871）。彼はまた、ペニスでさえ供給し食べ物を与える器官として、言い換えると乳房として（p.876）見なされ始めたと述べている。彼は性愛関係の役割は食べ物を与え養育することではなく、相互的な喜びのもとエクスタシーに到達することであると主張している。肛門や口唇、あるいは専門用語で言うと抑うつポジションや妄想−分裂ポジションは、より古

くより深い手段だと見なされ，それらはより重要なものと同等でもあると彼は考えている。このことは，「反－性的態度は性が実態のないものだと暗に意味する」（p.879）ことを反映していると述べている。非難はさておき，彼は次のように述べ，非常に興味深い理論上のポイントを見出した。フロイトの偉大な論文である「快感原則の彼岸」（1920）の結果として，「私たちは死の本能に焦点を当てたが，フロイトは性本能の代わりに生の本能について述べている。生あるいは愛の本能である」（p.877）と言い，グリーンは私たちがこのことを無視してきたと述べている。彼の主張は一理あるが，ジュディス・エドワーズ（Judith Edwards）（私信，2010）はクラインの論文（1958），「精神機能の発達について」ではそうではないと指摘している。

　私はグリーンの批評を考慮に入れたいが，彼がクライン派の理論から省いている重要なことについて論じたい。よく知られているように，シーガル（Segal, 1957）は精神分析理論において象徴等価と象徴を区別することに貢献した。象徴は喪失を否認するためではなく乗り越えるために用いられる。象徴化の概念がフロイト派の昇華の概念と異なることについて言及することは有益である。それは，前者が変容（transformation），つまり衝動や本能の表現形態の変化を単に述べているのではないからである。それは，内在化を経て喪（mourning）や成長の過程から生じる，より根本的な変化に関連している。女の子は決してパパと結婚できないしママにもなれないという喪失の痛みに直面することが必要になる。男の子は決してママと結婚できないしパパにもなれないのである。私たちの患者はみな，こうした格下げを受け入れる困難さゆえに追いやられ崩壊してきた。象徴形成は犠牲が大きいのである。つまり，それは，一次対象の所有，あるいは一次対象との自己愛的な同一化を断念することを含み，**しかも**エディプス水準においては，非常に侵入的な「結婚式のメンバー」という役割を断念することが必要になる。そのため（アメリカ人の著者[訳注2]と同様の意味で筆者は用いる），ポスト・エディパル的な性愛が本来的に現れることが可能になる。たとえ多くの論文が前エディプスの問題を含む病態水準の患者に集中していても，クライン派の**理論**は，抑うつポジションの概念と，親の性愛との病理的タイプの同一化と健康的なタイ

訳注2）カーソン・マッカラーズ（Carson McCullers, 1917～1967）。アメリカの作家。アメリカ南部の風土を舞台に，社会に順応できない人々の孤独や少女の心理を精緻に描いている。『結婚式のメンバー』（"The Member of the Wedding", 1946）は，兄の結婚式で「わたしたち」になれると思っていた少女の，帰属喪失感と自身の存在の意味を問う物語。

プの同一化との区別の概念を含めて，性愛のために十分な余地を残していると私は思う。

　クライン派の思考は自己の対象への感情を強調する傾向にあるという点についての見解を述べたい。対象の感情に関する自己の空想や，対象の性的な感情に関する自己の空想はどうだろうか？子どもの患者の性愛の両側面について，私たちはどのように考えるだろうか？自己愛的な自己評価と性愛的な自己価値の感覚のようなもの（Gerrard, 2011），つまり自己愛的な自己没入ではなく，自分を忘れることができるのに十分な快適さとを区別することはできるのだろうか。

正常な性愛的な（erotic）転移と逆転移に関する問い

　「分析家のなかの性的興奮と逆転移愛」というタイトルの論文で，ギャバード（Gabbard, 1994, p.1083）は，精神分析の論文（1959 年の Searles 以降）は官能的逆転移感情のテーマに驚くほど言及してこなかったと述べている。彼は，性愛化は愛という感情を防衛するだろう（p.1091）という興味深い点を示し，多くの分析家にとって，愛という感情は性的欲望という感情を認めるよりも相対的に困難だと述べた。彼は，同僚とのコンサルテーションの有用性は強調してもし過ぎることはないが，深淵の縁をつま先で歩くことによってのみ，患者の内的世界と私たちへのその衝撃を十分に正しく理解することができると述べている。

　関係性の分析家のデイヴィス（Davies, 1998）は深淵へと入って行く。彼女は「ポスト・エディプスの成人の性愛」の概念を探求し，官能的（erotic）な感情が精神分析空間に入り込む時には，常に分析家はエディパルな親の代理を務めるという基本的な想定には合わないということを述べている。彼女は，そうした想定によって，重要な発達的変容を認知するのに失敗しかねないと述べている。ジェラード（Gerrard, 2010, 2011）は英国人の成人の心理療法士であり，デイヴィスの考えと同じような路線をたどっている。デイヴィスは，エディプス的願望はロマンチックで理想化されているが，その一方でポスト・エディプスの願望は，不完全さに耐え，死の願望なしに失望を経験することができると指摘している。

　デイヴィス（Davies, 1998, p.752）は，官能的な感情を与えられたが故の病理的な乳幼児転移についてではなく，むしろ次のような考えについて述べている。「性的に生き生きした形は―親密さを深めることと，うまくいく分析的な仕事には潜在的な対人関係の空間があるということによって―分析の終結段階を特徴づ

ける」。彼女はサールズ（Searles, 1959）に同意しており，これは分析家の側の
ある種の喪失や断念，つまり，患者が大人の性生活を持てるように患者を解放す
ることを含んでいる。しかし，彼女は解放する以上のことを強調している。つま
りそれは，患者の新たな生命感に向けられた分析家の敏感な応答性であり，とり
わけ彼女の論文では，これまで性の感受性を欠いていた患者にそれが初めて現れ
る時の敏感な応答性である。同様のことは，絶望した子どもや思春期の人が新た
な生命力を経験する時にも起こるだろう。デイヴィスの患者は虐待を受け，以前
はひどく抑うつ的な男性であったが，ついに回復の兆しを見せ始めたある日，彼
はデイヴィスが彼になれなれしいと指摘した。その時，彼女はそうしていたこと
に気づいた。

　デイヴィスは続いて，**他者がエディプス的に理想化された親人物ではない時**
（p.759，）他者の性的関心の対象としての自己を経験することに苦闘しているエ
ディプス期の子どもと，ポスト・エディプス期の子ども（p.753）の相違につい
て論じている。デイヴィスは，ポスト・エディプス的な親は自分の子どもに現れ
てきている性愛を一定の状態で経験し，処理し，認識していて，子どもは親の奮
闘に非常に敏感に反応していると指摘している。彼女は自分自身の家族の印象的
な例を提示している。

　デイヴィスのことをなれなれしいと思った，以前抑うつ状態にあった患者に戻
ろう。その後デイヴィスは，確かになれなれしかったと彼に話した。彼は，彼女
の背後の棚にある本を書いた人たちは，そのことについて考えているのだろうか
と尋ねた。彼女は，彼らはそのことを探索すべきだと言った。しかし彼は緊張し，
この話題を終えることを望んだ。しかしながら，彼らはその後のセッションでこ
の話題に戻った。

　私の見解は，（現実生活あるいは逆転移における）ポスト・エディプス的な親
の仕事に関するデイヴィスの提言に同意するものである。しかし，セラピストに
とって，実際の自己開示を伴う必要なく，先へと進むやり方があると思う。デイ
ヴィスは，「人々があなたになれなれしくしたいと感じる人間だと，あなたは感
じ始めているのですね」といったようなことを言うことができたかもしれないと
思う。私は，「すべき」と「すべきでない」に頼ると，剥奪された患者たちにあ
まり近づけないと考えるデイヴィスに同意しており，未熟なエディプス空想とし
てその状況を説明することも同様であり，理解を示すことが重要だということを
私は付け加えたい。しかし，患者にとって，状況を過度に加熱させることは助け

にならないと思う。治療者からの開示は，どんな患者にも実際は過度な負担になるだろう。私としては，新たな発達については，より記述的に丁寧に正しく理解することで十分だと思う。

それでも，発達におけるポスト・エディプス的な親の役割に関するデイヴィスとジェラード（Gerrard）の考えは非常に興味深いと思う。

最後に，なれなれしいことについて一言述べる。それは，完全に誘惑的な行為として見なす必要はない。象徴的なレベルで生じているのならば，ある種の遊ぶことや魅力を認めることを意味するかもしれない。ブリトン（Britton, 2003, p.55）が述べた内的なエディプス的な三角形が完全なまま保たれ，尊重され承認される場合，安全な状態で生じる。

論点は，これらの論文は子どもとの精神分析的な仕事に多少なりとも関連するのだろうかということである。子どもの性的虐待の遍在について，より知られている今日では，とりわけ細心の注意が必要な事柄である。私はいくつかのことを問いたいし，性愛に関する前エディプス的な起源の可能性について何らかの考察を提示したい。それは，いくつかの発達研究と性愛についての問いを関連付けることになるだろう。そうした研究が乳児のことを驚くほど解明している場合もあるが，その多く（全てではない）は乳児の身体を無視したものであり，乳児期の性愛を無視したものである。しかし，より新しい研究のいくつかはこれらの問いと関連している。

まず，子どもの臨床事例を通して，病的な性愛から倒錯的な性愛を区別すること，そしてこの二つを正常ではあるが遅滞しているエディパルな性愛から区別することを試みたい。私はこれを事例でたどるつもりだ。その事例においては，青年期の発達初期の性愛は，**ポスト・エディパルな性愛によって**，前エディプスの重要な発達史が書き直されることを可能にする。これら全てのレベルに対する親の反応の発達的な含みについて論じるつもりだ。逆転移において，こうしたレベルの各々における感情を私たちは変容したり使用したりしている。ポスト・エディパルな段階では，子どもが防衛的な目的で他の感情を性愛化する場合とは反対に，子どもの真の性愛的感情や性愛的な自己が存在する時の精神分析的技法について私は思い巡らしている。

子どもの倒錯的性愛の一例

　7歳のデービッドは自閉的特徴をもつ広汎性発達障害と診断された。彼には言葉の遅れがあり，思考力や象徴化能力は遅滞していた。セラピストは彼に足への執着もあることに徐々に気がついた。夏の暑さとなった最初の週，私は何人かのセラピストがサンダルを履き出したことに気付き，スーパーヴィジョンで聞いたほぼ全ての患者に多くの反応があった。（私たちが自分たちの服装についてどのように考えるべきであるかということは重要な問題であり，容易に刺激されやすい患者と一緒の時は特にそうである。）どのような場合も，サンダルへの反応は他のものへの反応よりも激しい。デービッドはサンダルを履いたセラピストの足を不愉快そうに横目で見始めた。彼はセラピストの足が臭いと文句を言ったが，明らかにとても魅了された様子で足を見つめていた。また（そして，私たちはこのことは非常に重要だと考えるようになった），彼の横目は彼女が共謀していること，つまり，彼女が不潔で不愉快なことが好きだと彼女を責めているようであったが，それはまた，彼女が彼に嫌悪や反感を持つのを促しているようだった。このように，何か冷酷でサディスティックなものがあるが，そこには何かかなりマゾキスティックなものもある。

　私は，剝奪された子どもの中には，ほとんど嗜癖的と言えるほど足に執着する者たちがいるのを見てきたが，デービッドのセラピストと私は，元々の執着に関連する可能性のある**起源**について話し合った。それは，赤ん坊の頃の発達史に由来するものである。それは，赤ん坊は，カーペットの上に長く放置され，行ったり来たりして十分な時間決して止まることのない足を見ているというものであり，膝の上で顔を見ることを十分にしなかったため，足について今なお忘れられないのだということだ。これは明らかに物語の全体ではない。言うまでもなく，**苦痛への反応や防衛をはるかに超えるものがあったことは明らかだ**。デービッドが母親から嫌われ，母親をうんざりさせていたのは本当だったが，私たちはそうしたデービッドの気持ちについて多くのことを話し合い，彼の執着が今や危険なほどに嗜癖的な性質を帯びたものになったと思われることについても多く話し合った。彼の横目は嫌悪感を引き起こすものだった。それは私の自閉症の患者であるロビーに少し似ていた。ロビーは，好色的にではないがとても挑発的に私を見ており，私は怖れは感じなかったが，彼を無視したいと強く感じることがあった。

　ユリア・ヒープ（Uria Heep）とキャリバン（Caliban）^{訳注3)}は自分たちが嫌

われていると知っている。シナソン（Sinason, 1992, p.119）が身体的な障害を持つ子どもについて言及したように，自分自身を醜くくし嫌悪することは，誰かの目の中にそうした自分を見ることを甘受するよりはましだ。嫌われることを期待し求めている身体障害をもつ子どもの喜びは，最悪の場合，性的な興奮にさえなるだろう。

　私たちはデービッドに非常に困惑した。私たちは彼が性的虐待を受けていないと確信しており，嫌われていると彼がどのように感じるようになったのかについても，なぜ彼が他者にそうした感情を投影しようとするのかについても不思議とは思わなかった。しかし，興奮に向かっていく最終的なよじれを彼がどのように見出したのかについて，私たちは知りたいと思った。（おそらく，愛情のある関係において興奮や楽しさが十分でない時，とりわけ愛情が限られている場合，そうできる時にそれを掴もうとするのだろう。）

　次の素材はその答えを提示するものではないが，倒錯に達するものが段階的に進んでいる感覚を示している。

　デービッドはここ数カ月でずいぶんと改善した。足への興味はかなり減り，彼の年齢（6歳半）にしては少し未熟ではあるが普通の遊びへの興味が増大した。こうした遊びは彼に真の喜びと楽しみをもたらしたが，倒錯的な興奮はもたらさなかった。時には真の象徴的な遊びをすることさえあった。こうした時期，彼は私がキャシーと呼ぶことにする彼のセラピストに待合室では全く普通に挨拶し，彼女の足を一瞬ちらっと見るだけだった。（彼女に挨拶する時は彼女の顔をより長く見続けるようになった。）セッションは，このように新しく未熟ではあるが，より普通の遊びを構成するもので始まった。彼はコンサルティングルームにある事務用の椅子を回し始めた。この遊びはキャシーも加わり，「さあ，どうぞ」と言いながら彼女は椅子を時々止めると，デービッドはにこにこ笑い，再び椅子を回すのだった。これは一種のいないいないばぁであり，アーウィン（Urwin, 2002）はこういった遊びの出現は，しばしば自閉状態から子どもが脱け出す兆しであると述べている。キャシーは，「**時々**，彼のにこにこ笑いはいくぶん硬く，いささか『しかめ面』のように見えるけれども，彼のにこにこ笑いはより本物のように見える」と書いた。（これは，より倒錯的な瞬間に加わったり，それを増大させたりしないために，その相違をモニターすることは彼女にとってきわめて

訳注3）ユリア・ヒープ（Uriah Heep）とキャリバン（Caliban）は，はシェークスピアの「The Tempest」に登場する醜い野蛮な怪物。

重要なことだった。しかし，私たちはまた，以前は倒錯的な種類の興奮だけを知る状態にいた子どものために，彼らが最終的に達するより普通の興奮に対して私たちが受容的に反応する余地を残しておかなければならない。さもなければ，私たちは二つの選択肢しかないという親の絶望的な考え方と結託することになる。つまり，その二つとは，倒錯のスリルか過度に冷静で普通であるという空虚さである。）少しの間彼らは回転遊びを続け，ある時点でデービッドは素早く椅子を回転させ，彼の膝を相当激しくキャシーの椅子にぶつけた。それから彼は興奮した笑い声でキーキー言った。セラピストはデービッドの言葉が遅れていることを知っていた。彼女は簡潔だが情緒的な言葉がけをしようとしており，簡潔で共感的に「ああ，痛い」と言った。しかし，デービッドは即座に「泣け，キャシー！」と命令した。彼女は彼が膝をぶつけたこと，そして今すぐ彼女に泣いてほしいこと，彼女はその理由はなんだろうと思っていることを彼に伝えた。彼は「バーカ！」と言って笑った。それからキャシーは「デービッドは泣くことはバカだと思っているみたいだけれど，痛くて泣くのはバカではないと思う」と伝えた。彼女は以前に何度も，痛めつけられた子どもの人形に対する彼の冷酷な嘲りを目撃していたが，彼はまた，投影同一化をコンテインすべき人，つまり苦痛に耐え，彼のために泣く人であるということを**受け入れない**バカな人であると彼女のことを感じてもいたのだろう。（ところでいつもは，彼女は1章の車いすの子どものセラピストがするようにしていた。）ともかく，泣くのはバカではないという彼女の主張に対し，彼は横目で「モルモットの脚の臭いがした」と言って反応した。

　ここに，フェティシズムへと至るいくつかの段階を明確に見ることができる。第一に，デービッドは傷ついている。それから，彼は傷つきをセラピストの中に投影しようとしている。次に，セラピスト自身がそれを十分にコンテインしない時，彼は圧倒されるような自己嫌悪を感じているように思う。そして，悪臭を放つ足は誰かに，あるいはモルモットのような何か他の物に属している必要がある。傷ついた赤ん坊の自己は，ただ卑しむべきものではない。明らかに実に嫌なものでもある。そして，深い自己嫌悪の感情に対してあなたはどうするだろうか？これを切り抜けるひとつ方法は嫌悪感を投影しコントロールすることだろう。このような子どもの発達において，倒錯的な性的意味合いを与える最終段階にどのように達するのか，私たちはまだ完全には理解していない。明らかに，倒錯的な瞬間に対する技法的な応答は，防衛的あるいは保護的な手段（manoeuvre）への応答とは非常に異なる必要がある。そして，より普通の興奮への応答とも異なる必

要が確かにある。(Anne Alvarez, 1995; 本書の第7章)。記述的レベルの応答は
おそらく相当に冷静なものであり，いわば防衛として，それと弁明して正当化し
ようとするよりはるかに良い。

混乱した性愛（disordered sexuality）

　さて，正確には倒錯的ではないが病的な性愛性をもつ二つの事例に移りたい。
私の自閉症の患者のジョセフは，疑似言語で二つの人形をおしゃべりさせながら，
一緒にダンスさせたり，ジャンプさせたりすることに繰り返し没頭していた。そ
の遊びは非常に私的で限定的であり，真の見立て遊びと呼ぶには程遠かった。ジャ
ンプはいつも一つの地点で生じ，ダンスはダンサーの周りの最小の円形を含むの
みだった。そこにはいかなる胸の高なりもなく，関心の向かう場がないと感じら
れていたように思う。わからないことについての不安よりもむしろ極度の退屈さ
が問題だったと思う。追い求めるほどの興味関心は少しも，あるいはどこにもな
かった。(このことは，脱価値化された対象と，無価値化された，あるいは愚か
な対象との相違を必然的に含んでいるだろう。第8章を参照。)
　ある時，ジョセフは本当にすっかり私を愛している気分になったような状態で
到着した。この時動物たちは，お互いに顔の側面にとても優しくキスをし，向か
い合い頬を重ねて優しく囁いていた。私はこれが倒錯的だとは全く感じなかった
し，過度に性的な感覚に訴えるものとも感じなかった。しかし，それは止まらな
かった。それは繰り返し続き，真の愛と思われるようなものが始まったと私は考
え始めたが，アントニーとクレオパトラでさえ，時折ベッドから起き上がり，新
鮮な空気を吸うために，長い散歩に出かけなければならなかったのだ！ジョセフ
の行動は嗜癖的だったが実際は倒錯的ではなかった。だが，これは確かに，常習
的なやり方から患者を引き離し，患者がそこから動くのを助ける方法に関わる重
要な技法的問題を提起している。私は，記述的レベルとより強化的レベルの中間
のやり方で応答した。つまり，きっと，動物たちはキスすることに少し飽きてき
ていて，丘（カウチ）に登って，反対側に何があるか見たいと思うと彼に話した。
実際，人形たちはそうし，ジョセフは喜んでそれを私に見せてくれた。
　次の例は私の他のケースからの引用である。ここでも性愛性は病的であるけれ
ども（まだ）倒錯的ではないと思う。デービッドのように，幼い少年のマイケル
は私がサンダルを履いた初日，非常に興奮した。彼はしっかりと口を閉じて，部

屋を横切って突き進んだ。これは噛む欲求を抑えるものだと私は学んでいた。(このことは，生後2カ月の頃に起こり始めたのではないかと私は思っている。彼が一連の外傷的な外科手術から精神的にではなく身体的に回復した直後に母親が仕事に復帰した際，彼は授乳を拒否した。)彼はしばしば私の膝を注視して掴もうとし，そんな風に見ながら彼のペニスを押し付けようとしたものだった。その時は，素早く私の足を一瞥した後，再び同じことをしようとした。私は彼が非常に混乱し，圧倒されていて，半分抑圧され非常に**圧縮された**ひとかたまりの衝動を経験しているように感じた。それは，同時に口唇的でもあり性器的でもあるが，どういうわけか，そのすべてが非常に濃縮されたものであった。私はこれを少しばかり明らかにしようとしたが，彼を落ち着かせて，いわゆる，一度に一つの感情を経験するように助けることは非常に難しかった。

　どのような場合も，2，3日後には彼は多少落ち着き，再び非常に熱心に私の足を見た。そして，私のつま先を噛んでもよいかどうか**尋ねた**！この時は，性器的興奮は無いように思われ，私はこのことをわずかな発達だと感じた。噛むという一つの願望だけがあり，少なくとも，彼はそれを抑圧する代わりに経験するに任せた。

　夏休みから戻ると，彼は上階の足音を男性の足音だと思った。彼は足音を聞くと，いつも部屋の反対側へ素早く走り去った。マイケルは非常に万能的でエディプス的な子どもだが，父親への恐怖心は早期の過激で侵入的な外科手術の介入によって悪化していた。特に彼が私を所有しようとし，いばり散らした時，父親に対する恐怖心について私は話した。セラピーが終わりに近づくと，カウチが本当はベッドではないこと，私は彼と一緒に家に帰らないし休日に彼と一緒に旅行に行かないということに彼は気づいた。また，彼は上の階はどうなっているのだろうと尋ね，私は別の空間／場所が開いてきたと感じた。クライン（Klein, 1945）は，こうしたことは母親の身体内部の謎に言及しているのだと示唆した。一方，人類学者のクラパンザーノ（Crapanzano, 2004）は，想像上の水平線の向こうに横たわるものの重要性に言及した。(空間が開く感覚についてはブリトン（Britton, 1989）とエドワーズ（Edwards, 1994）も参照のこと。)

　私は，マイケルの激しい感情に対する強力な圧縮は病的であるが，実際は倒錯的ではないということを示唆している。彼がゆっくりと，いわば，感情をひとつずつ経験することができるなら，好奇心や思考を経験できるだろう。

正常な性愛的自己と技法についての問い
―そうしたものに対する逆転移反応の使用

　ルピナッチ（Lupinacci, 1998, p. 418）はエディプス神話における二組の親の役割に関して興味深い考えを提示している。彼女は，自己愛的で自己中心的なテーベの親は，赤ん坊の敵意に対する恐怖を取り除こうとして，赤ん坊を殺そうとしたと指摘した。そして，赤ん坊を養子としたコリントの親は親切で愛情もあるが，多少理想化され性的欲望がないと指摘した。患者や子どもの中で，また仕事をする分析家の中でも，双方の親を統合する必要があると彼女は述べている。彼女は，患者の統合を促進するためには，分析家は自身のエディプス的な衝動と取り組み，分析家自身のより柔らかいコリント人的側面とより断固としたテーベ人的側面を統合する必要があると記述している（p.418）。ルピナッチはクライン（Klein, 1945）のように，患者のエディプス的空想は，早期の母親と乳房との，より早期のエディパルな経験にあるとした。彼女が推奨する技法は，発達過程の子どものエディプス感情や早期エディプスの感情に対する親の応答に関してのブリトン（Britton, 1989）のコメントと多くの共通点がある。だが，患者になれなれしく振る舞った分析家のデイヴィス（Davies, 1998）が，柔らかく温かで母性的な逆転移反応に着目することよりも先に進んでしまったのは明らかだ。その患者に生じたポスト・エディプス的な成人の性愛に対して，彼女が正常な**官能的**逆転移について話していることを彼女はよくわかっている。

　これまでのところで，私は性愛対象に向けられる自己における性愛感情の発達について話してきた。次に，他者の性愛的な対象であると同様に性愛的存在としての自己の発達に関する問題について考えていきたい。このことは，乳児の親への緩やかな同一化と部分的に関連しているが，それは，養育者の応答や関心，歓びを十分に喚起する潜在能力をもつ存在であるという，乳児が抱く感覚の早期の発達とも関連づけられるだろう。（すなわち，親は食物や抱っこといった基本的な身体的要求を満たしているだけではない。彼らは心理的なコンテイメントだけを提供しているのでもない。）ラズニック（Laznik, 2009）は，親が赤ん坊を食べることができると感じる正常なカニバリスティックな衝動の重要性に関心を向けている。私が早期の乳児を特別扱いしているとグリーン（Green, 1995）は言うだろうが，私は成人の性愛的な自己価値の感情について，乳児期にその起源の可能性を探ろうとしているのである。明らかに，私がまさに示唆したように，象徴

形成とその結果として生じる親の性愛性への同一化（病的で過剰な同一化ではなく）の能力は非常に大きく関わっているが，他にもあるだろうか？発達心理学者から多く聞く，乳房や表情や声の互恵性に向けられた感情の重要性に関するよく知られた要素に加えて，吟味されるべき要素はあるだろうか？性愛を依存や乳児的なニードという形に要約することなしに，乳児の実際の性愛のための余地はあるのだろうか？

　はじめに，行為の主体という感覚と潜在的な能力（万能感ではない）に触れたい（Alvarez, 1992）。諸研究が示してきたのは，乳児は自分が出来事のもとになることができると発見することを楽しんでいること，そして，失敗する時や無効力という感情を経験する時はかなり引きこもる（Papousek and Papousek, 1975）ということだ。研究は，赤ん坊にベルを鳴らさせ，電気が点くというものだが，乳児にとって主な効力感は他者との相互作用の中で生じることを私たちは知っている。ガラガラを振るとさまざまなことが起こるのは楽しいが，もっとも早期には，いくつかの事柄の中で一番重要なのは他者の目を輝かせることができるということである。楽しませ喜びを与える能力は，トレヴァーセン（Trevarthen, 2001）やレディ（Reddy, 2008）によって研究されている。私はこの関係性が，ビオン（Bion, 1962b）とビック（Bick, 1968）の意味する授乳したりコンテイニングしたりする対象へのニードとは異なることを強調したい。これは喜ぶ能力がある応答的で関心をもつ対象へのニードと関連している。

　ほどよい母親を持つ赤ん坊の観察がある。誕生後 7 カ月の間，他のことで忙しい母親をその赤ん坊はかなり無抵抗に受け入れているように見えた。8 カ月頃，母親が仕事に復帰する準備を始めると，二人はより強固で生き生きとした絆を形成したように思われた。彼は笑いやクークーという音や発声を通して母親の注意を引きつけ維持することがよりできると気づき，母親はこのように魅了されることをより強く望んでいるようだった。その後，9 カ月になり，二人はインフルエンザから回復し始めていたが，再び控え目になっていた。その赤ん坊は母親の視線と応答を得ようと二つの異なる方法を試した。いずれも失敗したが，私が議論したいことは，二つの方法の相違である。はじめに，彼は数回泣いたが母親が疲れたように片付けを続け，応答しないのであきらめた。（彼の泣きは決して長くなく大声でもなかった。）次に，母親が彼の前に立って彼の方をぼんやりと見た時，彼はにっこり笑い，唇でブーっと音をたてた。一カ月前，母親は笑って彼を真似するか，そのいずれかをしたが，今では母親は彼を通り越して部屋の何かを単に

見続けていた。そうして，彼はおしゃぶりを吸いながら眠った。

　泣き叫ぶ乳児は慰めを求める。にこにこと振る舞う乳児は他者の目に輝きをもたらす喜びのような何かを求める。これは躁的防衛を伴う必要のないものである。乳児は慰めを必要としているが，それは，接近可能で手の届く対象，つまり感受性があり，関心があり，乳児に楽しませられることを喜ぶ対象である（Reddy, 2005 ; Trevarthen, 2001）。（以前私は，修復のプロセスのためには私たちは言葉を必要としており，それは修復のための基盤であり，修復への導入となると述べた（Alvarez, 1992）。誰かに何かを与えたいという願いは，傷つけられた対象を修復するためではなく，損なわれていない対象に喜びを添えるためである。）

　トレヴァーセン（Trevarthen, 2001）は幼児期に示される羞恥や自尊という情動は，発達の中心を成すと考えている。ギリシャ人が傲慢（hubris）と名誉愛（philotimo）[訳注4] を区別したように，ビオン（Bion, 1957b）は尊大さと自尊心を区別した（Lynd, 1958）。デービッドのように，非常に抑うつ的だったある少年は，ある意味嫌悪を呼び起こすことを意図した行動や話で注意を引くことが以前はとても上手だったが，注目を得るためのより普通のやり方が分からなかった。治療の数年後，彼が古いやり方を放棄していたある日，彼はセラピストに「ぼく，あなたの目が見開く時が好きだよ」と言った。それは，セラピストが関心を持っていると彼が確信できたことを意味していたようだった。そして，「私はあなたに（ポジティブな）影響を与える力がある」というように，自己と対象の早期の統合，および自己の内部の統合をも意味している。これは，長期の抑うつから回復する子どもの重要な発達として現れる。そして，私たちが単に操作的で自己愛的な誘惑だとみなす時，また，劣っているとか，無力にも誘惑されたと他者に感じさせるように単にひけらかすものと言うよりはむしろ，歓びを示し与えたいという願望だと私たちが思っている時，これを明確にすることは重要である。人の心を引きつける時，必ずしも誘惑を伴う必要はない。

児童期の性愛性―親対象の役割に関する問い

　非常に誘惑されやすい親と，誘惑されることも誘惑的であることもなく性愛を

訳注4）原文では philotomo となっているが philotimo の誤りだと思われる。ギリシャ語の名詞
　　　で「名誉愛 (love for honor)」と訳されているが，philotimo という語は徳の複雑な配列
　　　を描写しており，十分に訳すことは不可能とされている。

許容する親の間の境界線は何か？子ども（あるいは，さらに言えば乳児）は，他者に喜びを与える能力が自分にあると感じることができる。私たちは，ひけらかしや自己愛を強めることなく，子どもたちが見せていることに反応できるだろうか？見せられている物事や活動が，見せている人よりも重要であるが，見せている人もまた価値を認められている状態で，無私無欲に見せることを，私たちはどのようにして促すことができるだろうか。

遅れたエディプス発達の臨床例

第8章で，トビーという男児の患者について説明した。彼は片目がほとんど見えずに生まれ，数回の手術を必要とする状態だった。身体的には回復したが，自分自身のことをいくぶん過度に大切だと感じているようだった。しかしながら，心理的により強いと感じ始めると，彼の男性的な同一化が増大し始めた。6歳の時，ちょうど休みの前，ポップ・ミュージックへの嗜好が現れ，非常に大きく足を踏み鳴らし，男らしく突き進む確かな足取りで『Sクラブビートを歌い続けろ（Don't Stop Thinkin' about the S Club Beat)』を歌った。彼はまた，厳密には性的にではないが生き生きと力強く足を踏み鳴らすという新たなやり方で「大きなギターを持つスーパースター！」と大声で叫んだ。彼は実際，私の表情をモニターしており，私の表情は何らかの喜びを表していたと思う。彼の行動は，部屋で非常に操作的に接近する彼のいつもの行動よりも伸び伸びしていた。彼には深い損傷感や無力感からの回復に関わる何かがあるようだった。そして，わずかに遅れてはいるが，エディパルな（まだかなり自己愛的な）性的能力と性愛性を示していた。

私は第8章で，このような身体的損傷をもって生まれた乳児の親にとって，子どもに潜在的な力があると知ることや，安心や自信をもって健康的で強い男性としての子どもの将来を夢みることが非常に難しいと思うと述べた。私はここに，**成長した，性的魅力のある**大人の男性としての将来を加えたいと思う。この場合，私たちは大人の中の乳児的な自己，つまりクヌギの木のドングリではなく，ドングリの中のクヌギの木に関心を向ける必要がある。トビーの親は非常に献身的だったが，乳児の彼に魅力を見出すことが難しかったのは，彼の顔の不完全さに影響されていたからだろうかと今では私は考えている。彼を見たら，誰でも自然に関心を引かれるが，それは，乳児の健康な身体や顔に対する親の喜びや誇りと

同じ性質のものではない。

　このことは，陽性の逆転移に関する重要な問いを提起していると思う。私はトビーのダンスを楽しみ，私の反応は陽性のものだったが，特段性愛的なものではなかった。クリニックで数年前に会っていた子どものニコラは，乳児期に極度に剥奪され拒絶されていた。彼女は18カ月の時，非常に愛情に満ちた親の養子になったにも関わらず，慢性的な抑うつ状態で，解離状態や困難さも示した。彼女は，私の顔近くに物を投げたり，彼女の身体を家具に危なっかしく絡ませたりして，私か彼女のどちらかを怖がらせることにセッションの多くを費やした。約1年の治療の後，彼女が11歳の時，学校で踊ったダンスを私に見せてくれた。いくつかのステップは年上の女の子が踊ったものだった。彼女のダンスは，私に新たな喜びをもたらした。彼女はいつもよりとても穏やかで，恥ずかしそうで，防衛的ではないように見えた。ダンスは控えめだが軽快で優美で色っぽくさえもあり，非常に魅力的だった。私の目と顔つき，そして私の言葉は，この新しいニコラに対する喜びや賞賛を表していたと思う。（私は「なんてすてきなダンスなの！」というようなことを言った。）私はニコラが誘惑的であったとは思わない。そして結果的に彼女は挑発的にはならなかった。彼女は私たちの関係で何か新しいことを試みていたし，乳児の時彼女を極端に拒絶した他者には与えることができなかったある種の喜びを与えることを彼女は試みていたのだと思う。思春期は一種の新たな誕生として経験されたのだろう。そこでは，新たに発見された彼女の魅力や美しさが正しく適切に理解されることを通して，痛みに満ちた歴史が部分的に書き直される可能性があった。確かに，性愛が肯定的な経験の主要な手段になり得る状況へと移るためには，さらなる分析的な仕事が必要であった。彼女は彼女の対象を開放して楽しませる他の方法を見つける必要があった。

おわりに

　結論としては，プレエディパル，エディパル，ポストエディパルというすべての水準での患者の身体や性愛性に対する私たちの逆転移に関しては，探究されるべき多くの仕事が依然としてある。乳児が自分の身体や表情，音声を使って喜びを与え，影響を与え，楽しませる，そうした能力の中で，ポストエディパルな対象関係の起源の可能性があることをいくつか推測してみた。乳児の機知や聡明さについて論じる時間はなかった。誰かが私たちに笑いかけ，あるいは何か気の利

いたことを言う時，それは知識のひけらかしや自己顕示ではない。それは私たちに喜びを与え，間違いなく私たちを引き付け，時には性的に魅力的でさえある。こうした性質の逆転移を単にエディプス的，あるいは誘惑的な行為として説明して片付けず，健康的で新たな誕生といった発達の可能性への感覚を維持しつつ，どのように用いるかは細心の注意を要する問題である。時に陽性転移は陰性転移よりも受け止めて持ちこたえることが難しい。それが性愛的なものである時も同様である。陽性転移は，私たちの逆転移反応において，多くの勇気，正直さ，配慮を必要とする。

第 10 章

妄想 - 分裂レベルでの未統合[訳注1] の状態と統合状態

はじめに
―ビックの不統合（unintegration）についての論争的見解

　マリアン・ムーア（Marianne Moore）[訳注2] は彼女の卓越した詩である『センザンコウ　The Pangolin[訳注3]』を，それぞれの夜明けが新たな希望で男の魂を静めることで終わらせている（Moore, 1968）。本章では，不安定であり，かつ不安定にされている子どもたちの治療に関して振り返って考えたことが書かれている。1960 年代後半，エスター・ビック（Ester Bick）は，防衛を目的としたスプリッティングの過程を通しての無力な不統合と防衛的な統合の解体（disintegration）との区別についてまとめ，それはとても興味深くしかし論争を引き起こすものであった（Bick, 1968）。いくつかの混乱の原因は，彼女が無力な不統合について言及した時に，彼女はある**状態**としてのみ，そのことについて言及したことである（この状態を「ゆらぎ」と述べてさえいる）。しかしながら，他の時には彼女は発達の最早期の**段階**における**特徴**としてそのことについて言及している。2004 年に乳幼児観察の教育に携わっている人たちの学会の大会では，ジョアン・シミ

訳注1）under- integration を未統合，unintegration を不統合，disintegration を統合の解体と訳している。ビックが分類した統合と非統合の間の状態，また，統合していた状態がばらばらになる状態についてアルヴァレズは着目している。英語の integration に接頭語の un-,dis- をつけることによって統合していない状態のそれぞれについてアルヴァレズは描写しようとしているため，日本語でも「統合」という言葉を残した形で訳すことを試みた。

訳注2）マリアン・ムーア（Marianne Moore,1887-1972）はアメリカの女流詩人である。モダニストとされ 189 篇の詩を発表した。

訳注3）センザンコウはセンザンコウ目の哺乳類に属する動物の総称。体全体が鱗で覆われている。

ントン（Joan Symington）はビックの発達の最早期の時期（もしくは段階）と
いうこのような考えについて明確に同意している（Symington, 2004; Symington,
2002 も参照のこと）。この主題についての多くの論争が引き続き行われている
（O'Shaughnessy, 2006）。

　ビックの最初の原著論文は『早期対象関係における皮膚の経験』であり，それ
はとても短く圧縮された論文であるが，かなり断定的な調子で記述されている。
彼女は以下のように記している（Bick, 1968, pp.55-56）。

　　この論文の主題は，最も原始的な形態において，パーソナリティの諸部分はそれら
　　の間に束ねる力があるとは感じられておらず，故に受動的に，つまり境界としての
　　皮膚の機能として経験されているように共に束ねられなければならない。しかしこ
　　の自己の諸部分をコンテインする内的機能は，外的対象の取り入れに初めは依存し
　　ており，この機能を実行する能力があるように経験されるのである。後に，対象の
　　このような機能との同一化は未統合状態に取って代わり，内的外的空間についての
　　空想を生じさせる。**その時になってようやくその段階の準備が整えられる**［著者に
　　よる強調］。それは，メラニー・クラインが記述したように，原始的スプリッティ
　　ングや自己と対象の理想化の操作のためである。コンテイニングの機能が取り入れ
　　られるまで，自己の内部における空間という概念は生まれ得ない。

　彼女は以下のように続けている（p.56）。「この初期の状態におけるゆらぎは，
乳幼児観察からの事例の素材の中に描かれるだろう。そしてそれは，全体的に無
力な受動的経験としての不統合と，発達のための積極的な防衛的過程としてのス
プリッティングの過程での統合の解体との違いを見るためである。」彼女は，前
者は破局的な不安を導き，後者はより限定的で特殊な迫害的，そして抑うつ的不
安を導くと述べている。さらに，彼女は以下のように続けている（p.56）。

　　コンテインする対象へのニードは，乳幼児の不統合の状態 unintegrated state に
　　おいて，光，声，臭いといった対象もしくは他の感覚的対象を死に物狂いで探して
　　いるように思える。そして，その対象は注意を保持することができ，故に少なくと
　　も瞬間的にはパーソナリティの各部分を共にまとめるものとして経験される。最適
　　な対象は，口にふくまれた乳首であり，それは抱っこし，話しかけ，慣れ親しんだ
　　匂いのする母親と共にある。

第 10 章　妄想 - 分裂レベルでの未統合の状態と統合状態　217

　ビックは，乳児が震えること，無秩序な動きをすること，肌が感情をまとめて保持することができず，こぼれ出してしまうという感覚をもつ彼女の患者の例を挙げている。ビックは異なる数種類の「コンテインする」対象を列挙しているように見えるだろうが，臨床素材において，そして論文のタイトルにおいても，そのような対象が皮膚として具象的に経験されると限定した。私の経験では，統合を行うもの（integrator）の他のタイプも同等に重要性を与えられるべきである。
　ビックの論文についての議論において，いくつか問いが生じている。ここで一つずつそれらを取り扱い，私自身のいくつかの考えを付け加えたい。

すべての外見上の不統合状態が，原始的な統合に対する統合の解体過程の結果としてみなされ得るのか？

　欠損という概念（米国における）と，これと幾分か似ている無力な不統合という概念は，当然論争になる。それらは，思考過程の力動的起源，つまり生得的な有意味性と目的性に関するフロイトの偉大な洞察への挑戦であるように見える。これは古い争点である。フェアバーン（Fairbairn, 1952, p.14）が指摘していることは，フロイトの抑圧の概念は基本原理であり，その上に精神分析理論によって表される全体的な説明システムは構築されている。それにもかかわらず，純粋に獲得したものはなかった。なぜなら，精神分析理論には自我の脆弱性という考えのための余地がなかったからである（それはシャルコーが，彼と後にはフロイトが治療していたヒステリー患者の特徴だとみなしていたものであった）。子どもとの治療においては，心のあらゆる状態を含む力動的なモデルを私たちは加えるかもしれないが，病理的なものであろうと意味のある動機から生じており，自我の**未熟さ**や，それゆえの無力さのような何かについて考えるための余地が残されている。
　不統合に影響を与えている積極的動機（意図的であること）に関する問題については（つまり，こうした患者や乳児たちはそれほどには無力ではないのか？），ウィッテンバーグ（Wittenberg）を読むと興味深い。彼女はこの論点に対して開かれた心を持ち続けていたように思えるし，彼女のアプローチはクラインやビオンのアプローチ法よりもビックのものに近い。彼女の自閉症の幼い患者の原初的な抑うつに関する記述の中で，彼女はビックの付着同一化の概念に言及し，彼女（ウィッテンバーグ）の腕，彼女の膝，彼女の注意が「[彼女の患者である] ジョ

ンの精神を束ねて引き寄せるための紐」であるようだと言った。彼女は，「私が引きこもる瞬間，ジョンの心はばらばらになり，それはおそらく，完全な無力さに苦しむというよりもむしろ，それを受動的になすがままの状態にしているのである。他の子どもだったら憤怒や恐怖から叫ぶかもしれない場面で，ジョンは手の届かないものとして彼の対象を経験し，絶望して諦めてしまう」と付け加えている（Wittenberg, 1975, p.93）。絶望状態における志向性について網羅的に取り組んでいるウィッテンバーグの鋭敏さに着目しよう。

　私の見解としては，精神分析，精神分析的治療，脳科学者は絶望的状態についてもっと多くのことを学ばなければならないと思う。絶望的状態は抑うつポジションの抑うつとは確かに異なるだけではなく，またメランコリーとも迫害的状態とも異なる。私は諦めることは解離やスプリットとは異なるのではないかと思っている。一方は絶望への反応であろう。他方は恐怖や憎悪への反応であろう。もちろん，そこには諦めることのいくつか種類があり，そのうちのいくつかは（全てではない）無力さである。第1章でロビーの虚脱状態について論じたとき，年々彼がとても積極的な方法で受身的態度を用い，乱用するようになったやり方について私は言及した。このことは，彼の原初の状態である無力さを疑うものではないが，それはある動機を他の動機から区別することに対して慎重であり続けるための教訓である。特にそれらが同じ時に一緒に現れる時には！（本章の後半にあるサミュエルの複雑で混乱した動機を参照）。

　この論争を特集した「子どもの心理療法ジャーナル」（Journal of Child Psychotherapy）の号において，私（Alvarez, 2006b）は，ビック（Bick, 1968）や後にシミントン（Symington, 2002）が当時言及した不統合によって示された，より永続的な発達における「段階」としてよりも，（可能な限り一時的な）不統合，もしくは（私はそう呼ぶ方をより好むように）未統合（under-integration）「状態」についてのみ私たちが語るならば，混乱のある部分，そしてその論争についてのある部分さえもが回避されるだろうと述べた。続けて，その問いについて部分的にではあるが検討してみよう。

そもそも不統合な状態は存在するのか？早期自我のまとまりの程度についての問い

　私は，防衛的もしくは破壊的な統合の解体の過程が存在するという考えに確か

に同意するだろう。しかし私の臨床経験によって，ビックが記述したばらばらになるという無力さのタイプが存在するという考えを私は維持することにもなる。脳科学者はこれを支持するかもしれない。トラウマの研究者は，解離を脳内のニューロン結合を切断したり遮断したりする保護的メカニズムとして記述してきた。例えば，虐待もしくはトラウマへの反応として，考えることと感じることの間のつながりを切断し遮断するのである（Schore, 2003）。しかし，ペリー（Perry, 2002）は，ネグレクトの影響により，脳内の樹枝突起やシナプスの成長不足を引き起こすという，かなり異なる状態についても述べている。脳の発達が脆弱な赤ちゃんや子どもが苦痛に対する必要な防衛をあまり求めようとしない傾向があることは，想像可能だろう。乳児が用いることのできる「防衛」の種類や緻密さは，赤ちゃんの年齢や情緒的認知的発達の状態に左右されるようである。（第2章に記載されている，パポーゼクとパポーゼク（Papousek and Papousek, 1975）の研究の考察を参照。）そのような子どもたちや赤ちゃんは統合していくプロセスが欠けているようで，私が提言したように統合していくプロセスを攻撃しているのではないようだ。脳科学者は解離を自動的で防衛的な機制としてみなしており，何らかの防衛的なものやどうにかしようとする意図的なものというよりもむしろ，非生産的で習慣的なものになりうると考えていることに注意を向けることは重要である。私たちは，乳児期や子ども時代の慢性的な解離が極めて重大なレベルの認知的遅滞を生じさせる可能性があることを考える余地を残しておく必要がある。言い換えれば，慢性的な統合の解体は不統合につながるだろう。慢性化と重症度は精神病理だけではなく，あらゆる病理の主要因となっている。第1章で触れているが，私は何人かの患者の中にそのような空虚さがあるのを目の当たりにしている。そして，そのような状態が彼らによって防衛的に探し求められたということを疑うようになった。私は，いくつかのケースで，ある瞬間においては，その状態は探し求められたものではないと結論付けた。患者は本当に防衛がないのである。あまりにも早い時期から，そのような状態であまりにも長く過ごすことは，構造の萎縮とまでは言わなくとも機能の低下を引き起こし得る。

　新生児行動評価尺度（NBAS）による健康についての専門家の訓練と，その治療的介入としての利用についての論文がホーソーン（Hawthorne, 2004）によって発表された。これは，満期出産の赤ちゃんたちと，その赤ちゃんたちの間の大きな差異に言及している。この尺度は，例えば，自律的システムの機能のレベルといったことを測定する。「震え，驚き，色が変わり，ストレス信号を出してい

るように見える赤ちゃんは，まだ彼らの制御された自律的システムを得ようとしているのであり，コンテインメントやなだめるように取り扱われることを必要としているのかもしれない」(p.3)。この尺度はまた，赤ちゃんの状態システムを測定し，それは習慣化の能力を評価する。つまり，物事に赤ちゃんが慣れる能力である。「刺激を受けると簡単に起きてしまい，再び眠ることができない赤ちゃんは，一人で眠り続けることが難しいという問題を抱えやすく，静かで暗い部屋で眠るというような環境調整が必要となるであろう」(p.3)。

　早産の乳児の場合，予後の観点からネグリ（Negri, 1994）が述べていることは，ひとたびホメオスターシスが達成されると，妊娠 42 週目に向けてのそれまでとは**異なる状態の組織化**が，早産の子どもの精神的健康の指標となるということだ。小児科医は連続した未分化な状態ではなく，実際に十分に覚醒していることや十分静かに眠ることを期待する。「子どもの状態は，子どもがある程度の期間，明確に定義された状態に留まることができた時に，組織化されたものとして特徴づけられる。そして，それはある状態から他の状態への**緩やかな変化**を伴うのである。筋肉や姿勢の動きのような，状態の突然の変化は子どもの脆弱性の徴候となる。」(p.109)

　私は，徐々に変化することは極めて重要であると考えている。私は何人かの患者をみてきたが，誰ひとり早産の赤ちゃんではなかった。一つの心の状態や思考から別の状態や思考へと急に変わることは，逃走や回避的なやり方ではないことを学ばなければならなかった。つまり，患者は移行を促すある種の必須の連結を欠いていたのである。患者の経験は曲線的な移行というものが欠けており，こうしたものを作り出すのを助けるのは技法的には挑戦である（第4章で連結を作ることのより詳しい議論がなされている）。私の印象であるが，防衛的に動機づけられ，躁的に回避しようとする子どもを私たちが落ち着かせようとする時，不安や抑うつや怒りは，そのスピードに対する防衛だとわかる。連結が欠けている子どもたちとの心理療法では，私たちはまず困惑に，それから好奇心に気づくが，後に何かがその隙間を満たし得るし，より長い時間がかかって何かが存在し得るという考えには喜びさえあることに気づく。

　そのような移行はポジティブからネガティブへ，あるいはその逆へと常に変化するわけではない。時に，興奮しすぎた状態から扱いやすい快感へとどのように落ち着くのか，という問いが生じる。私はしばしば，耐えられる移行という考えが育ち始めるとき，危険な絶壁というよりはむしろ公園にある滑り台が素材の中

に現れ始めるのを見てきた。(Sorenson（2000）の母性的に移行を促進する行動の重要性を参照。)

不統合は発達における一次的な最早期段階なのか？ビックの考えはクラインや発達心理学者への挑戦なのか？

　私は，不統合な状態と防衛的もしくは攻撃的な統合の解体状態を区別することが技法的に治療的正確さにとって重要だとしたビックに同意する。その一方で，こうした必要性が，そのような状態が発達の最早期段階における特徴として，つまり一次的なものとして組み込まれるべきだという想定を導くとは考えていない。私は乳幼児観察（ビック自身が考案したもの（Magagna et al., 2005; Miller et al., 1989; Reid, 1997; Sternberg, 2005）と，赤ちゃんの関与する能力と準備性に関する乳幼児の研究（Stern, 1985;Trevarthen, 2001）の両方から支持される形で，クライン派が早期の未発達の自我の存在，そしてある程度の生得的な対象との関係性の存在を明確に示していると考えている。赤ちゃんは以前に考えられていたよりもはるかに統合されており，能力があること，そして，対象を期待することや対象を探求すること，対象を用いることが分かっている（Stern, 1983）。多くの研究者が，脳内では「仮想の他者」がおそらく存在し，その輪郭は経験で満たされていると示している。今日，ミラーニューロンが研究されており，ミラーニューロンはそのような生得的に与えられた相互的なパーソナリティ（interpersonality）の要素や予備軍だろうと考えられている（Rizzolatti et al., 2002）。

統合は対象 - 関係性に必要な前提条件か？

　不統合状態にある乳児が対象関係を持ちうるかどうかというさらなる問いがある。未統合，つまり喪失あるいは絶望的な瞬間に赤ちゃんが探している（もし赤ちゃんが何かを探すことができるのならば）対象は，必ずしも栄養や愛を与えるものではなく，むしろまず第一に赤ちゃんをしっかりと抱えることができる対象ある。コーエン（Cohen, 2003, p.70）は未熟児の研究論文を執筆したとき，クライン，ビック，ビオンの理論をうまくまとめている。「私は赤ちゃんが統合を求めていることを示したい。そしてこの研究は答えを必要としている... 赤ちゃん

は抱えられることを必要とし，そして抱えられる。そうして，抱えられること
と，赤ちゃんが必要としているものについて考える誰かという概念の両方を経験
する。」赤ちゃんが統合を「探し求める」かという問いは難しいであろう。なぜ
ならば，探し求めることは特には無力とは思えないからである。ビオンの前概念
がここでは助けとなる。私たちは前-探索もしくは原-探索のようなものに気づ
くと私は考える。私は自閉症の子どもたちでさえ，何を探しているのか彼らが知
ることなく何かを探すが，探していたものを得たとき，それを認識することを見
てきた。ゆえに，ビックが「最も原始的な形態において，パーソナリティの最も
原始的な諸部分は，それら自身を束ねる力がないように感じられている」と言う
のには，私は同意しない。そして私はコンテインする機能が外的対象からのみ生
じるということにも同意しない。赤ちゃんの中には（おそらく大半の赤ちゃんで
あるが）かなりの内的結合力や堅固さ（solidity）を持って生まれる者たちもいる。
しかし，すべての赤ちゃんには限界があり，最も個体としてしっかりとしている
赤ちゃんの１日の経過を通して見ても，統合の水準には変動が確実にある。サン
ダー（Sander, 1975）は，赤ちゃんの養育者との関係性に必要な前提条件を指摘
した最初の一人であり，その能力を彼は「組織化された（organized）状態」と
名付けた。より組織化された赤ちゃんの状態（つまり，睡眠もしくは十分な覚醒
という状態）は，より全体的で，より明確な輪郭をもち，より持続性がある。組
織化はある出来事の予測，再現，連続への期待を含んでいると彼は言っている。
そして彼は，これは脳の発達や関係する能力に影響し，世話する人が何度も変わ
るよりも連続した養育者をもつ方がはるかに助けとなることを示している。

ビックの議論に他に残されている価値は何か？いくつかのニードは他よりも優先されるのか？

　前提条件に優先順位があるという概念はとても有用だ。それは，関係性のため
に必要不可欠な前提条件というビックの考えに添っており，発達のすべての段階
を含む前提条件というものを必要としない。さらには，ブラゼルトンら（Brazelton,
et al., 1974）の，母親が赤ちゃんに関わる前に赤ちゃんを快適な姿勢にするとい
うやり方に関する研究結果を参照するとよい（Brazelton and Nugent（1995）も
参照）。もし私たちが，赤ちゃんの中には他の赤ちゃんよりもより（そして，あ
る赤ちゃんたちはより少なく）統合されて生まれる者たちがおり，赤ちゃんは

皆，1日の経過の中で変動すると想定するならば，ニーズの重要度というものが あるだろうと理解できる。言い換えれば，よい取り入れと内在化が生じるための ある種の前提条件が存在するということである。(今日，分析家は技法的観点か らこのことについて語っている。ジョセフ（Joseph）（早くも1978に）が記述し た手の届き難い患者のコンテインメントの必要性，そして，スタイナー（Steiner, 2004）は，コンテインメントは患者が彼ら自身を引き受けるより先に起こる必要 があるかもしれないということに言及した。）ひどく混乱した患者に対して，彼 が取り乱しているのは分析家が休暇を取ったからだろうと話すことは，その患者 が十分に落ち着くまでは意味がないということを私たちの多くはわかっている。 まず，分析の休みからお互いに戻ってきたと認識し，それから聴くことができる のだ。落ち着くことが最初の課題である。と言うのは，酸素を必要とすることは， 栄養を必要とすることに生理的に先行するため，乳房にあまりにも近く抱かれた 赤ちゃんは**呼吸できるまで**乳房を吸うことができない。人が大出血の危機に瀕し た時，末梢まで供給される血液が減少するが，心臓，腎臓，脳などの生命維持に 必要な臓器には循環し続ける。乳首からあまりにも離れて抱かれていたり，母親 の腕の中で不安定に抱かれたりしている赤ちゃんは全力で乳首にしがみつくだろ うが，たくさんのミルクを飲めず，乳首や乳房をあまり探索せず，楽しめないだ ろう。確実に吸着することは，リラックスし，快感を伴う取り入れを可能にする だけではなく，それらの必要不可欠な条件でもあるだろう。注意深い取り入れは， 安全で楽しいという，背後にある条件に依っている。ウォルフ（Wolff, 1965）が 示しているのは，赤ちゃんが十分にリラックスし，この世界に十分に関心を持つ ほどに注意を呼び起こすために，まずは十分に授乳されて快適である必要がある ということだ。苦痛状態にある赤ちゃんの好奇心は満足した赤ちゃんの好奇心と は大いに異なる。切迫感によって，好奇心はより狭く，より限定的なものとなる。

　従って，私がビックとシミントンの考えに同意しているのは，**ある程度の統合** は，よい対象との関係，悪い対象という明確な感覚，そして外的な悪い対象への **投影に必要な前提条件**だということである。こうしたプロセスに対処するにはあ まりに重症な患者たちが，それに対処できるだけのまとまりをもつようになるの は非常に重要な瞬間である。ワデル（Waddell, 2006）の患者は良い対象と接触 でき，それが彼を安定させた。同じようなことが悪い対象群を統合する能力にも 当てはまる時もある。私は時々自閉的，精神病的な患者が断片化された状態から 幻覚状態，つまり恐ろしい対象へと移行するのを見ている。しかし，そのような

進行は発達かもしれない。と言うのも，世界のある部分に悪い対象が住んでいるのではではないからである（同様の例について，ロドリゲ（Rodrigue, 1955）を参照）。悪いものは限定された空間の中で焦点づけられ，形成され，最終的には居場所を確認されるのである。どのように人が情緒的認知を発達させていくのかを検討する中で，ブロンバーグ（Blomberg, 2005, pp. 35-36）は自身の幼い患者であるアマンドについて，彼の中や周囲の全てのものがいかにひどく，破局的な危険で満ち溢れているのかについて記述している。アマンドが何らかのことで脅かされている時，

> 彼は不安で壊れ，叫んだ。彼は何か他のものに怒ったり怯えたりしているわけではない。そのために彼は何も怖がることができないし，敵にすることもできない。「名付けようのない恐怖」（Bion, 1962a）…は，すべてを取り囲んでいるので，それには表象がない。距離を持って見ることができない。それはただそれなのである。

妄想分裂レベルにおける統合についての問い

　抑うつポジションにおける愛と憎しみの間に達成される統合についてのクライン派の考えはよく知られている。ここで私は妄想分裂レベルでの統合に関して考えたい。まず，思い出す必要があると私が考えていることは，その過程はスープを作るために肉と野菜とスープの素をむらなく混ぜ合わせる時に起こる類の物事とは同じではないということである。ポトフもしくはキャッセロールにおそらくもっと似ている。ある部分が固有であることが重視される時が少なくともある。「協調関係 coordination」は有用な言葉である。シーゲル（Siegel, 1999, p.321）は自身の著書の中で，脳の研究と心理療法を関連づけている。「統合は，土台となる再入過程（fundamental re-entry process）を通して，分化した下位構成の回路をより大きな機能的システムの中に編入することである。相互に制御していくこと，つまり再加入によるつながりの状態に相互に影響を与えていることは，「共鳴」と言われる」。彼は分化と特殊化，特に，「一次的な情動状態を特定の情動へと分化する」ことの重要性を強調している（p.127）。統合は，異なる構成要素を機能的に結びつけることを可能にする。ここでは，ビオン（Bion, 1962b）の a 機能の概念は興味深い。私自身のイメージはこうである。私たちが個々の思

考にさまざまな意味を与え，絶え間なく広がる意味の領域が広がっていくに任せることで，以前にはかなり遠く離れていた二つの思考が連結される。それは，私たちが二つの石を川に投げ入れたときに二つの波紋ができるのに少し似ている。しかし私たちはそれらの準備ができていないのに連結させることはできないし，そうすべきではない。

　興味深いことに，クライン自身が（1963, p.300），早期統合は部分対象との関係において生じることについて繰り返し述べている。リッカーマン（Likierman, 2001, p.17）は，クラインが次のような矛盾に着目していることを思い出させてくれる。クラインは，統合過程は良い対象の取り入れ，何よりもまず部分対象，母親の乳房に基づいているということと，悪い経験をスプリットすることは幼い乳児にとって関係性を保護することに基づいているということを両方言っている。最近の被虐待児の脳解剖学の研究は，神経組織の束は二つの脳半球間の情報伝達を可能にさせる脳梁の発達において，特定の機能障害が発生するのと同様，脳全体の大きさが縮小することとの関連を示唆している。デ・ベリスら（De Bellis, et al., 1999）は，解剖学的に区分された脳の部分の統合の解体と解離は，トラウマの深刻な影響だと指摘している。（Schore, 2003, pp.213-214 を参照。）

　私たちがさらに多くを学ぶ必要があるのは，良さや安全の取り入れを促進する方法と，有益なスプリットを重んじる方法についてだと私は思う。次に，統合を促すものだと確認されたことのリストを提示する。それらは私たちの治療的な仕事に技法的な影響をもつ。

早期の前抑うつ的でプレエディパルな統合様式と統合するもの（integrator）の様式―技法的含み

ビックの言うコンテインメント

　ビックは 1968 年，対象が統合を促進するさまざまな方法を示唆することによって，無力で受動的な不統合を明確にした。それは，例えば，口の中に乳首を含みながら，馴染みの匂いをもち，抱え，話す母親と一緒だということである。ビックはまた，光や声がどのように注意を保持しうるのか考察している（もちろん，注意をひきつけ，そして持続する（2 つは異なる）ための強力な磁石として，養育者の顔や目が重要であることについて，今日ではより多くのことを私たちは知っている。後でこのことに再び言及したい）。しかしビックの主要な強調点は，

パーソナリティの不統合な部分のコンテイナーとしての皮膚という考えにある。さらに，私たちは人の皮膚，より詳しくいえば，筋肉や手や足は過度な刺激や侵入を**入れない**でおくことができると感じることの重要性も加えたい。そこには，抱え上げられ，同様にしっかりと抱え降ろされ，抱え込まれると感じることへのニードがある。(ロバートソン（Robertson, 2005）を参照のこと。彼女は，脳性まひの危険のある赤ちゃんは，仰向けにされて腕を激しく揺り動かす状態よりは，「巣のような場（nest）」が与えられることが重要だと書いている。) このようにさまざまなコンテインメントが失敗するとき，付着的なプロセスが結果として起こるだろう（十分に抱えられたと感じた時の幼いハリエットの注視と，そうでない時の相違を以下で示す）。

　この点について論じた 2005 年 2 月に開催された学会の大会において，討論グループの一つは，ビックは良い不統合について考えているのだろうか（ウィニコット（1945）のように）と問うたが，私たちは必要不可欠な付着についても思いめぐらせた。精神分析的設定は，出会っている空間についての予測性とセッションの時間の規則性の中で，とても力強く抱えること，言い換えると，構造化することや定着することの体験を提供する。それは分析的治療において必要不可欠な枠組である。

　乳幼児観察で，ハリエットという 15 カ月の女の子は，普段はかなりよく統合されていたが，ややバラバラになり始めていた。普段のコンテインするくつろいだ雰囲気の中で，観察者に向けられる彼女の視線は興味を示し，好奇心があり，そして時々わずかにいたずらっぽい傾向にあった。しかし，ごく小さなストレスが家庭であった時期，つまり年上のきょうだいの新しい幼児グループに急いで行かされて，新しい状況にきょうだいが慣れることに母親の注意が集中している間，ハリエットは目的なくふらふらと歩き回るままにされていた。ハリエットは家ではかなり抗議することができていたのに，抗議していなかった。しかしここでは，彼女はかなり空虚に見えた。彼女はそれから観察者に気がつき，何度も観察者をじっと見た。それは文字通り，彼女がそうする時には常に彼女の足取りは安定し，彼女の身体は落ち着くようであった。観察者によると，この食い入るような視線は，普段のより生き生きとしたものとはとても異なっていた。急ぐことや，一時的であるが通常の母性的コンテインメントが不十分であることが，「彼女の魂を不安定にし」，通常よりも未統合の状態に彼女を置いたのだと私は思う。第 3 章で私が言及したように，アントニオーニ（Antonioni）の『愛のめぐりあい（Beyond the Clouds)』はメキシコ人の戒めを物語っている。それは，旅人の中には彼らの魂が置き去りにされてしまうのを恐れるため，山をあまり急いで登らない者たちがいるということである。そのような時，母親は腕の中に幼い子どもを抱き寄せるだろうし，それによって子どもは自分自身を再発見するだろう。同じようにセラピストは，ぼんやりとして見える子どもに休暇についての混乱や怒りを解釈することよりも，この部屋を思い出すことが難しいのだということを気づかせることがあるだろう。混乱や怒りといった感情は，子どもが自分のセラピストと彼自身を見出したときに感じることができる。

ビオンの言うコンテインメントと変形（transformation）

1960年代のこの同時期に，ビックの考えは，ビオン（1962b）の記述の中で概略された別のタイプ，時には非常に異なるタイプのコンテインメント，つまり，考える心と健全さと密接に関連しているタイプへの認識の高まりと対応されていた。無力な不統合な状態への適切な反応というビックの概念は，抱えることや時に落ち着かせることに大いに関係がある(Miller, 1984)。ビオンの考えは，強力で，活発な種類の投影を受け入れ，まとめるコンテイナーである。コンテインメントという彼の考えは，苦痛状態にある赤ちゃん（あるいは患者）を落ち着かせることを遥かに超えた何かを含んでいる。赤ちゃんは非常に心をかき乱すような感情で満たされており，そうした感情を変形し，耐えられ得る形で赤ちゃんに戻すというやりとりを試みることは，母親（もしくは分析家）の多大な負担，すなわち，母親自身の感情についての多大な作業がなされた後になされる。技法的な問題は，どのように，そしていつ患者に投影を戻すのかということである（第1章の車椅子の少女の例を参照のこと）。

α機能，時の経過を通して（through time）抱えること，そして経験の十全さと持続性に関連する調整

ビックとビオンの概念は異なってはいるが，空間的メタファーが利用されており，例えば利用可能な膝や腕，そして心の受容性というものがある。さらに，ウィニコット（Winnicott, 1954）が指摘しているように，時間的な統合も重要である。彼は時間をかけて抱えることが，存在し続けているという感覚を促進することを強調している。それはまた対象が存在し続けることも促進するかもしれない。私は，自閉的な患者のサミュエルとのセラピーを行っている時に，取り入れの機制

に与えられた時間の長さについて興味を持つようになった。私たちはどのようにして，普通の時間，順序性，連続性と同様に，私たちの対象の耐えることができる力，持続することができる力，戻ってくることができる力についての内的感覚を獲得**する**のだろうか？

　メンデス・デ・アルメイダ（Mendes de Almeida, 2002）の論文には，深刻な混乱状態にある子どもたちとの技法的な点について興味深いことが書かれている。彼女は経験についてのさまざまな水準とさまざまな事項が統合されることの重要性について述べている。しかしながら，彼女はまた経験を同定していく早期段階についても記述している。彼女はそれを「心が形成されていくことに関わること」と呼んでいる。彼女は次のように論じている。(p.3)

　　こうした子どもたちと一緒の時，私たちは「声を出して考えていること」に気づく。まるでそれは，私たちが観察し，気づいていること，私たちを驚かせたり，興味をひきつけたりすること，それと同様に，私たちの観察する眼を通して彼らを驚かせ，興味をひきつけるように思えることを「放送している」かのようだ。私たちの関係性のまさに核となる部分で，私たちは彼らと，思考が現れ形成されていくことを共有する。それは，不快感を衝動的に排出することから，コミュニケーションを図ろうとするニードや意図のコンテインメントや変形というおそらくより精巧な経験までを含んでいる。

　　それはまるで私たち自身の中の内的聞き手と話すかのようであり，私たちは子どもに，そこには空間，つまり心があり，感情，感覚，知覚といった心的内容は，たとえ断片化された状態であっても，記銘され，処理され，統合された経験という，いくらかの共有された価値を獲得することを可能にするだろうということを示す。私たちが「声を出して考えること」を研究していくことは，母親が赤ちゃんの欲求に関して，自分自身や赤ちゃんに探索的に話しかけることに似ており，思考というものの柔軟性やなめらかさを示している。心の空間の内側では，一つの状況がさまざまな側面や可能性で見られ，探索されているのかもしれない。

　この結びつきは経験に影響するし，思考にも影響する。私はメンデス・デ・アルメイダの「不快なものの衝動的な排出」について，特に投影のメカニズムがとても弱かったり阻害されていたりする子どもたちの場合に，そっくり真似ること

（echoing）や拡充することに関する点について強調するだろう。彼女また，心と同様に脳内での新しい取り入れと新しい連結の促進についてのさらなる問題への対処法をも示していると私は思う。

第1章で概略したショア（Schore, 2003）の示唆にも着目しよう。ショアは，これまでに発達的に相互作用的に調整されたり，内的に表象されたりしたことがない無意識的な情緒についての認識や同定の重要性について述べている。ディサナヤケ（Dissanayake, 2009, p.23）は母親から乳児に表されるシグナルの注目すべき性質について言及している。

> 母親によって「ひとまとめにされているもの」の中で複合的に使用される視覚や声や身体動作の要素は，**大人のコミュニケーションに関する信号の型が単純化され，繰り返され，誇張され，精緻化された**ものである。そして興味深いことに，それらは大人が通常の肯定的な社会的やりとりの中でお互いに使用する親和的表現とすべて同様であり，それに由来しているだろう。つまり，口を開けること，眉を上げること，微笑むこと，見ること，頭を動かすこと，体を傾けること，うなずくこと，柔らかく高音の波打つような声を出すこと，触れること，なでること，キスすることなどである。

だが，ディサナヤケは，これらのシグナルを正確に引き出して赤ちゃんが遊ぶ役割を私たちは縮小するべきではないことを強調している。フォナギーとターゲット（Fornagy and Target, 1998）のメンタライゼーションの研究はここで関連があるが，上記で引用した著者たちの研究が示しているよりも高い水準でそれらは作用していると私は感じる。フォナギーとターゲットは彼らの患者に「心の理論」が発達することを望んでいる。これに対して，ディサナヤケ（Dissanayake, 2009, p.23）はより原初的レベルで研究を行っている。つまり，「一人の情動的な人間がもう一人の情動的な人間にかかわるという感覚」を発達させることを望んでいる。

例えば第1章で私は，とても早期に危険な呼吸不全を経験した5歳のディビットの心理療法において，，自己共鳴のようなものを提供する α 機能について説明した。彼は，治療者が彼に同調するように，また彼をまさに再生するように，咳こませた。そして次第に，息が詰まるような音は遊びに満ちた共同遊びの一部になった。私は，妄想分裂ポジションの奥深くにいるこうした患者たちが α 機能を

得るためには多大な助けが必要だろうと思う。良いと悪いにスプリットされたいずれかの側にもさまざまな要素があり，その２つが統合される準備ができるまでには長い時間が必要だ。デイビットの場合，それは考えることができない，恐ろしい経験であった。

　数年前，私は過度に断片化され，時に衝動的に取り乱す，重度の自閉症の４歳のサミュエルを治療することに苦労していた。彼は不統合，そして統合の解体の両方に苦しめられているようであった（第４章の「〜と（and）」という連結に関しての彼の困難さを参照のこと）。時に彼はある程度の統合をもたらすかもしれない経験に能動的に抵抗していたが，他の時には私は彼が単に統合することができないのだという強い印象を抱いた。サミュエルの統合の欠如は，私の患者のロビーほどにはだらりとしていなかったが，２人の状況にはある程度の無力さが共通してあるように思われた。つまり，２人の子どもは彼らの精神（soul）を安定させる内的な「太陽」を欠いているようだった（後に，多くの類似した事例に会った。すべてが自閉症というわけではなく，深刻なネグレクトや情緒的剥奪があり，かなりの認知的遅れを伴う者たちもいた。また，広汎性発達障害の診断を受けている者たちもいた）。

　サミュエルは常に部屋の中を動き回っていた。彼の視線は決して１，２秒以上何かに留まることはなかった。儀式的に手を硬く握り締めること，水を溢れさせること，車輪を回転させることを行う以外に，実際，人もおもちゃも彼の注意を捉え，保持することはできなかった。それにもかかわらず，彼はまるで決して見つけることのできない何かを探しているかのように，身体や目を動かし続けた。このタイプの断片化はかなり衝動的な性質をもっており，そのスピードは不統合というよりは，統合の解体と呼ばれるような何かをもたらした。何カ月もの治療の後，サミュエルは彼のおもちゃ箱の中の単純な物に束の間の興味を持つようになった。それは例えば小さな積み木で，それらを探索することがあったが，常に一度に１つだけであった。

　さらに２，３カ月経った後，ついに彼は小さな青い積み木２つを手に取ることを始めた。まず，彼は少しの間積み木を見て，まるで一瞬の間にそれらが同じであること，対称をなしていること，そしてその２つを一緒に置くことができる方法を探索し，楽しんでいるかのようであった。強調してもし足りないのは，彼がいかに一瞬のうちに見ていたかということである。第二の瞬間，動揺，混乱，そして興奮のようにも思える明らかに耐え難い何かを克服したように見えた。そ

れから，第三の瞬間，彼は突然それらを壊し，宙に強く投げるのだった。私は第二の瞬間には，統合してないというある種の絶望的な状態が含まれていると感じた。そして彼は一度に二つの対象を見る方法を知ることができないようだった。第三の瞬間の爆発は，統合を損なう能動的な活動のように見えた。もしそれが二者性への怒りの攻撃であったならば，ビオンの「連結することへの攻撃」（1959）のように，私はそれが**二者性の不可解さ**（the incomprehensibility of twoness）への攻撃でもあるように感じた

　さらに6カ月経ち，サミュエルは少し落ち着いた（私はこのように落ち着くことは，α機能を働かせるには不可欠だと思う。α機能は，思考を考えることができるようにし，経験を意味のあるものにする心の機能に関するビオン（Bion, 1962b）の概念である）。サミュエルは積み木の形を詳しく観察したり，その積み木や他の積み木を重ねてタワーを作ったり，形ごとに分類する玩具の適切な穴の中に積み木のいくつかを入れることができるようになった。しかしながら早い段階で私は，サミュエルは一度に二つのものを見ることが難しいという確かな印象を抱いていた。つまり，私は彼が過度の興奮や理解できないことへの対処が難しいと考えるようになった。どのように二つのものが存在できるのだろうか？どのように一度に二つのものが見えるようになるのだろうか？彼は，二者性をほぼ同時に利用できるということの理解，つまり，時間というものがあるために，必ずしも同時にではなくとも，両方を見ることができると理解することが難しいようだった。実際，まず私の顔を見て，それから私と目を合わせ始めるという彼のやり方から，私は彼が走査すること，つまりどのように人の顔と目とを見るかを全く学んで来なかったという印象を持った。おそらく彼は，他のものを見ても最初に見たものがまだそこに存在するということをわかっていなかった。彼はあまりにもじっと見つめており，視線を逸らすということをしなければならなかったのだろう。それは，赤ちゃんが走査するのを学ぶまでは，人生の早期で行うようなやり方だ。赤ちゃんは6週間頃に走査を始め，3，4カ月までにしっかりと確立される（Stern, 1983）。サミュエルは「コンテイナー」を必要としていた。空間的という意味は少なくなるが，同様な限定的用語は，発達心理学者のいう「調整装置（regulator）」である。その「コンテイナー」は，ひとつの対象や思考で済ませるのだけでなく，**連続**して，同時に，いかに2つがあるかを見つけ出すのを助ける。実際，彼がもっと目を使い始め，遠く離れた人と視線を合わせ始めると，彼のひどい近視が改善され，彼の眼鏡の度は正常に近づいた。私は彼がつい

に目の筋肉を使えるようになったのだと思った。

　私は，これは彼が最初に積み木に関心を示したとき，彼をなだめ落ち着かせようとしただけでなく，積み木に彼の興味を維持させたようと私がしたことによって促されたのだろうと思う。私は，その瞬間が失われる前に素早く加わり，持続性があり興味が続く何かを彼に確信させなければならなかった。私はまた，それらは，彼がそれらに明らかに興味をもち，惹きつけられているのに添って，穏やかにさせ，肯定する言葉やフレーズを探していた。つまり，「そうね。ほら，なんて青いのでしょうね。それに，ぴったりとくっついているね。素敵な形だね。この積み木と同じ形をしているね。」という，物質世界を探索し始めた6カ月の赤ちゃんに言うような言葉だ。しかしながら，6カ月児であってもより長い注意を向けるだろうし，見ることによってもっと喜ぶことができるだろうし，いずれにせよ，物事のやっかいな他者性の問題によって必ずしも欲求不満になったり苛立ったりするとは限らない。

経験の消化と経験からの回復のための休息と休止の重要性

　ビオン（Bion, 1962b）が経験の消化の重要性について言及している一方で，ブラゼルトンら（Brazelton et al., 1974）がさらに先に進んでいることは興味深い。彼らは対人関係的な経験を消化することと，**そこから回復すること**の両方の必要性について述べている。そのような回復は何から成り立つのだろうか？それは，忘却し心を空にする時間と同じように，少しずつ処理し，考え，内省するための時間のような事柄と何か関係があるに違いない。母親と乳児の音声による会話を研究しているスターン（Stern, 1974）やビービら（Beebe et al., 2000）のような発達心理学者は，母子が声を出す時と同様に，休止やその休止のタイプに多くの注意を払っている（喘息の患者を治療したことのある誰もが，彼らが一息つくこと，さらに詳しく言えば，ひと休みすることが難しいことに着目するだろう）。ドレイヤー（Dreyer, 2002）は，精神分析とモンテッソーリ（Montessori）の考えを論文の中で結びつけているが，そこで解放（disengagement），不統合，そして前象徴的運動の重要性を強調している。それは脳，心，身体の一貫性を発達させるために，時間的な休息や休止，空間的なスペースが重要だということだ。私はこのことが対象関係論と乳児の発達理論に新たな次元を加えると考えている。両者の強調点は，「対象」の重要さとそれへの関与の重要性であるが，その一方では，ある決定的な瞬間には，統合しようとする自己の努力の邪魔にならな

いところに対象が留まることの重要性を考えざるを得ない。

　乳幼児観察の間，どんなに犠牲を払っても（対象への不安や心配を通して）関わるべきと感じている赤ちゃんと，関わる準備ができたりそう望む時に関わる赤ちゃんとの違いをみることは難しいことではない。過剰な刺激は負担が大きく，ある形態の多動が後に続いて起こり得る。実際に，新生児行動評価尺度は，関与した後の自律神経のストレスや疲労，過剰な負担といった事柄を測っている。つまり，測定に関連したものは「注意に対する負担（The Cost of Attention）」と言われている（Brazelton and Nugent, 1995）。自閉症を持つ，無関心で回避的な子どもたちにとって，治療者が声を静かに保つこと，子どもを驚かせることのないように注意深く介入するタイミングを見計らうことは重要である（Alvarez and Reid, 1999）。別の思春期の患者の心にとっては，「どんなことを考えているの？」という私の問いでさえも，彼が私のためにあらかじめ自分の考えを準備しなければならないと要求しているように感じられ得る。彼が私を彼の心から追い出して，彼が自分のペースで彼自身の思考を考えることができるように，私たちは両者ともにしっかりと取り組まなければならなかった。そうして，彼なりのペースで，考えていることを私に話すことができるのだろう。

生きた仲間―乳児の注意をひきつけ，保持する能力

　赤ん坊の注意を保持する対象に関する論文の中で，ビック（Bick, 1968, p.56）は「最適な対象は抱え，話し，親しみのある匂いのする母親と一緒に，口にふくまれた乳首である」と書いている。しかし，注意が保持される前には，注意は時に捉えられて引き出されなければならない。赤ちゃんが解離や抑うつのせいで探すことがなかったり探すことを諦めたりしている時，より生き生きとした反応が必要とされるだろう。α機能が作用するためには，まずは対象が注意を向ける価値があると見なされなければならない。私たちは，しばしばネグレクトされた子どもと会う。彼らは不活発な精神状態にあり，特に進行中ではないが生涯にわたる類の抑うつに苦しんでいる。彼らは脱価値化された対象ではなく，価値の無い対象で満ちているように見える。既出の 2005 年 2 月の学会で，ある一つのグループが不統合はトラウマに対する防衛として使われ得ると指摘した。しかしここで私はトラウマではなくネグレクト，そして恐怖よりも抑うつの結果についてより多くのことを考えている。私たちは，アパシーはまとまっていると感じることが決してなかった結果だと思える子どもたちに会う。オショネシー（O'Shaughnessy,

2006）は，不統合は初期に設定された条件で，病理の条件だと述べており，私は同意する。そうした条件をもつ赤ちゃんは，まさにそこから**始まり**，彼らがつかんでいるよりも力強く命綱を引っ張る必要があるのかもしれないことを私たちは理解している。スターン（Stern, 1974）とその他の研究者は，乳児期において，母性的な注視とそれに付随して起こる声かけや表情による行為の布置が，赤ちゃんの注視を引き出すことと保持することの両方に強い影響を及ぼすことを示唆している。メルツァーら（Meltzer et al., 1975）が述べているように，注意は「払われ」なければならず，クラウスとケネル（Klaus and Kennell, 1982, p.77）が言ったように，母親の顔，声，乳房は鉄くずを集める磁石のように作用する。

　ブラゼルトンは互恵性の起源についての調査研究の偉大なる開拓者である。しかし彼が見出した母親と赤ん坊の間の互恵性は，ビックやビオンが理解したコンテインメントではなかった。赤ちゃんが一度落ち着きコンテインされると，私たちは主題に対する母親の即応性，注意を喚起すること，拡充，意図的変更，運動，変化，変動について読み取れる。定義によると，それらは他者性に満ちた，生き生きとした心理的対象にのみ由来している活動性である。ブラゼルトンら（Brazelton et al., 1974）は，どのように母親がしばしばある行動を他の行動へと**変化させる**のか記述している。母親は，注意を喚起することが子どもを混乱させる原因となる際には落ち着かせ，子どもの興味が弱々しくなった際には注意を喚起する。その後，そのような経験が内在化されると，磁石の引力は内部で表象されるので，普通の子どもは，新しいものを生み出すことができ，彼が今や見つけることを期待する生き生きとした対象との接触を求めることへと惹きつけられる。空虚であるとか不十分な統合状態といった子どもたちとの私たちの治療的な仕事は，この磁石のような何かを提供することである。強化されたレベルにおける治療について第3部で描こうと思う。

おわりに

　この章で述べたことは，未統合状態という概念は，赤ちゃんは不統合状態あるいは統合された状態で生まれてくるのかどうか，そして不統合というサインは防衛的もしくは破壊的な統合の解体過程の結果かどうかに関するビックの見解を支持する人とクラインの見解を支援する人との間の議論をいくらか解決することになるかもしれないということである。私は不統合（あるいは，私がより好むよう

に，未統合）の状態はある種の不統合という原始的状態へと戻ることを暗に意味する必要はないと強調することで，これらの議論から私の方法を研究することを試みた。しかし不統合な状態と統合の解体状態のビックによる区別は，対象関係性が働くためには**ある程度の**統合が必要不可欠であることに着目することにつながるだろう。飢餓感を持ち，抱えられていない赤ちゃんはあまりにも断片化され，関係することを必死で求めているかもしれない。

　私はまた，抑うつポジションにおける葛藤的感情の統合に先立って生じる統合と統合装置のいくつかの種類を同定することを試みた。これらの前抑うつ的，前エディパルな統合の中には，ネガティブな思考を考えられるものにすることが含まれているだろう。しかし，それらにはポジティブな思考とともにポジティブな瞬間の統合も含まれている。つまり，ポジティブな思考を考えられるもの，そして耐えられるものにするのである。このリストにある最終的な統合装置は「生きた仲間」という要素を含んでいる。それはこの本の最後の節で考察されている，注意を喚起し，拡充し，覚醒する対象なのである。

第 3 部
強化された活性化レベル

第11章

遊びと想像

病理的遊びに対する治療者による強化的反応が必要な場合

はじめに

　第2部において，治療者が代案となるような別の意味，あるいは「より深い」意味を提供するのを強いられているという感覚をもつことなく，意味を拡げようと試みる例を示し，論じた。このセクションでは，治療者がより生き生きとし強化された何か，それは意味の強調と言ってもよいかもしれないものを提供することが必要な瞬間があることについて論じたい。第1章で，私は嗜癖的または倒錯的な行動に対する確固とした反応の必要性と同様に，再生（reclamation）（Alvarez, 1992），生成と実演（generation and demonstration）（Reid, 1988）のプロセスについて論じた。ここでは，子どもの遊びにおいて治療者がどの程度関与するのかということについて論じたい。

　精神分析的な治療者は，子どもたちの遊びについて説明したり，照り返したり，描写したりすることを訓練されているにもかかわらず，多くの者はそれ以上のことを行ったり，子どもと**一緒に**遊ぶ時がある。ある時には，これは役割を引き受けることを意味し，それは子どもの**代わりに**（おそらく部分的な代わりでしかない）遊ぶことを意味するかもしれない。そしてまたある時には，子どもによって誘われ，または要求されるが，深刻なネグレクトを受けた子どもたちのような特定のケースでは，治療者がそのような劇化を**主導する**かもしれず，このことは治療者がどの程度能動的に行うべきかについて精神分析的な治療者間での相違を生じさせる（Joseph, 1998）。

　私の見解では，いかなる時でも子どもの（そして彼の内的対象群の）心の状態，そして，それゆえのニーズを私たちが考慮するならば，そのような論争が解決されるかもしれない。これには，欠損や，防衛，そして嗜癖といった問題に向ける

のと同様に，子どもの象徴機能のレベルへの注意が含まれるだろう。私が第1章と第12章で提示している再生の例は，自己と内的対象の両方に深刻な欠損がある時に，私たちが対象との接触を子どもに求めるとともに，子どもが自分自身を取り戻す状況に関係している。私はロビーの名前を呼び，彼の視線の中に私の顔を入れ，そして，最終的に彼が顔を上げた時にとても接触しているという反応を得た。ある種の解離した子どもたちとはこの直接的な相互関係的アプローチは効果がなく，あるいは一層ひどくなり，迫害的なものとなる。ところが，子どもの遊びの中で表象を通して再演された呼びかけは，何かより安全な距離から届くのかもしれない。赤ちゃん人形は抗議することができるのに抗議していないということを虐待された子どもに解釈しても，効果はなく心に残らないだろう。私たちはさらに一歩踏み込み，今のところまだ前概念でしかない何かを実際に現実化していく必要があるのかもしれない（Bion, 1962b）。つまり，見捨てられた赤ちゃん人形が助けを求めて呼びかけ，または助けを求めて泣き叫び，さらには不満を言える遊びの状況を通して，私たちは情動的に劇的に表現する必要があるだろう。そのような子どもたちのほとんどにとって，先にある無力な状況が十分に探求される前に，早まってこのことが行なわれるべきではない。また，一時的に見捨てた者に患者が同一化しているという考えを探求していて，それゆえ，他の誰かの中に彼の被害者の自己を投影することができている場合，それが行なわれるべきでもない。それにもかかわらず，放心した空虚な子どもとのある時期において，それは極端に焦点化することや活性化する場合もある。またある瞬間において（おそらく，より硬化した心的状態にある同じ子どもとの），そのような行為はサディズムと共謀することになり，より冷静な反応が必要とされるだろう。時に私たちは，絶望し希望を失った子どもに，温和で親切な対象が虐待から彼を救うかもしれないし，または救うべきという考えを紹介する必要があるかもしれない。またある時には，彼がいわゆる彼の養育者によって見捨てられるというとても冷酷な経験に対処していくためにより多くの時間を必要とするかもしれない場合には，これは早まったものとなるだろう。この状況は，1つのセッションの中で，時々刻々と変化しうるものである。

象徴性の連続体についての3つの点，まず1つはウイニコット（Winnicott, 1953）によって，他の2つはシーガル（Segal, 1957）によって同定されたことを再検討し，病理的レベルにおける2つのさらなる点について提案したい。すなわち，まとまりのない空虚な意味のない遊びと，嗜癖的な倒錯的遊びである。また，

第11章 遊びと想像　241

このような病理的遊びのタイプと分析的に関わる時の技法に含まれる意味についても考察したい。

遊びと想像の重要性に関する論点

しばらく前に，私はカナダ人の小説家のテッド・チェンバレン（Ted Chamberlain）が夢と想像が私たちの生活にとって極めて重要であるとラジオで論じているのを聞いた。彼は，自身の主張を証明するために，カナダのブリティッシュ・コロンビア州北部の先住民族の共同体の物語について話した。特に厳しい冬の間に，彼らのすべての馬，170頭が死んだ。外部の者たちは，彼らがトラックと車を持っている今，彼らが馬を確保する必要はないと言った。それにもかかわらず，彼らにとって馬に代わるものがないことは明白であった。次の冬までに，彼らは120頭の馬を持っていた！なぜ彼らは馬を必要とするのか？コーマック・マッカーシー（Cormac McCarthy）の『国境三部作（Border Trilogy）』（1992, p.6）の第1巻の主人公ジョン・グレディ（John Grady）は1つの答えを出している。「彼にとっては馬を愛する理由こそ人を愛する理由でもある。それは彼らを駆る血とその血の熱さだ。彼が敬い慈しみ命の限りとても愛するのは熱い心臓を持ったものであり，それはこれから先もずっと変わることはないだろう。」[訳注1]

カナダの先住民族，そしてジョン・グレディにとって，馬は彼らの想像を満たすものであった。一部のカナダの先住民族にとって，馬は単なる個々人のパーソナルな想像以上のものである。馬は彼らにとっての心から愛される文化的な遺産や価値に関係するものでもある（Brody, 1982）。そのような捉え方はロマンチック，またはセンチメンタルでさえあるかもしれず，確かに，想像的生活の重要性に対する彼らの見解には，ロマン主義者と古典主義者の間の大きな相違がある。例えば，非常にロマンチックな『ジェーン・エア』を書いたシャーロット・ブロンテ（Charlotte Brontë）でさえ，妹エミリーの『嵐が丘』のうわべの不道徳さに悩まされていた（そして，おそらくシャーロットは彼女自身の散文体を持っていたので，エミリーの幼少期の散文体を打ち壊したのだろう。）シャーロットは空想がもつ誘惑というものに懐疑的で，その嗜癖的で「偶像崇拝的な含意」を疑っていた。彼女は，彼女自身が自分の想像の創作物を崇拝するようになったことに

訳注1）McCarthy, C. 1992, 黒原敏行訳『すべての美しい馬』早川書房, p.10 より

気づき，それらが神のライバルになるに任せた（Miller, 2001）。

夢，想像，そして遊びへのさまざまな精神分析的態度は，この論点に似た点がいくつかあると思う（Bion, 1962b；Freud, 1920；Klein, 1952；Meltzer, 1983；Winnicott, 1953）。いつ私たちは，「夢を見るのをやめること」，「遊ぶのをやめること」を私たちの友人や子どもたちに教えるべきなのか，そして，いつ私たちは誰かの途方もない夢を尊重するべきなのか？私たちの夢が深く創造的で幻想的でさえあるのはいつなのか？それらが少なくとも治療的なのはいつなのか？いつそれらが発達を阻害するのか？そして，いつそれらが発達を明確に歪めていくのか？いつ臨床家として私たちは「解釈する」ために子どもの遊び（あるいは大人の会話）を中断するべきなのか？そして，どのような場合にそれは夢の途中で誰かを起こすことと同等になるのか？いつ理想的または理想化された対象が純粋な防衛であり，いつそれらが情動的そして認知的な発達の達成を伴うのか？私たちは，理想的な状態が一種の現実を表している時には，理想的な状態を防衛だと見なすのか？グロトスタイン（Grotstein, 2000）は，彼の著書『その夢を見ている夢見手は誰か？（Who is the Dreamer who Dreams the Dream ？)』の中で，夢を見るというまさしくその事実に必然的に含まれる畏怖性や神秘性の感覚に留まることを強く促す。人は想像のために似たような訴えを作り出しうる。そして，考えることを可能にする能力と真の象徴機能へのステップとしての夢についてのダ・ロチャ・バロス（Da Rocha Barros, 2002）の見解を参照できる。

初期の精神分析的な考え方では，現実原則に対抗する願望充足の働きとして空想を位置付けていた。スーザン・アイザックス（Susan Isaacs）と他のクライン派（Klein et al., 1952）はこうした考え方に挑んだ。アイザックスは無意識的空想が作用すると考えられる領域を大きく拡張した。それははるかに多くの活動性を伴うものに拡げられた。また，幼年期の最早期段階にまで深められた。しかしすべてにおいて最も革新的な拡張は，それを発達のより早期にまで進めることで，自己中心的な自己の深部から出て，「現実」と出会うところまで拡げたことである。アイザックス（Isaacs, 1991, p.109）は，「現実を考えること（reality-thinking）は無意識的空想を伴い，それを支持することなしに作用するはずがない」と書いた。私が第3章で指摘したように，ジョアン・リビエール（Joan Riviere, 1952）は，現実と無意識との間の結びつきをより密接なものとし，より同等の地位を無意識に与えた。

その後，ハナ・シーガル（Hanna Segal, 1957）の象徴形成の理論が，多くの

者にとって，無意識的な精神作用と現実を考えること（reality-thinking）の間の結びつきがどのくらい密接であるかを査定するための重要な基準になった。つまり，象徴的に処理していくこと（symbolic processing）がより高度なものであればある程，結びつきはより密接なものとなるのかもしれない。真の象徴形成は，失った原初的な対象のための喪の過程から生じ，喪失と分離性を認めることに伴い，抑うつポジションと繋がると考えられていた。

　しかしながら，シーガルとは異なり，リビエールがその結びつきの間の調和と同じ程度には分離性を強調しているようには思えないことに注目するのは興味深いことである。彼女は，心の２つに分けられた性質，つまり意識的に現実を考えることと無意識的な精神作用の並列処理のような，並列に生じている複線思考を強調した。これら２つは，私が第３章で提起したように，必ずしも不調和に動いているわけではない。それらは調和の中で機能しているかもしれない。第５章において，私は，また，分離性と喪失が本当に象徴形成に至る主要な要素であるかどうかについての疑問に取り組んだ。あるいは，さらに加えて，良いものの代わりとなる形態におけるいくらかの希望と信念（そして，おそらくそのための「準備」）がそれらの役割を果たすかどうかについても取り組んだ。クライン（Klein, 1952）もシーガル（Segal, 1964）も，抑うつポジションへの発達を可能にするものは良い対象と良い自己の強さであることを強調した。しかし，私たちが患者に彼らの憎しみ，迫害と喪失の感情に直面することを押し付ける時は，良さという感覚の重要性はあまり強調されず，当然のものとなりうる。赤ん坊は離乳食や固形食と呼ばれる授乳の代わりとなる形態に**向けられる**ことで乳房から離乳させられる。彼らは飢餓の状態に慣らされるのではない。私は，抑うつポジションと小児うつ病を区別することが十分試みられなかったと言うグロトスタイン（Grotstein, 2000）に心から同意する。あるいは，私が述べたように，抑うつポジションと絶望の間の区別についてもそうである（Alvarez, 2010b）。いかに遊びの内容や想像が否定的であろうとも，ともかく遊べる力，そして形態を作り出すための想像力は，ある程度の希望を伴っている。

空想（phantasy）と遊びについての精神分析理論

　子どもとの精神分析的な仕事の初期には，遊びは子どもの過去または現在の関心事についての情報源，つまり劇化された投影法検査のような何かとして，大抵

は見なされていた。フロイト（Freud, 1920）は，彼の孫が糸巻きゲームで遊んだ時に，その子が手の届く範囲にある対象が消えたり戻ってきたりすることを実際に行うことによって彼自身の母親の不在を補償していたということを示唆した。アイザックス（Isaacs, 1948）は，子どもの遊びが母親の不在に対して彼を「慰めた」ということを付け加えた。それにもかかわらず，彼女の説明に欠けていたことは，痛みと抑うつに対して防衛的になるプロセスと，それを克服して成長を促進するために計画されたプロセスとの間の（当時まだ新しい）クライン派による区別であった（Klein, 1940）。その後の象徴形成についてのシーガルの理論と移行領域についてのウィニコットの理論によって，私たちは今や，フロイトの孫が糸巻ゲームをして遊んだように，多くのことがその子どもの対象関係における内的状態に依存するだろうということがわかる。彼が主として母親の不在，そして，より大切なことであるが，母親そのものの重要性を否認するためにそれで遊んでいたのか（象徴等価のレベルにおける遊ぶこと）？あるいは，彼はいくらかのコントロールを得るために，そして彼女の不在により耐えることができるためにそれで遊んでいたのか（移行対象レベルにおける遊ぶこと）？あるいは，彼は彼女そのものの重要性，または彼女そのものの不在のどちらについても疑うことはなかったが，独自に，不在になりうる対象群の特性についてより多くを学ぶことを探求したり試みたりしていたのか（真の象徴形成のレベルにおける遊ぶこと）？私は4つ目の可能性（意味のないまとまりのない遊びに関して）と5つ目の可能性（嗜癖的で倒錯的な遊びに関して）を後で付け加えるつもりである。

　多くの精神分析理論家,さらに詳しく言えば,発達論者（developmentalists）は，いないいないばぁ遊びについてのバリエーションの研究を通して，喪失，痛み，欲求不満といった現実について学ぶことから予想される結果を後に考察している（Bower, 1974；Bruner et al., 1976；Murray, 1991）。しかしながら，少しの間，初期の研究に戻って見ると，遊びの意味のより一般的な定式化，つまり1920年代の一連の論文にて，メラニー・クラインはフロイトが彼の成人患者に対して使用していた自由連想と同様の方法を用いることによって，子どもたちの無意識に達する方法について描写した。彼女は，フロイトが彼の患者の語りと夢を分析したのと同様に，子どもの語りと会話を分析したが，子どもの遊びの意味も観察し理解しようともした。クラインが遊ぶことは非常に意味をもった行為であると考えていたことは明白だが，彼女にとって重要なことは，その背後にある無意識的空想であった。遊びの内容の重要性を意識することは，子どもの不安の解放をも

たらすだろうと彼女は考えていた。現代の発展はベティ・ジョセフの仕事から生じた。それは，患者が分析家に影響を与え，ある種の行動的な再演の中に分析家をゆっくりと参加させていく方法に関するものである。ジョセフ（Joseph, 1998）は，これは子どもの治療においてはもっとよくあることだろうと指摘している。彼女の見解は，子どもの分析家にとって，大人との治療をする分析家と同じように，セッティングにおける治療者の心の状態が非常に重要な要素であるというものである。彼女は続けて，いったん，1つの遊びが理解されて解釈されるならば，治療者はおそらく遊びに参加することをやめるだろうと述べている。ほぼ気持ちや思いを伝え合う形で遊ぶことができる，より神経症レベルの子どもたちに関しては，私は同意する。しかし，遊ぶことのできない子どもたち，つまり，自我，自己と内的対象の主要な部分の欠損を伴う子どもたちはどうか？あるいは，そのような子どもたちの遊びは，具象的な象徴等価物や嗜癖的もしくは倒錯的な遊びを伴っているという意味で病理的なのか？ほとんど，あるいは一度も理解されたことのない一部の子どもたちは，理解するということがどういうものなのかを知らない。より発達した段階にある子どもたちは，最初に治療者が彼らを「理解していること」に気づいた時に，しばしば「どうして分かったの？あなたは心を読めるの？」と尋ねる。

　ボーダーラインや精神病の子どもたちの治療や，遊ぶことの能力の発達的な道筋に関する乳児研究は，そうしたストーリーの内容は部分的で不完全であることを示している。その形式的な性質とレベルが非常に重要である。それがどんなに重要であっても，遊びに内在する象徴的な意味よりも遊ぶことの方により多くの意味がある。スレイド（Slade, 1987）は，私たちは自分たちの仕事は覆いを取ることだと考える傾向があるが，遊べるようになるのを援助することによって，意味が生じるよう彼らを助けていると指摘する。

取り入れと考えることのための遊びと想像の重要性

　後述するルースの遊びの圧倒的な性質は，私が『こころの再生を求めて』（Alvarez, 1992）の中の「途方もない夢と嘘（Wildest Dreams）」の章で記述した，剥奪され，トラウマを受けた子どもたちがついた嘘と多くの点で共通していた。しかしながら，彼らの場合，それは，自己が心に抱くことができるよりもはるかに明るい未来を信じる対象をもつという発達的ニードが主要であったと私は

感じた。遊びは対象を詳しく探ること（さまざまな対象についてのさまざまな方法での実験）を必然的に含むというケイパー（Caper, 1996）に同意するが，彼やさらに言えばフォナギー（Fonagy, 1995）もそうだと見なしているようだが，それは内的現実と外的現実の間のとても明確な区別に依拠しているということに私はあまり確信を抱いていない。子どもたちは，正当なニードの空想を試してみる方法として，万能的空想や嘘をやみくもに用いるようだ。それは，物事がどうあって**欲しかった**かではなく，どうである**べきだった**と彼らが感じている感覚についてである。私の考えでは，これは必ずしも現実を否認することではない。それは，異なる種類の現実についての考えを探求することかもしれない（道徳的要請（moral imperatives）の論点についてのより十分な考察は，第6章を参照）。

　もし徹底的な探索によって正しい答えが得られるならば，これは，否認と言うよりもむしろ不公正さと絶望に悩ませられることを乗り越えていくことの始まりのサインだろう。人間は社会的で生物学的なニーズを持って生まれるだけでなく，もしあまり損傷を受けなければ，物事についての正しい秩序の感覚を持っている。遊びは現実についての異なる秩序を反映しているのかもしれない。私はそれを単純に「内的」現実と呼ぶことに躊躇する。そのような空想を通して生じうると私が思っていることは，フォナギーは，健全ではあるがあまりにも弱々しい現実だと言っている。**可能性のある現実**，または**予期され期待されている**現実についてはどうか？さらによいものとして，そこにあって当然（またはそこにあって当然であった）もの，すなわち，公正さという感覚に基づいている正当な現実はどうだろうか。言ってみれば，警察国家おいて正義と同情の要求は否認に基づいているのか，あるいはよりよい世界という未来図に基づいているのか？スターン（Stern, 1985）は，両親が別居している間，人形の家族と2つの家で遊んでいる幼い男の子について記述している。誰も一緒に眠らなかったが，両親人形を彼らのベッドに一緒に置いた後初めて，幼い男の子人形はその子のベッドに戻された。彼は「ほら，みんなよくなった」と言った。内的現実（あるいは可能性のある現実と呼ぶべきか？）において，カップルは一緒にいることができた。内的な歴史は，象徴レベルでなされる治療的な方法で書き換え可能であり，それは万能的といった類の願望充足では全くない。私はこのことが情緒的成長だけでなく，認知的成長をももたらしうると信じている。トレヴァーセン（Trevarthen, 1993）の表現，「現実で遊ぶこと（playing into reality）」が，ここでは役立つ。

乳幼児研究―「一緒に」遊ぶことの重要性

　子どもの発達研究は，認知的発達にとって遊びが重要であることを強調し（Bruner et al., 1976；Vygotsky, 1978），どのような類の遊びが学ぶことに役立つかについて研究を行なっている者たちもいる。シルヴァとブルーナー（Sylva and Bruner, 1974）は，問題解決を助けてくれるのに役立つ，感性豊かな遊びのパートナーを必要とすると書いている。それは支配するのではなく導いてくれ，楽しんで活動するパートナーである。同じ著書において，発達と進化における遊びの役割について探求しているが，ブルーナー（Bruner, 1972）は，若いチンパンジーは彼らの母親が近くにいる時に最も自由に遊ぶことができるようだという共通の結果について言及している。（これはまた若年の子どもたちのアタッチメント理論についての研究の中でも見出されている。）ハット（Hutt, 1972, p.211）は，「遊びは……既知の環境において，そして動物または子どもがその環境の中でその対象の特性を既に知っていると感じる時にのみ起こる。つまり，これは徐々に気持ちがリラックスすることで明らかであり，表情の変化によってだけでなく，活動の多様性と変容性が拡大することによっても明示される」と指摘している。

　遊びにおいて，強調点は「この対象は何をするのか？」という問いから「私はこの対象と一緒に何をすることができるか？」へと変化する。産後うつの母親の赤ん坊についてのリン・マレー（Lynne Murray）のビデオは，生後 12 カ月の頃に，逆さまになったカップの下にあからさまに隠された対象を見つけるように求められた時のものであり，このことを強力に例証している。抑うつ的な母親の赤ん坊は，ほとんど何もできない。つまり，隠された対象は彼に抗しがたい魅力を及ぼさない。抑うつ的ではない母親の赤ん坊は，すぐにそれを見つけるだけでなく，極めて大胆に数分間それと一緒に遊ぶ。後者の赤ん坊はその対象と一緒にすることができる全てのことを明らかに理解している。その赤ん坊の好奇心は生きており，適切である（Murray and Cooper, 1997）。

　ネグレクトされた子どもたちの中には，私たちがクリニックに住んでいるのかとか，そのカウチで眠るのかどうかについて，明らかに侵入的な問いかけを私たちに突然し始める者たちがいるが，わずかな健康的な好奇心を発達させ始めているのかもしれない。すでに剥奪された子どもを過剰に興奮させることも，さらに剥奪することもなく，私たちはこのことを楽しむことができるかもしれない。それは問いに答えることや，拒否することによってではなく，子どもたちと一緒に

どうだろうと思い巡らすことによってである。

象徴形成のレベルの連続体

　私はさしあたり，古典的なウィニコットとシーガルによる連続体の３つのポイントについて留まるつもりであるが，私が述べたように，最終的に連続体についての４つ目と５つ目を検討したい。その合間に，象徴形成についての精神分析理論の発展が遊びについての理論に，極めて重要な新たな次元を付け加え，それが内容についてだけの問いを超えたものであることを書き記すことは重要である。

　まず，ウィニコット（Winnicott, 1953）が提起したのは，私たちは象徴性に向かう成長段階を研究する必要があるということだった。彼は象徴性を主観性から対象性へ，空想から現実へ，錯覚から脱錯覚への行程として見なしている。この行程に関して，彼は対象と関係する２つの道筋の間には中間領域，つまり移行領域があると同定した。この移行領域は，すべてのものが自分自身に属するという純粋な自己愛的錯覚と，分離性と誰かに恩義があるという分別のある気づきとの間の中間にある体験領域であり，そこでは真の象徴機能が可能であった。このように，もし子どもが移行対象として彼のテディベアを使用するならば，彼はテディベアが原初的対象（乳房または母親）とは異なることを部分的に認識するとともに，このことを部分的には認識しない。また，ウィニコットによると，子どもはあまりに早くそうされるべきではない。ウィニコットは，この領域は何の疑いも問題もなく進むべきであり，休息する場所やパラドックスとして存在すべきであり，真の象徴機能に向かう道程において，必要であるとともに尊重されるべきだと言っている。彼は，テディベアはママではなく，喪失や分離や依存に対する唯一の防衛であるということを治療者が患者に絶えず思い出させるべきではないと示唆しているのだと思う。彼が懸念しているのは，これはその意味の他の半分，つまり，移行対象が子どもの最初の主要な独立した所有体験だということを無視するだろうということのようだ。それを無視することは，子どもの創造性と発達を妨害しうるだろう。テディベアは，結局のところ，子ども自身である。

　次に，シーガル（Segal, 1957）は，真の「象徴形成と象徴等価の間の区別を強調し，苦心して書いた。彼女は，中間領域に言及しなかったように思われる。彼女は，神経症患者がバイオリンを演奏する際に持つかもしれない困難と，人前でマスターベーションすることは考えられないのでバイオリンをもはや演奏しない

と説明した統合失調症患者の困難との区別に着目している。後者の象徴等価の例では，代理物自体の性質，そのバイオリン性は識別されないか，または認められないということを彼女は示している。象徴等価は，理想的対象の不在を否認するため，または迫害的対象をコントロールするために使われ，最早期の発達段階に属している。タスティン（Tustin, 1980）は，このレベルで機能しているものについての理解に，象徴的な意味がない存在としての自閉対象という彼女の概念を付け加えた。ここで私は，象徴等価の他に，発達初期に他の病理的状態があるという私の立場を繰り返し述べたい（Alvarez, 1992）。対象は自分自身と融合するのでなく，それどころか，極端に遠く隔たっていて手が届かないと見られている状況にある。シーガル（Segal, 1957, p.57）は，「適切な象徴は，他方ではその対象を表象していると感じられる…それ自体の特徴が認識され，尊重され，使用される。それは，抑うつ的な感情が妄想分裂的な感情を超えて優勢である時に，そして，対象からの分離，アンビバレントな罪悪感と喪失が体験され，耐えられうる時に生じる」と書いている。彼女は，真の象徴について，象徴は（神経症的または正常レベルにおいて）喪失を否認するためでなく，**乗り越える**ために使用されるとも言っている。

　残念なことに，私は患者にそのような象徴機能の能力を仮定した多くの精神分析的解釈をしてきた。それは必ずしも正しいとは限らない仮説であった。私は，まだ私たちが**象徴能力の発達の道筋**について多くを学ばなければならないと思う。私たちは，喪失に直面することに加えて，喪失を「乗り越えること」は，何か他のものがまだ重要であり，人生にはまだ意義があり，すべてのものが失われたのではないという信念を含んでいるということを理解する必要があるかもしれない。

　少しの間，中間領域の話に戻ることにする。私が最初にウィニコットの論文を読んだ時，移行対象は子どもにとって最初の**自分ではない**（not-me）所有物であると述べているものとして，その記述を読んだ。かなり後になって，移行対象は子どもの最初の自分ではない**所有物**であると述べたものとして読まれることを彼が意図していたことを私は理解した。ある絶望している子どもたちにとっては，表情，声，玩具，そして遊ぶ対象は，仲間になりうる親との共有された経験によって，光を当てられることが一度もなかったかもしれない。彼らは，象徴等価または錯覚によって支配された場所とは非常に異なるところから移行的段階に到達するかもしれないと私は思う。ここに連続体の４つ目のポジションの可能性

がある。それらは，錯覚によってでも象徴等価によってでもなく，**象徴的空虚さ**（symbolic emptiness）と荒廃によって特徴づけられる場所で始まるかもしれない。そして，そこでは対象は接近し過ぎていると言うよりはむしろ，遠く離れすぎているのだ。そのような子どもが対象の所有と所有権を新たに発見して喜んでいること，そして，対象は元の場所に戻って来るし信頼できるということを発見して喜んでいることを理解した解釈が必要かもしれない。より健康で，より躁的な神経症患者において，万能感はより普通の無力感に対する防衛であり，私たちは分離性と離乳の問題に注意を喚起し続ける必要があるかもしれない。しかし，見かけ上の「万能感」が性的能力を必要としていることの表れである場合，患者が臨床的にはあまり抑うつ的ではないという，自分自身についての別の見方という患者のニードを理解することもまた必要なのだろう。つまり，誰かの好み，注意または興味関心を引き付けることのできる誰かとしての自分ということである（Alvarez, 1992；Reddy, 2008）。こうしたことの多くは，記述的レベルの解釈に基づいて治療者によって取り組まれているが，私がこれから示そうとするように，いくつかの例においては，より強化された何かが必要だろう。

　ウィニコットとシーガルの連続体または次元が拡張されたものは，剥奪されて深刻な抑うつを伴う患者だけでなく，全てのタイプの患者に重要だと私は考えているということを強調するのは，おそらく価値があるだろう。ある子どもは，彼の治療が治療者の明らかな妊娠によって終結することになる前の数セッションは食器棚の中でうずくまるかもしれない。その内容，つまり，彼女の赤ん坊がちょうどそうであるように，治療者の内部にいるという空想を抱いていることは，かなり明確かもしれない。しかし，彼は，象徴等価のレベルにおいて，彼自身のよりよい場所を見つけることで，かわしているのだろうか？あるいは，彼は彼女が行ってしまうことや彼は彼女の居心地の良い場所の占有者ではないことを半分は知っており，また，半分はそれを否認して彼自身の場所を見つけたり作ったりしなければならないので，「少なくとも」こうしたことをしなければならないということをコミュニケートしているのか？つまり，彼は半分では彼女の重要性と差し迫っている出来事の重要性を認めており，もう半分では彼の自立を主張しているのか（移行的レベルにおいて）？あるいは，彼は自分に起きていることの意味を十分に認識していて，自分はそうではないことを痛いほどわかっているが，彼女の内部の赤ん坊が感じているであろうことを思慮深く探求しているのだろうか（象徴レベル）？ここでは，１つの同じ遊びは，意味，喪失，痛ましさ，象徴的

な意味で満ちており，外的現実（彼女の妊娠）と内的現実（彼の喪失）とが十分に接触しているかもしれない。

　そのような時には，より象徴的な説明的解釈をすることができる。厳密に言うと，これらは容易な選択ではないが，感じ，気分，雰囲気は私たちが間違いを避けるのに欠くことのできない手がかりとなる。間違った解釈は，「私たちの赤ちゃんであったらよいが，そんなことはあり得ない」ということの象徴等価（例えば，私たちが離れないということを主張したり，彼が私たちと一緒に来ることを要求すること）に必死にしがみついている絶望的な子どもに，絶望と無力さを強めることになるかもしれない。子どもは，自分が必要とするものを本当は知っているかもしれない。それは，信頼できる永続的な対象である。そして，そうではなくて，治療者は彼女が留まって，彼が彼女の赤ん坊になることを許すべきだとその子どもが感じていると見なすかもしれない。また，彼は，彼女が彼を援助してきたように，彼を援助する他の新しい治療者を彼女が見つけたことを思い出す必要があるかもしれない。

　これはまだ記述的レベルにおける仕事であるが，次の慢性的に望みをなくしている状態にいる子どもの例では，治療者は別の，より基本的なレベルの仕事へと移動する必要があるかもしれない。そのレベルでは，ただ単に意味が詳しく説明されるのではなく，治療者によって強調される。

象徴等価より下位，または上位の４つ目のポジションにいる患者の臨床例—無意味な遊びに精神分析的に関わるための技法的含み

　散漫で空虚な遊びに対する問いについて考えたい。私は，これが象徴等価のレベルと決して同じものではない４つ目のポジションであると考えている。それは，対象のありえない程の遠さについてであり，過度な近さについてではない。今までのところ，私は意味を持つ遊びについて書いてきたが，遊びが意味のないものだと感じ始める時，私たち自身と患者に正直である必要がある。このことは，今では自閉的な患者とのセラピーでは馴染みのある現象である。他のところで（Alvarez, 1992），私はロビーという自閉症患者についての遅きに失した発見について書いている。彼は，「私はちょっと早すぎましたか？」という，元来は切迫した問いを感情のこもらない陳腐なやり方で繰り返しており，それには意味がないとはっきりとわかるまでにかなりの時間がかかった。

しかし，私が**見かけ上**のナルシシズムのひとつのタイプに関して第8章で述べたように，あまり不健康ではない患者でさえ意味のない行為にはまり込みうる。2，3年前，非常に迫害され絶望しているが精神病ではない私の患者のジェイコブは，それまでにはいくらか良い状態であり，より幸せそうで，学ぶこともできていたが，彼の描いたものを何枚か投げ捨てた。私は，彼が描いたものを投げ捨てた時に，なぜ私が決して気にしなかったのか不思議に思った。他の患者が似たようなことをした時には，私は攻撃や拒絶，または彼ら自身の才能についてとても深く絶望した行為としてそれを解釈した。当然，時にそれは適切だ。つまり，不用品は投げ捨てられる必要がある。それにもかかわらず，ジェイコブとの間で，私はあまりに長い間，あまりにしばしば，ほとんど何も感じなかった。実は，まるで彼が使ったティッシュを投げ捨てているかのように感じていた。私が突然理解したのは，描画は彼にとっても私にとっても本当は**重要ではなかった**ということ，そして，それらの多くは非常に取り留めのないやり方で描かれていたということだった。つまり，「ぼくは子どもです。子どもたちは絵を描くものです。ぼくはちょっとの間，彼女に干渉されないようにそうしています。」という感じだ。これは，明らかに学校での課題に対する彼の態度であり，真の学びを伴わない義務的な従順であった。しかし，子どもたちは描くので，私は彼の描いたものに愚かにも意味を探し求めた。彼は私のために従順に絵を描いていたが，彼の心はその中にはなかった。意味が不在であった。希望と信念の欠如，それゆえに意味することをこの子どもに示すことは重要であった。それは彼のあらゆるコミュニケーションにあった。（この現象はフェロ（Ferro, 1999）とオグデン（Ogden, 1997, p.4）によって最も生き生きと書かれている。）

最初に私がそれに気づいた時に，このことに取り組むには私は勇気が必要だった。子どもを傷つけないために，あるいは**彼は人の関心を引かない**ということを伝えるためには繊細な取り扱いが必要だ。重要な事柄は，彼も私も，私たちが出会っていることにも，彼が興味関心を感じていないのを私たちは理解しているということを伝えることである。私たちは，（見かけ上は楽しく遊んでいるようであるが，偽りのものである）遊んでいる子ども，または過度におしゃべりな青年を遮って，より本質的な意味への私たちの要求や主張を伝える必要さえあるかもしれない。

かつて，私の自閉症患者ロビーが大人になった時，私は彼が何を考えているのか尋ねた。彼は活力のない風に，「私は今日，お母さんが葉っぱを掃くのを手伝

いました」と答えた。これは彼の古い自閉的で、やみくもに興奮したやり方で言ったわけではなく、正気であったけれども、それにもかかわらず従順で生気はなかった。私は、「いいえ、違う。あなたの心の中に**本当に**あるものが何かを私に教えて。それについて少し考えてみて！」と遮って言った。彼はしばらく考えて、そして、「あなたとの最後のワルツ（The last waltz with you）」という歌からの一節を最大限に柔らかく、歌い始めた。問いに答えるために彼が私の目を見た時、彼はどこかで既に知っている（例えば、私たちのクリスマス休暇の日付）あるいは、私が聞きたいと彼が思っていることを私に話すために私の考えを読もうとしていた。私は彼が彼自身の頭の中を覗いているというよりも、私の頭の中を覗いているということを決まったように解釈していた。しかし、この場合、私が能動的に指示した時、それはより効果的なように見えた。私は欠損の防衛的または操作的な誤用よりも寧ろ、欠損に焦点を当ててきたと思うが、心のこうした不完全な性質は、他の時にも取り上げる必要があるのは明らかだ。

時に象徴等価により近く、またある時には嗜癖的で熱狂した、見かけ上の移行的遊びの臨床例

　私の患者である7歳の少女ルースは、学校でいじめられており、明らかに非常に高い知能を持っているのにも関わらず、何も学んでもいなかったために紹介された。彼女は、私がコンサルティングルームの中で会った中で、最も豊かで最も発達した想像力を持つ者の一人であった。彼女の語彙は幅広く、常に楽しげで利発だった。ある日、私たちの共同遊びの中で、私は脱獄囚人である彼女が空飛ぶユニコーンに乗り、「王族の衣装」（彼女の言葉）を身にまとっているという事実にびっくりするふりをしなければならなかった。彼女の物語は劇的で、刺激的で、緊張感と多様性に満ちていた。それは象徴形成にとって、あるいは移行的機能と象徴的機能の間のどこか上方にあるものにとっては、確かになかなか良い予備軍的なものであった。しかし、別の方面では、それらは実際にそれ程変化しなかった。彼女は常に驚く程全能で、英雄的で、勝利を収める表象であり、遊びの中で彼女の母親的できょうだい的な表象を、例外なくいつも驚かせ畏れさせていた。（そこに父親の存在はめったになかった。）最初のうち、彼女のヒロインはしばしば残酷であった。私は、親切だがとても騙されやすい母親役にいつもなり、赤ん坊に母乳を与えた後に穏やかに眠っていると、突然、奇妙な引っ掻く音で目覚め

ることになり，それから赤ん坊の恐ろしい泣き声がするのだった。ルースは，ネズミの群れを放ち，それらが赤ちゃんを食べようとしていた！後で説明するが，しばらくの間，私はこの中で私の役割を演じた。（ルースは，いつも自分の名前を物語の中で使用し，私はこれに当惑した。私は，おそらくそれが遊びの中の象徴機能が比較的低いレベルだという手がかりだったのだと今では思う。実際，それを純粋な象徴にしておくには，彼女にとって少し現実でありすぎた。それは象徴等価により近いものであった。）

　しばらくして，私は，彼女の魅力と活力にもかかわらず，ルースの眼がいつも動いており，ほんの一瞬というよりも，実際に私と目が合うことが決してないことに気づき始めた。彼女は全く聴く耳を持っていなかった。おそらく長期間に渡る心の悪い習慣の結果として，ほとんどできなかったのだろう。遊びの範囲を超えてはなく，遊びの一部についての私のどんなコメントも，それがどんなに短く簡潔でも，いらいらしたため息と，「はい，はい，分かったわ。もう次に進みましょう！」という反応を引き起こした。私はまるで彼女が私にストップウォッチを使っているように感じた。言うまでもなく，彼女は学校でも人の話を聴いていなかったし，遊び仲間は彼女に対して諦めており，そして彼女は単語が綴られているかを見るためにわざわざ時間を割くことを嫌がったので，英語の学習が遅れていた。

　あらゆる母親表象の愚かさに対するルースの弱い者いじめのような軽蔑を取り扱うことは重要であった。彼女は鉄の意志を持っており，私が言うことは時には聞かれなければならないということをかなり確固と私は主張するようになった。徐々に，物語の内容は変化し始めた。ルースはもはや反英雄ではなかった。彼女は英雄であった。残忍さは減り，ターザンのようなびっくりするような跳躍をし，私の満足感や驚きを喚起した。ある日，ルースが野生的で力強い女子児童を演じていた時，彼女は危険な殺し屋から他の全ての少女たちを救い出した。そして，彼女はハヤブサそして不死鳥に変わり，年に一度，彼女が大好きな，まじめな校長先生を訪問し，喜ばせた。私は，私が言ったことの断片が入り始めたことを感じ始めたが，彼女の遊びのペースはその活発さゆえに，あまりに熱狂的で，強迫的で，閉鎖的で，真に移行的遊びと呼べるものではなかった。しかし，もちろん，ルースは精神病ではなかった。彼女は物語から出てくることが**できた**し，時間の変更等についても非常に首尾一貫してきぱきしていた。そして，彼女の両親と私に非常に愛情を持ち，修復（物理的に）をすることができるようになった。しかし，さまざまな理由で，彼女はまだ物語から**快く進んで**出てくることはなかった。

そして，彼女の気の進まなさという習慣的性質のために，ほとんど無能という状態が生じた。（状態の慢性化は人生の非常に早期に始まる可能性があり，ペリーら（Perry et al., 1995）が示したように，状態は永続する特性になりうる。）

しかしながら，私は，ルースの多動への動機づけの一部は，抑うつ的な母性的表象に生気を与え，反応的で興味関心を持った対象をつくり出すことであったという事実にも注目しなければならなかった。（彼女の両親は，彼らが彼女の幼少期に共に抑うつ的であったと語っていたが，その段階では，私はなぜなのか分からなかった。）私は，時には肯定的で，時には否定的な情緒を伴った彼女の投影に反応することが私にとって重要であったということをいずれにしろ学んだ。彼女は，全体的にいくぶん穏やかになったが，ある日，過剰に興奮したやり方で野性的に遊び始めた。私は，彼女がまさにやり過ぎているように感じ（それはしばしば，翌日に，完全な消耗と虚脱，そしてたいていは身体的病気を引き起こした），それゆえに，今日はごっこ遊びの中で私の役割を演じないつもりだと言った。私は，彼女があまりに興奮した状態になっていくと思ったこと（つまり，彼女自身の力と残虐さで興奮した），そして，私は一緒にやっていかないことにしたことを説明した。彼女は落ち着きを取り戻し，少しの間，ひどく陰鬱に見え，後ろ向きに私の膝に座ろうとした。これは接触することや，仲直りする彼女の通常のやり方であり，その時までは，私はそれを受け入れていた。しかし，彼女は今や8歳であり，私は彼女のいつものアイコンタクトの不適切さを考えていた。最近，放つように投げかける彼女の視線が私はとても気になっていた。それで，私は示唆めいたことを言った。私にぴったり寄り添う代わりに，私を見ようとはしなかったことを指摘した。見ることは，仲直りしたり，再び仲良くしたりする方法でもある。ルースには勇敢な精神があり，カウチに座り，そして，数分間私を見た。私は「じっと見た」と書くつもりであったが，彼女はそうすることに明らかに慣れていなかったので，実際には彼女の視線は落ち着いてはいなかった。しかし，私は彼女が私の目をしっかり見ることを**練習していた**と思う。（健常な赤ん坊は生後3，4カ月でこの種の視覚の輻輳と，ゆっくりとスキャンすることを学ぶことを思い出してほしい（Stern, 1974）。）少しして彼女は話し始め，なぜ彼女の両親が以前抑うつ的だったかを私に説明するための何かを彼女が厳かに話すまで，私は混乱していた。（私は，その時まで彼女の両親について言及していなかった。）

私が暗に示してきたように，ルースに私が反応している間，彼女自身の哀れな赤ん坊部分か，あまり知的ではない母親対象かのどちらかとして，私が役割を演

じるのに同意することによって，記述的レベルに十分に留まることができた。私は，彼女の幼少期についての重要な何かが取り扱われていると感じた。（実際，彼女の母親は，今はとても知的で活発だったが，小さな乳児にとって彼女の過去の抑うつは，まるで全く理解できない誰かのように思われたであろう。）しかしながら，遊びが思慮を欠いた興奮したものになり始めた時，彼女のためには，何かサドマゾキスティックなものや最終的に彼女を混乱させるものでは遊ばないことが重要だった。しかし，空虚な抑うつ状態に彼女を置き去りにしないこともまた重要であった。私は，遊びをやめさせるにも，代わりに他の何かを提供するにも，十分に毅然とした態度でいなければならなかった。代案を勧めるにも提案するにも（アイコンタクトや一緒に刺激的な時間を持つ他のプレイフルな方法），純粋な記述的レベルよりも積極的で強化的な技法が必要だった。倒錯的興奮を阻むには，生きている感覚や生きた対象と接触する感覚のための他の方法があるという自信に満ちた主張を伴わなければならない。さもなければ，患者は，自分には過剰な興奮か奈落かという2つの選択しかないことを信じてしまう。

倒錯的遊びの諸問題──象徴性の連続体における5つ目のポジション

　象徴等価の具象性，上述した空虚さ，そして，象徴的なはしご（ladder）をさらに降りることの間，つまり，遊びまたは空想を通しての対象との嗜癖的で倒錯的な関係性の発達を区別することには価値があるかもしれない。ここで，私たちは偶像崇拝的で嗜癖的な遊びの危険に関して，シャーロット・ブロンテ（Charlotte Brontë）に同意することができる。（マゾキスティックな成人が嗜癖的に不満を呟くことに関してはジョセフ（Joseph, 1982），そして，フェティシズムに関してはフロイト（Freud, 1930, pp.149-158）を参照。）見かけ上は象徴的で暴力的な「遊び」は，実際には本当の殺人の練習のようなものかもしれない。それでも，最も倒錯的で奇怪な行動または没頭でさえ，その性質は治療の間に変化し始めるかもしれない。**どんな身体的対象**（any physical objects），あるいは行動も，**内容には何の変化もなく**，連続体を上下に動くのかもしれない。例えば，自閉的な子どもたちの過度な熱狂的で倒錯的な儀式が，たとえまとまりがなく空虚であったとしても，あまり嗜癖的ではなくなり始めるのを見ることは魅力的なことである。しかし，次には，治療者を欲求不満にさせ，苛立たせるように挑発的に計画されるようになるのである。例えその儀式が過去における精神病的で自己中心的なも

のと同じであるように見えるかもしれないとしても，その表現力豊かでコミュニカティブな性質はより移行的なレベルを表すかもしれない。そうした子どもが，物質的な対象の代わりに，人に対してプレッシャーを与えることは，相互関係的でより自閉的ではない世界の中に参加する兆しかもしれない。〈アルヴァレズとリード（Alvarez and Reid, 1999）〉の例を参照。）

　治療者としての私たちの反応も，それゆえ変化しなければならず，私たちの逆転移と知覚の両方のモニタリングに頼ることになるだろう。移行的遊びへと向かう連続体の上方への同様の発達は，虐待された倒錯的な子どもたちや青年たちの一部にも見られ，私たちの技法はこのことに注意を払っている。私たちは，時に年長の性犯罪者の発達遅滞の水準にとても衝撃を受ける。幼少期を通じて肛門的虐待を受けたある 15 歳の少年は，公然とまたはより偽装された形で，彼の治療者に彼の（服を着ている）お尻を常に見せていた。大人が彼について興味関心を持つのはそのことだけだろうと彼は確信しているようであった。ある日，彼は代わりに単純ないないいないばぁゲームの一種で遊び始め，遊びの中で勝利の雄叫びとともにカーテンの後ろから飛び出した。それは，性愛的な誘惑または興奮を解釈することが重要なの**ではなく**，その代わりに，彼は治療者がセッションの休みの後にもう一度彼を見つけて驚き，喜ぶことを確かめる必要があったという事実について言及することが重要であった。

　そのような若者たちは，誰も本来的に自分に興味関心を持つ者はおらず，性的対象としてしか興味を持たれないということを深く，現実的に確信しているし，そうした経験をさせられている。普通の種類のからかうようなゲームは，普通は 3 歳頃に見られるようなものであるが，15 歳の青年に現れ始めるかもしれない。性愛的な興奮を伴うものは何でも，この患者集団においては，非性愛的ではあるが興奮させるような他の見方で見られることが必要かもしれない。好きであること，快感，楽しみ，興奮でさえも，その能力の兆しを治療者が見つけ，拡充することができることは難しくはあるが，非常に重要である（そのような患者は非常に奇妙で，見かけ上は倒錯的な形態の下に隠れているかもしれない。コティス（Cottis, 2009）とウッズ（Woods, 2003）を参照）。

　しかし，治療者がそのような兆しを見つけることに失敗する時に，例えば，ビリー（第 7 章で記述した）がテディベアの眼に非常にゆっくりと針を突き刺していた時に，患者あるいは治療者自身に何が起こるのか？ その時まで，テディベアへの彼の残虐さは，復讐への強い願望という絶望的で迫害的な空想によって大部

分は煽られていたように思われていた。つまり，それは情動性を帯び，犠牲者の役割を演じる他の誰かを必要としていたと思われていた。しかし，そのセッションには，異なる何か，それは冷たい硬さと快感（そして，ある時点では，性愛的な興奮の始まりの痕跡）といったものであり，私があまりにもマゾキスティックに受け入れるべきではないと感じたものであった。私は，彼がいかに残虐さを楽しんでいたかをはっきりと解釈したが，私はまたテディベアとして泣いて頼むという私のいつもの役割を演じることを拒否した。私は，非難することなしに，冷静に話すことによって興奮のレベルを下げようとした。

　別の同じような子どもの場合，時々，残酷な遊びが明らかに倒錯的な興奮となることがあった。しかし，大抵の場合は，冷淡な習慣性のものだけだった。私は，彼女の残虐性に私が彼女と同じように興奮していると彼女は確信していることを伝えようとした。しかし，私は彼女の両親がしたように，それが退屈になってきていることを彼女に伝え始めた。子どもが痛みに何とか対処して投影する十分な機会を持つ前に，あまりに早くからこうすることは間違いであるが，残虐さをあまりにも長い間続けさせることもまた間違いだろう。ルースが残酷な遊びの中で，私と私の赤ん坊に対して過度に興奮した時に，私は同様のことをした。実際，彼女が落ち着いている時に，切なる好意をあまり快楽趣味的ではないやり方で示すことを彼女に提案してみた。

　臨床例においてセッションの中でサディズムが極度に反復する場合，嗜癖を防衛として解釈することが十分ではないのは明らかだ（たとえ数年前にその方法が始まったとしても）。しかし，説明的レベルから記述的レベルへ移ることは，たとえそれがどんなに治療者にとって情動的な勇気を必要とすることだとしても（第6章のように），必ずしも十分ではないかもしれない。もし，子どもまたは青年が彼の攻撃性によって興奮しているならば，私たちはあまりに情緒的に共謀したり非難したりしないように気を付け，冷めた退屈さといったものに近い何かを示し始める必要があるだろう。私は，私たちが子どもの眼の中に邪悪さを見る勇気を持つ必要があると第6章で述べたが，眼の中に嗜癖的な興奮を見るための，そして，私たちが見ようとしている恐怖と向き合うための勇気をもつということでもある。しかし，それが嗜癖的に慢性化したところでは，私たちはサド‐マゾキスティックなゲームで遊ぶことへの私たちの退屈さと気の進まなさを自由に伝えることが必要である。それと同時に，おそらく患者も飽きているが，やめる方法を知らず，同じくらい面白い別の何かに移る方法を知らないのかもしれないと

いうことを示すように努めることも必要だろう。無関心な残忍性が繰り返される例にもこれは当てはまる。私は私たちの声のトーンを非常に重要なものと考える。私たちは時に遊ぶことを積極的に妨げ，もっと意味のある何かを強調することさえできる。（私は，遊びの中に妄想的で迫害的な意味がある時でなく，遊びが明らかに不毛で嗜癖的な時にのみこれを行うであろう。）虐待されたり拷問されたりした子どもたちは，まだ完全に非情なサイコパスではないが，拷問する者に同一化している。拷問する者は彼らではないと私たちは知っていることを彼らに示し，そして，彼らが今日は誰であるのかを尋ねることがより良いことが時々ある。

考察―私たちはそれでもなお精神分析的な精神を持ち，子どもと一緒に遊ぶことができるのか，あるいは遊びたいという欲望を革新し喚起することさえもできるのか？

明らかに，ルースは少なくとも興味関心を持つ表象の概念を持っていた。他の子どもたちには，ビオン（Bion, 1962b）がそのような表象の「前概念」と呼んだものの微かな痕跡があるのかもしれない。しかし，彼らの生活は，真の概念を形成するのに十分なほどの「現実化」を彼らに与えては来なかったのだろう。真の概念とは，人々と世界，そして，あなたが人々や世界と一緒にできることは重要で興味関心を持ちうるということである。そのような子どもたちにとって，重要な心理的変形は**それそのものを遊ぶプロセスを通して**生じるというウィニコットの考えは，非常に適切である。発達論者たちのようにウィニコットが強調したのは，プレイフルネスにおけるより創造的で快活な要素，つまり想像力を自由に使うことの重要性である。しかし，サンヴィル（Sanville, 1991, p.xi）が言ったように，彼もまた「遊びは真剣な仕事である」と信じていた。彼は「遊ぶことができないところで治療者によって行われる治療は，遊ぶことができない状態から遊ぶことができる状態に患者が至る方向へと向いている」と論じている（Winnicott, 1971, p.38）。

本書の初めの方で，ひどい虐待を受けた幼い男の子について言及した。彼は最初にどのように遊ぶか全く考えがなかった。ある日，彼と彼の治療者が遊ぶことができることについての「考えがある」ことを喜んでいた。そのような子どもたちは，頻繁に虐待されているだけでなく，深刻なネグレクトを受け，想像力を刺激される通常の機会を剥奪されているということに注目することは重要である。

数日後，セッションの後に彼の養母のところへ戻った時，この子どもは「ぼく，物語を作った」と誇らしげに言った。まず，自分自身の心がその中に「思考」と呼ばれるものを持っていることを知ること，つまり，要求に応じて，時には呼んでもいないのに現れる考えというものが心の中にあることを発見すること，次に，自分が**物語をつくる**力を持っていることを発見することは，情緒的に強くなるだけでなく，認知的に拡がることでもある。

　自閉症または剥奪のため，遊び方を知ることに大きな困難を持つ子どもたちとの治療で，治療者は自身が遊びを拡充したり豊かにしたり，新しい展開を導入していることさえあるのに気づくかもしれない。ある治療者は，最近，彼女の患者（ジョニー）が，水遊びのときにシンクで動けなくなって，遊びは自閉的で死んだようになっているのがわかった。彼女は何体かの人形をシンクの端に加え，恐怖と興奮を伴いながらそれらを飛び込ませた。ジョニーはこのアイデアに乗り，とても楽しみながら人形を使うことに加わった。これは，リード（Reid, 1988）が指摘しているように，そのような活動性によって侵入されたと非常に容易に感じる回避的な自閉的な子どもには，これは誤りとなるだろう。しかしそれは，ある種の受動的な自閉症の子どもとの遊びにおいては，関心を生み出すという彼女の概念と可能性を実演することと一致する。このような軽度の自閉的な子どもに対して治療者が新しい素材を導入することは，照り返したり記述したりするよりはるかに子どもと関わっており，非常に効果的であった。

　私の自閉症患者であるジェシーは，ここ数カ月でいくらかよりよく私と触れ合っていた。彼は，またいくらかより良く，より長くて劇的な筋道のある物語を最後まで演じることができ，時には，物語の中で何が起こっているかについて私に話すことさえできていた。ある日，インディ・ジョーンズが檻から女の子人形を救出したが，これまでに私がされてきた以上に，私は全く話しかけられることなく，完全に無視されていた。私がコメントし，興味関心を示してからおよそ20分後，今日は明らかに私のことがほとんど見えないようだと私は指摘した。このいくらか状況を映し出すようなコメントは，以前は大抵の場合，彼に届いていたものであったが，何の反応も引き出さなかった。それで，私はまるで檻の中の女の子のようだとコメントしたが，これも彼に通じているようには見えなかった。ついに私は，一緒に遊ぶ人が誰もいなくてひとりぼっちな時に，インディ・ジョーンズが来て，私を救い出してくれたらということを言い始めた。ジェシーはすぐに暖かく反応した。そして彼はセッションの残り時間，私との接触をほと

んど断たないでいた。彼自身の捕らえられた部分または彼の内的対象の代わりに，私が情緒を表出したことによって，何とか彼に到達することができたようだった。私たちが自閉的または解離した患者に届くための方法について，今なお多くを学ばなければならないと私は思う。もちろん，口やかましい人になることなしに，である。

ジェシーは自閉的であったが，あまりに厳格に育てられたり，過度なネグレクトのために遊び方を学ぶことができなかった非自閉的な子どもたちにとって，治療者が情緒的に主導していくことは，必要な方略だろう。私たちは，8歳児といないいないばぁ遊びをすることや，そのようなゲームを行うには，実年齢的には高過ぎる子どもと一緒に遊ぶ時でさえも，魅力的な新発見のためには，機転をきかせて「わぁ！」と言うことが必要かもしれない。そこには全ての者の尊厳を守ることができる遊び心についての何かが含まれている。つまり，それによって，私たちがあまりに愚かで魔法的なごまかしによって本当にふざけていると子どもが結論することが避けられる。さらに，子どもは，誰かに影響を与えるのにかなり必要な力を持っていることを楽しむことができる。

こうしたレベルの心理療法において，考えることについてのビオンの理論を参照できる。私が指摘したように（おそらく頻回に），ビオン（Bion, 1962b）は「α機能」を仮定した。それは，思考を「考えうるもの」に変容する心の機能である。彼は考え（thoughts）というものは考えること（thinking）に先行すること，つまり，それぞれの考えがそれについてさらに考えられ，説明される（私たちは「共に遊ばれること」を付け加えるかもしれない）必要がある。それは，消化され，詳細に検討され，まとめられるためであり，さらに考えられ，他の思考と関連づけられるためだと述べている。しかしながら，グロトスタイン（Grotstein, 2000, p.299）は**母親の中にある** α 機能の重要性を指摘した。つまり，子どもが自由に遊ぶことを学ぶならば，普通の乳児の母親（あるいは父親）もまた遊ぶことができる必要がある。時に，私たちは最初に人々と一緒に，次に玩具と一緒に，そしてその後，考えと一緒に遊びたいという欲望を喚起する必要があるかもしれない。

おわりに

私が試みたのは，精神的な成長のための遊びと想像力の重要性を明示すること，そして治療者がそれを促進しうるいくつかの方法を記述することである。私は，

ウィニコットとシーガルの象徴形成についての理論を拡大し，象徴的には空虚な遊び，および嗜癖的あるいは倒錯的な遊びを付け加えて包括した。後者の状況では，治療者は異なるタイプの病理的遊びに異なるレベルの関与で接近するかもしれない。つまり，大抵の時，私たちは遊びを単に解釈したり描写したりするが，子どもと一緒に，または代わりに遊ぶ必要がある時もあるだろう。最後に，場合によっては，私たちはより先に進んで，遊びを主導したり，新しいことを始めたり，遊びたいという気持ちを呼び起こす必要があるかもしれない。こうした強化された技法の様式では，治療者はもはやただ意味を探求するのではなく，意味を**強調する**のである。スレイド（Slade, 1987）が書いているように，ある子どもたちのためには，私たちは意味をつくり出す必要があるだろう。

第 12 章

波長を見つけること
自閉症を持つ子どもたちとコミュニケーションをとる手立て

はじめに

　本章では，ほとんど言葉の出ない，自閉症を持つ9歳の男児との関わりで生じた乳児的，母性的，父性的な逆転移の強化的な使用について述べるつもりである。彼に対して自閉対象よりも私に注意を向けるように求めるとき，私は通常の精神分析的な説明的で内省的コメントと並行して一種の「母親語（motheres）」を使うことになった（発達研究（Trevarthen and Marwick, 1986）から借用したこの用語のこれまでの臨床的用法に関する詳しい考察はアルヴァレズ（Alvarez, 1996）を参照）。しかし私は，自閉的な反復運動に埋もれた彼の強さや自己主張を拡充し，注目するように彼を誘うときに，一種の「父親言葉」を使用していることにも気がつくようになった。このような私の側の情緒的な話し方は，発達的に特徴づけられたものとして，以前記した種類の仕事を含んでいる（Alvarez, 1996, 1999）。加えて，彼のひとりよがりの万能的な行動を断固として退ける中で，私は第二の種類の「父親言葉」のトーンを使用した。彼はときとして自閉症であることがあまりにも快適な子どもであり，他の人間には興味を示さず，誰かから話しかけられるようなときはとりわけそうであった。

　聴くことというのは，やはり複雑な芸術だ。数年前，ロンドンタイムズに，クロウタドリとそのさえずり，というテーマで一連の投書があった。次に示すのは2000年6月14日のものである。

　　拝啓　5月のクロウタドリは喜びに溢れていて，イ長調でさえずります。7月には満足して，ヘ長調でさえずります。このことを言うのに実に68年かかりましたが，ベートーベンの交響曲第7番と第6番が私のこの説を裏付けてくれましょう。

敬具　D.F. Clarke

　この手紙の書き手は明らかに良い聴き手であり,聴くことを好んでいるようだ。聴くことに関して,ポルトガルの詩人フェルナンド・ペソア（Fernando Pessoa, 1981）はやや異なる意見を持っている。彼は,聴くために必要なのは**静けさ**であり,歌ではないと主張する。自閉症を持つ子どもたちは悪名高い聴き下手であり,実際彼らはよく聾者であると思われる。自閉症の三つ組み症状には,社会的関係や想像力の使用の障害と共に,コミュニケーションと言語発達の障害が含まれる。症状を同定すること,そして,三つの症状が見られると実証することはきわめて重要である。だが,子どもの自己の特性を並べたてるだけの一者心理学のみに頼った疾病分類学は,実際の一部分しか物語っていないだろう。自閉症のより仔細な記述心理学は,二者（あるいは三者）心理学によってもたらされると言えるかもしれない。このようなアプローチは,個人の内部（intra-personal）の関係性についての研究を含んでいる。つまり,二者心理学を含む心のモデルにおいては,心が包含するのは,特別な性質や志向性や,欠損の可能性を有するかもしれない自己だけでなく,「内的対象」（Klein, 1959）や「表象的モデル」（Bowlby, 1988）と呼ばれるものとの関わりや関係性だと考え,さらにそこにも欠陥がありうると考える。自閉症についてより個人的で,個人の内部（intra-personal）という視点から見ると,自己は情緒的で力動的な内的表象や内的像や内的対象との関係の中にあるという意味を含む。それは,いかにこの関係性が歪んでおり,不十分で,風変わりであったとしてもである（ここでは病因を示唆しているのではなく,ここで問題にしているのは子どもの内的世界における像や表象である。精神分析家の多くが「表象」という用語よりも「内的対象」という用語を使用する。これは,前者が時として外的な像の正確なコピーを意味するものと受け取られるのに対して,後者はそうした意味合いを持たないからである。内的対象は,内的要因と外的要因の混合物だと考えられている）。子どもが私たちを家具のように扱うとすれば,子どもは私たちを何か家具のようなものだと**見ている**だけでなく,まるで家具であるかのように感じているのかもしれない。子どもが私たちに耳を傾けないとすると,それは耳を傾ける習慣が無いことが一因かもしれないが,私たちの話を面白味がないと思っているからかもしれず,あるいは,ペソアの言う静けさがあまりにも少なくて侵入的に感じられているからかもしれない。それでは,私たちが歌を止めて,それでも聞いてもらうにはどうすればいいのだろうか？同様

に，もし子どもが私たちと話すことができないとすると，それは話す努力をするに値する相手でないと考えていることが一因かもしれないし，私たちの聴く能力が十分でないと感じているからかもしれない。さもなければ，私たちが何かひどいやり方で言葉を引き出したがっていて，それによって言葉が私たちのものとなり，もはや彼のものではなくなるように感じているのかもしれない。そうした子どもの「心の理論」（Leslie, 1987）は，心というものは基本的に注意深く留め置くものではない（unmindful）ということを自明のこととして仮定しているかもしれない。このことは，取り入れや他者から学ぶこと，そして，認知的な成長を導くような後の内在化の過程をきわめて困難にしうる。

　とはいえ，症候学と病理学がすべてではない。自閉症を持つ者は皆，各人の自閉症に織り混ぜられたパーソナリティの中に無傷の非自閉的部分があるのが普通である。ビオンは精神病患者との精神分析において「パーソナリティの非精神病部分」（Bion, 1957a）と接触することの重要性を論じた。また現在では，自閉症の「予備機能（spared function）」についての研究が次第に増えてきている（Hobson and Lee, 1999）。目に明らかな静止にもかかわらず，自閉状態は一見して捉えられる以上に，静的というより可変的である。人物や新しいおもちゃへの関心を伴ったマイクロ秒の一瞥の後，古い儀式への即座の逆戻りがあるかもしれないが，その子どもの一瞥の質は，それでもなお拡充されて巧みに構築されうる手がかりと微かな兆しを提供するかもしれない。どの発達レベルで，この見かけ上の自己のより定型発達的な部分が機能しているのかを判断することは重要である。子どもの暦年齢が5歳であったり10歳であったりしても，自閉症による習慣的で長年にわたる障害によって，健康で，人と関わっていて，対象希求的な部分は，10カ月であったりあるいは生後3週程度で機能しているかもしれない。早期の前概念（Bion, 1962b）の痕跡，あるいは「心の理論」（Leslie, 1987）の痕跡ではなく，心の理論の萌芽や人間であるという感覚の萌芽（Hobson, 1993）を見出すことは可能だろう。こうした土台の上にこそ，その子どもが可能な情緒的コミュニケーションのレベルを正確に推定し調整された治療が成り立つのである。

乳児の定型発達と原言語

　生後13カ月のウィリアムは，朝の5時にドアの向こうで父親が起きてくる音を聞いた。ウィリアムは「エイ！」と呼びかけた。父親は「やあ！何しているの？

一体どこに行くの？」と言っているようだと言った。父親が子ども部屋のドアを開けると、「エイー！」と要求するような別の声で迎えられた。父親は妻を起こさないようにこう囁いた。「パパは仕事に行くよ、ウィリアム。おまえはネンネだよ」。ウィリアムは「アゥーーー」と言って、再び眠りに落ちた。

　クラインが主張し、その後発達心理学研究が証明したように、誕生の瞬間から健常な乳児は社会的にきわめて早熟である（Klein, 1959, P.249; Newson, 1977, P.49）。乳児には、最初のうちは非言語的な類の、対面（face-to-face）の相互コミュニケーションを始めるのに必要な準備が生まれつき備わっている。乳児は顔に似た図柄を見ることや人間の声を聴くことを好み、見事に調律された対人交流ができる驚くべき能力を有している（Beebe et al., 1985; Stern, 1985, p.40; Trevarthen and Aitken, 2001）。明らかに、情緒的コミュニケーションは、注視（Fogel, 1977; Koulomzin et al., 2002）、情緒的関与（Demos, 1986）、注意と興味のレベルや表現豊かな身ぶり（Hobson, 1993）、声を出すこと（Trevarthen and Aitken, 2001）と、すべてが各パートを演奏するオーケストラ全体のための「楽器／道具」を含んでいる。これらの楽器／道具のほとんどは、まず表出のために、ついでコミュニケーションとして用いられるようになる。精神分析の用語にあてはめるとすると、投影同一化の種々のタイプを経由して用いられる。これらは取り入れや内在化の目的でも用いられているのである。

言語と，視線を追うことを含む三項関係のスキル

　乳児は生後1年目の終わりに近づくと、注視によるモニタリング能力という早期のスキルの使用を拡大していく。スカイフとブルーナー（Scaife and Bruner, 1975）が示してきたのは、ごく幼い乳児でさえ、母親の視線を追うために顔を向けるということである。生後9カ月頃になると、別の人の注視の軌跡を追うことや注視の対象を見続ける力が強化されるが、それは赤ちゃんが母親の姿や母親が行ったり来たりするのに絶えず注意を払おうと動機づけられるからである。それに続いて、9カ月から14カ月の間には、より積極的な活動である原‐叙述的な指差し（Scaife and Bruner, 1975）が出現する。原命令的指差しは「そのバナナちょうだい！」といった意味を伴うが、原叙述的指差しは「わあ！あの大きいトラックを見て！」のように、対象物がいかに**興味深い**かを強調するものである。

　ブルーナー（Brune, 1983）は、言語が乳児と養育者の間の相互作用の文脈

の中で現れると最初に指摘した者の一人である（加えて，情緒的プロセスとしての言語発達を議論するにはアーウィン（Urwin, 2002）を参照）。バーハウス（Burhouse, 2001）は情緒的な前提条件について提起しており，これは注視によるモニタリングが原叙述的指差しに先行するように見える理由を説明するものかもしれない。彼女が指摘したのは，赤ちゃんは，対面での二者の見つめ合いをする生後早期のうちに母親からの見つめ返しに価値を置くことを学ぶ，ということである。そして，母親からの注意に興味を持ち価値を置くことで，赤ちゃんは，母親の視線が例えば姉などに逸れた時にはそれを追うようになる。そしてついには，赤ちゃんは注意を引き戻すための，コミュニカティブな指差しや表現豊かな音声といった能動的な方法を見つける。これは，情緒を含んだ出来事であり，情緒的な出来事の文法こそが言語を構造化する。「ねえねえ！」，「さあ，笑って！」，「まあ，なんて可愛いキラキラ太陽さん！」，からかうように「待て待てー，**あなたを捕まえるわよ！**」，「もう，いたずらっ子なんだから！」，「あら，このバナナピューレが大好きなのね。そうね，まんま，まんま」というコミュニケーションと，命令して「コンセントは触っちゃだめよ！**とっても危ないんだから！**」というコミュニケーションの間には，その意図に大きな違いがあるだろう。

　言語というものは，ブルーナー（Bruner, 1983）が教授したように常に**文脈**の中から現れるものであり，発達論者が示してきたように情緒に伴うものである（Demos, 1986）。バーハウス（Burhouse, 2001）が描くのは，母親が自分ではなく同胞に話しかけ，同胞を見ている事実に赤ちゃんが気付き，それについて考えているように見える瞬間である。精神分析の理論家も発達論者も，早期の二者関係はその後に続く三者の社会的能力の基礎を築くものだと提唱してきた（Klein, 1945; Trevarthen and Hubley, 1978）。近年では，ストリアーノとロチャット（Striano and Rochat, 1999）が，三者の社会的能力と乳児期に見られる早期の二者能力との繋がりは，実に発達的なものだということを経験的に明らかにしている。もしあなたが誰かの視線を**そもそも価値があるもの**と思わなければ，その人の視線の軌跡を辿りはしないだろう。同様に，もし自分に向かっての音声によるコミュニケーションにそもそも興味を持たなければ，誰かが別の誰かに話しかけていることを気に留めないし，その人たちの言っていることを知りたがりはしないことも，また事実である。

　興味深いのは，原叙述的指差しの萌芽に関する研究の多くが乳児の視覚的関心に言及していることである。子どもが視覚的に見つめる方向を測定する方が，子

どもが急に静かになる時に何を聞いているのかを査定するよりも容易だろうと思われる。年長児であれば、「あれは何〔の音〕？」と言うことができるが、言語能力習得前の子どもはただ注意を向けて驚くだけである。これが、赤ちゃんの発声についての研究の多くが、母親と赤ちゃんの音声の**対話**に関心を向ける理由であろう。静かに聴く態度でいるよりも、記録がしやすいのである。ただこのことは、スターンやトレヴァーセンやビービ（Beebe）やトロニック（Tronick）の用いた素晴らしい方法や、彼らの研究成果である早期の前言語的対話のきわめて対人関係的な性質、さらには、ビービやトロニックの研究で示された個人内の要素のいっそうの重要性（赤ちゃんの中の、関係性だけでなく自分自身を調整する資質）を過小評価するものではない（Beebe et al., 1985; Stern, 1985; Trevarthen, 2001; Tronick, 2007）。

コミュニケーションの障害についての治療的な含み —的確な発達の波長に合わせること

　自閉症を持つ子どもの精神分析的治療についての疑問は、これまで数々の論争を繰り広げてきた。精神分析家や心理療法士は自身の経験から、こうした子どもたちへは技法面での変更が必要だと述べている（Alvarez, 1992; Alvarez and Reid, 1999；Meltzer et al., 1975；Tustin, 1992）。象徴化能力や遊びや言語の障害は、そうした子どもたちにとって通常の説明的解釈の理解を非常に困難にする。自閉的症状が特に重度である場合や、他者の存在に対する感覚の弱さだけでなく自己の感覚が弱い場合は、転移や逆転移の概念は高度すぎる**ように思われる**。その場合、転移は存在していないように見えるかもしれず、また、治療者の中の欲求不満や絶望といった逆転移は無関心さに繋がりうる。綿密な観察は、微かな、または障害された関係性の兆しを明らかにし始めるかもしれず、それは後に拡充できるのである。

　とはいえ、病因にかかわらず社会的相互作用の能力の障害は、社会的相互作用の過程それ自体を通じて作用する治療を必要とし、また、その治療から恩恵を受けるかもしれない。このような関係性は、元々の素質と、精神病理学的な深刻さと、子どもの非自閉的部分が機能している特定の発達レベルを考慮に入れる必要がある。治療的アプローチは三方面からなる。それは、子どものパーソナリティと、自閉症の症状（障害、ときに逸脱）と、発達的には遅れているかもしれないが、

無傷で残っている子どもの非自閉的部分を取り扱っている（Alvarez and Reid, 1999）。このように，こうした子どもへの心理療法というのは，精神分析的，精神病理学的，発達的に裏打ちされている。

精神分析的観点は，転移と逆転移についての綿密な観察を提供する。この観点は，子どもの中のパーソナリティの特徴に対して，治療者の注意を喚起しうるものである。それは，自閉症を伴っていたり，自閉症を増悪させたり，あるいは軽減しようと働くものかもしれない（中には自閉症の本質的な特徴とは全く異なるきわめて逸脱したパーソナリティを発達させている自閉症を持つ子どももいる）。両方の親と最初は濃密に関係し，それからだんだんと同一化していく普通の子どものニーズと能力についての精神分析理論は，定型発達の子どもの理解に大いに役立つ。エディプス・コンプレックスの理論も同様で，これはつまり，子どもとは独立して存在する両親カップルの関係性に対する健常な子どもの動揺と，その一方で生じるきわめて強力な関心と興奮への理解である（Houzel, 2001; Rhode, 2001）。

前章までに繰り返し述べてきたような精神病理学的観点は，治療者にとっては，自閉的な反復行動の力強さと引力への理解や，（精神分析家も苦闘してきたように）単純な神経症的メカニズムや防衛とは非常に異なる嗜癖的で具象的な非‐象徴的行動様式の理解に役立つ（Joseph, 1982; Kanner, 1944; Tustin, 1992）。

子どもが見せる接触への束の間の興味や欲望に対する臨床的直観による微かな感触は，非常に早期の乳児の研究や自然観察（Miller et al., 1989）や発達研究双方の方法によって確認し補うことができる。私たちは，社会的関係性の前兆の同定と促進を試みることができる。つまり，この技法は，母親が赤ちゃんとコミュニケーションをする方法について分かったことや，いかにこれが乳児のコミュニケーションや関係性への能力を促進するかについて分かったことを利用している。発達研究は次のような多数の要因を強調した。すなわち，入念に調節された刺激水準と覚醒水準（Brazelton et al., 1974; Dawson and Lewy, 1989）と注意のチャンネルへの健常な赤ちゃんのニード，「母親語」の力（会話の萌芽／音楽的対話の萌芽に見られる特定の緩やかなリズムの柔らかで高いトーン；Trevarthen, 2001）と特定の文法（命令形というより，あやしてご機嫌を取ること；Murray, 1991），対面でのアイコンタクトを引き出す最適な距離が年齢によって異なること（Papousek and Papousek, 1975），そして，発達レベルに応じた原初的な間主観性への子どもの側の準備性（二者状況での対面でのコミュニケー

ションと遊び）とそれに対する二次的な間主観性（対象物を共有しての遊び。例えば，玩具への「共同注視」を求める赤ちゃんの養育者への一瞥。つまり三者状況。; Trevarthen and Hubley, 1978）である。私がかつて治療した重度の自閉症であり発達に遅れのあった子どもは，ある発達検査において生後1カ月のレベルで機能していることがわかった（Alvarez and Lee, 2004, 2010）。

　多くの重度の自閉症児は一度も遊んだことがなく，共同注視の能力も発達していない（Baron-Cohen et al., 1992）。彼らにはまったく言葉がないかもしれず，さらに悪ければ，プレイフルな喃語を発したこともないかもしれない。話さない子どもが音で遊び始めたり，以前よりも輪郭を持った音を出すようになれば，それは治療における本物の達成と言えるだろう。ここで，心理療法士にとって技法的な問題での困難が生じる。言葉を殆ど持たない子どもの心に私たちはいかに触れることできるだろう？こうした子どもたちに私たちはどのように話しかけることができるだろう？

　ここで，私が「母親語」と共に，「父親語（fatherse）」とでも言えるものを使用したある子どもとの心理療法を紹介したい。この「父親言葉」は，私たちの間のコミュニケーションを促進し，子どものコミュニケーション能力の成長を助けるために併用した。どちらの言葉を用いるときも，私は，ジョセフにとって未知であるか，手に余るような感情をコンテインしたり劇化しなければならないことにしばしば気づいた。それにもかかわらず，次第に彼は私の反応に関心を持ち始めたようだった。

ジョセフ

　ジョセフは8歳の時に音楽療法士から私に紹介されてきた。彼は予定日を2週間過ぎて誘発分娩で生まれた。兄たちは健常だった。ジョセフは誰に抱かれても喜ぶような穏やかな赤ちゃんで，3歳頃まではアイコンタクトが認められていた。両親が唯一疑問を抱いたのは2歳で試みたトイレットトレーニングのときで，彼は理解をしていないように見えた。両親が彼にコミュニケーションをとるよう迫り始めると，彼は「閉じこもり（closed down）」，アイコンタクトは弱まったのだった。彼は常に満たされており，しかし，彼は彼自身をも切り離して閉じこもり，他児と遊ぼうとしなかった。彼は常に人の体に触れていたがり，抱っこ好きで，歌って聴かされるのを好む子どもだった。彼も沢山の歌を歌うことができたが，

話し言葉はきわめて限られていた。ジョセフの母親は彼の初期のごっこ遊びは良好だったと記しており，2歳までに2つの人形を持って互いの顔を合わせ，互いを「会話」させ，ダンスさせていた。ジョセフは私とのセッションでも同じことをしたが，たいていその性質はきわめて閉ざされ遮断されたものであり，その時にはもはや本当のごっこ遊びではなくなっていると思われた。彼にとってそれは**本物**でありすぎた。彼は自分を本当にお喋りして一緒に遊んでいるこれらの人々であると思っているようだった。セッションの初期に聞いた言葉のほとんどはこういった私的なタイプのものだった。それはお気に入りのDVDのキャラクター同士の会話で，生き生きとして面白いものだったが，やはりきわめて反復的な，多くは理解のできないものだった。時には何か尋ねていたり，驚いているように聞こえることがあった。しかし，私が唯一聞いた両親や私に向けて発せられた実際の言葉は，トイレに行きたいか尋ねられたときの返事であり，極端に軽く，まったく現実感のないような「ノー」だった。それはあまりに軽く，機械的で，目的なく，位置付けられていないために，空耳であったかと思う程のものだった。

　私は3回のコンサルテーションとして両親と共にジョセフに会った。時折彼は，最後の言葉に加わるという形で母親の歌に反応したが，母親とのポジティブな繋がりの多くは抱っこを通して見られた。彼は体格のよい8歳児だが，容易に彼を実年齢より幼くみたり，守ってやりたくなることに私は気づき始めた。彼は可愛くどちらかと言えば未熟な顔立ちで，柔らかな手足を持った魅力的な男児であり，部屋の中では多くの時間をカウチに水平に横たわって過ごし，半分は母親の膝の上に乗って過ごした。彼は少しだけ玩具をチェックしたが，母親や私からのどんな遊びの提案も指示もほとんど退けた。歩く時には，腕や脚，とりわけ足首から先の部分（feet）をまるで彼に属していないかのように引きずった。私は，彼がやり始めたからかい遊びに見られた即応力や生気の兆しに励まされた。その中で，彼が突然「ナイナイ（おやすみ）」と言って，それから**再び**ブランケットの下に消えていくことに，私が大げさにびっくりしてがっかりすることを好んだ。そうした瞬間の後に彼は束の間のアイコンタクトを取った。

　ジョセフが愛されている子どもであることははっきりしていたが，本当には世界に気づいたことがない感じがあった。彼は，骨と筋肉，それに垂直性（世界の中で立って手足を伸ばす喜び，ジャンプする喜び，そして世界に進出し探検する能力）を発見しなければならないようだった。彼の人生は受動的すぎたが，挑まれたり引っ張られたりしたときにあまりにたやすく一種のパニック状態の痙攣に

陥ったために，周囲の人は彼が自閉症のために普通の生活や普通の要求に対して
繊細すぎるとみなしやすかった。一方で，多くの点においてジョセフは聞き分け
がよく，のんびりしていた子どもだったので，両親も学校も特定の事柄に関して
はきっぱりとした態度をとることができていた。

　心理療法開始からおよそ2カ月経ったところで，私はジョセフのお気に入りの
DVDのキャラクター同士のお喋りや玩具の動物同士のお喋りを，いつも彼が夢
中に行っているわけではないという印象を持った。というのも，彼がこうした反
復行動をとった時に私が彼に注目するのを，彼は実のところよく知っていた。ま
た私は，排除されたという私の感情を彼が楽しんでいると考えるようになって，
逆転移を劇化しはじめた。「ああ，ジョセフは私とお喋りしてくれないんだ。ひ
どいわ。誰も私とお喋りしてくれないの。みんなはあっちであんなに楽しそうに
お喋りしているのに」というようにである。また，時には「ねえ，**私**とお喋りし
てちょうだい，ジョセフ，その人たちとじゃなくて！」とも言い添えた。これら
はずいぶんと情緒的であり，ご機嫌をとったり，懇願したり，抗議するもので，
強化的な手法の中では乳児的あるいは母性的な逆転移を明確に使用した。そうし
て私がだんだんと気がつくようになったことは，彼がお喋りを第三者が常に排除
される形で他人が一緒にやっている何かだとみなしていること，そして，彼は二
者が顔を合わせてするお喋りの本物の喜びを知らないということだった。私は，
自分がその第三者に声を与え，やはり彼を本物の関係性に引き戻す必要があると
感じた。ある日，私のご機嫌とりの後に，彼は私をまっすぐ見て，頭を上げ下げ
し，小さな子どものように頭を振って「ノー！（いや！）ノノノノノノ！（いや
いやいやいやいやいや！）」と言った。彼は，私をからかって，気持ちをくじく
自分の力を心から満喫しているようだった。しかしこれはちょっとしたギブアン
ドテイクだった。というのも，ようやく彼は私を見たし，それは本物の**生気**を伴っ
た正真正銘の「ノー（いや）」だった。これは「ナイナイ（おやすみ）」のように
茶目っ気に溢れていて，私を笑わせるものだった。

　以後何年か，ジョセフの私への挨拶（セッションの最初か最後の挨拶）の主な
形式は音楽的な「ナ - ナ - ナ - ナ」となった。それは気の利いた，ずいぶん
と柔らかなものであり，私が「やあ」や「こんにちは」と言ったり，その言葉を
彼から強引に引き出そうとし続けるよりも，彼をまねして返事をすることを彼は
いつも好んだ。実際，彼は時おり「やあ，アン」と発声することがあったが，そ
れはいつも嫌々で，まるで私が彼の歯を引き抜こうとしているようであり，私は

彼にそう伝えていた。この「ナ－ナ－ナ－ナ」は遥かにはっきりと発音され，気前よく，温かみがあったが，それでもやはりきわめて私的で限定された私たちふたりの間だけの言葉であったし，何年かけても殆ど発達しないものだった。

　私の逆転移は，全てがポジティブなものとは限らなかった。私は時々，ジョセフの独りよがりの想定に対して自分がひどく苛立っていることに気がつくことがあった。その想定とは，彼と彼の影だけが面白いのだということや，彼の終わりのない会話に彼が本当に退屈しているわけではないこと，あるいは，部屋の中にある壁のうしろに何があるのかを彼が知っていると思っているように見えることだった。とうとう私はこれらの想定に挑んでいくのに十分なだけの関係性が私たちの間に築けたように感じ，こういうことを言い始めた。「あらら，あなたは壁の向こうに何があるのか知ら**ない**のよね。あなたは知りたいんだけど，知らないのよね」。私はこういったことを強くは言ったが，生き生きと楽しく，そしてリズミカルにしたので，彼の歌うようなやり方に対する伴奏や応答になった。彼の声は高くて何かを表現していているようだったが，私は自分の声で彼をより現実的な場所に引き戻していたが，それがより面白い場所であることを願っていた。私の声は彼の音調よりも平板で低音だったが，しかしかなりユーモラスではあった。しばしば私は，そこ（つまり壁の向こう）では何も面白いことは起こっていないという主張と苛々したご機嫌とりとを同時に行うことがあった。（レベル3の強化の2つの介入が一度に用いられた。）私は，彼のお喋りが本物**ではなく**，また，彼が本物のやり方でお喋りすることを切望していると私が知っているのだという考えを繰り返し話した。彼のふり遊びの会話の中の人々はいつも楽しそうであったし，少なくともドラマチックで興味深い時間を過ごしているようだった。私が強調したことは，誰かの**ように**なるには，自分はその誰かであることはありえないことを彼が理解していなければならない，ということだった。ジョセフは自分がその生き生きとした2人組で**ある**と確信し過ぎていたのだった。

　発達していくためには，誰かのようになるには，他者があなたに対してその人たちのようになってもよいと許可していると感じることも必要である。私は，彼がひどく荒れて興奮した時には，彼の発声の中の興奮／攻撃的な要素をそっくり真似て返したものだった。もし急に唸り声があがり足を踏みならすことがあれば，私はその両方を真似て拡充し，すると彼は大喜びした。私は，彼が彼自身の男の子の声とともに，筋肉組織も発見する必要があると感じた。私は玩具の動物たちがもう少し長い旅に出るようにも激励した。動物たちはしょっちゅう集まっては

お互いに優しくキスしあっていたが，散歩に出かけることは一度もなかった。9章でも述べたように，アントニーとクレオパトラでさえ，時には新鮮な空気を吸いに外に出かけていたに違いない！しばしば私は，動物たちの大きく，かなりしっかりとした歩み（それらはいつも同じ場所に留まるか，小さな円を描くだけだった）に，私自身の足でいっそう強い足音を立てて同行していたが，とうとう動物たちの冒険心の無さに対してもう少し強い態度で臨むようになった。私は，動物たちは怖がっていないと主張した。彼らはもっと先へ行きたがっており，それをやらせないのはジョセフだった。彼は，ソファの背の上部へと動物たちを登らせていった。かつて私が唯一目にできたのが動物たちの背中であったときとは違い，まるでよちよち歩きの子どもが初めてよじ登った時のように，彼らは私の方に顔を向けてソファのてっぺんに並んだ。

　心理療法の最初の1年が経過するにつれ，ジョセフは低い声やいくらか力強く筋肉のある自己を発見することにますます喜びを見出すようになった。両親は，彼にアイコンタクトが増え，家では時々自発的な言葉を使っていると報告した。2年目が過ぎると間もなく，私が考えるところの本物のごっこ遊びに没頭するようになった。彼はカウチに横たわって叫び，「キャッ。助けて。助けてよ！」と言ってラグの上に「落ちた」。このシーンは彼のビデオの一つに由来していたかもしれないが，今まで常に私に背を向けてやっていた人形の会話のように孤立して行われるものではなかった。この時は，しばしば私を見ながら，私の目の前でカウチから落ちた。そして，もし私が「大変，この可愛そうな坊やは崖から落ちそうよ。助けなきゃ。急げ，急げ！」と言うのが遅れようものなら，彼を助けさせようと私の腕を引っ張った。このシーンは繰り返されたが飽きることはなく，それはきっと，高揚したドラマの中にジョセフのとても大きな喜びがあったからだろう。このゲームへの私の参加は紛れもなくかなり真剣なものだった。というのも，ごっこ遊びや共同注視の能力の障害は自閉症の早期のサインであり，このようにごっこ遊びや共同注視が始まったことは感動的であり励まされるものだったからだ。たとえその子どもの暦年齢からして幼すぎるとしても，である。このゲームは意味深長に思えた。時々私は，彼は実際に彼自身に課しているかのような陥った自閉的な孤立から救出されて，本物の人間たちがいる確かな地盤の上に連れてこられることを本当に必要としていると私も思うと彼に話した。

　何年も前に，フランセス・サロ（Frances Salo）から，拒絶的な母親に育てられた剥奪された少年が描いた絵を目にして「うわぁ！」と言ったことについ

ての論文を発表したと聞いたことがある。(注意してもらいたいのはジョセフは拒絶的な母親の子どもではなかったことである。しかし彼は自閉症によって確実に剥奪されてはいた。)サロの関わったその子どもは初めて奔放で力強い絵を描いたのだった。当時の私は彼女の反応はきわめて非精神分析的だと考えたが，今では子どもの内的対象の欠損を修復するものだと考えている。トレヴァーセン (Trevathen, 2001) は，乳児が誇らしさを感じる必要性について述べた。それは，鳥が「元気よくさえずっている」ようなものであり，母親が子どもの賢さに大いに喜ぶときに見られる。ある時，ジョセフが流しで大きな水しぶきをあげて「ウェー」と言い続けたことがあった。私はその言葉を味わって復唱しながら，彼の大きな水しぶきを喜んだ。しかし，ふと私は，数週間前に彼が大きな水しぶきをあげる度に私自身が「うわぁ！(ワオ！)」と言っていたことを思い出した。なのでここでも「うわぁ！(ワオ！)」と言うことにして，そして，気がついた。まず，彼は私がようやく理解したことに対して大いに喜んでおり，さらに，彼は自分の音を私の音にさらに似せようと頑張っていた。私は，彼が私の唇を見て，本当に真似ようとしていることに気がついたのだった。私の口から「いいわね」「すごいね」という言葉が出てきたのは，彼と，ついに自ら危険を冒して一歩を踏み出した彼の勇気に対して，その瞬間に私が本物の愛しさを抱いたからだった。彼はだんだんと「うわぁ！(ワオ！)」という音に近づいていったが，それはそう簡単に出せる音ではなかった。

考察と結論

　ジョセフのような子どもに話しかけることついての技法的問題は困難なものである。言うまでもなく，私は自分の話したことを子どもが聞いてくれ，子どもとの間の原 - 発話を促進する方法をどうにか見つけたように思われたセッションの一部を引用したに過ぎない。こうした子どもたちとの仕事は決して容易でなく，とりわけ治療の開始が遅れたときの自閉症の威力にはすさまじいものがある。しかしながら，こうした子どもたちとの話しの仕方や，なぜ特定の方法が他よりも有効であるかを考えることには関心をひかれる。

　ジョセフの反復的なお喋りにはいろいろな異なる動機があったと考えられる。時にはそれに完全に夢中になっているように見えることもあったが，先述のように，そのときの私の反応を彼が確かにモニタリングしていると私は考えるように

なった。そして，私がこの排除された第三者に差し迫った声を与えたとき，彼はより自閉的でなくなった。このことが示唆するのは，こうした瞬間の投影の中にコミニカティブな要素があるということである。あるいは，これは原 - コミュニケーションとでも呼ぶべきであろうか？彼は反応を期待していたわけではないだろうが，反応を認識したし，それがあったときには大いに喜ぶように見えた。それとは別に，彼の「お喋り」がより傲慢で好き放題に感じられることがあれば，私はそれに挑んだ。彼は，受容的になだめすかせる調子の私の「母親語」と挑戦的な「父親語」の**両方**を必要としていたのだと思う。部屋の中の父親の声には2つの側面があったようだった。それは，第一に子どもが万能感に耽ることを拒否する父親で，その父親は子どもに学ぶことと成長することを求め，さらに，子どもは大人たちとは同じではないことをはっきりさせる。第二には，（力強い声と大きな足音といった有能感に）同一化を誘って，それを許す父親である。どちらも私がそうした口調を的確に掴んだ時にだけうまくいった。私が彼に厳しく挑みすぎるときには，彼が必要としていた力強い父親へのある種の同一化を許容できていなかったのではないかと思う。よりうまくいったように思われたのは，断固としているが，少し退屈めいた口調か，ユーモラスなからかいの調子だった。同一化のプロセスは，彼の低いうなり声や，力強い足踏みや，堂々と立つことから始まっていったように見えた。父親への同一化は確実にエディパルな競争への耐性を支え，万能的なやり方に代わって，より現実的な行為の主体という感覚や有能感が育っていくのを可能にする。

　別の機会に私は，的確な強度で自閉症の子どもにアプローチする必要性について書いたことがあるが（Alvarez, 1999），興味深いことに，バロウズ（Barrows, 2002）は自閉症を持つ子ども対して攻撃的な遊びを導入することについてより明確に述べている。

　これまで述べてきた受容的で母性的な機能の話題に戻ると，ビオン（Bion, 1962b）はこれを赤ちゃんの苦痛に対する母親の「コンテインメント」として描写している。赤ちゃんの苦痛は母親の中に投影され，それはこうした感情を考え，消化する母親の能力によって母親の中で変形される。しかし，スターン（Stern, 1985）やトレヴァーセンとエイトケン（Trevarthen and Aitken, 2001）といった発達論者が気づかせてくれるように，こうしたプロセスは苦痛のときに限ってはいない。赤ちゃんが必要としているのは，感動することや大いに喜ぶこと，親の目を輝かせること，親を驚かせること，笑わせることであり，ジョセフも私が彼

を笑うこと（あるいは彼と一緒に笑うこと）を好んでいた。赤ちゃんにはこうしたことができる余裕や空間や時間も与えられていなければならない。私たちすべてが, 赤ちゃんから適度な距離を取り, 居るべき場所を知り, 自分の順番まで待ち, そして時が来るのを待つことを学ぶ必要があるかもしれず, とりわけ重要なのは子どもの空間とタイミングを尊重することである。ジョセフにとって重要だったと思うのは, 私が放っておかれ, 求められず, なすすべなく, 何よりも無力であるという体験を強烈にしつつも, それを抱えておけたことだった。そして, 私を待たせておける力があると彼が感じられる空間と時間を彼に与えたことだった。もちろんこのような技法は, 彼の万能感にマゾキスティックに共謀していると彼に経験される怖れがある。そのために, 彼がより自己耽溺的だと感じられた時に私は断固とした態度を取ることができるように, 私の側には注意深いモニタリングが求められた。

　私は別のところ（Alvarez, 2010b）で, フロイトとアブラハムがメランコリーの事例として描いたような真の喪とは区別される, 嗜癖的性質の特徴を伴った抑うつエピソードにひどく苦しんでいる思春期の少女について述べたことがある。そのときに私は, 患者の真の悲嘆への私の共感と, 彼女のみじめさに浸りがちな傾向に対して募る苛立ちのバランスを図ることが, きわめて困難ながら必須であるということに気がついた。彼女の動揺に過度に興奮したり過度に関心を寄せたりしないことは重要であるが, しかし結局は, 症状にまとわりついて離れない彼女の執拗さに対して, ある種の潤いを欠いた退屈さを伝えることも重要になった。

　ここで, ジョセフに対して想像上の（あるいは妄想上の）友だちではなく私と話すように頼む時の声の強さに関する別のポイントについても述べておきたい。こうした瞬間には「再生」のプロセスがあり, それはおそらく, 彼が消えると彼の対象が気に掛けるということをジョセフが本当には信じていなかったからである（Alvarez, 1992）。誰よりも愛して献身的だった両親や教師や治療者でさえ, こうした状況下ではひどく士気をそがれ, 少し諦めかける。ジョセフは, 私が必死にからかったり, プレイフルだったり, 要求がましいときだけ, 私の留まる力を認めたように見えた。私の側に, 処理されていない欲求不満や指示的な押しつけがかすかにでもあると彼はすぐさま引きこもった（彼の教師たちは同様の支配的でない彼への関わり方を独自に発展させていた）。私の声の中の劇的な調子は, 彼の中の発達的に遅滞した原-話し手に通じていたのだとも思う（この技法の中のこれらの強化的な要素は, 発達的に考えることや反復性の没頭への強いしがみ

つきに気づくことによっても裏付けられている。厳密に言えばこの技法は決して典型的な精神分析的なものではなかった）。このような子どもたちが私たちに注意を向けるための助けとなる方法を見つけていかなければならず，また，注意を持続させなければならない。というのも，情緒的に高められた関心というのは，このプロセスの中核をなすものだからである（Beebe and Lachmann（1994）による突出に関する第3の原則（third principle of saliency）―高められた情動的瞬間を参照）。

　最後に述べておきたいことは，協働的な努力がなされたということである。ジョセフは献身的な両親，教師，言語療法士と音楽療法士に恵まれ，私は彼らと定期的に連絡を取ってきた。私は，いくつかの技法と概念を簡潔に述べようとしてきた。それらは私が行ってきた協働的な仕事のある部分においては助けになっているように思われる。

第 13 章
さらなる考察
逆転移，妄想分裂ポジション，そして，神経科学に対応したいくつかの思索

はじめに―子どもと思春期青年期の人たちの精神障害と精神疾患の水準

　最終章では，より最近の私の考えを収めた本書で概説した考えを統合したい。私は，本書が 21 世紀に私たちが会っているケースに関連する子どもと思春期青年期の人たちの心理療法についての文献に寄与することを望んでいる。これらの患者の多くは，彼ら自身にとってと同様に，他者にとってもとても危険である。未治療であったり，時期尚早に治療が終わり，深刻な精神疾患のリスクがある者たちもいる。精神的な破綻と精神病の母親との強烈すぎる関係性から抜け出し始めていたある青年は，社会福祉の経済的支援が打ち切られたとき，セラピーを終結しなければならなかった。彼女は 15 歳であったが，1 年間の治療により，情緒発達はおそらく 3 歳か 4 歳程度まで成長していた。彼女の絶望は深刻で，彼女にとって終結は死に至るかのようであった。現在治療を受けている子どもは，半世紀前に紹介されてきた子どもよりも精神的に混乱し，傷ついているだけではなく，しばしば虐待とネグレクトの両方の結果，情緒的にも認知的にも発達が遅れている。本書は多くの治療者の苦闘に耳を傾け，臨床的な考察を系統立てようとする試みであり，時に伝統的過ぎる技法を使うことで，子どもたちに触れて援助しようとしてきた。説明的レベルで描写された，より伝統的なアプローチによって援助できるケースも多いが，そうはいかないケースもある。つまり，私の考えでは，どのように私たち（患者と治療者）が新しい考えに到達していくのかについて綿密な研究を始める時が来たのである。精神分析において，取り入れ，内在化，そして同一化の性質について学ぶことは未だ多いと私は考えている。

妄想分裂ポジションの再検討

　最初に，クラインの概念である妄想分裂ポジションという言葉について検討する。クラインが，妄想ポジション（Klein, 1946）という自身の概念に，フェアバーン（Fairbairn, 1952）とウィニコット（Winnicott, 1945）のアイディアを加えることに決めたというのはよく知られていることである。彼女は，断片化と未統合の状態に伴う感情からのスキゾイド的なひきこもりが，成人だけでなく，少し異なってはいるが，非常に幼い乳児（Klein, 1946;Likierman, 2001）においても混乱した心の状態の特徴だと理解していた。読者は，図 A2 において悪い感覚が良い感覚より重みづけがあることに気づくだろう。私は低い部分を「妄想分裂ポジション」ではなく「妄想ポジション」と呼んでいる。良い感覚と悪い感覚が両方弱い図 A3 では，低い部分を「分裂ポジション」と呼んでいる。これはかなり単純化しているが，それは自閉症の子どもとネグレクトされた子どもはどちらも，スキゾイドの子どもや解離している子どもとは異なるからである。しかし，これらの状態のいくつかの下位タイプは，彼らの欠損という点では共通な何かをもっていると思う。第 1 章と第 3 部で描写されている，こうしたより病理的に感情が欠けた状態は，最も迫害的な心の状態とさえ全く違うのである。そのことから，私はより迫害的，あるいは妄想的な状態と，欠損，あるいは欠損に等しい慢性的な解離の両方に特徴づけられる状態とを区別している。もちろん，スキゾイド的で妄想的な要素は同じ患者の中では融合しているかもしれない。しかし，診断マニュアルでは，話すこと，行動，情緒のまとまらなさによって特徴づけられる統合失調症の妄想タイプと，よりまとまりのある妄想タイプを区別する（APA, 1994, p.149）。

　しかしながら，子どもの心理療法士は，断片化と未統合（under integration）という，迫害不安よりも深刻な問題に直面する。臨床的なうつと慢性的な絶望も時には重大な問題である。2005 年に国民保健サービス制度（National Health Service）[訳注1)] は，一般診療医が 18 歳以下の子どもに抗うつ薬を出すのをやめるように指示した。明らかに，そのような薬物を摂取していたうつや不安，または他の問題を持つ 4 万人の子どもたちの間で自殺のリスクが増加していた。3 カ月

訳注1) イギリスの国営医療サービス事業で，患者の医療ニーズに対して公平なサービスを提供することを目的に 1948 年に設立された。利用者の健康リスクや経済的な支払い能力にかかわらず利用が可能であり，税金によって窓口負担は殆どないか無料である。

間のカウンセリングが中等度のうつ病を抱える人々に推奨されたが，当然カウンセラーが十分にいなかった〈『ガーディアン』(Guardian, 28 September 2005, p.3)〉訳注2)。トロウェルら（Trowell et al., 2003）の若者のうつに関する研究が警告するのは，あまりにも脆くて抑うつ的で，批判されていると感じる内的な対象だけでなく，そういった外的な現実の対象を持っていることがどういうものであるのか真剣に考える必要があるということだ。ある患者たちは，自分自身を責める以外，他に責めるところがどこにもないように見える。本書を執筆中に，540人のうつの思春期青年期の者に対して，3つの異なる治療（精神分析的心理療法，認知行動療法，特別な臨床的ケア）の効果について多重的な研究（英国における子どもと思春期青年期の18のメンタルヘルス・クリニック）が試みられていた。特に，1年後の再発予防という点に関するスリーパー効果が探索されていた（Nick Midgley, 私信, 2011）。

　2010年に報告されたのは，一般診療医は，精神的な病気を抱えた子どもたちのためにより多くの治療を要求しているということであった。つまり，調査によれば78パーセントの医師が，2カ月という規定の待機期間内で，子どもたちが援助されることはほとんどないと述べた。16歳のレイプの犠牲者は援助を断られた後で自傷行為が始まった。一方，車で焼死したきょうだいを見た少女が精神保健サービスの予約を提示されたのは6カ月後だった〈『オブザーバー』(Observer, 21 March 2010, p.21)〉訳注3)。子どもに関わる仕事をする誰にとっても，英国内の80パーセントにまで及ぶ犯罪が子ども時代や10代の頃に問題行動を呈した者によって引き起こされていたということは驚くべきことではないだろう。セインズベリー精神健康センターの報告は，早期介入プログラムは犯罪レベルを有意に下げるということを論じている。そして犯罪だけではなく，子どものメンタルヘルスの問題は，低学歴，非雇用，低所得，10代での妊娠，夫婦間の問題に帰着する〈『ガーディアン』(Guardian, 23 November 2009, p.7)〉。研究者のあるグループが示唆したのは，就学前の破壊的行動は注意深い研究が必要であり，反応性の攻撃性を持つ正常なタイプと計画的で打算的な攻撃性のタイプを細やかに区別する必要があるということであった。注意深い精神分析の臨床家は常にそのような区別をしている。そして，子どもの現代の精神医学的分類は大雑把であり，それ

訳注2) イギリスで発行されている全国紙。
訳注3) イギリスで発行されている日曜新聞。

ゆえに，子どものニーズと苦しみ，そして子どもが示す危険性についての適切な
アセスメントという課題のためには依然として不十分なままであると，これらの
研究者が主張しているのを知るのは励まされる（Wakschlag et al., 2010）。デ・
ヨング（DeJong, 2010）は，『DSM-IV』（APA, 1994）といった最近の分類シス
テムは，「治療中の」子どもの母集団に見られる精神病理の範囲と類型を捉える
には不十分であると指摘している。第5章で言及したように，児童虐待の専門家
であるヴァン・デア・コーク（Van der Kolk, 2009）は，『DSM-V』では新しい
診断の単位を含めるべきであると示唆しているのだが，それは彼が「発達性トラ
ウマ障害」と呼ぶものである。そして，リード（Reid, 1999a）の提案を参照すれば，
「自閉性トラウマ後発達障害」を持つ子どもたちは，自閉症を持つ若者のある重
要な下位グループを構成するだろう。

　これらすべての状態への早期介入はとても重要であるが極めて稀であり，シュ
ア・スタート・センター（Sure Start Center）^{訳注4)}の資金は 2011 年には急激に
減らされた。大抵，児童期あるいは思春期青年期の後半まで支援が届くことはな
く，その時には抑うつ的で冷笑的な心の習慣がかなり固定されてしまい，発達の
歪みとなるかもしれない。親や養育者は，養育問題での援助を求めるであろうが，
子どもと思春期青年期の者は個人心理療法が必要かもしれない。英国には 800 名
を超える児童青年心理療法士がいるが，私が述べたように，私たちが治療してい
る子どもはますます，精神的により混乱し，あるいは発達的により遅れている。
そうであっても，伝統的な精神分析的心理療法はほとんどの場合機能している。
長期の精神力動的心理療法の効果についての最近のメタ分析が示しているのは，
短期間の治療と比べて，複雑な障害に関してより効果的な治療であるということ
であった（Leichsenring and Rabung, 2008）。別の著者が指摘したのは，精神力
動的ではない心理療法は部分的には効果的かもしれないということである。それ
は，そうした実践家の中でより技術のある者たちは，精神力動的な理論と実践で
長い間重要とされてきた技法を活用しているからである（Shedler, 2010）。私自
身の見解では，私たちが十分待つことができたらならば（そして全ての異なる治
療の実践家が，十分な全体性，誠実さ，とりわけ謙虚さを持つならば），実践家
が素材つまり患者から真に学んでいることが重なり合っていることを私たちは理

訳注4) 英国における「シュア・スタート」とは，5歳までの子どもとその家庭を対象に，教育，
　　　福祉，保健など，国が複合的にサポートするプロジェクトであり，その一環として各
　　　地域にチルドレン・センターが設立されている。

解し始めるだろう。例えば，興味深いのは，認知行動療法の治療者たちの中には，今や患者と治療者の間の関係性に注意を向けている者たちがおり，それは1905年という遥か昔にフロイトが行ったこととまさに同じである。チウら（Chiu et al., 2009）の調査が示唆しているのは，治療初期にアセスメントされる子どもと治療者の同盟の質は，治療の途中や後における症状の減少と特異的に関係があるということである。

　しかし，精神分析家が，症状が深い象徴的な有意味性を持つ場合と，そうでない場合，例えば精神病的な没頭，嗜癖的な行動，自閉的な反復行動のある場合について学ばなければならないことも事実だと思う。（Alvarez, 1992; Joseph, 1982; Segal, 1957; Tustin, 1980）。そのようなプロセスは習慣的となりむしろ「悪癖」に近くなり，患者はリードが名づけた「固まった」状態となる。第3部で私が言及したように，これに対しては異なる分析技法が必要となるかもしれない。CBTでは，強迫性障害，抑うつや不安を持つ非常に多くの患者を援助していると明文化されている。そして，私の推測では，このようなことが起きるのは症状がその動機の有用性を失っているからなのである。そうでないならば，患者は精神分析的心理療法を必要していると私は信じている。また，ムーブメントセラピストを含め，音楽療法士や他の芸術療法士は，このような損傷がある人々に多くのものを提供しており，これらの治療者は精神分析的治療の中で私が描き出している記述的で拡充的なレベルの介入をとてもよく使っているという事実がある（Bloom, 2006; Robarts, 2009）。

心理療法を「マニュアル化すること」の危険性

　本書では，状態についての下位タイプに関して幾らか概論したが，マニュアルというわけではない。私が示唆しているのは，患者の遊びや言葉が意味することに基づく方法の連続性は3つの識別可能なレベルを含むように見え，このことが治療的仕事の広範で複雑さをマニュアル本やレシピ本のようなもので減らせるということを推奨しているようにみえるかもしれない。しかし，それはなされえない。私たちの臨床家としての仕事はそのような方法では決して凝縮できない。臨床実践としての心理療法は，技芸（art and craft）である（その効果が科学的に測定できるとしても）。それぞれの患者は他の全ての患者とは異なっているし，数分あるいは数秒前の彼ら自身とも異なっている。さらに言うならば，患者と治

療者の間の相互交流はそれぞれの瞬間で異なっている。しかしそこにはパターンやパターンの循環がある。つまり，心の状態は，はじめは定まらないが，時間とともに定まり，連合し，強固となり，パーソナリティの持続的な特性となる。愛情や憎しみの感情，そして興奮，防衛，嗜癖的で習慣的な行動，倒錯的興奮への傾向のコンテインメントや調整の困難さが定期的に再来するということが含まれるかもしれない。それらは絶望と解離の状態を含むかもしれない。さらに起こりうる結果には，心や感情の鈍化や，情緒的，認知的な遅れに付随する脳の成長の阻害があり，これらは情緒的ネグレクトによって引き起こされる（Music, 2009; Perry, 2002）。また，ストラザーン（Strathearn et al., 2001）によって，認知的な障害の最も重要な予測因子となるのがネグレクトであり，生後３年で子どもがネグレクトを経験すると認知機能が急激に下がるというデータが示されている。

　このような成育歴をもつ子どもと青年が注意を向けることに失敗するのは，彼らが考えることに対して自分自身を守っているからではなく，教師を疑ったり憎んだりしているからでもない。単に彼らが他者との出会いから生じる興味関心について何も期待していないからである。同様のことは自閉症のあるタイプでもみられるかもしれず，自閉症は乳児期最早期の子どもを他の人間たちの世界から目を背けさせ，生命のない対象への反復的な没頭へと向かわせる。

逆転移

　このような諸状態を病理の異なる水準に分類する私の試みが粗雑にみえることに，私は自覚的である。しかしながら，自我，自己そして内的対象における機能レベルの連続体という着想は，そのような子どもたちに届くための最善の方法について考えるためのある程度の枠組みを与えてくれるかもしれない。またこれは，単に正しい言葉を見出すことではない。大抵は，逆転移における感情が最優先されなければならない（しかしながら，ごく稀に逆になりうる場合については，ロビーとの分析的な仕事に関する後知恵の中で，後に描写するつもりだ）。転移と逆転移の情動的な出会いは，より病的な患者との場合，強烈でしばしば圧倒的である。反対に，そしてさらに心配なことに，それらは時には深刻なほど力ない。つまり，何の懸念もないように見えたり，ある患者と私たちが会うことが，関わる者どちらにとっても意味を奪われるようにみえたりするかもしれない。こうした心と感情のさまざまな状態，あるいはその欠如は，精神分析的に仕事をしてい

る治療者には非常に深刻に受け取られる。ビオンは，もしあなたが退屈するのであれば，その退屈さを研究しなさいと教えた（加えて，心の一部のカプセル化による退屈との関係性についてはベルグスタイン（Bergstein, 2009）を参照）。転移と逆転移は分析的な治療を妨げるものではなく，最も不可欠な道具なのである。コンテインメントや私たちが逆転移感情に何とか対処していくことは，「正しい」言葉を用いない時でさえ，患者が理解されたと感じたり，出会いの瞬間から何かを得たりすることを十分に可能にするかもしれない。しかし，いつもそうなるとは限らない。ビオンが「変形」と呼んだものの何らかの要素はコンテインメントを超えた段階であり，そこでは分析家の中の感情は変形された様式で患者に戻される。そうした感情は以前のものよりも，より本質的なものとなる。これは，情動的経験は無数の方法で変形可能だからである。私が示唆しているのは，最も病理的な場合，たとえば残酷で，非人間的，あるいはサド‐マゾ的な対象に対する，非常に慢性的な解離，空虚さ，あるいは倒錯的な愛着の状態では，私たちは自分自身の感情を強めて使用する必要があるかもしれないし，さもなければ，私たちの感情の欠如について**強化された方法**で強烈な警鐘を鳴らす必要があるかもしれない。

強化された仕事のさらなる実例

　第1章，11章，12章において，そのような特定の時に生命を取り戻している子どもの幾例かをあげている。ここではこの現象を描写するのに役立つかもしれないさらに3つの例をあげるが，理解を複雑にするかもしれない。第1章では私は，ロビーが非常に興奮し，ほとんど精神病状態に達していた彼の10代の時期について言及した。20代になるまでに彼はかなり自立していて，儀式的な話に没頭することはなくなり，より正気であった。彼の会話は今や意味をなしていたが，ひどく迎合的で単調になっていた。例えば，彼は前日に庭の葉っぱを父親が掃除するのを手伝ったと私に言うことからセッションを始めたものだった（転移の中では，私が聞きたいと彼が考えたことを私に話していて，私はこのことを幾度も解釈したが，それはほとんど効果がなかった。彼はそのことを，彼がすべきことであるという確証として聞く傾向があった）。しかしながら，私が最近気づき始めたのは，セッションのはじまりで，サミュエル（クリニックで私が見ていたより重度の自閉症患者）に挨拶する仕方とはかなり異なるやり方で，ロビーに

挨拶していたということである。サミュエルはとても憤慨していて，不満が多い子どもであったにもかかわらず，力強くて，簡潔で，活力に満ちていた。私が気づきはじめたのは，私が彼に挨拶するとき，私の眼はおそらく活気を与えられるというある種の予期に満ちて輝いていた。一方で，私がロビーに挨拶するときには，彼が正気である兆しに安堵はしたが，私の眼はおそらく曇っていた。私はこのことについてかなり悩み，私が自分の逆転移についてどんなことができるだろうかと思っていた。

　ある日ロビーは入ってきて，私たちが面接室に向かって通るところにある真鍮製のドアノブをちらりと見て，「僕はあのドアノブになりたい」と憧れているように言った。この言及が「風向計になりたい」と彼がかつて言っていた 10 年前の頃の自閉的に反復されていた言及に非常に似ていたために，私は消沈した。その時は決して理解しなかったが，現在理解したと思っているのは，人が見たり，眼で追ったり，感心して眺めたりする**誰か**あるいは**何か**に彼はなりたかったということである。『波止場』という映画の中で，マーロン・ブランドが演じる登場人物は，「俺は競争相手になれたのに」と彼の兄弟に言う。ロビーは競争相手になりたかったが，彼の児童期の分析早期には，私はそれを，ペニスや乳房との同一化といった非常に部分対象的な方法ではなく，エディパル期の子どもが手放すことを学ぶべき何かとして捉えていた。彼のプレエディパルな自己において，すべての赤ちゃんと同様に，ロビーは称賛されたいという**正当なニード**を持っていたことを当時の私は理解していなかった。

　いずれにせよ，彼が廊下を通るのを私は沈んだ気持ちでついていきながら，彼がかなり情緒的に話していたことに気づいた。それはまったく自閉的ではなかったのだ。面接室に到着し，私は彼になぜドアノブになりたいのかを尋ねた。彼は，「なぜって…とても光っているから」（ドアノブは真鍮だった）とゆっくり答えた。私は，アラン・ショア（Allan Schore, 1994）が引用している研究について考え始めた。それは，赤ちゃんや恋人を愛情をこめて見るときの人の目の瞳孔がいかに大きくなるか，また，それによってより多くの光を得ることができて網膜に至るというものだった。乳幼児の観察者あるいは臨床家が，誰かの目が明るくなると主張する時は，心理学的な事実を描写しているのだ。全ての赤ちゃんには母親や父親の目に光をもたらすニードと権利があることついて，自分が考えていることに私は気づいた。私はロビーに言った（彼は今では月に一度ロンドンにやってくるだけになっていた）。「私がドアで言うべきだったことが分かったわ。『あなた

に会えて嬉しいわ。丸一カ月ぶりね！』と私は言うべきだったわね」。私がこのように言ったとき，彼に対する私の感情は変化した。つまり，私はかなり感動していた。そして，私が話すにつれて，彼も生き生きし始めた。彼の目は輝き，頬の血色は良くなった。私が学んだことは，自分自身の逆転移と，私が彼との間のアイコンタクトの質について，注意深くいるということである。そして，それはかつての自閉的で倒錯的な興奮**ではなく**，生きていると感じる方法を彼が見つける助けになったと思う。

　私たちは大抵の場合，逆転移が順番としては最初だと考えているので，コンテインメントが変形を導くという言葉を私たちは引用するが，この場合それは逆であったことは注目するに値する。私の考えや言葉が，私の感情が変化するのを促した。とても混乱しているサイコティックな患者といて，子どもの遊びやその子どもが私を扱うやり方において，著しい残酷さや残忍さに直面するのが難しいと感じているとき，自分の声が高くなっていることに私はよく気づく。もし私がなんとか声を低くして，その子どもがいる暗い場所により触れるならば，私の気分は彼の情緒の墓場へと彼についていくことができるように思われる。そうすれば彼は少し理解されたと感じて，いくらか軽蔑的ではなくなる。

　2つ目の例のジェスは，8歳の自閉症の男児で，ここ数カ月，次第に人と関わるようになってきた。彼は，クリスマス休暇の後の最初のセッションに戻ってきた。彼はプレイルームに勢いよく入り，玩具を見て，「ある…ある…おもちゃがいっぱいある…ぼくは他のものが欲しい。その戸棚の中に入りたい！」と言った。1年前に初めて来た時に彼が抱いていた空想は，棚の中にははるかに良い玩具があるのに私はわずかしか与えないというものだった。過去には，きょうだいへの競争心と隠されているものへの理想化を私は解釈したが，彼がどこかためらっていたので，私はそれとは別のことを考えた。それから彼は次のように言った。「何が必要かはわかっている。斧。斧を僕にくれない？この家のどこかに，僕が使える斧はある？」。そこには確かな切望があり，期待への切望があるが，同時に困惑もあった。彼は自分が**何か**を欲しがっていることはわかっていたが，それが何なのかは分からないのだと私は感じた。このとき私は，「私があなたに道具をちゃんとあげることを望んでいるのはわかるけど，今日私とここで楽しく過ごすやり方を見つけることがあなたの助けになると思う」と言った。彼はすぐに要求をやめて遊びはじめ，セッションのほとんどの時間，良い接触を持てた。

　彼は戻ってきたのが嬉しくて，私に会うのを喜んでさえいたが，その感情をど

うすればよいのかわからないのだと私は感じたのだと思う。私が単に回避的だったとか，彼の欲望や攻撃性からジェスの注意を逸らせようとしたとは思わない。戸棚の中身についての空想は，彼の母性的対象の身体内部について，ある程度無意識的な意味を持つが，彼の対象の精神的／情緒的な性質との関係性により多くの注意が必要だ。既にセラピストとのつながりがあり，象徴的レベルで機能している子どもが，共有しているものよりも多くを求め，異なる問題を呈するとき，私たちは無意識的な競争心や侵入的な願望を解釈することができる。しかし，ジェスの場合は象徴等価（Segal, 1957）や自閉対象（Tustin, 1980）に近く，彼は対人関係的な世界における在り方や**人と一緒にできたこと**を思い出す必要があったと思う。

　人間的な心をもった対象を招き寄せない内的世界，つまり，内的対象に欠損がある場合，行く手にある潜在能力，可能性，選択肢に関することについて詳しく説明する必要があるだろう。切り抜けるために斧と同じくらい強力な何かをジェスが必要としていたという彼の空想について，なぜ私が論じなかったのかと，ルイーザ・カーボン（Luisa Carbone）は指摘した（私信，2011）。これは重要な問いであるが，道具は与えられるし，そして，それが斧である必要がないということを（おそらく幸運によってのみ）何とか伝えたと私は思う。おそらく，彼が必死に私に伝えていたのは，私が早く対人関係における相互作用という道具を提供する必要があり，私が彼を失うだろうということだった。しかしながら，他の患者とのほとんどの状況では，治療者が否定的な転移（この場合では，私はある種，留め置いているし，寄せつけない対象である）を厭わずに受け入れ認めることが，患者の命綱となる（これに関するいくつかの例は，6章と7章を参照）。

　上述のジェスの例では，彼の私への転移関係の重要性を明確に強調したが，かなり古典的な分析的方向性に沿った解釈をしていたように思える。つまり，「あなたは**それ**を欲しいと思っているけれど，あなたが本当に欲しているのは**これ**でしょう」。しかし，彼の中では単に前概念であったものに出会う概念を私はさらにまた提供していたと思う。11章では，そのやり方を述べたが，2，3週間後にはさらに強化された何かが必要とされているように思えた。振り返り的な（reflective）私の解釈は彼に届かず，インディ・ジョーンズが来て**私を**助けて欲しいとついに感情的に私が大声で言ったとき，ジェスは活力を取り戻し，それ以降は接触を維持した。

神経科学との対応可能性

　私が序章で着目したのは，ここ数十年間，分析的治療に２つのレベルがあることについて多く議論がなされてきたという事実である。つまり，洞察と，他のより原初レベルの理解（例えば，コンテインメント，調律や共感）である。ある著者たちは，これらの２つの治療の方法は，脳の異なる領域に作用していると示唆している（Schore, 2003; Siegel, 1999）。このことは，神経科学においては多くの注目が左右の脳半球の異なる機能に向けられ始めているという事実からも分かる。左半球は直線的な連続性や通常の文法言語に関連して作動し，右半球は情動的で社会的な処理や，メタファーや感嘆詞を含む情緒的で表出的な言語に対し優位に作動する。右脳は生後最初の 18 カ月で急成長するのに対して，左脳は生後 18 カ月後に飛躍的に成長する。右脳に関するストレスは，今や，情動的及び社会的な発達においてではなく，社会情緒的な処理においてなのである。なぜならば，情動生活と発達は他の人間との相互作用に裏付けされており，乳児の脳に与える情緒的な虐待やネグレクトの影響は破壊的であるということがますます認識されているからである（Murray and Cooper, 1997; Perry, 2002; Perry et al., 1995）。しかし子ども（大人でさえ）の脳は可塑性による特性が明らかにされ続けており，心理療法によりもたらされるものを含む，心を変化させる環境的経験もまた，脳を変化させているかもしれない（Sonuga-Barke, 2010 を参照）。これらの著者がほのめかしているのは，病理のレベルと情動的発達のレベルが適切な治療の性質を決定しているということである。

　ショア（Schore, 2003）は，患者の発達レベルに合わせた治療モデルの定式化を提唱している。右脳での処理に損傷や欠損があるとき，彼が強調するのは，治療者の右脳と患者の右脳の間での調律を活性化する必要性であり，それはバック（Buck, 1994, p.266）が「辺縁系間の会話」と呼ぶものである。しかし，ショア（Schore, 2003, p.281）は，より古典的な精神分析的な目標との共通点として，「原始的で前象徴的な感覚レベルの体験から，成熟した象徴的に表現されるレベルの情動の進展に向かう直接的な治療技法と，これらの情緒の重要性と意味を認識する自己内省的な姿勢をつくること」はやはり必要とされているということを加えている。

　シーゲル（Siegel, 1999, p.237）は，機能維持のために右半球の情報処理が左半球の情報処理から切り離されたタイプの患者を描写している。言葉と感情はつな

がらないのである。そのケースで彼は次のことに言及している。「私たちは，初めは２人の間の右半球から右半球のコミュニケーションに影響を与えるものとして，成長と発達に向かう運動に関する方略を心に描くことができる。やがて，個人の中で左右の半球の統合を促進するプロセスによって，さらなる内的変化が引き起こされるかもしれない」。このように，ショアと同様に，彼はより損傷のある患者との治療における２つの段階について描写している。ディビーノとムーア（Divino and Moore, 2010）は，精神分析的技法は対人関係の経験に関する神経生物学についての新しい発見から遅れをとっていると述べている。つまり，彼らは，このことを訓練に取り入れ，訓練生にとってのトラウマ体験とならないように気を付けながら，トラウマの影響について論じる方法を提示している。

　脳の発達と技法とのつながりについてのこうした考察の信憑性を立証するには，さらなる研究が必要とされるであろう。しかしながら，第３のレベルの治療という考えを加えることによって，私は本書におけるこの論点を複雑にしてきた。これは，代わりの意味について連続的に考える左脳でも，経験についての情動的な何か（質的な特徴）に関する記述的で拡充的な右脳のレベルでもない。むしろ何の情緒も問題もないように見える状況それ自体の意味についての治療者のこだわりと関係している。こうした瞬間瞬間について理解するために脳科学が提供する必要があることは何だろうかと私は思っている。

　ショアに引き続きゲルハルト（Gerhardt）は，母親が微笑むとき，赤ちゃんの神経系は心地よく刺激され，心拍数は増すことを示している。これらのプロセスは生物化学的な反応を引き起こす。つまり，それは「内因性」あるいは自家製のオピオイド[訳注5]である。自然なオピオイドのように，母親の微笑みは心地よいものである。しかし，ゲルハルトは，ドーパミンと呼ばれる別の神経伝達物質が脳幹から同時に放出されて，「オピオイドのように，前頭前野の皮質に向かう。神経化学物質はそこでブドウ糖の摂取を高め，脳の前頭前野における新しい組織の発達を助ける」とも述べている（Gerhardt, 2004, pp.41-42）。

　ビブン（Biven）も心地よさを感じる２つの主要な方法があることに言及しているが，その違いを強調している。ひとつはオピオイドから喚起され，快感と幸福感が与えられる。他方はドーパミン系によって喚起され，好奇心や予想通り

訳注5）ケシから採取されるアルカロイドや，そこから合成された化合物，また体内に存在する内因性の化合物を指し，鎮痛，陶酔作用があり，また薬剤の高用量の摂取では昏睡，呼吸抑制を引き起こす。

の興奮を生み出し，それは活性的で刺激的である。脳の「探索システム seeking system」と呼ぶものについてのパンクセップの考えは，非常に興味深いとビブンは示唆している（Lucy Biven, 私信，2010）。パンクセップは，このシステムを愛着，性，飢餓から区別しているが，彼が指摘しているのは，それはこうした他のシステムと結びつき得るし，結びつくということである（Panksepp, 1998；Panksepp and Biven, 2011）。彼の説明はビオンのKという概念，つまり知識を持つことではなく，誰かや何かを知りたいという欲望（Bion, 1962b）といくぶん一致する。

　不思議に思う感覚には，ある役割があると私は思う。スターン（Stern, 2010）は，問題となるのは精神的・情動的な生活に関する内容だけではないと考えている。つまり，表現と経験の形式の特性もまたさらなる研究が求められるのである。彼が考えているのは，これを下支えする神経科学は覚醒システムにあり，それはすべての精神的・情動的な活動の背後や下にある力を提供しているということである。その力は，性，飢餓，愛着を押し出し，それに続いて行動を起こし，情動を喚起させ，注意を鋭敏にし，認知を起動し，運動を新たに開始する。このことはフロイトが生の本能と呼んだもの，あるいは生の力，もっと言えば欲動にとても密接しているように思えると，ソルムス（Solms, 2000, pp. 618-619）は提唱している。

　パンクセップ（Panksepp, 1998, p. 144）は，子どもの頃にドーパミンの回路が損傷したレオナルドという成人について記している。オリバー・サックス（Oliver Sacks）によってレボドパ[訳注6]が導入されてはじめて，彼はこの世界の喜びに再び加わることができたのだった。パンクセップは次のように述べている。かなり強力に情緒的な最小単位を結びつける[訳注7]神経システムの中核をなすドーパミ

訳注6）レボドパ（L-3,4- ジヒドロキシフェニルアラニン，L- ドーパ）は，自然界に産生され，ある種の食物や薬草，例えばハッショウマメに含まれ，哺乳類では必須アミノ酸である L- チロシン（L-Tyr）から体内や脳内で合成される。チロシンはチロシン水酸化酵素によりレボドパとなる。レボドパはレボドパ脱炭酸酵素によりドーパミンとなる。すなわちレボドパは，総称的にカテコールアミン（カテコラミン）として知られる神経伝達物質である，ドーパミン，ノルアドレナリン，アドレナリンの前駆体である。その本来の生物学的に必須な役割以外に，レボドパはパーキンソン病（PD）とドーパミン反応性デストニア（DSD）の臨床療法に用いられる。医薬品としては，国際一般名を用いてレボドーパと呼ばれるのが普通である。

訳注7）valence は，化学の領域では「原子価」，遺伝学の領域では，染色体などの結合する「結合価」を示すが，ここでは文脈から情緒的なことを示していると理解できる。

ン回路を増加することは，神経路が人と動物が日々の仕事のすべてにおいて円滑かつ効果的に働くのを可能にすると，私たちは今や知っている。「真剣な関心，積極的に関心を伴う好奇心，熱心な期待」は人間の中にあるこのようなシステムの覚醒を反映する感情のタイプであると彼は示唆している（p. 149）。

技法的な類似点

　興味深いことに，パンクセップ（Panksepp, 1998, p. 144）は次のように言っている。

　　ドーパミンというシナプスの力なしでは，これらの潜在力は凍結したままであり，まるで不満に満ちた終わらない冬の中にいるようだ。ドーパミンのシナプスは細かいメッセージを伝達する案内人というよりはむしろ門番役に似ている。それらが持ち場について活動してない時は，脳の多くの潜在力は考えや行動にすぐにはあらわれない。ドーパミンなしでは，最も強い情動的なメッセージだけが行動を引き起こすのである。

　これは探索システムである。それはすべてのシステムの根底にあり，それによってあなたは物に手を伸ばすのだと，パンクセップは述べている。それは，快を感じられることの予期，極端な興奮や幸福の感情を生み出す。ドーパミン・システムの能力が非常に高いとき，人は自己高揚における絶頂を超えると彼は指摘している。

　ビブン（私信，2010）は，情緒的なネグレクトはそれらの探索的構造の機能の委縮をもたらすかもしれず，それゆえに十分なドーパミンの活動を発生させないと述べている。自分が何か欲しいという感情と，それに手が届き得るし手に入れることができるし，少なくとも得ようと試みることを示す感情とは異なる。これは，（第2章と5章で論じた）絶望している子どもでは欠如している，行為の主体という感覚と結びついているかもしれない。おそらく，このことは，「生きた仲間」への気づき，つまり，「他者」は接近できるし，強い印象を与えるといった気づきと関連がある。

　私が述べているように，意味をより強く生き生きと強調する必要がある心の状態が（そしておそらく脳の状態も）ある。それが発達心理学の専門家が「情動的

に高まるとき（heightened affective moment）」と呼ぶものを生み出すからである（Beebe and Lachmann, 1994）。私たちの声の振動や高さはそのような緊急時では変化して，そこでは私たちは患者を意味の世界へと「再生」する。ある研究によって，動物のドーパミンの合成は，音楽の繰り返されるリズムによって増加することが見出されている（Panksepp, 1998, p.131）。ガンペル（Gampel, 2005, p.17）は，そのような再生の仕事（reclamatory work）は，行うという感覚ではなく，在るという感覚における活性化への問いなのだと指摘している。私たちは，子どもが生から切り離され，閉じこもっていることに情緒的なサウンドトラック（emotional soundtrack）訳注8) を加えるのだと彼女は述べている。

ラニャードとホーン（Lanyado and Horne, 2006）は，英国独立学派の伝統的な観点から技法について著し，多くの実例を引用している。そこでは，プレイフルさ，ユーモア，自発性，直観が，かなり混乱していて多くの場合は届き難い子どもや思春期青年期の者との接触を可能にしたり，その接触を維持したりすることの中核的役割を持っている。多くの点で私は彼女らに同意する。それは，私たちの心を使う方が，単に中立性を保持し維持することによって，なおかつ，あるいはコンテインすることや内省的態度でいることによって「精神分析的」だと思うよりも良いからだ。クライン派を含めた多くの著者が熟考することの重要性を強調するが，それは**逆転移感情から**生じる必要がある（例えば，Feldman, 2004）。しかし，精神分析家，つまり分析的かつ効果的に逆転移感情を使用できる人になるためには数十年かかると思う。もし剥奪された子どもがやって来て，膝をすりむいたことに不平を言ったとき，（たとえそうだとしても）明日の治療の休みによって痛みを感じていると早急に言うならば，その子どもは実際の身体的痛みに対して私たちが残酷で無関心だと経験するかもしれない。彼は明日ということに含まれる象徴的な飛躍を上手く扱えないかもしれないが，「まあ，それは痛そうね」と私たちが言うのを共感的だと受け取るかもしれない。それから，「全くもって，私が明日いないなんて，不公平よね！」と言い添えることができるかもしれない。

私たちは，象徴形成が今のところ全くできない子どもたちと偽物の精神分析を行うよりはむしろ，人間的な同情という生まれ持った本能と，ウィニコット派のような自然に生ずる直観的反応を持ち続ける方が良いだろう。意味を加える（ア

訳注8) 強化技法として，何もないところに挿入歌的に音を加えるという意味。

ルファ機能）というほんの僅かな瞬間が，象徴形成のレンガを積み上げることになるし，助言を与えることや，母性的であったり父性的であったりする逆転移の再演に対してあまりにも多くの禁止があると，通常の人間性を禁止するかもしれない。それは「最少量」(Strachey, 1934) で，考えることを結びつけることに至り，ゆくゆくは象徴機能を高めることになり得る。

　それゆえに，私は治療者からの自然に生じる直観的な反応に対し，まったく異議は唱えてはいない。私が単に強調したいのは，そのような直観的反応がある時には効果的にもなりうるが，別の瞬間では必要ではないかもしれない，あるいは，より悪く，侵入的で，時期尚早かもしれないのはなぜかを研究することの重要性である。できれば同時に感じて考えることを**目指す**べきであるが，しばしば時間的なズレが生じる (Pick, 1985)。しかしながら，私たち自身の逆転移感情と患者の転移感情の両方について，緻密で誠実に吟味することに代わるものはない。子どもが，魅力を感じておらず，不愉快で，怖がってさえいることに私たちが気づくとき，これを吟味する必要があり，私たちの中でそうするのを引き起こしている表情，歩き方，行動，態度は何なのかを見出す必要がある。そうしてようやく，好ましくも愛らしくもない子どもの感情を分かり始め，それからその子がこのことを引き起こすことを分かり始めて，最終的にはその子がなるかもしれない，あるいはなることができるかもしれない，好ましく愛らしい子どもへの微かな光を見つけ始めることができるのである。

転移

　ここでは転移と接触して留まることの重要性を述べている。個人的な歴史が書き換えられるのは，転移関係の中においてであると私は考えている。このことは私たちが養育者や教育者のネットワークからのサポートを必要としないことを意味しているのではなく，また彼らが私たちや私たちの同僚からの密な連携やサポートを必要としていないことを意味しているのでもない（治療において子どもの親との関わり (work) の重要性に関する Klauber (1999)，Reid (1999b)，Rustin (1998) を参照。ラスティンは親との関わりの4つのカテゴリーについて述べ，それぞれが別の目標を目指している）。それゆえ私は，並行した支援，あるいは親や養育者への治療もなしに，子どもが治療されるということを言うつもりは全くないが，患者と治療者の関係性の力は内的世界の最初の回復の地表にな

ると主張している。

　この見解を維持することが困難となるのは，子どもが外的世界において酷い経験をしていた，あるいは今もなお経験しているのを私たちが知る時である。多くの治療者は，これらの外的因子について頻繁に言及するよう強いられていると感じる。私の考えでは，タイミングが極めて重要である。なぜならば，子どもはその時その時で治療者との治療において全く異なる経験をする必要があるかもしれないからであり，外的な恐怖（あるいは，子どもに責任がある，最近の外での非行）に言及することは，別の種類の親対象や自己の，新しくておそらくは健康な取り入れをひどく妨害し得るからである。子どもは予期せぬ3週間の治療の休みの後のセッションに，「本当のお母さんに会いたい！」と思い焦がれた風に言いながら，飛びこんでくるかもしれない（その母親からはかなり以前にその子どもは引き離されていて，酷い虐待とネグレクトをする女性であった）。実際の母親の重要性を尊重する多くの方法があるが，今日は私（3週間彼女が会っていない誰か）とも一緒にいたかったかもしれないと気転をきかせて指摘するやり方もあると私は思う。つまり，患者の生活の中で重要な唯一の人だと背伸びすることなしに，転移の中に関心を引き寄せることもできる。これはかなりの分別，繊細さと謙虚さを必要とする。転移の中ですべてを解釈することが重要なのではないのは，例えばある青年が新しい恋人を見つけるとき，彼女が私たちを「象徴している」と想定しているからである。むしろ重要なのは，私たちの間の関係性で何が起きていて，その結果どのように反応しているのか，巧妙に繰り返されているかに耳を傾けることなのである。ジュディス・エドワーズ（Judith Edwards）のおかげで，私たちがかつて思春期・青年期の患者の転移についてどの程度話すかについて議論していたことを最近思い出した。私は多く話すことを望んだが，彼女は多くを話すことを望まなかった。彼女のおかげで私が思い出したのは，トリノ出身の分析家であるマリネッラ・リア（Marinella Lia）が述べたことで，「今日は，私はほんの少しあなたの心の中にいるレオノーアのようね」と言うことができるというものだった。つまり，そのガールフレンドを一次的対象として，あなた自身を二次的対象にさせることである〈エドワーズ（Edwards, 1994）の報告による〉。

　移行領域のパラドックスに配慮することをウィニコットは私たちに教えているが，それは分析家という人物への投影同一化に対する，より新しく，よりコンテインする態度と類似しているだろう。子どもは内的世界の諸側面をテーブルの上の玩具の素材に投影する時もあるし，彼がいる部屋の中の人物に投影する時もあ

る。移行領域は非常に適切なコンテイナーになりうる。特に，人間関係の強烈さ
を取り扱うことができない妄想的，あるいはとてもスキゾイド的な患者にはそう
である。そして，セラピーの部屋にいる私たちにとっての転移の重要性について
の気付きを維持しながら，転移解釈をし過ぎないように注意することが私たちに
は必要だろう。

設定

　本書は子どもの精神分析の入門書ではなく，全ての読者に明白でわかりやすい
ものではないかもしれないことを述べておく必要があるかもしれない。つまり，
ここで主張している全ての技法的修正は，信頼できて定期的な治療設定の文脈で
実行される必要があるということである。子どもの精神分析家と子どもの心理療
法士が主張するのは，約束の規則性と一貫性の重要性であり，セッションはいつ
も同じ部屋で行われ，時間や空間の途絶が起こる時には，情動的にかなり混乱す
ることを治療的関わりの中では考慮する必要がある（Rustin, 1977）。部屋と建
物は重要なのである。
　1980年代後半にタヴィストック・クリニックに戻った時，私は変わった経験
をしたのだが，それは治療者という人への転移の持つ力（そして，コンサルテー
ション後に治療者が交替することがあるという困難さ）に関する私の思いは微調
整される必要があった。私がタヴィストック・クリニックでのケースのコンサル
タントとして，子どもを他のスタッフにつなぐ必要があった時，個人開業の場で
の難しさとは異なるという事実に私は気づかねばならなかった。つまり，建物，
待合室，受付の人への転移があり，私はいくぶんの祖母表象のようなケースマネー
ジャーとして残っていた。このことは，個人開業のケースを別の地域の治療者に
つなぐこととは全く異なるのだ。私が結果的に学んだことは，つながりを維持す
るために，新しい設定で最初に会う時に家族を同席させることが，個人開業の仕
事では名案であるということである。タイミングや設定の空間は重要である。ブッ
チ（Bucci, 2001）は，代理象徴機能（象徴の前にある機能ではなく）があり，そ
れは蒼古的でも原始的でもなく，通常の合理的な生活の中で象徴プロセスと並行
して作用すると述べている。それは，無意識的空想は現実思考を伴い，そして満
たすことができるという，クライン派の考えにかなり近いように私には見えるし，
私たちの物理的環境に関与する私たちの身体感覚についての事象とも関連してい

るように見える。

　結論として，抑うつポジションにおける最終的な統合への到達に必要な多くの重要な前提条件があると，私は示そうとしてきた。もちろん，家庭生活，社会，文化，詩やその他の芸術においては，とても強力な統合する力があるのだろう。つまり，心のある部分と他の部分の間だけの統合ではなく，身体と心の間の統合でもある。アル・アルヴァレズ（Al Alvarez）は，詩人のジョン・ダン（John Donne）が読者の背筋を伸ばし注目させることができるやり方について著している。彼は次のように書いている。「『花』と呼ばれる詩の中で，『ありのままの，考える心』についてダンは述べていて...　最良の詩の中で彼が表現することを正確に描写しているように思える。「あなたは彼の鼓動を聞くことができ，そして彼が考えていることを聞くことができる。それはあたかも，それらがひとつであり同じプロセスであるかのようだ（Al Alvarez, 2005, p. 55）」。私たちは詩人ではないかもしれないが，私たちが自分の深い感情に注意を向けて，それらをコンテインし変形させようとするとき，私たちは感情を特徴づけ，そして感情を伴う言葉を見つけるかもしれないし，少なくとも自分自身と患者の感情に届くことを目指した言葉を見つけるだろう。これが「ありのままの，考える」心なのである。

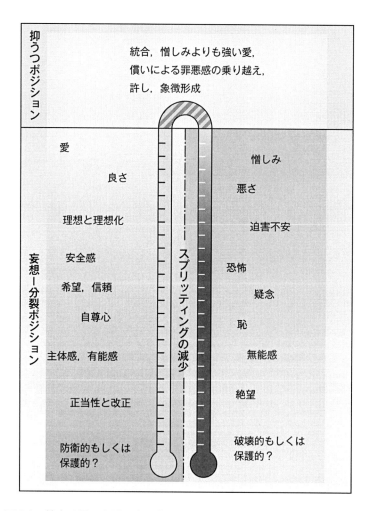

図A1 統合／思いやりのある状態－よい感覚が悪い感覚よりも強い瞬間

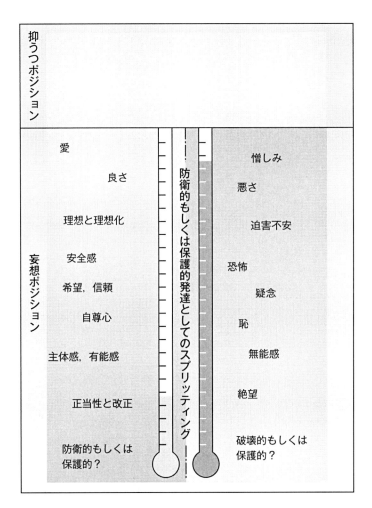

図 A2 妄想もしくは迫害の状態ー
よい感覚があまりにも弱いため悪い感覚を乗り越えられない瞬間

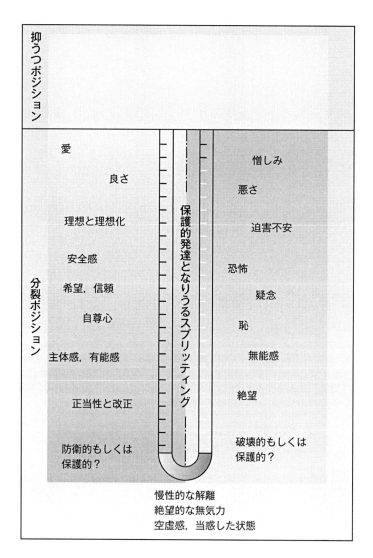

図A3 空虚感もしくは解離の状態—
よい感覚と悪い感覚はともに極めて弱い瞬間

文　献

Abello, N. and Perez-Sanchez, M.（1981）'Concerning narcissism, homosexuality, and Oedipus: clinical observations', *Revue Francaise de Psychanalyse*, 45, 4: 767-775.

Acquarone, S.（ed.）（2007）*Signs of Autism in Infants*, London: Karnac.

Alexander, P. F.（2008）*Les Murray: A Life in Progress*, Melbourne: Open University Press.

Alhanati, S.（2002）'Current trends in molecular genetic research of affective states and psychiatric disorders'. In S. Alhanati, *Primitive Mental States*, Vol. Ⅱ, London: Karnac.

Alvarez, Al（1995）*Night: An Exploration of Night Life, Night Language, Sleep and Dreams*, London: Jonathan Cape.

――（2005）*The Writer's Voice*, London: Bloomsbury.

Alvarez, Anne（1980）'Two regenerative situations in autism: reclamation and becoming vertebrate', *Journal of Child Psychotherapy*, 6, 1: 69-80.

――（1988）'Beyond the unpleasure principle: some preconditions for thinking through play', *Journal of Child Psychotherapy*, 14, 2: 1-14.（平井正三訳（2002）「不快原則の彼岸――遊びと象徴性」千原雅代・中川純子・平井正三訳『こころの再生を求めて――ポスト・クライン派による子どもの心理療法』岩崎学術出版社)

――（1992）*Live Company: Psychoanalytic Psychotherapy with Autistic, Borderline, Deprived and Abused Children*, London and New York: Routledge.（千原雅代・中川純子・平井正三訳（2002）『こころの再生を求めて――ポスト・クライン派による子どもの心理療法』岩崎学術出版社)

――（1995）'Motiveless malignity: problems in the psychotherapy of psychopathic patients', *Journal of Child Psychotherapy*, 21, 2: 167-182.

――（1996）'Addressing the element of deficit in children with autism: psychotherapy which is both psychoanalytically and developmentally informed', *Clinical Child Psychology and Psychiatry*, 1, 4: 525-537.

――（1997）'Projective identification as a communication: its grammar in borderline psychotic children', *Psychoanalytic Dialogues*, 7, 6: 753-768.

――（1998）'Failures to link: attacks or defects? Some questions concerning the thinkability of Oedipal and pre-Oedipal thoughts', *Journal of Child Psychotherapy*, 24, 2: 213-231.

――（1999）'Addressing the deficit: developmentally informed psychotherapy with passive, "undrawn" children'. In A. Alvarez and S. Reid（eds）*Autism and Personality: Findings from the Tavistock Autism Workshop*, London: Routledge.（鵜飼奈津子・廣澤愛子・若佐美

奈子訳（2006）「欠陥に挑む——受身的で‘他者に関心を引かれない’子どもたちに対する発達研究に裏打ちされた心理療法」倉光修監訳『自閉症とパーソナリティ』創元社）

—— (2004) 'Issues in assessment: Asperger's Syndrome and personality'. In M. Rhode and T. Klauber (eds) *The Many Faces of Asperger's Syndrome*, London: Karnac.

—— (2006a) 'Narzissmus und das dumme object-Entwertung oder Missachtung? Miteiner anmerkung zum Suchtigen und zum manifesten Narzissmus'. In O. F. Kernberg and H. P. Hartmann (eds) *Narzissmus: grundlagen-Storungsbilder-Therapie*, Stuttgart: Schattauer.

—— (2006b) 'Some questions concerning states of fragmentation: unintegration, underintegration, disintegration, and the nature of early integrations', *Journal of Child Psychotherapy*, 32, 2: 158-180.

—— (2010a) 'Levels of analytic work and levels of pathology: the work of calibration', *International Journal of Psychoanalysis*, 91, 4: 859-878.（松本拓真訳, 平井正三監訳（2012）「精神分析の仕事のレベルと病理のレベル——目盛を定める作業」NPO 法人子どもの心理療法支援会設立7周年記念誌）

—— (2010b) 'Mourning and melancholia in childhood and adolescence: some reflections on the role of the internal object'. In E. McGinley and A. Varchevker (eds) *Enduring Loss: Mourning, Depression and Narcissism throughout the Life Cycle*, London: Karnac.

Alvarez, A. and Furgiuele, P. (1997) 'Speculations on components in the infant's sense of agency: the sense of abundance and the capacity to think in parentheses'. In S. Reid (ed.) *Developments in Infant Observation: The Tavistock Model*, London: Routledge.

Alvarez, A. and Lee, A. (2004) 'Early forms of relatedness in autism', *Clinical Child Psychology and Psychiatry*, 9, 4: 499-518.

—— (2010) 'Interpersonal relatedness in children with autism : clinical complexity versus scientific simplicity?' In A. Midgley, J. Anderson, E. Grainger, T. Nesic-Vuckovic and C. Urwin (eds) *Child Psychotherapy and Research*, New York: Routledge. （鵜飼奈津子監訳（2012）『子どもの心理療法と調査・研究——プロセス・結果・臨床的有効性の探求』創元社）

Alvarez, A. and Reid, S. (eds) (1999) *Autism and Personality : Findings from the Tavistock Autism Workshop*, London: Routledge.（倉光修監訳, 鵜飼奈津子・廣澤愛子・若佐美奈子訳（2006）『自閉症とパーソナリティ』創元社）

American Psychiatric Association [APA] (1994) *Diagnostic and Statistical Manual of Mental Health Disorders* (4th edn) [DSM-IV], Washington, DC: American Psychiatric Association. （高橋三郎・大野裕・染矢俊幸訳（1996）『DSM-IV 精神疾患の診断・統計マニュアル』医学書院）

Anderson, J. (2003) 'The mythic significance of risk-taking, dangerous behaviour', *Journal of Child Psychotherapy*, 29, 1: 75-91.

Balint, M. (1968) *The Basic Fault : Therapeutic Aspects of Regression*, London: Tavistock. （中井久夫訳（1978）『治療論からみた退行——基底欠損の精神分析』金剛出版）

Baron-Cohen, S., Allen, J. and Gillberg, C. (1992) 'Can autism be detected at 18 months? The needle, the haystack, and the CHAT', *British Journal of Psychiatry*, 161: 839-843.

Barrows, P. (2002) 'Becoming verbal : autism, trauma and playfulness', *Journal of Child Psychotherapy*, 28, 1: 53-72.

Bartram, P. (1999) 'Sean : from solitary invulnerability to the beginnings of reciprocity at very early infantile levels'. In A. Alvarez and S. Reid (eds) *Autism and Personality : Findings from the Tavistock Autism Workshop*, London: Routledge.（鵜飼奈津子・廣澤愛子・若佐美奈子訳（2006）「ショーン——傷つくことのない孤立から幼児期早期の相互作用の芽生

えまで」倉光修監訳『自閉症とパーソナリティ』創元社）

Bateman, A. W. (1998) 'Thick-and thin-skinned organisations and enactment in borderline and narcissistic disorders', *International Journal of Psychoanalysis*, 79: 13-25.

Beebe, B. and Lachmann, F. M. (1994) 'Representation and internalization in infancy : three principles of salience', *Psychoanalytic Psychology*, 11, 2: 127-165.

―― (2002) *Infant Research and Adult Treatment : Co-constructing Interactions*, New York: Analytic Press.（富樫公一監訳（2008）『乳児研究と成人の精神分析――共構築され続ける相互交流の理論』誠信書房）

Beebe, B., Jaffe, J., Feldstein, S., Mays, K. and Alson, D. (1985) 'Interpersonal timing : the application of an adult dialogue model to mother-infant vocal and kinesic interactions'. In T. M. Field and N. A. Fox (eds) *Social Perception in Infants*, Norwood, NJ : Ablex.

Beebe, B., Jaffe, J., Lachmann, F., Feldstein, S., Crown, C. and Jasnow, M. (2000) 'Systems models in development and psychoanalysis : the case of vocal rhythm coordination and attachment', *Infant Mental Health Journal*, 21: 99-122.

Beren, P. (ed.) (1998) *Narcissistic Disorders in Childhood and Adolescence*, Northvale, NJ : Aronson.

Bergstein, A. (2009) 'On boredom : a close encounter with encapsulated parts of the psyche', *International Journal of Psychoanalysis*, 90: 613-631.

Bick, E. (1968) 'The experience of the skin in early object-relations'. In A. Briggs (ed.) *Surviving Space : Papers on Infant Observation*, London : Karnac Tavistock Clinic Series [also in M. Harris Williams (ed.) (1987) *Collected Papers of Martha Harris and Esther Bick*, Strathtay : Clunie].（古賀靖彦訳（1993）「早期対象関係における皮膚の体験」松木邦裕監訳『メラニー・クライン トゥデイ②思索と人格病理』岩崎学術出版社）

Bion, W. R. (1950) 'The imaginary twin'. In W. R. Bion (1967) *Second Thoughts : Selected Papers on Psychoanalysis*, London : Heinemann.（中川慎一郎訳（2007）「想像上の双子」松木邦裕監訳『再考：精神病の精神分析論』金剛出版）

―― (1955) 'Language and the schizophrenic'. In M. Klein, P. Heimann and R. E. Money-Kyrle (eds) *New Directions in Psycho-analysis : The Significance of Infant Conflict in the Pattern of Adult Behaviour*, London : Tavistock.

―― (1957a) 'Differentiation of the psychotic from the non-psychotic personalities', *International Journal of Psychoanalysis*, 38: 266-275. [also in W. R. Bion (1967) *Second Thoughts : Selected Papers on Psychoanalysis*, London : Heinemann].（中川慎一郎訳（2007）「精神病パーソナリティの非精神病パーソナリティからの識別」松木邦裕監訳『再考：精神病の精神分析論』金剛出版）

―― (1957b) 'On arrogance'. In W. R. Bion (1967) *Second Thoughts : Selected Papers on Psychoanalysis*, London : Heinemann.（中川慎一郎訳（2007）「傲慢さについて」松木邦裕監訳『再考：精神病の精神分析論』金剛出版）

―― (1959) 'Attacks on linking'. In W. R. Bion (1967) *Second Thoughts : Selected Papers on Psychoanalysis*, London : Heinemann.（中川慎一郎訳（2007）「連結することへの攻撃」松木邦裕監訳『再考：精神病の精神分析論』金剛出版）

―― (1962a) 'A theory of thinking'. In W. R. Bion (1967) *Second Thoughts : Selected Papers on Psychoanalysis*, London : Heinemann.（中川慎一郎訳（2007）「考えることに関する理論」松木邦裕監訳『再考：精神病の精神分析論』金剛出版）

―― (1962b) *Learning from Experience*, London : Heinemann.（福本修訳（1999）「経験から学

ぶこと」『精神分析の方法 I——セブン・サーヴァンツ』法政大学出版局)

——(1963) *Elements of Psycho-analysis*, London : Heinemann.（福本修訳（1999)「精神分析の要素」『精神分析の方法 I——セブン・サーヴァンツ』法政大学出版局)

——(1965) *Transformations : Change from Learning to Growth*, London : Heinemann.（福本修・平井正三訳（2002)「変形」『精神分析の方法 II——セブン・サーヴァンツ』法政大学出版局)

——(1967) *Second Thoughts : Selected Papers on Psychoanalysis*, London : Heinemann.（松木邦裕監訳，中川慎一郎訳（2007)『再考：精神病の精神分析論』金剛出版)

——(1974) *Development in Infancy*, San Francisco : W. H. Freeman and Co.

——(1992) *Cogitations*, London : Karnac.

Blake, P.（2008) *Child and Adolescent Psychotherapy*, Sydney : IP Communications.

Blomberg, B.（2005) 'Time, space and the mind : psychotherapy with children with autism'. In D. Houzel and M. Rhode（eds) *Invisible Boundaries : Psychosis and Autism in Children and Adolescents*, London : Karnac.（五十畑昌子訳（2009)「時間，空間，そしてこころ——自閉症の子どものたちの心理療法」木部則雄・脇谷順子監訳『自閉症の精神病への展開——精神分析アプローチの再見』明石書店)

Bloom, K.（2006) *The Embodied Self : Movement and Psychoanalysis*, London : Karnac.

Bonasia, R.（2001) 'The countertransference : erotic, erotised, and perverse', *International Journal of Psychoanalysis*, 82: 249-262.

Botella, C. and Botella, S.（2005) *The Work of Psychic Figurability : Mental States without Representation*, Hove : Brunner-Routledge.

Bower, T. G. R.（1974) *Development in Infancy*（2nd edn), San Francisco : W. H. Freeman and Co.

Bowlby, J.（1988) *A Secure Base : Clinical Applications of Attachment Theory*, London : Routledge.（二木武監訳（1993)『母と子のアタッチメント——心の安全基地』医歯薬出版)

Boyers, L. B.（1989) 'Counter-transference and technique in working with the regressed patient : further remarks', *International Journal of Psychoanalysis*, 70: 701-714.

Braten, S.（1987) 'Dialogic mind : the infant and the adult in proto-conversation'. In M. Carvallo（ed.) *Nature, Cognition and Systems*, Dordrecht and Boston : D. Reidel.

——(ed.)（2007) *On Being Moved : From Mirror Neurons to Empathy*, Philadelphia, PA : John Benjamins.

Brazelton, T. B. and Nugent, J. K.（1995) *Neonatal Behavioral Assessment Scale*（3rd edn), London : Mackeith Press.（穐山富太郎監訳，川崎千里訳（1998)『ブラゼルトン新生児行動評価 第 3 版』医歯薬出版)

Brazelton, T. B., Koslowski, B. and Main, M.（1974) 'The origins of reciprocity : the early mother-infant interaction'. In M. Lewis and L. A. Rosenblum（eds) *The Effect of the Infant on its Caregivers*, London : Wiley.

Brendel, A.（2001) *Alfred Brendel on Music: Collected Essays*, London: Robson.

Britton, R.（1989) 'The missing link: parental sexuality in the Oedipus complex'. In J. Steiner（ed.) *The Oedipus Complex Today*, London: Karnac.

——(1998) *Belief and Imagination: Explorations in Psychoanalysis*, London: Routledge.（松木邦裕監訳，古賀靖彦訳（2002)『信念と想像：精神分析のこころの探求』金剛出版)

——(2003) *Sex, Death, and the Superego*, London: Karnac.（豊原利樹訳（2012)『性，死，超自我 精神分析における経験』誠信書房)

Brody, H.（1982) *Maps and Dreams*, London: Jill Norman and Hobhouse.

Brontë, E. (1965) *Wuthering Heights*, Harmondsworth: Penguin. (鴻巣友季子訳 (2003)『嵐が丘』新潮社)

Broucek, F. J, (1979) 'Efficacy in infancy: a review of some experimental studies and their possible implications for clinical theory', *International Journal of Psychoanalysis*, 60: 311-316.

—— (1991) *Shame and the Self*, London: Guilford Press.

Bruner, J. (1968) *Processes of Cognitive Growth: Infancy*, Worcester, MA: Clark University Press.

—— (1972) 'Nature and uses of immaturity'. In J. S. Bruner, A. Jolly and K. Sylva (eds) (1976) *Play: Its Role in Development and Evolution*, Harmondsworth: Penguin.

—— (1983) 'From communicating to talking'. In J. Bruner, *Child's Talk: Learnig to Use Language*, New York: Norton.

—— (1986) *Actual Minds, Possible Worlds*, Cambridge, MA: Harvard University Press. (田中一彦訳 (1998)『可能世界の心理』みすず書房)

Bruner, J. S. and Sherwood, V. (1976) 'Peekaboo and the learning of rule structures'. In J. S. Bruner, A. Jolly and K. Sylva (eds) *Play: Its Role in Development and Evolution*, Harmondsworth: Penguin.

Bruner, J. S., Jolly, A. and Sylva, K. (eds) (1976) *Play: Its Role in Development and Evolution*, Harmondsworth: Penguin.

Bucci, W. (2001) 'Pathways of emotional communication', *Psychoanalytic Inquiry*, 21: 40-70.

Buck, R. (1994) 'The neuropsychology of communication: spontaneous and symbolic aspects', *Journal of Pragmatics*, 22: 265-278.

Burhouse, A. (2001) 'Now we are two, going on three: triadic thinking and its link with development in the context of young child observations', *Infant Observation*, 4, 2: 51-67.

Caper, R. (1996) 'Play, experimentation and creativity', *International Journal of Psychoanalysis*, 77, 5: 859-870.

Chatwin, B.(1987) *The Songlines*, London: Jonathan Cape.(北田絵里子訳(2009)『ソングライン』英治出版)

Chiu, A. W., McLeod, B. D., Har, K. and Wood, J. J. (2009) 'Child-therapist alliance and clinical outcomes in cognitive behavioural therapy for child anxiety disorders', *Journal of Child Psychology and Psychiatry*, 50, 6: 751-758.

Cohen, M. (2003) *Sent before My Time*, London: Karnac.

Collis, G. M. (1977) 'Visual co-orientation and maternal speech'. In H. R. Schaffer (ed.) *Studies in Mother-Infant Interaction*, London: Academic Press.

Cottis T. (ed.) (2009) *Intellectual Disability, Trauma, and Psychotherapy*, London: Routledge.

Crapanzano, V. (2004) *Imaginative Horizons: An Essay in Literary-Philosophical Anthropology*, Chicago: University of Chicago Press.

Da Rocha Barros, E. M. (2002) 'An essay on dreaming, psychical working out and working through', *International Journal of Psychoanalysis*, 83, 5: 1083-1093.

Davies, J. M. (1998) 'Between the disclosure and foreclosure of erotic transference-countertransference: can psychoanalysis find a place for adult sexuality?', *Psychoanalytic Dialogues*, 8: 747-766.

Dawson, G. and Lewy, A. (1989) 'Reciprocal subcortical-cortical influences in autism: the role of attentional mechanism'. In G. Dawson (ed.) *Autism, Nature, Diagnosis and Treatment*, New York: Guilford Press.

De Bellis, M. D., Keshavan, M. S., Clark, D. B., Casey, B. J., Giedd, J. N., Boring, A. M., Frustaci, K. and Ryan, N. D. (1999) 'Developmental traumatology part Ⅱ : brain development', *Biological Psychiatry*, 45, 10: 1271-1284.

DeJong, M. (2010) 'Some reflections on the use of psychiatric diagnosis in the looked after or "in care" population', *Clinical Child Psychology and Psychiatry*, 15, 4: 589-599.

Demos, V. (1986) 'Crying in early infancy: an illustration of the motivational function of affect'. In T. B. Brazelton and M. W. Yogman (eds) *Affective Development in Infancy*, Norwood, NJ: Ablex.

Director, L. (2009) 'The enlivening object', *Contemporary Psychoanalysis*, 45, 1: 121-139.

Dissanayake, E. (2009) 'Root, leaf, blossom, or bole'. In S. Malloch and C. Trevarthen (eds) *Communicative Musicality: Exploring the Basis of Human Companionship*, Oxford: Oxford University Press.

Divino, C. and Moore, M. S. (2010) 'Integrating neurobiological findings into psychodynamic psychotherapy training and practice', *Psychoanalytic Dialogues*, 20: 1-19.

Docker-Drysdale, B. (1990) *The Provision of Primary Experience: Winnicottian Work with Children and Adolescents*, London: Free Association Books.

Dreyer, V. (2002) 'On some possible prerequisites of mental representation: a study of the child's pre-symbolic movement in relation to the development of an interpretative function'. Unpublished MA dissertation for the University of East London.

Dylan, B. (1987) 'Not dark yet'. *On Time out of Mind*, Columbia/Sony.

Edwards, J. (1994) ' On solid ground: the ongoing psychotherapeutic journey of an adolescent boy with autistic features', *Journal of Child Psychotherapy*, 20, 1: 57-84.

—— (2001) 'First love unfolding'. In J. Edwards (ed.) *Being Alive: Building on the Work of Anne Alvarez*, Hove: Brunner-Routledge.

Fairbairn W. R. D. (1952) 'Schizoid factors of the personality'. In W. R. D. Fairbairn, *Psychoanalytic Studies of the Personality*, London: Tavistock/Routledge and Kegan Paul. (山口泰司 (訳) (1995)「人格における分裂的要因」『人格の精神分析学』 講談社学術文庫；(1986)『人格の対象関係論』 文化書房博文社)

—— (1994) 'The nature of hysterical states'. In D. E. Scharff and E. F. Birtles (eds) *From Instinct to Self: Selected Papers of W. R. D. Fairbairn*, Northvale, NJ: Jason Aronson.

Feldman, M. (2004) 'Supporting psychic change: Betty Joseph'. In E. Hargreaves and A. Varchevker (eds) *In Pursuit of Psychic Change: The Betty Joseph Workshop*, London: Brunner-Routledge.

Ferris, S., McGauley, G. and Hughes, P. (2004) 'Attachment disorganization in infancy: relation to psychoanalytic understanding of development', *Psychoanalytic Psychotherapy*, 18, 2: 151-166.

Ferro, A. (1999) *The Bi-personal Field*, London: Routledge.

First, E. (2001) 'Liking linking doing'. In J. Edwards (ed.) *Being Alive: Building on the Work of Anne Alvarez*, Hove: Brunner-Routledge.

Fitzgerald, A. (2009) 'A psychoanalytic concept illustrated: will, must, may, can-revisiting the survival function of primitive omnipotence', *Infant Observation*, 12, 1: 43-61.

Fivaz-Depeursinge, E. and Corboz-Warnery, A. (1999) *The Primary Triangle: A Developmental Systems View of Mothers, Fathers, and Infants*, New York: Basic Books.

Fogel, A. (1977) 'Temporal organization in mother-infant face-to-face interaction'. In H. R.

Schaffer (ed.) *Studies in Mother-Infant Interaction*, London: Academic Press.

—— (1993) 'Two principles of communication: co-regulation and framing'. In J. Nadel and L. Camaioni (eds) *New Perspectives in Early Communicative Development*, London: Routledge.

Fonagy, P. (1995) 'Playing with reality: the development of psychic reality and its malfunction in borderline personalities'. *International Journal of Psychoanalysis*, 76: 39-44.

Fonagy, P. and Target, M. (1996) 'Playing with reality, I : Theory of mind and the normal development of psychic reality', *International Journal of Psychoanalysis*, 77: 217-233.

—— (1998) 'Mentalization and the changing aims of child psychoanalysis', *Psychoanalytic Dialogues*, 8, 1: 87-114.

Fonagy, P., Steele, M., Steele, H., Moran, G. S. and Higgitt, A. C. (1991) 'The capacity for understanding mental states: the reflective self in parent and child and its significance for security of attachment', *Infant Mental Health Journal*, 12: 201-218.

Fonseca, V. R. J. R. M. and Bussab, V. S. R. (2005) 'Trauma, deficit, defense: current trends in the psychoanalysis of children with pervasive developmental disorder'. Panel presented at the 44th IPA Congress, Rio De Janeiro, July.

Fordham, M. (1985) *Explorations into the Self, The Library of Analytic Psychology*, Vol. Ⅶ, London: Academic Press.

Freud, S. (1893-1895) *Studies on Hysteria*. In J. Strachey (ed.) (1966) *Standard Edition of the Complete Works of Sigmund Freud*, Vol. Ⅱ, London: Hogarth. (小此木啓吾・懸田克躬訳 (1974)「ヒステリー研究」『フロイト著作集7』人文書院)

—— (1905a) 'Fragment of an analysis of a case of hysteria'. In J. Strachey (ed.) (1966) *Standard Edition of the Complete Works of Sigmund Freud*, Vol. Ⅶ, London: Hogarth. (細木照敏・飯田真訳 (1969)「あるヒステリー患者の分析の断片」『フロイト著作集5』人文書院)

—— (1905b) 'Three essays on the theory of sexuality'. In J. Strachey (ed.) (1966) *Standard Edition of the Complete Works of Sigmund Freud*, Vol. Ⅶ, London: Hogarth. (懸田克躬・吉村博次訳 (1969)「性欲論三篇」『フロイト著作集5』人文書院)

—— (1909) 'Analysis of a phobia in a five-year-old boy'. In J. Strachey (ed.) (1966) *Standard Edition of the Complete Works of Sigmund Freud*, Vol. X, London: Hogarth. (高橋義孝・野田倬訳 (1969)「ある五歳男児の恐怖症分析」『フロイト著作集5』人文書院)

—— (1911) 'Formulations on the two principles of mental functioning'. In J. Strachey (ed.) (1966) *Standard Edition of the Complete Works of Sigmund Freud*, Vol. XII, London: Hogarth. (小此木啓吾・井村恒郎訳 (1970)「精神現象の二原則に関する定式」『フロイト著作集6』人文書院)

—— (1916-1917) *Introductory Lectures on Psycho-analysis*. In J. Strachey (ed.)(1966) *Standard Edition of the Complete Works of Sigmund Freud*, Vols. XV and XⅥ, London: Hogarth. (懸田克躬・高橋義孝訳 (1971)「精神分析入門」『精神分析入門, 正・続 『フロイト著作集1』人文書院』

—— (1917) *Mourning and Melancholia*. In J. Strachey (ed.) (1966) *Standard Edition of the Complete Works of Sigmund Freud*, Vol. XIV, London: Hogarth. (井村恒郎訳 (1970)「悲哀とメランコリー」『フロイト著作集6』人文書院)

—— (1920) *Beyond the Pleasure Principle*. In J. Strachey (ed.) (1966) *Standard Edition of the Complete Works of Sigmund Freud*, Vol. XVIII, London: Hogarth.(小此木啓吾 (訳)(1970)『快感原則の彼岸』 フロイト著作集6 人文書院)

—— (1930) 'Fetishism'. In J. Strachey (ed.) (1966) *Standard Edition of the Complete Works of Sigmund Freud*, Vol. XXI, London: Hogarth. (山本巌（訳）(1969)『呪物崇拝』フロイト著作集5 人文書院)

―― (1938) 'The theory of the instincts'. In J. Strachey (ed.) (1966) *Standard Edition of the Complete Works of Sigmund Freud*, Vol. XXIII, London: Hogarth.

Frick, P. J. and White, S. F. (2008) 'Research review: the importance of callous unemotional traits for developmental modes of aggressive and antisocial behaviour', *Journal of Consulting and Clinical Psychology*, 49, 4: 359-375.

Gabbard, G. O. (1989) 'Two subtypes of narcissistic personality disorder', *Bulletin of the Menninger Clinic*, 53, 6: 527-532.

―― (1994) 'Sexual excitement and countertransference love in the analyst', *Journal of the American Psychoanalytic Association*, 42: 1083-1106.

Gampel, G. (2005) 'Foreword'. In A. Alvarez (2005) *Live Company* (Hebrew translation), Tel Aviv: Bookworm.

Gerhardt, S. (2004) *Why Love Matters: How Affection Shapes a Baby's Brain*, New York: Brunner-Routledge.

Gerrard, J. (2010) 'Seduction and betrayal', *British Journal of Psychotherapy*, 26, 1: 65-80.

―― (2011) *The Impossibility of Knowing*, London: Karnac.

Glover, E. (1928a) 'Lectures on technique in psycho-analysis', *International Journal of Psychoanalysis*, 9: 7-46.

―― (1928b) 'Lectures on technique in psycho-analysis', *International Journal of Psychoanalysis*, 9: 181-218.

Green, A. (1995) 'Has sexuality anything to do with psychoanalysis?', *International Journal of Psychoanalysis*, 76: 871-883.

―― (1997) *On Private Madness*, London: Karnac.

―― (2000) 'Science and science fiction in infant research'. In J. Sandler, A. M. Sandler and R. Davies (eds) *Clinical and Observational Psychoanalytic Research: Roots of a Controversy*, London: Karnac.

Greenspan, S. I. (1997) *Developmentally Based Psychotherapy*, Madison, CT: International Universities Press.

Grotstein, J. (1981a) *Splitting and Projective Identification*, London: Aronson.

―― (1981b) 'Wilfred R. Bion: the man, the psychoanalyst, the mystic. A perspective on his life and work'. In J. Grotstein(ed.)*Do I Dare Disturb the Universe? A memorial to Wilfred R. Bion*, Beverly Hills, CA: Caesura Press.

―― (1983) 'Review of Tustin's *Autistic States in Children*', *International Review of Psychoanalysis*, 10: 491-498.

―― (2000) *Who is the Dreamer who Dreams the Dream: A Study of Psychic Presences*, Hillsdale, NJ: Analytic Press.

Haag, G. (1985) 'La mère et le bébé dans les deux moitiés du corps', *Neuropsychiatrie de L'enfance*, 33: 107-114.

Hamilton, V. (1982) *Narcissus and Oedipus: The Children of Psycho-analysis*, London: Routledge and Kegan Paul.

Hamilton, V. E. (2001) 'Foreword'. In J. Edwards (ed.) *Being Alive: Building on the Work of Anne Alvarez*, Hove: Brunner-Routledge.

Hand, H. (1997) 'The terrible surprise: the effect of trauma on a child's development'.

文 献　309

Paper delivered to Psychoanalytic Section (Division 39) Spring Meeting of the American Psychological Association, Denver.

Hartmann, E. (1984) *The Nightmare*, New York: Basic Books.

Hawthorne, J. (2004) 'Training health professionals in the Neonatal Behavioral Assessment Scale (NBAS) and its use as an intervention', *The Signal, WAIMH [World Association for Infant Mental Health] Newsletter*, 12, 3-4: 1-5.

Herbert, Z. (1977) 'The envoy of Mr Cogito'. In *Selected Poems*, Oxford: Oxford University Press.

——(1999) 'Chord'. In *Elegy for the Departure*, Hopewell, NJ: The Ecco Press.

Hinshelwood, R. D. (1989) *A Dictionary of Kleinian Thought*, London: Free Association Books.（衣笠隆幸総監訳，福本修・奥寺崇・木部則雄・小川豊昭・小野泉監訳（2014）『クライン派用語辞典』誠信書房）

Hobson, P. (1993) *Autism and the Development of Mind*, Hove: Lawrence Erlbaum.（木下孝司監訳（2000）『自閉症と心の発達』学苑社）

——(2002) *The Cradle of Thought*, London: Macmillan.

Hobson, R. P. and Lee, A. (1999) 'Imitation and identification in autism', *Journal of Child Psychology and Psychiatry*, 40: 649-659.

Hopkins, J. (1996) 'From baby games to let's pretend: the achievement of playing', *Journal of the British Asociation of Psychotherapy*, 31: 20-27.

Houzel, D. (2001) 'Bisexual qualities of the Psychic envelope'. In J. Edward (ed.) *Being Alive: Building on the Work of Anne Alvarez*, Hove: Brunner-Routledge.

Hughes, D. A. (1998) *Building the Bonds of Attachment: Awakening Love in Deeply Troubled Children*, Lanham, MD: Aronson.

Hughes, R. (2004) Lecture at the Royal Academy of Arts. Reported in *The Times*, 3 June.

Hurry, A. (ed.) (1998) *Psychoanalysis and Developmental Therapy*, London: Karnac.

Hutt, C. (1972) 'Exploration and play in children'. In J. S. Bruner, A. Jolly and K. Sylva (eds) (1976) *Play: Its Role in Development and Evolution*, Harmondsworth: Penguin.

Isaacs, S. (1948) 'The nature and function of phantasy', *International Journal of Psychoanalysis*, 29: 73-97.

——(1991) 'Fifth discussion of scientific controversies'. In P. King and R. Steiner (eds) *The Freud-Klein Controversies 1941-45*, London: Tavistock/Routledge.

James, W. (1992) *Writings, 1878-1899*, New York: Library of America.

Jonas, H. (1974) *Philosophical Essays*, New York: Prentice-Hall.

Jones, E.(1967)*Sigmund Freud: Life and Work*, Vol. II: *Years of Maturity*, London: Hogarth.（竹友安彦・藤井治彦訳（1969）『フロイトの生涯』紀伊國屋書店）

Joseph, B. (1975) 'The patient who is difficult to reach'. In. E. B. Spillius and M. Feldman (eds) (1989) *Psychic Equilibrium and Psychic Change: Selected Papers of Betty Joseph*, London: Routledge.（小川豊昭・勝浦道子訳（2005）「到達困難な患者」『心的平衡と心的変化』岩崎学術出版社）

——(1978) 'Different types of anxiety and their handling in the clinical situation'. In E. B. Spillius and M. Feldman (eds) (1989) *Psychic Equilibrium and Psychic Change: Selected Papers of Betty Joseph*, London: Routledge.（小川豊昭・勝浦道子訳（2005）「さまざまなタイプの不安と分析状況におけるその取り扱い」『心的平衡と心的変化』岩崎学術出版社）

——(1981) 'Towards the experiencing of psychic pain'. In E. B. Spillius and M. Feldman (eds)

（1989）*Psychic Equilibrium and Psychic Change: Selected Papers of Betty Joseph,* London: Routledge.（小川豊昭・勝浦道子訳（2005）「心的痛みの経験へとむかう動き」『心的平衡と心的変化』岩崎学術出版社）

―（1982）'Addiction to near death'. In E. B. Spillius and M. Feldman（eds）（1989）*Psychic Equilibrium and Psychic Change: Selected Papers of Betty Joseph,* London: Routledge.（小川豊昭・勝浦道子訳（2005）「瀕死体験に対する嗜癖」『心的平衡と心的変化』岩崎学術出版社）

―（1983）'On understanding and not understanding: some technical issues'. In E. B. Spillius and M. Feldman（eds）（1989）*Psychic Equilibrium and Psychic Change: Selected Papers of Betty Joseph,* London: Routledge.（小川豊昭・勝浦道子訳（2005）「理解することと理解しないことについて：技法的問題点」『心的平衡と心的変化』岩崎学術出版社）

―（1998）'Thinking about a playroom', *Journal of Child Psychotherapy,* 24, 3: 359-366.

Kanner, L.（1944）'Early infantile autism', *Journal of Paediatrics,* 25: 211-217.

Kernberg, O.（1975）*Borderline Conditions and Pathological Narcissism,* Northvale, NJ: Jason Aronson.

Kernberg, P., Weiner, A. S. and Bardenstein, K. K.（eds）（2000）*Personality Disorders in Children and Adolescents,* New York: Basic Books.

Klauber, T.（1999）'The significance of trauma and other factors in work with the parents of children with autism'. In A. Alvarez and S. Reid（eds）*Autism and Personality: Findings from the Tavistock Autism Workshop,* London: Routledge.（鵜飼奈津子・廣澤愛子・若佐美奈子訳（2006）「自閉症の子どもの親面接において，親のトラウマを扱う重要性」倉光修監訳『自閉症とパーソナリティ』創元社）

Klaus, M. H. and Kennell, J. H.（1982）*Parent-Infant Bonding,* London: C. H. Mosby.（竹内徹・柏木哲夫・横尾京子訳（1985）『親と子のきずな』医学書院）

Klein, M.（1923）'The role of the school in the libidinal development of the child'. In M. Klein（1975）*The Writings of Melanie Klein,* Vol. I, London: Hogarth.（村山正治訳（1983）「子どものリビドー発達における学校の役割」西園昌久・牛島定信責任編訳『メラニー・クライン著作集1　子どもの心的発達』誠信書房）

―（1930）'The importance of symbol-formation in the development of the ego'. In M. Klein（1975）*The Writings of Melanie Klein,* Vol. I, London: Hogarth.（村田豊久・藤岡宏訳（1983）「自我の発達における象徴形成の重要性」西園昌久・牛島定信責任編訳『メラニー・クライン著作集1　子どもの心的発達』誠信書房）

―（1932a）'The psycho-analysis of children'. In M. Klein（1975）*The Writings of Melanie Klein,* Vol. II London: Hogarth.（小此木啓吾・岩崎徹也責任編訳，衣笠隆幸訳（1997）『メラニー・クライン著作集2　児童の精神分析』誠信書房）

―（1932b）'The significance of early anxiety-situations in the development of the ego'. In M. Klein（1975）*The Writings of Melanie Klein,* Vol. I, London: Hogarth.（衣笠隆幸訳（1997）「自我の発達における早期不安状況の意義」小此木啓吾・岩崎徹也責任編訳『メラニー・クライン著作集2　児童の精神分析』誠信書房）

―（1935）'A contribution to the psychogenesis of manic-depressive states'. In M. Klein（1975）*The Writings of Melanie Klein,* Vol. III, London: Hogarth.（安岡誉訳（1983）「躁うつ状態の心因論に関する寄与」西園昌久・牛島定信責任編訳『メラニー・クライン著作集3　愛，罪そして償い』誠信書房）

―（1937）'Love, guilt and reparation'. In M. Klein（1975）*The Writings of Melanie Klein,* Vol. I, London: Hogarth.（奥村幸夫訳（1983）「愛，罪そして償い」西園昌久・牛島定信責任

編訳『メラニー・クライン著作集3　愛，罪そして償い』誠信書房）

——（1940）'Mourning and its relation to manic-depressive states'. In M. Klein（1975）*The Writings of Melanie Klein*, Vol. III, London: Hogarth.（森山研介訳（1983）「喪とその躁うつ状態との関係」西園昌久・牛島定信責任編訳『メラニー・クライン著作集3　愛，罪そして償い』誠信書房）

——（1945）'The Oedipus complex in the light of early anxieties'. In M. Klein（1975）*The Writings of Melanie Klein*, Vol. I, London: Hogarth. [also in（1945）*International Journal of Psychoanalysis*, 26: 11-33]．（牛島定信訳（1983）「早期不安に照らしてみたエディプス・コンプレックス」西園昌久・牛島定信責任編訳『メラニー・クライン著作集3　愛，罪そして償い』誠信書房）

——（1946）'Notes on some schizoid mechanisms'. In M. Klein（1975）*The Writings of Melanie Klein*, Vol. III, London: Hogarth [also in（1946）*International Journal of Psychoanalysis*, 27: 99-110]．（狩野力八郎・渡辺明子・相田信男訳（1985）「分裂機制についての覚書」小此木啓吾・岩崎徹也責任編訳『メラニー・クライン著作集4　妄想的・分裂的世界』誠信書房）

——（1952）'Some theoretical conclusions regarding the emotional life of the infant'. In M. Klein（1975）*The Writings of Melanie Klein*, Vol. III, London: Hogarth.（佐藤五十男訳（1985）「幼児の情緒生活についての二，三の理論的結論」小此木啓吾・岩崎徹也責任編訳『メラニー・クライン著作集4　妄想的・分裂的世界』誠信書房）

——（1955）'On identification'. In M. Klein（1975）*The Writings of Melanie Klein*, Vol. III, London: Hogarth.（伊藤洸訳（1985）「同一視について」小此木啓吾・岩崎徹也責任編訳『メラニー・クライン著作集4　妄想的・分裂的世界』誠信書房）

——（1957）'Envy and gratitude'. In M. Klein（1975）*The Writings of Melanie Klein*, Vol. III, London: Hogarth.（松本善男訳（1996）「羨望と感謝」小此木啓吾・岩崎徹也責任編訳『メラニー・クライン著作集5　羨望と感謝』誠信書房）

——（1958）'On the development of mental functioning', *International Journal of Psychoanalysis*, 39: 84-90.（佐野直哉訳（1996）「精神機能の発達について」小此木啓吾責任編訳『メラニー・クライン著作集5 羨望と感謝』誠信書房）

——（1959）'Our adult world and its roots in infancy'. In M. Klein（1975）*The Writings of Melanie Klein*, Vol. III, London: Hogarth.（花岡正憲訳（1996）「大人の世界と幼児期におけるその起源」小此木啓吾・岩崎徹也責任編訳『メラニー・クライン著作集5　羨望と感謝』誠信書房）

——（1961）*Narrative of a Child Analysis*, London: Hogarth.（山上千鶴子訳（1987）『メラニー・クライン著作集6・7　児童分析の記録 I・II』誠信書房）

——（1963）'On the sense of loneliness'. In M. Klein（1975）*The Writings of Melanie Klein*, Vol. III, London: Hogarth.（橋本雅雄訳（1996）「孤独感について」小此木啓吾・岩崎徹也責任編訳『メラニー・クライン著作集5　羨望と感謝』誠信書房）

Klein, M., Heimann, P., Isaacs, S. and Riviere, J.（1952）*Developments in Psychoanalysis*, London: Hogarth.

Kleitman, N.（1963）*Sleep and Wakefulness*, Chicago: University of Chicago press.（粥川裕平・松浦千佳子訳（2013）『睡眠と覚醒』ライフサイエンス）

Knoblauch, S.（2000）*The Musical Edge of Therapeutic Dialogue*, Hillsdale, NJ: Analytic Press.（浅井知・黒澤麻美訳（2009）『精神療法という音楽』星和書店）

Kohut, H.（1977）*The Restoration of the Self*, New York: International University Press.（　本

城秀次・笠原嘉訳（1995）『自己の修復』みすず書房）

—— (1985) *The Analysis of the Self*, New York: International University Press. (水野信義・笠原嘉監訳 (1994)『自己の分析』みすず書房)

Koulomzin, M., Beebe, B., Anderson, S., Jaffe, J., Feldstein, S. and Crown, C. (2002) 'Infant gaze, head, face and self-touch differentiate secure vs. avoidant attachment at 1 year: a microanalytic approach', *Attachment and Human Development*, 4, 1: 3-24.

Kundera, M. (1982) *The Joke*, Harmonsdworth: Penguin. (関根日出男・中村猛訳 (2002)『冗談』みすず書房)

Kut Rosenfeld, S. and Sprince, M. (1965) 'Some thoughts on the technical handling of borderline children', *Psychoanalytic Study of the Child*, 20: 495-517.

Lahr, J. (1995) 'King Tap', *New Yorker*, 17 April.

Lanyado, M and Horne, A. (2006) *A Question of Technique*, Hove: Routledge.

Laplanche, J. and Pontalis, B. (1973) *The Language of Psychoanalysis*, London: Hogarth. (村上仁監訳 (1977)『精神分析用語辞典』みすず書房)

Laznik, M. C. (2009) 'The Lacanian theory of the drive: an examination of possible gains for research in autism', *Journal of the Centre for Freudian Analysis and Research*, 19: n. p.

Leichsenring, F. and Rabung, S. (2008) 'Effectiveness of long-term psychodynamic psychotherapy: a meta-analysis', *Journal of the American Medical Association*, 300: 1551-1565.

Leslie, A. M. (1987) 'Pretence and representation: the origins of the theory of mind', *Psychological Review*, 94: 412-426.

Levi, P. (2001) *The Search for Roots*, London: Penguin.

Likierman, M.(2001)*Melanie Klein: Her Work in Context*, London: Continuum.(飛谷渉訳(2014)『新釈 メラニー・クライン』岩崎学術出版社)

Lubbe, T. (ed.) (2000) *The Borderline Psychotic Child: A Selective Integration*, London: Routledge.

Lupinacci, M. A. (1998) 'Reflections on the early stages of the Oedipus complex: the parental couple in relation to psychoanalytic work', *Journal of Child Psychotherapy*, 24 , 3: 409-422.

Lynd, H. M. (1958) *On Shame and the Search for Identity*, New York: Harcourt Brace and World. (鑪幹八郎・鶴田和美訳 (1983)『恥とアイデンティティ』北大路書房)

Magagna, J., Bakalar, N., Cooper, H., Levy, J., Norman, C. and Shank, C. (eds) (2005) *Intimate Transformations: Babies with Their Families*, London: Karnac.

Mahler, M. (1968) *On Human Symbiosis and the Vicissitudes of Individuation*, New York: International University Press.

Mahler, M., Pine, F. and Bergman, A. (1975) *The Psychological Birth of the Human Infant*, New York: Basic Books. (髙橋雅士・織田正美・浜畑紀訳 (2001)『乳幼児の心理的誕生—母子共生と個体化』黎明書房)

Maiello, S. (1995) 'La voce: il suono madre'. In G. Buzzatti and A. Salvo (eds) *Corpo a Corpo: Madre e Figlia nella Psicoanalisi*, Bari: Laterza.

Main, M. (1991) 'Metacognitive knowledge, metacognitive monitoring, and singular (coherent) vs. multiple (incoherent) models of attachment'. In C. M. Parkes, J. Stevenson-Hinde and P. Marris (eds) *Attachment across the Life Cycle*, London: Routledge.

Malloch, S. and Trevarthen, C. (eds) (2009) *Communicative Musicality: Exploring the Basis of Human Companionship*, Oxford: Oxford University Press.

文　献　313

Maurer, D. and Salapatak, P. (1976) 'Developmental changes in the scanning of faces by young infants', *Child Development,* 47: 523-527.

McCarthy, C. (1992) *All the Pretty Horses,* New York: Knopf. (黒原敏行訳 (2001)『すべての美しい馬』早川書房)

Meloy, J. R. (1996) *The Psychopathic Mind: Origin, Dynamics, Treatment,* London: Jason Aronson.

Meltzer, D. (1983) Dream-life: A Re-examination of the Psycho-analytical Theory and Technique, Strathtay: Clunie. (新宮一成・福本修・平井正三訳 (2004)『夢生活—精神分析理論と技法の再検討』金剛出版)

Meltzer, D. and Harris Williams, M. (1998) *The Apprehension of Beauty: The Role of Aesthetic Conflict in Development, Art and Violence,* Strathtay: Clunie. (細澤仁監訳, 上田勝久・西坂恵理子・関真粧美訳 (2010)『精神分析と美』みすず書房)

Meltzer, D., Bremner, J., Hoxter, S., Weddell, D. and Wittenberg, I. (1975) *Explorations in Autism: A Psycho-analytical Study,* Strathtay: Clunie. (平井正三監訳, 賀来博光・西見奈子他訳 (2014)『自閉症世界の探求—精神分析的研究より』金剛出版)

Mendes de Almeida, M. (2002) 'Infant observation and its developments: repercussion within the work with severely disturbed children'. Paper presented at the Sixth International Conference on Infant Observation, Krakow.

Miller, L. (2001) *The Brontë Myth,* London: Jonathan Cape.

Miller, L., Rustin, M. E., Rustin, M. J. and Shuttleworth, J. (1989) *Closely Observed Infants,* London: Duckworth.

Miller, S. (1984) 'Some thoughts on once-weekly psychotherapy in the National Health Service', *Journal of Child Psychotherapy,* 10, 2: 187-198.

Mitrani, J. L. (1998) 'Unbearable ecstasy, reverence and awe, and the perpetuation of an "aesthetic conflict" ', *Psychoanalytic Quarterly,* 67: 102-107.

Money-Kyrle, R. (1947) 'On being a psychoanalyst'. In D. Meltzer and E. O'Shaughnessy (eds) (1978) *The Collected Papers of Roger Money-Kyrle,* Strathtay: Clunie.

Moore, M. (1968) *Marianne Moore: Complete Poems,* London: Faber and Faber.

Moore, M. S. (2004) 'Differences between representational drawings and re-presentations in traumatized children'. Paper presented to the Association of Child Psychotherapists' Annual Conference, London, June.

Murray, L. (1991) 'Intersubjectivity, object relations theory and empirical evidence from mother-infant interactions', *Infant Mental Health Journal,* 12: 219-232.

—— (1992) 'The impact of postnatal depression on infant development', *Journal of Child Psychology and Psychiatry,* 33, 3: 543-561.

Murray, L. and Cooper, P. J. (eds) (1997) *Postpartum Depression and Child Development,* London: Guilford Press.

Music, G. (2009) 'Neglecting neglect: some thoughts on children who have lacked good input, and are "undrawn" and "unenjoyed"', *Journal of Child Psychotherapy,* 35, 2: 142-156.

—— (2011) *Nurturing Natures: Attachment and Children's Sociocultural and Brain Development,* Hove: Psychology Press. (鵜飼奈津子監訳 (2016)『子どものこころの発達を支えるもの：アタッチメントと神経科学, そして精神分析の出会うところ』誠信書房)

Negri, R. (1994) *The Newborn in the Intensive Care Unit: A Neuropsychoanalytic Prevention Model,* London: Karnac.

Newson, J. (1977) 'An intersubjective approach to the systematic description of mother-infant interaction'. In H. R. Schaffer (ed.) *Studies in Mother-Infant Interaction*, London: Academic Press.

O'Shaughnessy, E. (1964) 'The absent object', *Journal of Child Psychotherapy*, 1, 2: 34-43.

—— (2006) 'A conversation about early unintegration, disintegration and integration', *Journal of Child Psychotherapy*, 32, 2: 153-157.

Ogden, T. H. (1997) *Reverie and Interpretation: Sensing Something Human*, Northvale, NJ: Jason Aronson. (大矢泰士訳 (2006) 『もの想いと解釈—人間的な何かを感じとること』岩崎学術出版社)

Panksepp, J. (1998) *Affective Neuroscience: The Foundations of Human and Animal Emotion*, Oxford: Oxford University Press.

Panksepp, J. and Biven, L. (2011) *The Archaeology of the Mind: Neuroevolutionary Origins of Human Emotion*, New York: Norton.

Papousek, H. and Papousek, M. (1975) 'Cognitive aspects of preverbal social interaction between human infants and adults'. In *Parent Infant Interaction*, CIBA Foundation Symposium No. 33, Amsterdam: Elsevier.

Perry, B. D. (2002) 'Childhood experience and the expression of genetic potential: what childhood neglect tells us about nature and nurture', *Brain and Mind*, 3: 79-100.

Perry, B. D., Pollard, R. A., Blakeley, T. L., Baker, W. L. and Vigilante, D. (1995) 'Childhood trauma, the neurobiology of adaptation and "use-dependent" development of the brain: how "states" become "traits"', *Infant Mental Health Journal*, 16: 271-291.

Pessoa, F. (1981) 'Cease your song'. In *Selected Poems* (2nd edn), London: Penguin.

Phillips, A. (1993) *On Kissing, Tickling and Being Bored*, London: Karnac.

Pick, I. (1985) 'Working through in the counter-transference', *International Journal of Psychoanalysis*, 66: 157-166. (鈴木智美訳 (2000)「逆転移のワーキング・スルー」松木邦裕監訳『メラニー・クライン トゥデイ③臨床と技法』岩崎学術出版社)

Pine, F. (1985) *Developmental Theory and Clinical Process*, London: Yale University Press. (斎藤久美子・水田一郎監訳 (1993)『臨床過程と発達—精神分析的考え方・かかわり方の実際①②』岩崎学術出版社)

Racker, H. (1968) *Transference and Countertransference*, London: Maresfield Reprints. (坂口信貴訳 (1982)『転移と逆転移』岩崎学術出版社)

Reddy, V. (2005) 'Feeling shy and showing off: self-conscious emotions must regulate self-awareness'. In J. Nadel and D. Muir (eds) *Emotional Development*, Oxford: Oxford University Press.

—— (2008) *How Infants Know Minds*, London: Harvard University Press. (佐伯胖訳 (2015)『驚くべき乳幼児の心の世界—「二人称的アプローチ」から見えてくること—』ミネルヴァ書房)

Reid, S. (1998) 'Interpretation: food for thought'. Paper presented to the Annual Conference of Child Psychotherapists, London, June.

—— (ed.) (1997) *Developments in Infant Observation: The Tavistock Model*, London: Routledge.

—— (1999a) 'Autism and trauma: autistic post-traumatic developmental disorder'. In A. Alvarez and S. Reid (eds) *Autism and Personality: Findings from the Tavistock Autism Workshop*, London: Routledge. (鵜飼奈津子・廣澤愛子・若佐美奈子訳 (2006)「自閉症とトラウマ 自閉性トラウマ後発達障害」倉光修監訳『自閉症とパーソナリティ』創元社)

—— (1999b) 'The assessment of the child with autism: a family perspective'. In A. Alvarez and S. Reid (eds) *Autism and Personality: Findings from the Tavistock Autism Workshop*, London: Routledge. (鵜飼奈津子・廣澤愛子・若佐美奈子訳 (2006)「自閉症の子どものアセスメント―家族の視点から」倉光修監訳『自閉症とパーソナリティ』創元社)

Resnik, S. (1995) *Mental Space*, London: Karnac.

Rey, H. (1988) 'That which patients bring to analysis', *International Journal of Psychoanalysis*, 69: 457-470 [also in J. Magagna (ed.) (1994) *Universals of Psychoanalysis in the Treatment of Psychotic and Borderline States: Henri Rey*, London: Free Association Books].

Rhode, M. (2001) 'The sense of abundance in relation to technique'. In J. Edwards (ed.) *Being Alive: Building on the Work of Anne Alvarez*, Hove: Brunner-Routledge.

Riviere, J. (ed.) (1952) *Developments in Psycho-analysis*, London: Hogarth Press.

Rizzolatti, G., Craighero, L. and Fadiga, L. (2002) 'The mirror system in human'. In M. Stamenov and V. Gallese (eds) *Mirror Neurons and the Evolution of Brain and Language*, Philadelphia, PA: John Benjamins.

Robarts, J. (2009) 'Supporting the development of mindfulness and meaning: clinical pathways in music therapy with a sexually abused child'. In S. Malloch and C. Trevarthen (eds) *Communicative Musicality: Exploring the Basis of Human Companionship*, Oxford: Oxford University Press.

Robertson, R. (2005) 'A psychoanalytic perspective on the work of a physiotherapist with infants at risk of neurological problems: comparing the theoretical background of physiotherapy and psychoanalysis', *Infant Observation*, 8, 3: 259-278.

Robson, K. (1967) 'The role of eye-to-eye contact in maternal-infant attachment', *Journal of Child Psychology and Psychiatry*, 8: 13-25.

Rodrigue, E. (1955) 'The analysis of a three-year-old mute schizophrenic'. In M. Klein, P. Heimann and R. E. Money-Kyrle (eds) *New Directions in Psycho-analysis: The Significance of Infant Conflict in the Pattern of Adult Behaviour*, London: Tavistock.

Rosenfeld, H. (1964) 'On the psychopathology of narcissism', *International Journal of Psychoanalysis*, 45: 332-337.

—— (1987) *Impasse and Interpretation: Therapeutic and Anti-therapeutic Factors in the Psychoanalytic Treatment of Psychotic, Borderline, and Neurotic Patients*, London: Tavistock. (神田橋條治監訳, 館直彦・後藤素規訳 (2001)『治療の行き詰まりと解釈―精神分析療法における治療的／反治療的要因』誠信書房)

Roth, P. (2001) 'Mapping the landscape: levels of transference interpretation', *International Journal of Psychoanalysis*, 82: 533-543.

Rustin, M. (1977) 'Child psychotherapy within the Kleinian tradition'. In B. Burgoyne and M. Sullivan (eds) *The Klein‒Lacan Dialogues*, London: Rebus. (上尾真道訳 (2006)「クライン派の児童精神療法」新宮一成監訳, 上尾真道・徳永健介・宇梶卓訳『クライン‐ラカン ダイアローグ』誠信書房)

Rustin, M. E. (1988) 'Dialogues with parents', *Journal of Child Psychotherapy*, 24: 233-252.

Salo, F. (1987) 'The analysis of a well-endowed boy from an emotionally impoverished background', *Journal of Child Psychotherapy*, 13, 2: 15-32.

Sander, L. (1975) 'Infant and caretaking environment: investigation and conceptualization of adaptive behaviour in a system of increasing complexity'. In E. J. Anthony (ed.) *Explorations in Child Psychiatry*, New York: Plenum.

—— (2000) 'Where are we going in the field of infant mental health?', *Infant Mental Health Journal*, 21, 1-2: 5-20.

—— (2002) 'Thinking differently: principles of process in living systems and the specificity of being known', *Psychoanalytic Dialogues*, 12, 1: 11-42.

Sandler, A. M. (1996) 'The psychoanalytic legacy of Anna Freud', *Psychoanalytic Study of the Child*, 51: 270-284.

Sandler, J. (1960) 'The background of safety', *International Journal of Psychoanalysis*, 41: 352-356.

—— (1988) *Projection, Identification, Projective Identification*, London: Karnac.

Sandler, J. and Freud, A. (1985) *The Analysis of Defence*, New York: International University Press.

Sandler, J. and Sandler, A. M. (1994a) 'Phantasy and its transformations: a contemporary Freudian view', *International Journal of Psychoanalysis*, 75: 387-394.

—— (1994b) 'The past unconscious and the present unconscious: a contribution to a technical frame of reference', *Psychoanalytic Study of the Child*, 49: 278-292.

Sanville, J. (1991) *The Playground of Psychoanalytic Therapy*, Hillsdale, NJ: Analytic Press.

Scaife, M. and Bruner, J. (1975) 'The capacity for joint visual attention in the infant', *Nature*, 253: 265-266.

Schafer, R. (1976) *A New Language for Psychoanalysis*, New Haven, CT: Yale University Press.

—— (1999) 'Recentering psychoanalysis: from Heinz Hartmann to the contemporary British Kleinians', *Psychoanalytic Psychology*, 16: 339-354.

Schore, A. (1994) *Affect Regulation and the Origin of the Self: The Neurobiology of Emotional Development*, Hillsdale, NJ: Lawrence Erlbaum.

—— (1997) 'Interdisciplinary developmental research as a source of clinical models'. In M. M. Moskowitz, C. Monk, C. Kaye and S. Ellman (eds) *The Neurobiological and Developmental Basis for Psychotherapeutic Intervention*, London: Jason Aronson.

—— (2003) *Affect Regulation and the Repair of the Self*, London: Norton.

Searles, H. (1959) 'Oedipal love in the countertransference'. In H. Searles (1986) *Collected Papers on Schizophrenia and Related Subjects*, New York: International University Press.

—— (1961) 'Sexual processes in schizophrenia'. In H. Searles (1986) *Collected Papers on Schizophrenia and Related Subjects*, New York: International University Press.

Segal, H. (1957) 'Notes on symbol formation'. In H. Segal (1981) *The Work of Hanna Segal*, Northvale, NJ: Jason Aronson. (松木邦裕訳 (1988)『クライン派の臨床―ハンナ・スィーガル論文集』岩崎学術出版社)

—— (1964) *Introduction to the Work of Melanie Klein*, London: Heinemann. (岩崎徹也訳 (1977)『メラニー・クライン入門』岩崎学術出版社)

—— (1983) 'Some implications of Melanie Klein's work', *International Journal of Psychoanalysis*, 64: 269-276.

Shakespeare, W. (1969) *The Winter's Tale*, Harmondsworth: Penguin. (松岡和子訳 (2009)『冬物語―シェイクスピア全集 (18)』ちくま文庫)

Shedler, J. (2010) 'The efficacy of psychodynamic psychotherapy', *American Psychologist*, 65, 2: 98-109.

Shiner, R. and Caspi, A. (2003) 'Personality differences in childhood and adolescence:

measurement, development and consequences', *Journal of Child Psychology and Psychiatry*, 44: 2-32.

Siegel, D. J.（1999）*The Developing Mind: Toward a Neurobiology of Interpersonal Experience*, New York: Guilford Press.

Sinason, V.（1992）*Mental Handicap and the Human Condition*, London: Free Association Books.

Slade, A.（1987）'Quality of attachment and early symbolic play', *Developmental Psychology*, 17: 326-335.

Solms, M.（2000）'Freudian dream theory today', *The Psychologist*, 12, 1: 618-619.

Solms, M. and Turnbull, O.（2002）*The Brain and the Inner World: An Introduction to the Neuroscience of Subjective Experience*, London: Karnac.（平尾和之訳（2007）『脳と心的世界—主観的経験のニューロサイエンスへの招待』星和書店）

Sonuga-Barke, E. J. S.（2010）'It's the environment, stupid!', *Journal of Child Psychology and Psychiatry*, 51, 2: 113-115.

Sorenson, P. B.（2000）'Observations of transition facilitating behaviour: developmental and theoretical implications', *Infant Observation*, 3, 2: 46-54.

Spillius, E. B.（1983）'Some developments from the work of Melanie Klein', *International Journal of Psychoanalysis*, 64: 321-332.

Spillius, E. B. and Feldman, M.（eds）（1989）*Psychic Equilibrium and Psychic Change: Selected Papers of Betty Joseph*, London: Routledge.（小川豊昭・勝浦道子訳（2005）『心的平衡と心的変化』岩崎学術出版社）

Steiner, J.（1993）'Problems of psychoanalytic technique: patient-centred and analyst-centred interpretations'. In J. Steiner, *Psychic Retreats: Pathological Organizations in Psychotic, Neurotic and Borderline Patients*, London: Routledge.（衣笠隆幸訳（1997）「精神分析の技法上の問題—患者中心の解釈と分析家中心の解釈」衣笠隆幸監訳『こころの退避—精神病・神経症・境界例患者の病理的組織化』岩崎学術出版社）

――（1994）'Patient-centered and analyst-centered interpretations: some implications of containment and counter-transference', *Psychoanalytic Inquiry*, 14, 3: 406-422.

――（2004）'Containment, enactment, and communication'. In E. Hargreaves and A. Varchevker（eds）*In Pursuit of Psychic Change: The Betty Joseph Workshop*, London: Brunner-Routledge.

Stern, D. N.（1974）'Mother and infant at play: the dyadic interaction involving facial, vocal and gaze behaviours'. In M. Lewis and L. A. Rosenblum（eds）*The Effect of the Infant on its Caregiver*, New York: Wiley.

――（1977）'Missteps in the dance'. In D. N. Stern, *The First Relationship: Infant and Mother*, Cambridge, MA: Harvard University Press.（岡村佳子訳（1979）『母子関係の出発—誕生からの180日』サイエンス社）

――（1983）'The early development of schemas of Self, Other and Self with Other'. In J. D. Lichtenberg and S. Kaplan（eds）*Reflections on Self Psychology*, London: Analytic Press.

――（1985）*The interpersonal World of the Infant*, New York: Basic Books（小此木啓吾・丸田俊彦監訳（1989）『乳児の対人世界 理論編』岩崎学術出版社，小此木啓吾・丸田俊彦監訳（1991）『乳児の対人世界 臨床編』岩崎学術出版社）

――（2000）'Putting time back into our considerations of infant experience: a microdiachronic view', *Infant Mental Health Journal*, 21: 21-28.

—— (2010) *Forms of Vitality*, Oxford : Oxford University Press.

Stern, D. N., Sander, L. W., Nahum, J. P., Harrison, A. M., Lyons-Ruth, K., Morgan, A. C., Bruschweilerstern, N. and Tronick, E. Z. (1998) 'Non-interpretive mechanisms in psychoanalytic psychotherapy', *International Journal of Psychoanalysis*, 79: 903-921.

Sternberg, J. (2005) *Infant Observation at the Heart of Training*, London: Karnac.

Stolorow, R. D. and Lachmann, F. M. (1980) *The Psychoanalysis of Developmental Arrests*, Madison, CT: International University Press.

Strachey, J. (1934) 'The nature of the therapeutic action of psychoanalysis', *International Journal of Psychoanalysis*, 15: 127-159. (山本優美訳 (2003)「精神分析の治療作用の本質」松木邦裕監訳『対象関係論の基礎—クライニアン・クラシックス』新曜社)

Strathearn, L., Gray, P. H., O'Callaghan, M. J. and Wood, D. O. (2001) 'Childhood neglect and cognitive development in extremely low birth weight infants: a prospective study', *Paediatrics*, 108, 1: 142-151.

Striano, T. and Rochat, P. (1999) 'Developmental links between dyadic and triadic social competence in infancy', *British Journal of Developmental Psychology*, 17: 551-562.

Sylva, K. and Bruner, J. S. (1974) 'The role of play in the problem-solving of children 3-5 years old'. In J. S. Bruner, A. Jolly and K. Sylva (eds) (1976) *Play: Its Role in Development and Evolution*, Harmondsworth: Penguin.

Symington, J. (2002) 'Mrs Bick and infant observation'. In A. Briggs (ed.) *Surviving Space: Papers on Infant Observation*, London: Karnac.

—— (2004) 'Mrs Bick, infant observation and the question of un-integration'. Paper presented to the International infant Observation Conference, Tavistock Clinic, London.

Symington, N. (1980) 'The response aroused by the psychopath', *International Review of Psychoanalysis*, 7: 291-298.

—— (1993) *Narcissism: A New Theory*, London: Karnac. (成田善弘監訳, 北村婦美・北村隆人訳 (2007)『臨床におけるナルシシズム—新たな理論』創元社)

—— (1995) 'Mrs Bick and infant observation'. Paper presented on the 75th Anniversary of Tavistock Clinic, London, August.

Thelen, E. and Smith, L. B. (1995) *A Dynamic Systems Approach to the Development of Cognition and Action*, London: MIT Press.

Tompkins, S. (1981) 'The quest for primary motives: biography and autobiography of an idea', *Journal of Personality and Social Psychology*, 41: 306-329.

Tremelloni, L. (2005) *Arctic Spring: Potential for Growth in Adults with Psychosis and Autism*, London: Karnac.

Trevarthen, C. (1993) 'Playing into reality: conversations with the infant communicator'. In L. Spurling (ed.) *Winnicott Studies*, Vol. Ⅶ, London: Karnac.

—— (2001) 'Intrinsic motives for companionship in understanding: their origin, development, and significance for infant mental health', *Infant Mental Health*, special issue: *Contributions from the Decade of the Brain to Infant Mental Health*, 22, 1-2: 95-131.

Trevarthen, C. and Aitken, K. J. (2001) 'Intersubjectivity: research, theory and clinical applications', *Journal of Child Psychology and Psychiatry*, 42: 3-48.

Trevarthen, C. and Hubley, P. (1978) 'Secondary intersubjectivity: confidence, confiding and acts of meaning in the first year'. In A. Lock (ed.) *Action, Gesture and Symbol: The Emergence of Language*, London: Academic Press.

Trevarthen, C. and Marwick, H. (1986) 'Signs of motivation for speech in infants, and the nature of a mother's support for development of language'. In B. Lindblom and R. Zetterstrom (eds) *Precursors of Early Speech*, Basingstoke: Macmillan.

Tronick, E. (2007) *The Neurobehavioral and Social-Emotional Development of Infants and Children*, New York: Norton.

Tronick, E. Z., Bruschweiler-Stern N., Harrison, A. M., Lyons-Ruth, K., Morgan, A. C. and Nahum, J. P. (1998) 'Dyadically expanded states of consciousness', *Infant Mental Health Journal*, 19: 290-299.

Trowell, J., Rhode, M., Miles, G. and Sherwood, I. (2003) 'Childhood depression: work in progress', *Journal of Child Psychotherapy*, 29, 2: 147-169.

Tuch, R. H. (2007) 'Thinking with, and about, patients too scared to think: can non-interpretive manoeuvres stimulate reflective thought?', *International Journal of Psychoanalysis*, 88: 91-111.

Tustin, F. (1980) 'Autistic objects', *International Review of Psychoanalysis*, 7: 27-39.

——(1992) *Autistic States in Children* (rev. edn), London: Routledge and Kegan Paul.

Urwin, C. (1987) 'Dvelopmental psychology and psychoanalysis: splitting the difference'. In M. Richards and P. Light (eds) *Children of Social Worlds*, Cambridge: Polity.

— (2002) 'A psychoanalytic approach to language delay: when autistic isn't necessarily autism', *Journal of child Psychotherapy*, 28, 1: 73-93.

Uzgiris, I. C. and Hunt, J. M. V. (1975) *Towards Ordinal Scales of Psychological Development in Infancy*, Champaign: University of Illinois Press.

Van der Kolk, B. (2009) 'Proposal to include a Developmental Trauma Disorder diagnosis for children and adolescents in *DSM-V*'. Paper presented at the UCLA Trauma Conference, California, July.

Viding, E. (2004) 'Annotation: understanding the development of psychopathy', *Journal of Child Psychology and Psychiatry*, 45, 8: 1329-1337.

Vygotsky, L. (1978) Mind in Society: *The Development of Higher Psychological Processes*, London: Harvard University Press.

Waddell, M. (2006) 'Integration, unintegration, disintegration: an introduction', *Journal of Child Psychotherapy*, 32, 2: 148-152.

Wakschlag, L. S., Tolan, P. H. and Leventhal, B. L. (2010) 'Research review: "Aint't misbehaving" : towards a developmentalized specified nosology for preschool disruptive behaviour, *Journal of Child Psychology and Psychiatry*, 51, 1: 3-22.

Waska, R. T. (2002) *Primitive Experiences of Loss: Working with the Paranoid-Schizoid Patient*, London: Karnac.

Williams, A. H. (1960) 'A psycho-analytic approach to the treatment of the murderer', *International Journal of Psychoanalysis*, 4: 532-539.

——(1998) *Cruelty, Violence and Murder*, London: Karnac.

Williams, G. (1997) 'On introjective processes: the hypothesis of an omega function'. In G. Williams, *Internal Landscapes and Foreign Bodies: Eating Disorders and Other Pathologies*, London: Duckworth.

Wing, L. and Attwood, A. (1987) 'Syndromes of autism and atypical development'. In D. Cohen and A. Donnellan (eds) *Handbook of Autism and Pervasive Developmental Disorders*, New York: Wiley.

Winnicott, D. W. (1945) 'Primitive emotional development'. In D. W. Winnicott (1958)

Collected Papers: Through Paediatrics to Psycho-analysis, London: Tavistock.（妙木浩之訳
（2005）「原初の情緒発達」北山修監訳『小児医学から精神分析へ—ウィニコット臨床論文集』
岩崎学術出版社）

—— (1949) 'Hate in the countertransference', *International Journal of Psychoanalysis,* 30: 69-
74.（中村留貴子訳（2005）「逆転移のなかの憎しみ」北山修監訳『小児医学から精神分析へ—ウィ
ニコット臨床論文集』岩崎学術出版社）

—— (1953) 'Transitional objects and transitional phenomena: a study of the first not-me
possession', *International Journal of Psychoanalysis,* 34: 89-97.（北山修訳（2005）「移行対象
と移行現象」北山修監訳『小児医学から精神分析へ—ウィニコット臨床論文集』岩崎学術出
版社）

—— (1954) 'The depressive position in normal emotional development'. In D. W. Winnicott
(1958) *Collected Papers: Through Paediatrics to Psycho-analysis,* London: Tavistock.（佐伯
喜和子訳（2005）「正常な情緒発達における抑うつポジション」北山修監訳『小児医学から精
神分析へ—ウィニコット臨床論文集』岩崎学術出版社）

—— (1960) 'The theory of the parent-infant relationship'. In D. W. Winnicott (1965) *The
Maturational Processes and the Facilitating Environment,* London: Hogarth.（牛島定信訳
（1977）『情緒発達の精神分析理論—自我の芽ばえと母なるもの』岩崎学術出版社）

—— (1963) 'The capacity for concern'. In D. W. Winnicott (1965) *The Maturational
Processes and the Facilitating Environment,* London: Hogarth.（牛島定信訳（1977）「親と幼
児の関係に関する理論」『情緒発達の精神分析理論—自我の芽ばえと母なるもの』岩崎学術出
版社）

—— (1971) *Playing and Reality,* London: Tavistock.（橋本雅雄・大矢泰士翻訳（2015）『改訳
遊ぶことと現実』岩崎学術出版社）

Wittenberg, I. (1975) 'Primal depression in autism – John'. In D. Meltzer, J. Bremner, S.
Hoxter, D. Weddell and I. Wittenberg, *Explorations in Autism: A Psycho-analytical Study,*
Strathtay: Clunie.（石橋大樹・岡野泰子訳（2014）「自閉症における原初の抑うつ——ジョン」
平井正三監訳, 賀来博光・西見奈子他訳『自閉症世界の探求—精神分析的研究より』金剛出版）

Wolff, P. H. (1965) 'The development of attention in young infants'. In L. J. Stone, H. T. Smith
and L. B. Murphy (eds) (1974) *The Competent Infant: Research and Commentary,* London:
Tavistock.

Wollheim, R. (1971) *Freud,* London: Fontana.（伏見俊則訳（1973）『フロイト』新潮社）

Woods, J. (2003) *Boys who Have Abused: Psychoanalytic Psychotherapy with Victim／
Perpetrators of Sexual Abuse,* London: Jessica Kingsley.

Wrye, H. K. and Welles, J. K (1989) 'The maternal erotic transference', *International Journal
of Psychoanalysis,* 70: 673-684.

監訳者あとがき

　アルヴァレズ著の『The Thinking Heart』の翻訳は，監訳者である私が立ち上げた「児童青年精神分析的心理療法研究会」のスタートと同時に始まりました。月1回の研究会は，毎回，『The Thinking Heart』の1章ごとのディスカッションと発達障害を持つ児童青年の事例検討で構成されていました。翻訳は，まず章ごとに翻訳担当者を決め，翻訳文を別の2名で見直し，担当者が手直しをし，最終的には私が適宜修正するというやり方で行いました。

　翻訳プロジェクトのスタートから本書の出版までには，当初の予定よりも長い時間がかかりました。心理療法において，さらには1つのセッションの中でも刻々と変化する子どもの心の状態や子どもとセラピストとの関係性に対して，より的確な「目盛り定め」をするためには，緻密な観察が必要となります。前言語的な心の状態とそうしたものへの「目盛り定め」という繊細な取り組みについて書かれた内容を理解していくことも，日本語にしていくことも，多くの時間を要しました。アルヴァレズ先生は，子どもとのやりとりを通して子どもの心との関わることによって，子どもの心の理解や変化が生まれていくことを教えてくれています。『The Thinking Heart』は，研究会メンバーで感想や疑問を共有しあい，考えを出し合い，翻訳文章を何度も読み合いながら，少しずつ理解が進み，日本語になっていきました。それは，アルヴァレズ先生の子どもとの心理療法にも似た歩みだったようにも思います。

　研究会では，アルヴァレズ先生が長きに渡って，発達の問題や剥奪や虐待された経験を持ち，心がひどく混乱している子どもたちとの心理療法に取り組み続けていること，そうした子どもたちの心との関わり方を探究し続けていること，子どもたちの心への繊細かつ情熱的な関わり方，時にはその果敢さに，私たちは時に感嘆し，感動し，そして常に勇気づけられました。

私自身のアルヴァレズ先生との経験に少し触れてみたいと思います。ロンドンのタヴィストックセンターでの児童青年の精神分析的心理療法の臨床訓練の一つにグループスーパービジョンがあります。各グループは1年生を除く学年を超えた5名の訓練生と1名のスーパーバイザーで構成されています。私は最終学年時にアルヴァレズ先生のグループメンバーとなる幸運に恵まれました。アルヴァレズ先生は，事例発表者の話にもグループメンバーの発言にも耳を傾ける方でした。そして，グループの雰囲気はリラックスしていると同時に活気があり，グループディスカッションは活発でした。ともすると，訓練生の関心は子どもの不安や病理に向きがちでしたが，アルヴァレズ先生は，セッションの中で子どもが微かに示している変化や，子どもの心の中にわずかに生まれつつあるような「希望」や「願望」といった色合いや感触を帯びたものにも着目し，私たちの関心もそこへと導かれていたことを思い出します。そのようなアルヴァレズ先生の着眼点やアプローチは，本書の至る所で見られます。

　本書の出版は，翻訳プロジェクトに積極的に関わった研究会メンバーをはじめとした「生きた仲間」によって成し遂げられたと言えます。「生きた仲間」には，解題をお書きくださった平井正三先生もいらっしゃいます。平井正三先生の日頃のご指導への感謝の気持ちも含めまして，深く御礼申し上げます。吉岡彩子さん（御池心理療法センター，NPO法人子どもの心理療法支援会）と櫻井未央さん（NPO法人子どもの心理療法支援会）のお二人には，原稿をお読みいただき，多くの有益なコメントをいただきました。この場をお借りして感謝申し上げます。

　研究会と翻訳を通して，心がひどく混乱していたりマインドレスだったりする子どもたちにとって「考える心（the thinking heart）」を持つ「生きた仲間」が必要であるのと同様に，発達障害を持つ児童青年や剥奪や虐待を経験した児童青年との心理療法に取り組み続けるためには，私たち臨床家にとっても「考える心」を持つ「生きた仲間」が必要不可欠であることを強く感じることが何度もありました。本書が，発達障害を持っていたり剥奪や虐待された児童青年との心理療法にじっくりと，そして果敢に取り組んでいる人たちの「生きた仲間」となることを願っています。

　最後になりましたが，翻訳プロジェクトの立ち上げ時から監訳ができ上がるまで大変辛抱強く見守ってくださり，本書の出版にご尽力くださいました金剛出版の中村奈々さんに心より御礼申し上げます。

2017年10月　脇谷順子

索　引

欧字

A

Aitken,K.J.（エイトケン）・・・・・・・・・・・・・・・・・・276
Alvarez,Al（アル・アルヴァレズ）・・・・・・ 20, 92, 297
Alvarez,A.（アン・アルヴァレズ）・・・ 3, 5, 15, 18, 69
Anderson,J.（アンダーソン）・・・・・・・・・・・・・・・・・186
Attwood,A.（アトウッド）・・・・・・・・・・・・・・・・・・ 60

B

Balint,M.（バリント）・・・・・・・・・・・・・・・・ 176, 178, 179
Barrows,P.（バロウズ）・・・・・・・・・・・・・・・・・・・・・・276
Bartram,P.（バートラム）・・・・・・・・・・・・・・・・・・・109
Beebe,B.（ビービ）・・・・・・・・・・・・・ 105, 136, 232, 268
Beren,P.（ベレン）・・・・・・・・・・・・・・・・・・・・・・・・・180
Bergstein,A.（ベルグスタイン）・・・・・・・・・・・・ 63, 285
Bick,E.（ビック）・・・・・・・・・・・・・・・63, 210, 215, 216, 217,
　218, 219, 221, 222, 223, 225, 226, 227, 233, 234, 235
Bion,W.R.（ビオン）・・・・・・ 6, 8, 20, 34, 42, 44, 45, 48, 50,
　51, 52, 53, 54, 55, 63, 65, 77, 90, 91, 93, 94, 107, 108,
　109, 110, 111, 113, 115, 116, 125, 126, 127, 128, 132,
　135, 136, 139, 140, 141, 142, 149, 150, 152, 153, 160,
　167, 189, 199, 210, 211, 217, 221, 222, 224, 227, 231,
　232, 234, 259, 261, 265, 276, 285, 291
Bion,Parthenope（パルテノペ・ビオン）・・・・・・・・111
Biven,Lucy（ルーシー・ビブン）・・・20, 290, 291, 292
Blake,P.（ブレイク）・・・・・・・・・・・・・・・・・・・・・・・ 40
Botella,C. and S.（ボッテラとボッテラ）・・・・・・・ 39
Bower,T.G.R.（バウアー）・・・・・・・・・・・・・・・・・・・109
Bowlby,J.（ボウルビィ）・・・・・・・・・・・・・ 59, 131, 153
Boyers,Bryce（ブライス・ボイヤーズ）・・・・・・ 31
Brazelton,T.B.（ブラゼルトン）・・・・・・・・・・・117, 118,
　222, 232, 234, 304
Brendel,Alfred（アルフレッド・ブレンデル）
　・・・・・・・・・・・・・・・・・・・・・・・・・・・・・・・・・ 97, 98, 116

Britton,R.（ブリトン）・・・・・・・・ 112, 185, 203, 208, 209
Broucek,F.J.（ブルセク）・・・・・・・・ 69, 70, 71, 72, 73, 187
Bruner,J.（ブルーナー）・・・・・・・・ 32, 46, 50, 51, 69, 72,
　73, 75, 76, 77, 86, 104, 108, 247, 266, 267
Bucci,W.（ブッチ）・・・・・・・・・・・・・・・・・・・・・・ 92, 296
Buck,R.（バック）・・・・・・・・・・・・・・・・・・・・・・・・・289
Burhouse,A.（バーハウス）・・・・・・・・・・・・・・・・・・267

C

Caper,R.（ケイパー）・・・・・・・・・・・・・・・・・・・・・・・246
Carbone,Luisa（ルイーザ・カーボン）・・・・・・・・・288
Caspi,A.（カスピ）・・・・・・・・・・・・・・・・・・・・・・・・・186
Chamberlain,Ted（テッド・チェンバレン）・・・241
Chatwin,Bruce（ブルース・チャトウィン）・・・157
Chiu,A.W.（チウ）・・・・・・・・・・・・・・・・・・・・・・・・・283
Cohen,M.（コーエン）・・・・・・・・・・・・・・・・・・・・・・221
Cottis,T.（コティス）・・・・・・・・・・・・・・・・・・・・・・・257
Crapanzano,V.（クラパンザーノ）・・・・・・・・・・・・・208

D

Da Rocha Barros,E.M.（ダ・ロチャ・バロス）
　・・・・・・・・・・・・・・・・・・・・・・・・・・・・・・ 41, 42, 242
Davies,J.M.（デイヴィス）・・・・・・・・ 201, 202, 203, 209
De Bellis,M.D.（デ・ベリス）・・・・・・・・・・・・・・・・・225
De Jong,M.（デ・ヨング）・・・・・・・・・・・・・・・・・・・282
Director,L.（ダイレクター）・・・・・・・・・・・・・・・・・ 48
Dissanayake,E.（ディサナヤケ）・・・・・・・・・・・・・・229
Divino,C.（ディヴィーノ）・・・・・・・・・・・・・・・・・・・290
Docker-Drysdale,B.（ドッカードリスデイル）
　・・・・・・・・・・・・・・・・・・・・・・・・・・・・ 165, 166, 167
Dreyer,V.（ドレイヤー）・・・・・・・・・・・・・・・・・・・・232
Dylan,Bob（ボブ・ディラン）・・・・・・・・・・・・・・・ 47

F

Fairbairn,W.R.D.（フェアバーン）・・・・・・・・・217, 280

Feldman,M.（フェルドマン）・・・・・・・・・ 139, 141
Fitzgerald,Anna（アナ・フィッツジェラルド）・・・154
First,E.（ファースト）・・・・・・・・・・・・・・・・・・・・・ 11
Fonagy,P.（フォナギー）・・・・・・・・・・・・・・・ 229, 246
Freud,Anna（アンナ・フロイト）・・・・・・・・・・5, 40, 41,
43, 44, 128, 140
Frick,P.J.（フリック）・・・・・・・・・・・・・・・・・・・・・158

G

Gabbard,G.O.（ギャバード）・・・・・・・・・・・・・ 187, 201
Gerhardt,S.（ゲルハルト）・・・・・・・・・・・ 93, 105, 290
Gerrard,J.（ジェラード）・・・・・・・・・・・・・・・ 201, 203
Glover,E.（グローバー）・・・・・・・・・・・・・・・ 95, 104
Green,A.（グリーン）・・・・・・・・・ 47, 63, 199, 200, 209
Greenspan,S.I.（グリーンスパン）・・・・・・・・・・・・ 63
Grotstein,J.（グロトスタイン）・・・・・・・・・・・・ 19, 110,
141, 149, 242, 243, 261

H

Hamilton,V.（ハミルトン）・・・・・・・・ 179, 180, 183, 191
Hand,Helen（ヘレン・ハンド）・・・・・・・・・・・・・・・129
Hartmann,E.（ハルトマン）・・・・・・・・・・・・・・・・・ 18
Hawthorne,J.（ホーソーン）・・・・・・・・・・・・・・・・・219
Herbert,Zbigniew（ズビグニエフ・ヘルベルト）
・・・・・・・・・・・・・・・・・・・・・・・・・・・・・・・・・・・155
Hopkins,J.（ホプキンス）・・・・・・・・・・・・・・・・・ 54
Horne,A.（ホーン）・・・・・・・・・・・・・・ 5, 40, 293, 327
Houzel,D.（ウゼル）・・・・・・・・・・・・・・・・・・・・・327
Hubley,P.（ハブリー）・・・・・・・・・・・・・・・ 76, 136
Hughes,Robert（ロバート・ヒューゲ）・・・・・・・・ 58
Hurry,A.（ハリー）・・・・・・・・・・・・・・・・・・・・・ 41
Hutt,C.（ハット）・・・・・・・・・・・・・・・・・・・・・・・247

I

Isaacs,Susan（スーザン・アイザック）・・・ 90, 242

J

Jones,E.（ジョーンズ）・・・・・・・・・・・・ 196, 260, 288
Joseph,Betty.（ベティー・ジョセフ）・・・・・・ 139,
141, 142, 153, 160, 163, 194, 223, 245, 256, 270
ジョゼフ・・・・・・・・・・・・・・・ 40, 45, 48, 53, 55, 185

K

Kennell,J.H.（ケネル）・・・・・・・・・・・・・・・・・・・234
Kernberg,O.（カーンバーグ）・・・ 18, 177, 180, 187, 193
Klaus,M.H.（クラウス）・・・・・・・・・・・・・・・・・・・234
Klein,Melanie（メラニー・クライン）6, 43, 71, 125,
127, 152, 160, 216, 244, 303, 310, 311, 312, 314, 316
Klein,Sydney（シドニー・クライン）・・・・・ 150, 152

Kleitman,N.（クライトマン）・・・・・・・・・・・・・・・ 55
Knoblauch,S.（ノブロー）・・・・・・・・・・・・・・・・・103
Kohut,H.（コフート）・・・・・・・・・71, 140, 141, 188
Krech,David（デビッド・クレック）・・・・・・・・・ 77
Kundera,M.（クンデラ）・・・・・・・・・・・・・ 56, 153, 168

L

Lachmann,F.M.（ラックマン）・・・ 136, 140, 177, 188
Lahr,John（ジョーン・ラー）・・・・・・・・・・・・・ 95
Lanyado,M.（モニカ・ラニャード）・・・・・・・・・ 40
Laznik,M.C.（ラズニク）・・・・・・・・・・・・・・・・・209
Lia,Marinella（マリネッラ・リア）・・・・・・・・・・・295
Likierman,M.（リッカーマン）・・・・・・・・・ 198, 225
Lubbe,T.（ルッベ）・・・・・・・・・・・・・・・・・・・・・141
Lupinacci,M.A.（ルピナッチ）・・・・・・・・ 198, 209
Lynd,H.M.（リンド）・・・・・・・・・・・・・・・・・・・・・189

M

Malloch,S.（マーロック）・・・・・・・・・・・・・・・・・105
McLean,John（マクリーン）・・・・・・・・・・・・・・・ 48
Meloy, J. R.（メロイ）・・・・・・・・・・・・・・・・・・・164
Meltzer, D.（メルツァー）・・・・・・・・・・ 6, 234, 327
Mendes de Almeida, M.（メンデス・デ・アルメ
イダ）・・・・・・・・・・・・・・・・・・・・・・・・・・・・・228
Miller（ミラー）・・・・・・・・・・・・・・・・・・・・・・・ 77
Mitrani, J. L.（ミトラーニ）・・・・・・・・・・・・・・・126
Money-Kyrle,R.（マネイ・カイル）・・・・・・・・・・141
Moore,M.S.（ムーア）・・・・・・・・・ 41, 215, 290
Murray,Lynne（リン・マレー）・・・・・・・・・・ 84, 247

N

Negri ,R.（ネグリ）・・・・・・・・・・・・・・・・・・・・・220
Nesic, Tanya（ターニャ・ネシック）・・・・・・・・ 48

O

Ogden, T. H.（オグデン）・・・・・・・・・・・・・ 191, 252
O'Shaughnessy, E.（オショネシィ）・・・ 18, 199, 233

P

Panksepp,J.（パンクセップ）・・・・・・・・20, 136, 291, 292
Papousek,H and M.（パポーゼク）・・・・・・ 71, 219
Perry,B.（ペリー）・・・・・・・・・・・・・・ 129, 219, 255
Pessoa, F.（ペソア）・・・・・・・・・・・・・・・・・・・・・264
Phillips, A.（フィリップス）・・・・・・・・・・・・・ 19, 198
Pine, F.（パイン）・・・・・・・・・・・・・・・・・・・・・・ 59

R

Racker,H.（ラッカー）・・・・・・・・・・・・・・・・・・・140
Reddy,V.（レディ）・・・・・・・・・・・・・・ 72, 189, 210

索引　325

Reid,S.（リード）……………… 9, 17, 48, 61, 62, 65, 116, 257, 260, 282, 283
Resnik,S.（レズニック）…………………………193
Rey, Henri（ヘンリ・レイ）………………………187
RhodeM.（ロウド）……………………………86, 87
Riviere, Joan（ジョン・リヴィエール）…… 90, 91, 93, 94, 95, 242
Robertson,R.（ロバートソン）…………………226
Rodrigue, E.（ロドリゲ）………………………224
Rosenfeld,H.（ローゼンフェルド）…………139, 141, 145, 160, 177, 178, 179, 185, 191
Roth,P.（ロス）……………………………… 40
Rustin,M.E.（ラスティン）……………………294

S

Salo,Frances（フランセス・サロ）……………274
Sander,L.（サンダー）…………………………222
Sandler,A.M.（サンドラー）……………… 40, 41, 131, 140, 153, 198
Sanville,J.（サンヴィール）……………………259
Scaife,M.（スカイフ）…………………………266
Schafer,R.（シェイファー）……………………… 44
Schore, Allan（アラン・ショア）………… 39, 53, 54, 102, 136, 229, 286, 289, 290
Segal,H.（シーガル）…………… 50, 125, 127, 129, 151, 166, 200, 240, 242, 243, 244, 248, 249, 250, 262
Searles,H.（サールズ）………………………… 59, 202
Shakespeare（シェイクスピア）………… 137, 316
Sherwood,V.（シャーウッド）…………………108
Shiner,R.（シャイナー）………………………186
Siegel,D.J.（シーゲル）……………92, 105, 224, 289
Sinason,V.（シナソン）…………………………205
Slade,A.（スレイド）………………………245, 262
Smith,L.B.（スミス）…………………… 103, 104
Solms,M.（ソルムズ）…………………………291
Sorenson,P.B.（ソレンソン）…………………116
Spillius,E.B.（スピリウス）………… 128, 139, 141
Steinberg,Beth（ベス・スタインバーグ）…… 31
Steiner,J.（スタイナー）… 6, 45, 48, 53, 55, 59, 142, 223
Stern,D.（スターン）……… 53, 65, 109, 118, 136, 137, 167, 232, 234, 246, 268, 276, 291
Sternberg,J.（スタンバーグ）………………… 19
Stolorow,R.D.（ストロロウ）………… 140, 177, 188
Strachey,J.（ストレイチー）…………………167
Strathearn,L.（ストラサーン）………………284
Striano,T.（ストリアーノ）……………………267
Sylva,K.（シルヴァ）…………………………247
Symington,J.（シミントン）……………… 93, 163, 164, 165, 171, 186, 215, 218, 223

T

Target,M.（タルジェ）…………………………229
Thelen,E.（テレン）…………………… 103, 104
Tomassini,Luciana（ルシアーナ・トマジーニ）…193
Tompkins,S.（トンプキンズ）………………… 70
Tremelloni,L.（トレメローニ）………………194
Trevarthen,C.（トレヴァーセン）……… 53, 72, 76, 105, 136, 189, 210, 211, 246, 268, 275, 276
Tronick,E.（トロニック）………………… 57, 268
Trowell,J.（トロウェル）………………………281
Tustin,F.（タスティン）………… 7, 9, 60, 65, 249

U

Urwin,C.（アーウィン）………42, 77, 93, 205, 267

V

Viding,E.（ヴィディング）……………………158

W

Waddell,M.（ワデル）…………………………223
Waska,R.T.（ワスカ）…………………………194
White,S.F.（ホワイト）………………………158
Williams,G.（ウィリアムズ）…………………163
Wing,L.（ウイング）………………………… 60
Winnicott,D.W.（ウィニコット）………… 45, 53, 54, 65, 70, 125, 131, 165, 166, 170, 226, 227, 244, 248, 249, 250, 259, 262, 280, 293, 295, 320
Wittenberg,I.（ウィッテンバーグ）……… 217, 218
Wolff,P.H.（ウォルフ）………………… 137, 223
Woods,J.（ウッズ）……………………………257

かな

あ

アイコンタクト… 115, 255, 256, 269, 270, 271, 274, 287
『愛のめぐりあい』（アントニオーニ）…… 102, 226
アウフタクト…………………… 109, 113, 115, 117
諦める…………………………………………218
『アサルト 13 要塞警察』（映画）………………157
アスペルガーの患者……………………………… 48
アパシー………………………………………233
『嵐が丘』（エミリー・ブロンテ）163, 165, 241, 305
α機能… 54, 57, 58, 94, 111, 112, 118, 126, 127, 137, 167, 224, 227, 229, 231, 233, 261
移行…………………… 36, 40, 45, 51, 53, 76, 116, 127, 166, 178, 198, 220, 221, 223, 244, 248, 249, 250, 253, 254, 257, 295, 296, 320
一次的ナルシシズム………………… 125, 176, 179
一緒に遊ぶこと…………………………………259

糸巻遊び……………………………………109
いないいないばぁ……108, 109, 120, 205, 244, 257, 261
因果関係………………………… 70, 72, 103
受身性…………………………………60, 62
エディプス状況………………………119, 182
エディプス神話………………………………209
覆いを取る解釈………………………………139
驚き………………………52, 53, 61, 116, 124, 128,
　　133, 136, 181, 183, 191, 193, 219, 254, 257
オピオイド………………………… 35, 143, 290
愚かな対象………………… 18, 175, 177, 181, 183, 207

か

改正………………………… 139, 153, 154
解離………………………… 3, 39, 42, 46, 47, 54, 61,
　　123, 129, 167, 194, 213, 218, 219, 225, 233, 240,
　　261, 280, 284, 285, 300
経験から学ぶ………………………12, 110, 112, 303
学習障害…………………………………… 52, 187
学習理論………………………………………… 34
過大評価された自己…………………………188
価値下げ………………………………… 35, 193
活性化するレベル……………………………237
「考えることに関する理論」（ビオン）………303
願望とニード…………………………………142
聴くこと………………… 103, 118, 223, 263, 264, 266
希望………………………… 3, 30, 34, 56, 77, 102, 113,
　　117, 124, 127, 132, 133, 134, 149, 152, 162, 172,
　　189, 191, 215, 240, 243, 252, 322
逆転移……………………………… 6, 7, 8, 18,
　　33, 34, 35, 40, 42, 43, 45, 47, 56, 60, 63, 89, 134, 140,
　　143, 148, 165, 170, 177, 178, 185, 190, 191, 195, 201,
　　202, 203, 209, 213, 214, 257, 263, 268, 269, 272, 273,
　　279, 284, 285, 286, 287, 293, 294, 314, 320
休息と休止…………………………………232
共感的な同一化…………………………… 58
共謀………………………… 134, 145, 154,
　　163, 164, 171, 172, 204, 240, 258, 277
空虚感…………………………………… 115, 300
空想と思考…………………………………… 93
「空想の性質と機能」（アイザックス）……… 90
クラパンザーノ………………………………208
欠損………………………… 35, 43, 46, 47, 49, 51,
　　59, 62, 103, 108, 110, 111, 112, 115, 129, 133,
　　141, 148, 151, 175, 176, 180, 191, 217, 239, 240,
　　245, 253, 264, 275, 280, 288, 289, 302
欠損か葛藤か…………………………………176
欠損と葛藤……………………………………180
『言語と統合失調症』（ビオン）……………110

現実化48, 52, 53, 54, 56, 108, 125, 126, 127, 135, 137, 166,
　　167, 240, 259
現実を学ぶこと………………………………126
好奇心………………………… 34, 52, 59, 69,
　　136, 137, 179, 208, 220, 223, 226, 247, 290, 292
国民保健サービス制度………………………280
『心の再生を求めて』（アルヴァレズ）………… 29
誇張………………………… 118, 152, 190, 229
『国境三部作』（マッカーシー）………………241
コンテインメント………………………… 12,
　　34, 39, 45, 55, 56, 60, 63, 64, 126, 141, 142, 149, 220,
　　223, 225, 226, 227, 228, 234, 276, 284, 285, 287, 289

さ

サイコパスの状態………………………………167
再生…………3, 7, 8, 11, 12, 29, 30, 32, 35, 43, 47, 48,
　　59, 60, 65, 94, 229, 239, 240, 245, 277, 293, 301
錯覚………………… 52, 70, 125, 126, 144, 248, 249, 250
サディズム… 110, 111, 149, 150, 158, 179, 196, 240, 258
残酷さ………………159, 161, 167, 168, 171, 172, 287
自我の脆弱性…………………………………217
自我の発達………………………… 33, 41, 50, 310
志向性………………………………… 218, 264
思考の圧縮……………………………………107
自己価値観……………………………………175
自己観察………………………………………186
『シティ・オブ・ゴッド』（映画）………………186
自閉症………………… 3, 7, 8, 9, 10, 12, 13, 19, 29, 30,
　　36, 39, 42, 43, 44, 46, 47, 48, 51, 54, 60, 61, 62, 63,
　　65, 86, 109, 114, 115, 116, 161, 194, 204, 207, 217,
　　222, 230, 233, 251, 252, 260, 263, 264, 265, 268, 269,
　　270, 272, 274, 275, 276, 280, 282, 284, 285, 287, 302,
　　303, 304, 309, 310, 313, 314, 315, 320, 327
嗜癖的な倒錯的遊び…………………………240
嗜癖的なナルシシズム………………… 175, 183, 185, 193
嗜癖的な暴力…………………………………159
シュア・スタート・センター…………………282
主体……… 10, 51, 56, 69, 70, 71, 72, 73, 75, 80,
　　82, 86, 104, 140, 175, 178, 188, 210, 276, 292
ジュディス・エドワーズ………19, 20, 61, 200, 295
『冗談』（クンデラ）……………… 117, 153, 312
象徴形成………………………… 32, 33, 46, 50, 51,
　　200, 209, 242, 243, 244, 248, 253, 262, 293, 294, 310
象徴等価……………………51, 127, 143, 166, 200,
　　244, 245, 248, 249, 250, 251, 253, 254, 256, 288
情動的に喚起された攻撃性…………………164
事例研究
　　アダム ……………………………… 132, 133
　　アリス ……………… 72, 73, 74, 75, 86, 89

アンジェラ ············ 72, 73, 83, 84, 85, 86, 87, 89
アンソニー ································· 86, 87
サミュエル ··············· 109, 112, 114, 115,
　116, 117, 218, 227, 230, 231, 285, 286
サラ ·························· 159, 165, 167, 170
ジェーン ······························ 137, 241
ジェシー ······························ 260, 261
ジョエル ······························ 130, 131
ジョセフ ·················· 270, 271, 272, 273,
　274, 275, 276, 277, 278
ジョニー ································· 260
ジル ······························· 55, 56, 186
ダニー ················· 96, 99, 102, 187, 188, 189
ダニエル ························· 112, 113, 114
ディーン ································· 129
デイビッド ··············· 20, 57, 58, 147, 152
ドナルド ································ 96, 102
トビー ·························· 190, 212, 213
ニコラ ···································· 213
ハリエット ································ 226
ピーター ··········· 162, 181, 182, 183, 184, 185, 188
ビリー ····················· 167, 168, 169, 171, 257
ポール ········· 73, 78, 79, 80, 81, 82, 83, 84, 86
マイケル ······························ 207, 208
リチャード ················· 139, 140, 145, 146, 147,
　148, 149, 150, 152
リンダ ···························· 49, 182, 185
ルース ············· 157, 245, 253, 254, 255, 258, 259
レオナルド ································ 291
ロビー ··· 7, 29, 30, 31, 32, 43, 44, 48, 54, 58, 60, 61,
　62, 63, 204, 218, 230, 240, 251, 252, 284, 285, 286
神経科学·············· 5, 20, 35, 42, 90, 279, 289, 291, 313
『スリル・オブ・ゲーム』（映画） ·················158
性愛 18, 149, 179, 190, 195, 196, 198, 199, 200, 201, 202,
　203, 204, 207, 209, 210, 211, 212, 213, 214, 257, 258
精神機能の発達について························ 200, 311
「精神分析における発達」（リヴィエール）······ 90
『精神分析入門（フロイト）』················ 179, 307
正当性という感覚································154
設定·························· 118, 119, 226, 234, 296
切望·························· 30, 96, 101, 155, 273, 287
絶望·············3, 29, 34, 35, 39, 43, 46, 47, 48, 49,
　54, 55, 56, 59, 60, 61, 63, 64, 65, 86, 115, 123,
　124, 127, 131, 133, 135, 137, 139, 140, 145, 149,
　150, 152, 153, 154, 155, 157, 160, 161, 162, 163,
　169, 170, 171, 172, 175, 189, 193, 194, 202, 206,
　218, 221, 231, 240, 243, 246, 249, 251, 252, 257,
　268, 279, 280, 284, 292
セラピーの休み······························ 99, 130

『センザンコウ』（ムーア） ·······················215
羨望 128, 134, 175, 177, 182, 183, 186, 192, 193, 311
早期対象関係における皮膚の体験················303
相互関係································· 240, 257
『その夢を見ている夢見手は誰か？』（グロトスタ
　イン）··242
存在········7, 10, 11, 29, 43, 46, 56, 60, 63, 81, 84, 86,
　108, 113, 115, 116, 119, 125, 127, 129, 131, 135,
　136, 137, 138, 151, 166, 172, 180, 186, 192, 195,
　196, 198, 199, 200, 203, 209, 218, 219, 220, 221,
　223, 227, 231, 248, 249, 253, 268, 269, 290

た

対象関係性······································235
タヴィストック・クリニック············· 3, 8, 9, 296
多形倒錯································· 196, 197
他者性····················· 7, 168, 197, 199, 232, 234
脱価値化····················· 18, 43, 46, 64,
　175, 176, 177, 179, 181, 182, 183, 207, 233
脱価値化された対象························ 207, 233
脱錯覚······························· 125, 144, 248
探索的なレベル································· 3
タンゼイ卿····································196
単線思考···················· 32, 46, 47, 65, 69, 77
断片化···················· 19, 34, 35, 59, 64,
　109, 132, 162, 223, 228, 230, 235, 280
逐次的に考えること···························· 89
父親語································· 270, 276
注視········ 87, 118, 208, 226, 234, 266, 267, 270, 274
注視によるモニタリング···················· 266, 267
転移············· 6, 7, 8, 10, 18, 33, 34, 35, 40, 52, 89,
　96, 124, 134, 140, 143, 148, 165, 167, 170, 171,
　177, 178, 185, 190, 191, 195, 201, 202, 203, 209,
　213, 214, 257, 263, 268, 269, 272, 273, 279, 284,
　285, 286, 287, 288, 293, 294, 295, 296, 314, 320
同一化········ 18, 42, 45, 47, 53, 55, 56, 57, 58, 59, 72, 73,
　79, 98, 132, 139, 140, 141, 142, 147, 150, 151, 153,
　154, 171, 175, 179, 189, 191, 200, 201, 206, 209, 210,
　212, 216, 217, 240, 259, 266, 269, 276, 279, 286, 295
投影同一化····· 18, 45, 53, 55, 56, 57, 59, 98, 132, 139,
　140, 141, 142, 151, 153, 171, 179, 189, 206, 266, 295
統合の解体···················· 215, 216, 217, 218, 219,
　221, 225, 230, 234, 235
倒錯··············· 35, 36, 37, 43, 46, 47, 63, 64, 65,
　172, 185, 186, 195, 196, 197, 203, 204, 205, 206,
　207, 208, 239, 240, 244, 245, 256, 257, 258, 262,
　284, 285, 287
洞察··················· 6, 39, 40, 49, 162, 217, 289
道徳的要請····················· 139, 154, 155, 246

ドーパミン・・・・・・・・・・・ 35, 136, 143, 290, 291, 292, 293

な

内在化・・・・・・・・・42, 70, 93, 105, 109, 117, 123, 136,
137, 140, 144, 191, 200, 223, 234, 265, 266, 279
何かということ・・・・・・・・・・・ 3, 32, 33, 46, 65, 123
ナルシシズム　18, 126, 175, 176, 177, 178, 179, 180, 181,
182, 183, 184, 185, 186, 187, 188, 190, 191, 192, 193,
194, 196, 252, 318
二者心理学・・・・・・・・・・・・・・・・95, 141, 178, 264
乳児的な依存感情・・・・・・・・・・・・・・・・・・・ 168, 169
認知・・・・・・・・・・・・・・・・・5, 9, 30, 33, 34, 35, 42,
50, 53, 65, 69, 72, 73, 75, 77, 84, 85, 86, 92, 93,
105, 111, 115, 123, 124, 125, 129, 137, 143, 191,
192, 201, 219, 224, 230, 242, 246, 247, 260, 265,
279, 281, 283, 284, 291
『ノーカントリー』（映画）・・・・・・・・・・・・・・・161
乗り越えること・・・・・・・・・・・・・ 131, 152, 190, 249

は

パーソナリティ障害・・・・・・ 158, 161, 180, 181, 185, 186
破壊性・・・・・・・・・・ 37, 112, 128, 157, 158, 168, 175, 185
発達の遅れ・・・・・・・・・・・・・・・・・ 65, 115, 151
『波止場』（映画）・・・・・・・・・・・・・・・・・・・286
母親語・・・・・・・・・・・・・・・ 263, 269, 270, 276
はらはらする・・・・・・・・・・・・・・・・ 109, 117, 120
非難・・・・・・・・・・・ 32, 165, 171, 196, 199, 200, 258
否認・・・・・・・・・・・・30, 57, 97, 117, 124, 132, 133,
135, 142, 145, 150, 152, 155, 165, 170, 171, 172,
179, 200, 244, 246, 249, 250
フェティシズム・・・・・・・・・・・・・・・・ 206, 256
複雑性・・・・・・・・・・・・・・・・・・37, 151, 197, 198
複線思考・・・・・・・・・ 6, 10, 30, 32, 33, 46, 47, 50, 65, 69,
72, 73, 74, 86, 103, 143, 145, 182, 243
不在・・・・・・・・・・・8, 52, 84, 94, 108, 109, 117, 119, 120,
130, 135, 136, 138, 244, 249, 252
不統合・・・・・・・・・・ 19, 215, 216, 217, 218, 219, 221,
225, 226, 227, 230, 232, 233, 234, 235
部分対象・・・・・・・・・・・・・・・・・ 199, 225, 286
部分活動・・・・・・・・・・・・・・・・・・・・ 196, 197
変形・・・・・・・・・・・・・・・ 35, 45, 55, 64, 141,
227, 228, 259, 276, 285, 287, 297, 304
防衛・・・・・・・・・ 8, 30, 37, 40, 43, 45, 47, 49, 52, 59, 60,
61, 62, 63, 65, 71, 97, 123, 124, 128, 131, 132,
133, 138, 139, 140, 141, 147, 148, 151, 152, 159,
162, 166, 175, 176, 177, 178, 179, 180, 181, 182,
183, 188, 190, 192, 193, 201, 203, 204, 206, 207,
211, 213, 215, 216, 218, 219, 220, 221, 233, 234,
239, 242, 244, 248, 250, 253, 258, 269, 284

豊富さ・・・・・・・・・・・・・・・・・・ 51, 69, 73, 86
ボーダーライン・・・・・・・・・・・・・・・ 29, 30, 33, 39,
48, 49, 50, 52, 53, 54, 59, 65, 129, 139, 141, 143, 145,
151, 155, 157, 160, 161, 162, 163, 168, 245

ま

マゾキズム・・・・・・・・・・・・・・・・・・・・・196
マペットショー・・・・・・・・・・・・・・・・・・・107
見かけ上のナルシシズム・・・・・・・・・・ 175, 176, 188,
191, 192, 194, 252
無関心な対象・・・・・・・・・・・・・・・・ 175, 191
無力な不統合・・・・・・・・・・・・・ 215, 217, 227
妄想分裂ポジション・・・・・・・・・・・・・ 20, 127, 128,
131, 151, 152, 194, 229, 279, 280

や

有能感・・・・・・・・・・・・・・・・・・・・ 140, 276
夢・・・・・・・・・・・・・・・・34, 41, 79, 82, 92, 95, 96,
111, 118, 126, 149, 196, 198, 199, 212, 241, 242,
244, 245, 272, 275, 313
良い対象・・・・・・・・・・・・・・・・・・・・・223
抑うつポジション・・・・・・・・・・・・・・ 10, 20, 33,
36, 50, 51, 94, 127, 128, 131, 151, 152, 161, 166, 172,
177, 193, 194, 199, 200, 218, 224, 235, 243, 297, 320
欲求不満・・・・・・・・・・・・・・・・・・・・・・・
52, 55, 56, 89, 108, 119, 123, 124, 125, 126, 127, 128,
131, 133, 135, 136, 137, 138, 232, 244, 256, 268, 277

ら

理想化・・・・・・・・・・・ 8, 42, 59, 83, 96, 97, 124, 132, 133,
141, 181, 182, 194, 201, 202, 209, 216, 242, 287
良心・・・・・・・・・・・・・・・・・ 147, 158, 163
『ルーツの探索』（プレモ・レヴィ）・・・・・・・・・ 31
ルーミングゲーム・・・・・・・・・・・・・ 109, 114, 120
レベルの連続体・・・・・・・・・・・・・・・・ 32, 284
「連結することへの攻撃」（ビオン）・・・ 107, 111, 231, 303

わ

悪い対象・・・・・・・・・・・・・・・ 133, 149, 223, 224

監訳者略歴

脇谷順子

担当箇所：はじめに , 序 , 第 2 章 , 第 8 章 ,

2009 年　Tavistock and Portman NHS　Foundation Trust , Child and Adolescent Psychotherapist 資格取得 .

2014 年　Tavistock and Portman NHS　Foundation Trust & University of East London, Professional Doctorate in Child Psychotherapy 取得 .

2012 年〜 2016 年　国際基督教大学高等臨床心理学研究所を経て

現在 , 杏林大学 保健学部 准教授 ，NPO 子どもの心理療法支援会 理事

【著訳書】

『精神分析から見た成人の自閉症スペクトラム』（共同執筆 , 福本修・平井正三編著 , 2016 年 , 誠心書房）

『児童青年心理療法ハンドブック』（モニカ・ラニャド , アン・ホーン編著 , 平井正三 , 脇谷順子 , 鵜飼奈津子共監訳 ，2013 年 ，創元社）

『自閉症の精神病への展開』（ウゼル・ディディエ編集 , 木部則雄 , 脇谷順子·監訳 , 2009 年 , 明石書店）

『メルツァーの精神分析論考』（木部則雄 ，脇谷順子·共訳 ，2005 年 ，岩崎学術出版社）

訳者一覧

解題
平井正三
所属：御池心理療法センター代表，NPO 法人子どもの心理療法支援会理事長

松本拓真
担当箇所：第 1 章
所属：岐阜大学教育学部，NPO 法人子どもの心理療法支援会

飯野晴子
担当箇所：第 3 章，第 10 章，付録
所属：ファミリーメンタルクリニックまつたに

熊田知佳
担当箇所：第 4 章，第 9 章
所属：聖マリアンナ医科大学大学病院 精神療法・ストレスケアセンター

小笠原貴史
担当箇所：第 5 章，第 11 章，謝辞
所属：こうぬま心理相談室

吉沢伸一
担当箇所：第 6 章，第 13 章
所属：ファミリーメンタルクリニックまつたに

長谷川昌子
担当箇所：第 7 章，第 12 章
所属：東新宿こころのクリニック

子どものこころの生きた理解に向けて
発達障害・被虐待児との心理療法の3つのレベル

2017 年 11 月 20 日　発行
2024 年 6 月 10 日　2 刷

著　者　アン・アルヴァレズ
監訳者　脇谷順子
発行者　立石正信
装　丁　臼井新太郎
装　画　さいとうかこみ
印刷・製本　デジタルパブリッシングサービス

発行所　株式会社 金剛出版

〒 112-0005　東京都文京区水道 1-5-16
電話 03-3815-6661　振替 00120-6-34848

ISBN978-4-7724-1591-0　C3011　　　　　　　　　Printed in Japan ©2017

アタッチメントと親子関係
ボウルビィの臨床セミナー

[著]＝ジョン・ボウルビィ
[編]＝マルコ・バッチガルッピ
[訳]＝筒井亮太

A5判　上製　198頁　定価4,180円

ミラノで開催された貴重なセミナーの記録と編者との往復書簡から
「アタッチメント理論」の臨床スキルと
ボウルビィの人物像に迫る。

新版
症例でたどる子どもの心理療法
情緒的通いあいを求めて

[著]＝森さち子

A5判　並製　232頁　定価3,520円

言葉以前の交流をどのように受けとめながら,
転移・逆転移を理解するか。
「子どもへのセラピーのキーポイント」を解説する。

子どもの精神分析的
セラピストになること
実践と訓練をめぐる情動経験の物語

[監修]＝木部則雄　平井正三
[編著]＝吉沢伸一　松本拓真　小笠原貴史

A5判　上製　280頁　定価3,080円

本書では,子どもに関わる臨床家が
いかにして精神分析的セラピストになっていくのか?を
実践と訓練の語らいや対話を通して論じていく。

価格は10%税込です。